BIBLIOTHÈQUE LATINE-FRANÇAISE

OU

COLLECTION
DES CLASSIQUES LATINS
AVEC LA TRADUCTION EN REGARD.

LES LETTRES
DE
PLINE LE JEUNE

TRADUITES

PAR DE SACY

NOUVELLE ÉDITION REVUE ET CORRIGÉE

PAR JULES PIERROT

PROFESSEUR DE RHÉTORIQUE AU COLLÉGE ROYAL DE LOUIS-LE-GRAND
ET PROFESSEUR SUPPLÉANT D'ÉLOQUENCE FRANÇAISE
A LA FACULTÉ DES LETTRES DE L'ACADÉMIE DE PARIS.

TOME PREMIER.

PARIS
C. L. F. PANCKOUCKE
CHEVALIER DE L'ORDRE ROYAL DE LA LÉGION D'HONNEUR
ÉDITEUR, RUE DES POITEVINS, N° 14.

MDCCCXXVI.

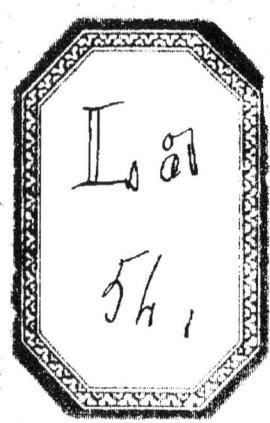

A MM. LES SOUSCRIPTEURS.

L'éditeur s'est engagé envers MM. les souscripteurs à former sa collection de 120 à 130 volumes : ce nombre ne sera pas dépassé. Il s'est engagé de plus à donner des volumes de vingt-cinq feuilles ou de quatre cents pages chacun. Comme cette division ne peut se faire exactement, et qu'elle est nécessairement modifiée par l'étendue de chaque ouvrage, l'éditeur établira du moins une juste compensation dans le nombre des feuilles qui composeront chaque volume; s'il donne des volumes de vingt et de vingt-deux feuilles, il en donnera de vingt-huit et de trente (celui qu'il publie aujourd'hui en a trente-trois); de sorte que les 130 volumes, si la collection en comprend 130, renfermeront à peu près cent trente fois vingt-cinq feuilles de 16 pages in-8°., ou 130 fois 400 pages in-8°. En cela, comme dans tout le reste, l'éditeur se montrera jaloux de remplir ses engagemens avec le public, qui l'encourage d'une manière si honorable dans toutes ses entreprises.

La publication de cette troisième livraison a été retardée contre notre gré et par une circonstance tout à fait imprévue. Au reste, les mesures sont prises pour que rien n'arrête plus la marche de l'entreprise : sept volumes sont sous presse à la fois en ce moment.

LIVRAISONS PUBLIÉES.

1re liv. JUVÉNAL, *traduction de* J. DUSAULX, *revue et corrigée par M.* JULES PIERROT; *premier vol.*

2e liv. VELLEIUS PATERCULUS, *traduction nouvelle par M.* DESPRÉS, *ancien conseiller de l'Université.*

3e liv. PLINE LE JEUNE, *traduct. de* DE SACY, *revue et corrigée par M.* JULES PIERROT; *premier vol.*

LIVRAISONS QUI SERONT PROCHAINEMENT PUBLIÉES :

JUVÉNAL, *second et dernier volume.*

JUSTIN, *traduction nouvelle par* MM. J. E. BOITARD, *et* JULES PIERROT.

FLORUS, *traduction nouvelle par M.* RAGON, *professeur de rhétorique et d'histoire au collége royal de Bourbon, avec une notice par M.* VILLEMAIN, *de l'Académie française.*

CORNELIUS NEPOS, *traduct. nouvelle par* MM. DE CALONNE, *profess. au collége royal de Henri IV, et* AMÉDÉE POMMIER.

CÉSAR, *traduction nouvelle par M.* ARTAUD, *profess. au collége royal de Louis-le-Grand, avec une notice nouvelle par M.* VILLEMAIN, *de l'Académie française.*

PLINE LE JEUNE, *second volume.*

STACE, *traduction nouvelle par M.* RINN, *professeur de rhétorique au collége de Sainte-Barbe.*

Nous donnons ici, comme dans le Juvénal, l'indication abrégée des changemens importans que M. le professeur Jules Pierrot a faits à la traduction de De Sacy. Le lecteur pourra s'assurer ainsi que près d'une moitié de la traduction a été refaite, et que des pages entières ont été traduites de nouveau.

Liv. I. p. 3. C. Pline à son cher Septicius... quelque soin... aux dates... les corrections...... Je le désire d'autant plus...... p. 5. j'ai essayé. seulement de la tournure..... perdu le charme. veulent-ils nous flatter...... nous rendent nos études...... p. 7. Que devient Côme..... et votre sommeil même. p. 9. rendez. vous justice. quelle douce abondance. avantages. j'éprouve. qu'on pourrait appeler. p. 11. Il n'avait pas tort. une opinion.... pour me dire. p. 13. Regulus garde le silence. p. 15. le sujet de sa mission.... qui lui ressemblait si peu- je ne veux point vous tromper.... c'est à moi de suivre ses avis. et il m'avoue.... Satrius, avait-il dit. je me pique en effet. lorsqu'on le choisit. meilleur. celle où vous. Sensiblement. p. 17. je voulais nuire. ne craint pas d'avouer.... Modestus l'avait écrite. plus encore. grave, prudent, instruit.... ou pour agir. p. 19. ni épieu, ni dard. Savez-vous que... qu'il approuvera toujours. p. 21. car pourquoi.... je les attends.... et à vos morilles. au moment même..... et je n'ai plus à craindre. n'attendez rien. je veux vous prier.... quelques remarques générales. je voudrais aujourd'hui.... de garder l'ouvrage. revue attentive. à force de revoir. Toutefois, je vous l'avoue. ne m'expose-t-il point. ne sont pas trop. p. 25. et l'on expose moins. ma munificence.... toute la beauté. c'était comme une occasion. tandis que la nature enchaîne. l'amour raisonné.... non par un brusque caprice. On n'a pas besoin. et lorsqu'il s'agit.... mais faut-il. p. 27. à plus forte raison.... fallait-il.... quand il était nécessaire de. d'inspirer à tous.... au petit nombre. qu'il y a plus de grandeur. ils attaquent. p. 29. de le dire.... non en public. briguer par cette publication.... mendier par vanité. p. 31. mais quand on vient.... dans la retraite. où mes momens. devant moi.... si ce n'est moi-même. qu'elle est honorable. mes vrais cabinets. songez au mot. p. 33. je pourrais vous en citer. j'étais admis chez lui.... n'était pas nécessaire. qu'à un artiste.... posséder la sagesse. discussion.... qui en- traîne les plus rebelles. p. 35. sa vie entière.... et la fortune. et encore com- bien est-il rare. p. 37. c'est pourquoi.... perfectionnera à son école. je serai content. p. 39. dont on ne peut accuser. lorsqu'une maladie. qui est pour les sages. il nous l'a dit. quand ses souffrances. p. 41. j'allai le voir. .. mais tout son corps. tout le monde en sortait. s'en délivre. Il venait de répondre. p. 43. Je sais. de ne plus veiller.... ni dans le monde. se présente.... si grande douleur. L'année.... si le lecteur. p. 45. qu'il en était autrement.... entendit. qu'il a perdu un jour. il n'y a peut-être pas. quelque ouvrage.... non pas donné.... qu'on en demande le prix. p. 47. Combien ses éloges. celui de choi- sir. ne serait-ce pas facile.... pour cette alliance, et qui me respecte.... autrefois à vos leçons. la force de préférer.... que de l'ambition. Vous connaissez les mœurs...... comme un modèle. p. 49. exercé avec honneur...... son teint est animé. presque la dignité. Ces avantages.... une récompense que.... mon amitié s'est plu. p. 51. à merveille vraiment! vous avez agi cruellement. p. 53. il s'est emparé de moi. dans ses improvisations. Que de grâce.... c'est la manière de Catulle. p. 55. que ces lettres soient de.... le talent de les écrire. nous serons dégoûtés.... de la fidélité et de l'honneur. Capiton s'est fait. p. 57. on admire avec. j'ajoute qu'il est.... dans ses excellens vers. Silanus a reçu.... a consacré la sienne. les citoyens les plus puissans. p. 59. cause qui fit d'abord.

à suivre ce conseil. p. 61. Pour que nous ayons.... et je vous les offre. C'est un abus.... répéter plusieurs fois. p. 63. pour répondre.... ni plus serrés. d'animaux.... et de plus beau. n'a presque fait.... avait à traiter. p. 65. une grande différence.... peut bien se faire.... ne pas préparer.... resserré dans un espace. p. 67. Tous les hommes.... tellement variées. p. 69. La douce persuasion.... à peine les effleure. Ce n'est pas.... la confusion. Si l'on reproche.... par faiblesse. p. 71. mais si vous.... vraiment divine. me donnez-vous.... m'êtes contraire. p. 73. sur ce point. Je ne puis.... j'ai une admiration. il me semble.... vous l'apprendre. me manquent. quelle confiance... il hésite. p. 75. son génie. ceux qui affichent. si vous étiez. quel courage. p. 77. ne point trahir. Rien de moins commun. il faut encore. me livrer. p. 79. vain honneur. j'ai peut-être.... de plaider. p. 81. Surtout. cette propriété. elle est voisine.... terrain nécessaire. qu'un sentier.... des arbres. à des conditions. petite maison.

Liv. II. p. 83. citoyen illustre. dont ses actions. il échappe... il semble. relever. p. 85. un large volume. de ce grand homme. la tribune même. Son éloge. et cependant. nos villes natales. p. 87. membres de la commission. malgré ma jeunesse. Puis-je m'empêcher. plus que jamais. l'égaleront. je ne sais. p. 89. vous n'avez plus. mensonges. d'occupation. comme s'il était. C'est la perfection.... les plus élégans. p. 91. avec un goût. les hommes. nous nous familiarisons. se joue innocemment.... de la jeunesse. je crois donc. frappé. p. 93. j'ai presque dit. le débit fait. Ce que vous lisez.... traitiez de fable. le monstre.... néanmoins. que l'auteur.... à venir entendre. p. 95. devez accepter.... sa succession. je ne suis pas riche. à votre égard. p. 97. je corrige.... plus travaillé. je n'ai rien fait.... application. aussi mon ouvrage.... toute accusation. que la brièveté. toutefois en me. si quelqu'un.... aux yeux. tout en craignant. facile de vous. p. 99. J'en conviens. les morceaux. p. 101. laisser la liberté. mes affranchis.... l'humiliation des autres. p. 103. ils ne peuvent. qui ont acheté. il lui a suffi. p. 105. et Cottius. et il ne fallait.... avec les vieillards. dans l'intérêt.... le regret que. je trouverai donc.... et leur gloire. p. 107. vous occupent. il m'est bien. de mes occupations. p. 109. je suis vivement. le droit d'entrer. négliger pour.... Son mérite. que de probité. p. 111. et j'essaie. suis imposé. retenir toujours. qu'ils se répandent. Vous me direz. p. 113. au moins. par d'éternels. je sais quelle satisfaction. p. 115. de représenter.... orateur très-habile. la question. l'on prétend. parviennent. p. 117. et mettre à mort.... malheureux. deroba Honoratus.... se justifier. l'attente. attiré. p. 119. J'envisageais. néanmoins. il craignait. de la finesse. il sut. fit admirer. il finissait. p. 121. le ministère. il proposa. et d'exiler. la peine que. mais la balance.... du dernier. p. 123. à titre de parfumeur.... alors absent. p. 125. l'exclure. rester au sein. les fonctions. un homme enfin. de ces assemblées.... les mêmes lumières. p. 127. si je calcule. me payer.... que vous habitez. Vous saisissez.... encore plus grande. p. 129. qu'il ait occupée. il partageait. Sa conversation.... du barreau. que je ne puis dire. conférer que. qu'en les redoublant. traitez-le. c'est pour vous. p. 131. l'importance. mais autrefois. p. 133. sont rompus. nos nouveaux orateurs.... dignes d'eux. cette foule mercenaire.... le plus haut. p. 135. sont prodigués. p. 137. votre ancienne. et votre nouvelle acquisition. elles me plaisent. voilà comment. Vous me mandez.... de son bien. de respecter.... manqueraient. quoiqu'ils ne.... p. 139. mènent à. En sortant de.... le trajet est. De tous côtés. p. 141. qui, dès. on trouve.... fort gaie. lorsque souffle.... les montagnes. donne aussi. p. 143. qui me sert.... qu'ils ont reçue. à côté le bain. p. 145. l'on n'a plus. autre jardin. Elle est percée.... sur la mer. p. 147. les rayons.... le froid. jamais moins. malfaisant. espèce de foyer. p. 149. J'ai ménagé.... et les confondent. je crois être. la nature ou. p. 151. elle n'abonde point.... à s'y retirer. p. 153. je vous dois. Je m'assieds.... pendant. Il me reste.... importance. si c'était.... va me. p. 155. je le ferai.... nom de harangues. souvent la réputation. ajoutez encore.... en énergie. auxiliaires. p. 157. lorsqu'aucune. il existe.... les autres. ressemblait. obtenir que. tous les motifs. p. 159. me rappelle. était en horreur. et, l'œil fixe. n'ai pas encore. p. 161. Eh! combien. allait sceller. p. 163. il était pauvre. de toutes les manières.

Liv. III. p. 165. passé le temps. p. 167. s'il a ses amis... Ensuite. à sa conversation.... encore un mille. au lit.... de s'occuper. p. 169. il emploie aussi. égayé par. il n'a de la vieillesse. Car lui aussi.... devant vous. p. 171. je n'en regarde.... causer d'embarras. Vous aurez.... vivement désirées. c'est qu'en mémoire. p. 173. je dis. ainsi que son père. point d'erreurs. que le temps.... de mœurs. pour cela.... gardien rigide. c'est au contraire. en juge d'après. p. 175. à mes frais. p. 177. me supplièrent.... dis-je alors. je me rappelais.... hospitalité publique. p. 179. que ce genre. je suis charmé.... les posséder. cet ouvrage. il a écrit. p. 181. il nous a. pendant son sommeil. ne concevez pas. que la moitié.... une vigilance extrême. p. 183. des fonctions. il prenait. légèrement. un de ses amis. on eût dit.... Sans travail. p. 185. comme s'il. ce qui en accroît. et cependant. p. 187. aussi je ne puis. quel est celui. enflammer d'une. loin en aucune. p. 189. les cheveux. veuillez donc. de faire faire. sourire à celle. p. 191. La cause. était aussi. rechercher la. il ne cessait. quitta Rome.... p. 193. jusqu'à la manie. de bustes.... la sienne propre. il est encore. me rappeler. nous a souvent. p. 195. je sens d'ailleurs. p. 197. la poursuite judiciaire. homme d'une âme. p. 199. que Priscus ne fut. Sa demande était. dont l'éloquence.... plus cher encore. p. 201. peu disposés à. la complication. avions un exemple.... des autres. pour les. p. 203. lui disait-il. ministres. la nécessité. a pour lui. les seules armes. abandonnés à. on jugea coupable. p. 205. leur sort fut. j'obéis à. qu'il me fût permis. p. 207. se récrièrent. embrasse tant de. p. 209. moi, je l'avoue. informer dans. sa fidélité.... les chefs d'accusation. p. 211. il nous fallait. d'assister à. leur reprochant. comme il a. p. 213. Si la dernière. c'est que d'abord.... en même temps le sujet. le morceau que. de n'en consacrer. p. 215. cette tâche est. trace une image. j'étais alors préteur.... mais j'empruntai. et au moment..... l'armée de Syrie. p. 217. marque que. l'excès de. ne permet pas. elles ne sont. rappeler ces. cependant je crains.... de leur valeur. p. 219. Voici mes. rien en abondance.... dès qu'il. pouvait-on.... louer en même temps. p. 221. le discours de. tous les autres.... le seul objet. rechercher.... s'y abaisser. p. 223. avait oublié. dans l'estomac. ils l'emportent. s'approchent alors. quant au maître. p. 225. Se croire en sûreté. un de ses esclaves... le renverser. employez la prière. p. 227. et si votre manière. p. 229. fit préparer. disait que. Ce qu'elle fit en. en l'absence. p. 231. on peut juger. la conjurait. averti, dit-elle. ces traits ne.... plus de grandeur. p. 233. tout va-t-il bien.... ce que je désire. et sur le papier. p. 235. qu'ils devaient.... de présomption. mais je leur fis.... Se rallume. pour lequel.... moment d'attention. que l'orateur.... que sincères. p. 237. plus recherché. p. 239. l'avantage de. en un seul. p. 241. je n'ai plus. je puis aisément. en toutes choses. p. 243. créait le scrutin. le sénat vient. Il faut avouer. fait le tableau. p. 245. ce témoignage. que le mystère. en attendant. je vous ai mandé.... nous devons. quelque chose de. p. 247. cependant, par.... à leur tour. qui avait dans. mais ne va pas..... aurait pu me lire.

Liv. IV. p. 251. désirez depuis... de voyage. protecteur. p. 253. je ne pourrais. nous n'en ferons. il est possible. ainsi que le. p. 255. en s'empressant. où il a rempli. force à l'aller. nouvelle absurdité. quoique ce soit.... très-affirmativement. p. 257. que vous soyez le.... admire bien. n'est pas moins. paroles coulaient. que d'élégance! p. 259. dans Athènes. j'envie aux Grecs..., tant de beautés. c'est un homme. faites-lui obtenir. p. 261. qu'ont reçus.... deux jours de suite. trouve dans.... les comparer. que ma lettre.... du sujet. 263. et cependant. ainsi, voulez-vous. je vous le répète. fantaisie d'en. p. 265. à faire choisir. énergie, ou. très-heureusement. p. 267. telle ineptie. Ensuite, ce.... que de donner. il est difficile. p. 269. Je répliquai. les motifs. p. 271. Bassus m'avait.... nier le fait. p. 273. le temps entre. un flambeau.... avec instance. offraient la variété.... il plaida. p. 275. Bassus conservât.... contrariété de sentiment. on ne pouvait. ordinairement que. qu'un homme. p. 277. Paullinus n'en recueillit. le souvenir de... l'intérêt général. car vous comprenez. p. 279. qu'on lui a fait. S'il lui avait. après avoir été. de sénateur.... grave et triste. p. 281. te fais passer. après avoir. quel triste et. Domitien déteste.... sa maison d'Albe. p. 283. elle voulut. où elle fut.... être renfermée. sa robe s'étant.... exigeait d'elle. ajoutez que.... que ces paroles. ceux qui. p. 285. Je me suis douté. p. 287. Le secrétaire. Sentit qu'il. indiquer l'emploi. p. 289. coûterait peu. p. 291. de notre patrie. veilleront. p. 293. à cette condition. envoie mes jeux.... exprime tour à tour. la gaieté. p. 295. les grands hommes. des fragmens qui. p. 297. vouloir par.... la plus ridicule. 299. tout cela tend. p. 301. il mériterait que.... république des enfans. sur lesquels. et qui me rendrait..... quel qu'il dût. p. 303. j'éprouverais.... dans mes sollicitations. La foule était.... je parlai pendant. nous n'en manquerons. p. 305. en justice. lié d'amitié avec... que l'on a possédés. réfléchis qu'il. en sagesse.... pensée secrète. p. 307. il avait pour. d'aucune charge. qu'il n'ait. il m'accordait.... et de Cornutus. je ne puis.... point une lettre. p. 309. et j'en accuse. p. 311. je connais votre.... digne de vous. elle a du. instruite par. vu dans. prédire que. p. 315. enlève leur mère.... trois appuis. p. 319. vous jouissez... donnez beaucoup. qui s'est distingué. p. 321. ma pensée. suivaient avec. p. 323. fit éclater. que ne doit-il.... l'agréable. pour produire. p. 325. de quel soin.... fardeau inutile. p. 327. il n'a rien paru.... des vers légers. p. 329. en vous chargeant.... mes désirs. votre respect.... faire mieux. ne manquez pas. p. 331. on s'asseoit sur.... et enfin. p. 333. cette fontaine.... filet d'eau. l'épanchement fut. mieux que vous.

Liv. V. p. 337. ayant déshérité. qu'il ne me convenait. p. 339. pour renoncer. assis au milieu. il paraît. tous mes cohéritiers. p. 341. pour rendre un. p. 343. Sur mer. Stérile et.... digne de pardon. j'apprends que. p. 345. et je vais.... sont surpris. p. 347. rapporter à. travaille avec. un point que.... a toujours. p. 349. ira plus loin.... n'aimez mieux. p. 351. Ce qui ajoute.... beaucoup, il. et on y admirait... de l'histoire. produire quelque. Il crut se. p. 353. se persuade. mon esprit se. aurez autant. p. 355. S'ils y meurent. l'air est. aussi les vieillards... d'un autre. bœufs les plus.... neuf fois. p. 357. Ce fleuve. une campagne. pelouse est environnée. p. 361. jouit de l'ombre.... sur les branches. tombe. de vaste et gaie. p. 363. divisé en. qui reçoit. pour laquelle. les rayons du soleil. s'élever tantôt... divers noms. Du lit de repos. qui reçoivent. p. 369. J'aurais abrégé.... d'achever votre. p. 371. aussi jouissent. un legs étranger. ma confiance. p. 375. j'aie la confiance. p. 377. le plus simple. confusément encore. de faits vulgaires.... comme l'orateur. p. 379. et en conséquence. car, outre.... avec réserve. m'ouvrir. p. 381. Les nouvelles agréables.... bien m'attendre. doit-on le.... lui survivent. p. 383. Le peintre.... mon modèle. mais ma lenteur. p. 385. arrivé à. la mémoire.... de la joie. p. 387. un petit. p. 389. et je me. lui avait.... et plus sûr. p. 391. puisqu'il n'était. inébranlable dans. p. 393. même des. reçu la. car, s'il est.... de notre temps. p. 395. c'est alors. j'accordais. p. 397. quelle sage réserve. p. 399. que tout.... dit lui-même. Enfin, il.... dans vos consolations. p. 401. je sais.... je ne sais pourquoi. p. 403. dans cette.... son frère. p. 405. devrais être.... de comédien. p. 409. enlèvent beaucoup. lancent avec.... l'éloquence. p. 413. cette remise.

BIBLIOTHÈQUE
LATINE-FRANÇAISE

PUBLIÉE

PAR JULES PIERROT.

C. L. F. PANCKOUCKE EDITEUR.

IMPRIMERIE DE C. L. F. PANCKOUCKE,
RUE DES POITEVINS, N° 14.

BIBLIOTHÈQUE LATINE-FRANÇAISE

COLLECTION
DES CLASSIQUES LATINS

AVEC LA TRADUCTION EN REGARD

PUBLIÉE

PAR JULES PIERROT

PROFESSEUR DE RHÉTORIQUE AU COLLÉGE ROYAL DE LOUIS-LE-GRAND
ET PROFESSEUR SUPPLÉANT D'ÉLOQUENCE FRANÇAISE
A LA FACULTÉ DES LETTRES DE L'ACADÉMIE DE PARIS.

TROISIÈME LIVRAISON.

PARIS
C. L. F. PANCKOUCKE
CHEVALIER DE L'ORDRE ROYAL DE LA LÉGION D'HONNEUR
ÉDITEUR, RUE DES POITEVINS, N° 14.

M DCCC XXVI.

LETTRES

DE

PLINE LE JEUNE

TRADUITES

PAR DE SACY

NOUVELLE ÉDITION REVUE ET CORRIGÉE

PAR JULES PIERROT

PROFESSEUR DE RHÉTORIQUE AU COLLÉGE ROYAL DE LOUIS-LE-GRAND
ET PROFESSEUR SUPPLÉANT D'ÉLOQUENCE FRANÇAISE
A LA FACULTÉ DES LETTRES DE L'ACADÉMIE DE PARIS.

TOME PREMIER.

PARIS

C. L. F. PANCKOUCKE

CHEVALIER DE L'ORDRE ROYAL DE LA LÉGION D'HONNEUR
ÉDITEUR, RUE DES POITEVINS, N° 14.

M DCCC XXVI.

INTRODUCTION.

Parmi les traductions anciennes, il n'en est pas qui ait gardé une place plus honorable dans l'estime des hommes du monde et des savans, que celle des Lettres de Pline, par De Sacy. Elle devait, à ce titre, faire partie du recueil que nous publions : nous la donnons, comme celle de Juvénal, par Dusaulx, corrigée avec soin et refaite en partie. Ce seront, en y joignant peut-être une traduction de Lagrange, les seules versions anciennes que nous reproduirons dans la Bibliothèque latine-française : toutes les autres seront nouvelles et composées spécialement pour notre collection.

Je n'ai pas dû séparer de la traduction de De Sacy la préface et la vie de Pline, où l'auteur romain est loué avec bonne foi et avec esprit. Homme de bien, habile orateur, écrivain distingué, De Sacy est l'apologiste que Pline lui-même aurait choisi. Osons dire toutefois que, trop préoccupé des vertus et des talens de son modèle, il lui accorde plus d'éloges que la saine critique n'en peut avouer. Pline n'a pas su se dérober à l'influence de son siècle : il a sa part d'un défaut qui se montre, sous des formes diverses, dans la plupart des écrivains du même temps; je veux dire l'affectation du langage et l'abus de l'esprit. Ses lettres n'ont point la naïveté et les heureuses négligences qu'on aime à trouver dans ces sortes d'écrits : elles manquent de naturel; un soin mal entendu leur a dérobé leur grâce la plus attrayante. Pline a montré un rare talent pour tirer d'une idée tout ce qu'elle contient d'agréable et d'ingénieux; mais il n'a pu éviter la contrainte qui accompagne toujours la recherche et le calcul des effets du style. Il possède la finesse de l'esprit et la fécondité de l'imagination : mais on chercherait en vain dans ses ouvrages l'indépendance et l'abandon du génie.

Ce caractère particulier des Lettres de Pline n'ajoutait rien à la difficulté de la traduction. Ce n'est point la subtilité des idées, ce n'est point le tour antithétique des phrases qu'il est difficile de faire passer dans notre langue : elle se prête fort complaisamment à la reproduction de ces traits déliés, qui abondent dans les écrivains du second âge de la littérature romaine. Ils affectent d'enfermer beaucoup de sens en peu de mots : ils visent à la pensée, et les pensées se traduisent. Les écrivains les plus rebelles aux efforts du traducteur sont ceux qui ont prodigué les mots et les longues phrases : car notre langue aime la brièveté, et son génie s'accommode mal de la complication des périodes. C'est ce qui explique pourquoi De Sacy a mieux traduit les Lettres que le Panégyrique. Dans ce dernier ouvrage, le style, plus abondant et plus soutenu, offrait, avec les mêmes difficultés, des difficultés nouvelles, que l'écrivain français a rarement surmontées : il imite la longueur des phrases latines, sans en reproduire la noblesse et l'harmonie. Les Lettres, au contraire, parmi les défauts qu'on leur impute avec raison, ont conservé cependant les traits principaux du genre épistolaire, et particulièrement ce style coupé, vif et rapide, qui s'accorde si bien avec les allures de notre langue. Aussi la traduction que De Sacy nous en a laissée, facile, coulante, agréable, a-t-elle été regardée dans tous les temps comme une des plus heureuses copies des modèles antiques.

Toutefois, entre les qualités qui ont assuré à cette traduction un rang si distingué, on n'a jamais compté la fidélité et la précision. Les contresens y étaient assez nombreux; et plus d'un tour languissant, plus d'une phrase chargée de pronoms relatifs, et de ces signes de liaison qui ne conviennent qu'au génie des langues anciennes, trompaient les intentions de l'auteur et introduisaient trop souvent dans son style la lourdeur et la mollesse, au lieu des grâces naturelles qu'il croyait lui donner. Par un autre défaut, plus vivement senti de nos jours qu'au temps où De Sacy écrivait, il prêtait constamment aux idées anciennes la couleur et le ton de notre langage moderne. Les choses relatives aux institutions, aux coutumes, aux formes de la société romaine, perdaient leurs noms primitifs et réels, pour en prendre d'impropres et de bizarres, puisés dans les usages, dans les habitudes de notre civilisation française. Un riche citoyen de Rome était *un grand seigneur*[1]; un tribun s'appelait *colonel*[2], et le préfet du trésor public devenait *intendant des finances*[3] : il n'y a pas jusqu'aux noms si naturels de *toge* et de *tunique*, qui ne fussent remplacés par ceux d'*habit* et de *veste*[4]. Cette méthode d'interprétation était d'autant moins convenable dans la traduction des Lettres de Pline, qu'elles sont, pour la science des antiquités latines, un monument précieux, où se trouvent fidèlement retracés les détails de la vie privée des Romains : en altérant ou en travestissant ces détails, on ôte à l'ouvrage de Pline toute son utilité : on fait plus, on couvre de l'autorité d'un grand nom de fausses notions et de grossières erreurs.

J'ai entrepris de corriger ces défauts; non que je puisse, à l'égard de De Sacy, me prévaloir d'aucune supériorité de talent : mais, si je suis loin d'égaler le traducteur en connaissances et en génie, j'ai cependant pour moi un incontestable avantage; celui de ma position. Je viens cent ans après lui : je profite de ses travaux, et de ceux qui ont été publiés depuis un siècle, soit pour établir le texte, soit pour l'interpréter. Enfin, s'il m'est permis de dire toute ma pensée, l'art de traduire, considéré en lui-même, me paraît avoir fait d'immenses progrès depuis vingt ans. Les siècles de l'éloquence et de la poésie ne sont pas ordinairement ceux des travaux d'érudition et de patience : on imagine alors

---

[1] Liv. III, lett. 9.
[2] Liv. III, lett. 8.
[3] Liv. III, lett. 4.
[4] Liv. IV, lett. 16.

plus volontiers qu'on ne copie : l'homme d'un talent supérieur consent difficilement à penser d'après d'autres écrivains qui n'ont pas pensé mieux que lui, et il se dit à lui-même, comme le géomètre de Montesquieu, *si je traduis, on ne me traduira pas.* Mais après ces siècles brillans, où quelques grands hommes paraissent seuls dans chaque genre et suffisent à la gloire de la littérature, vient ordinairement un autre siècle où le talent d'écrire, moins original et moins éminent sans doute, est bien plus généralement répandu ; où l'observation succède à l'enthousiasme, et l'étude des modèles, à l'ardeur de composer ; où, avec moins de génie, on sait mieux imiter les formes que l'on admire ; où la langue, enfin, assouplie par tant de chefs-d'œuvre, se prête plus aisément à la reproduction des ouvrages étrangers. Ce siècle est le nôtre, et l'art de traduire lui appartient, par un privilége dont il a moins à s'enorgueillir qu'à se justifier.

J'ai suivi le texte de Schæfer. Cependant je n'ai pas cru devoir négliger les notes de Gesner, d'Heusinger et de A. G. Ernesti : elles m'ont fourni plusieurs corrections utiles. Quelquefois aussi, pour conformer le texte latin à la version, j'ai introduit les leçons que De Sacy avait préférées, et d'après lesquelles il avait traduit. Sa traduction parut en 1699 et 1701, sans le texte : ce ne fut qu'en 1750 que J.-P. Miller y joignit le latin ; mais au lieu de rechercher le texte dont De Sacy s'était servi, il en fit imprimer un autre, très-différent dans un assez grand nombre de passages. M. J. F. Adry note ces différences dans son édition de 1808, et avertit des leçons que De Sacy avait adoptées : je les ai rétablies, quand elles m'ont paru plausibles, et qu'elles sont appuyées de l'autorité de manuscrits ou d'anciennes éditions. Au reste, je me suis permis peu de changemens de texte, sans en rendre compte dans les notes : j'y expose aussi les motifs des corrections les plus importantes que j'ai cru devoir faire à la traduction, sous le rapport du sens : pour les corrections de style, j'en abandonne le jugement à ceux qui voudront bien comparer cette nouvelle traduction avec l'ancienne : il eût été trop long de les discuter dans les notes, que j'ai abrégées autant que je l'ai pu.

Il est inutile de parler de la traduction des Lettres de Pline par Jacques Bouchard (1631), et par Pilet de la Mesnardière (1643) : elles sont l'une et l'autre sans fidélité et sans élégance. Avant De Sacy, Pline n'avait trouvé aucun interprète digne de lui, et je ne sache pas qu'après De Sacy, personne ait osé se promettre de faire oublier un travail estimable sous tant de rapports.

Jules PIERROT.

EXTRAIT

DE

L'ÉLOGE DE DE SACY

PAR D'ALEMBERT.

Louis De Sacy, avocat au conseil, et membre de l'Académie française, naquit à Paris en 1654. Après avoir fait, avec succès, les études ordinaires, il se destina au barreau, et commença de très-bonne heure à s'y distinguer. Il avait reçu de la nature tout ce qui devait assurer sa réputation dans cette carrière, un esprit juste et pénétrant, une logique nette et précise, une facilité noble de s'énoncer, une mémoire heureuse et sûre; il joignait à ces avantages la plus délicate probité, la plus douce aménité de mœurs, et cette politesse aimable qui, née de la franchise et de la candeur de l'âme, est encore plus dans le cœur que dans les manières. Aussi obtint-il également l'estime des magistrats, les suffrages du public, la confiance et l'attachement même de ses cliens; et jamais peut-être aucun de ses confrères ne remplit mieux que lui l'idée si intéressante et si noble que Cicéron a donnée de l'orateur, *un homme de bien qui a le talent de la parole*. L'illustre auteur de cette définition, ou plutôt de ce précepte, en fut aussi le plus digne exemple; et si tous les orateurs n'ont pas mérité le même éloge, c'est qu'ils ont ignoré le pouvoir de la vertu pour élever et inspirer le génie.

Cependant, quelque considéré que fût M. De Sacy dans la profession honorable qu'il exerçait, il se sentait destiné pour un théâtre plus vaste et plus brillant à ses yeux. Il voulut imiter en tout ce même Cicéron qui, après avoir plaidé dans la capitale du monde, devant des républicains, maîtres de l'univers, des causes bien plus importantes que toutes celles dont s'occupent les tribunaux de nos monarchies, ne se contentait pas de cette gloire, enrichissait sa langue et sa nation des trésors d'Athènes, éclairait par la philosophie, dans le silence du cabinet, ces mêmes citoyens qu'il venait de subjuguer au barreau par son éloquence, et faisant de ses admirateurs autant de disciples, ajoutait à l'empire de la parole celui des lumières.......

Avocat par état et par devoir, mais homme de lettres par attrait et par goût, M. De Sacy donnait à ce goût si naturel tous les momens dont il pouvait disposer. Il n'osa cependant, par une suite de cette modestie qui faisait le fond de son caractère, offrir d'abord au public ses propres et uniques productions; il résolut de commencer par être traducteur des pensées d'autrui, avant de hasarder les siennes. *Si vous traduisez toujours*, dit l'auteur des Lettres persanes, *on ne vous traduira jamais;* il aurait pu ajouter : *Si vous voulez qu'on vous traduise un jour, commencez par traduire vous-même.* Cette règle n'a peut-être d'exception que pour un très-petit nombre de génies supérieurs qui, sortant tout formés des mains de la nature, n'ont besoin ni de maître ni de modèle : le travail de la traduction serait pour tous les autres une riche moisson de principes et d'idées, et une excellente école dans l'art d'écrire; c'était l'avis de Despréaux. Que n'est-il plus suivi par nos jeunes littérateurs, dont la plupart se hâtent de prendre la plume sans avoir appris à la tenir, et d'être auteurs avant de penser! On peut les comparer à ces enfans qui, se mariant avant d'être hommes, veulent donner la vie à d'autres, quand l'âge n'a pas achevé de les former eux-mêmes, et sont punis, par des productions avortées, de la violence qu'ils font à la nature. Mais le rang peu flatteur qu'occupent dans les lettres ceux qui se dévouent à l'ingrat et pénible métier de traducteur, rebute la vanité ardente d'un écrivain novice qui, pressé de se faire un nom, ignore que, dans la littérature comme dans le commerce, une fortune sûre et bornée, paisiblement acquise en faisant valoir le bien des autres, est préférable à une indigence orgueilleuse, qui joint la prétention de la dépense à l'extérieur de la misère.

M. De Sacy débuta par la traduction des Lettres de Pline le Jeune....... Aussi agréable à lire que l'original, elle est en même temps moins fatigante, parce que le traducteur, en rendant toute la finesse de Pline, la rend avec plus de simplicité que lui : l'esprit de l'auteur s'y montre avec d'autant plus d'avantage, qu'il y est dégagé de l'apprêt qui le dépare trop souvent dans Pline même; et le modèle, sans cesser d'être ressemblant, est peint en beau dans la copie, précisément parce que le peintre n'a pas trop cherché les agrémens de l'attitude et l'éclat du coloris.

Aussi cette traduction eut-elle le plus grand succès, et le plus agréable pour l'auteur : elle lui mérita, dans l'Académie française, une place que le public rendit encore plus flatteuse, en confirmant le choix de l'Académie par son suffrage. L'un et l'autre jugèrent, avec raison, qu'un écrivain utile, instruit et de bon goût, était plus fait pour les honneurs académiques, que des rivaux à petits talens et à grandes prétentions, dont l'orgueilleuse médiocrité ne manqua pas, suivant son usage, de crier à l'injustice, et de s'exhaler en plaintes que personne ne daigna partager..........

Encouragé par les suffrages du public et de l'Académie, M. De Sacy voulut témoigner sa reconnaissance à Pline le Jeune, dont les lettres venaient d'assurer la fortune littéraire de son traducteur. Il donna, quelques années après, la version du Panégyrique de Trajan, par le même écrivain. Ce discours, dont on n'avait que des traductions très-médiocres, en méritait une meilleure, au moins par l'avantage unique qui le distingue, d'être le seul panégyrique de prince qui soit resté après la mort du prince et de l'orateur. Le monarque était si digne d'être célébré, que, malgré le dégoût naturel des lecteurs pour un volume de louanges, et de louanges données en face à un souverain, les vertus de Trajan ont servi auprès de la postérité de passe-port à son éloge; et l'écrivain, contre l'ordinaire, doit ici bien plus au prince, que le prince ne doit à l'écrivain. La traduction que M. De Sacy publia de ce Panégyrique, ne fut pas moins accueillie que celle des Lettres de Pline. Le désir et le besoin de voir les hommes heureux, qui se montrent à chaque ligne de l'ouvrage, le portrait d'un prince qui n'est pas loué par la flatterie, l'esprit et l'éloquence même de l'orateur, car il est quelquefois éloquent, quoique toujours ingénieux, firent rechercher avec empressement la version de M. De Sacy par tous ceux qui ne pouvaient lire Pline qu'en français. Cependant elle est aujourd'hui moins relue que la traduction des lettres, et par une raison bien naturelle. Le soin fatigant de montrer toujours de l'esprit, défaut essentiel et comme inhérent à Pline le Jeune, répand à la longue, sur le Panégyrique de Trajan, une monotonie qui finit par être pénible au lecteur. Cette monotonie se fait moins sentir dans les lettres du même écrivain, où elle est en partie sauvée par la variété continuelle des objets : elle disparaîtrait même entièrement de ces lettres, si l'auteur, qui malheureusement ne les écrivait que pour les rendre publiques, s'y fût livré à cet aimable abandon, qui en aurait dû faire le charme, mais que les regards du public refroidissent et contraignent, et qui se déploie dans toute sa liberté, quand on ne doit être lu que par son ami..........

Notre académicien, qui n'avait osé ou n'avait voulu être que le traducteur de Pline, semblait, dans les ouvrages qui lui appartenaient en propre, aspirer à se montrer le rival de Cicéron, quoiqu'en apparence beaucoup plus redoutable. Il avait déjà donné, après l'orateur romain, un *Traité de l'amitié;* il donna encore après lui un *Traité de la gloire*: car on sait que Cicéron avait fait un ouvrage sur ce sujet, quoique son livre soit perdu; il existait encore du temps de Pétrarque, qui en possédait un exemplaire, et qui le perdit par un malheur bien honorable à sa mémoire, pour l'avoir mis en gage dans le besoin pressant d'un homme de lettres, dont il ne pouvait soulager l'indigence que par ce sacrifice. C'est, de tous les ouvrages de Cicéron, celui dont on doit le plus regretter la perte. Personne ne devait parler plus éloquemment de la gloire que celui qui avait tout fait pour elle, qu'elle dédommageait et consolait de tout, qui pensait qu'aimer la gloire, c'est avoir le désir si louable de se dévouer aux nobles travaux dont elle est le prix, et qui, plus sincère que tant de prétendus sages, ne joignait pas à la passion de l'obtenir l'affectation de la dédaigner.

M. De Sacy écrivit donc aussi sur la gloire; mais il n'eut pas autant de lecteurs que quand il avait écrit sur l'amitié. Son âme douce et modeste était plus faite pour connaître les besoins du sentiment que ceux de l'amour-propre, et le plaisir de vivre dans le cœur de son ami, que celui d'exister dans l'opinion des autres.

Cette âme honnête et pure mérita des amis parmi ceux mêmes qui ne paraissaient pas devoir l'être. M. De Sacy avait plaidé dans une affaire importante contre un académicien distingué, et avait même révélé, dans un mémoire, des faits peu agréables pour la partie adverse. L'offensé, qui connaissait les principes et les mœurs de M. De Sacy, sentit que, si son estimable agresseur lui avait porté des coups redoutables, c'était sans intention de le blesser, à regret même, et pour les seuls intérêts de la personne qu'il s'était chargé de défendre. Aussi, non-seulement, l'académicien dont nous parlons ne sut pas mauvais gré à ce vertueux adversaire de ses attaques et de sa franchise ; mais quand M. De Sacy se présenta pour l'académie, celui contre lequel il avait écrit fut un de ses plus ardens solliciteurs : récompense rare, mais consolante, que le ciel accorde quelquefois à la vertu, pour ne pas décourager les hommes de la pratiquer.

Nous terminerons l'éloge de M. De Sacy par un trait qui couronne tous les autres. Quoique très-occupé dans sa profession, il l'exerça avec une noblesse qui contribua plus à sa considération qu'à sa fortune. *Tous ceux qui avaient besoin de lui, devenaient ses amis,* dit Montesquieu, son successeur ; car l'homme vertueux mérite d'avoir pour panégyriste un grand homme : *il ne trouvait presque pour récompense, à la fin de chaque jour, que quelques bonnes actions de plus; et toujours moins riche, mais toujours plus désintéressé, il n'a transmis à ses enfans que l'honneur d'avoir eu un si respectable père.*

Il mourut le 26 octobre 1727, âgé de soixante-treize ans, chargé de travaux et de vertus, laissant à ses amis le plus cher souvenir, aux gens de lettres le plus digne modèle, aux gens de bien les plus justes regrets. Madame de Lambert, plus âgée que lui de sept ans, et dont l'amitié fidèle et pure avait fait la douceur de sa vie, lui survécut pour conserver et honorer sa mémoire. Digne et triste objet de ses pleurs, il n'en eut point à répandre sur elle. Ainsi la nature, qui avait tout fait pour le bonheur de M. De Sacy, y mit le comble par une vieillesse heureuse et paisible, exempte de ce sentiment douloureux que laisse au fond du cœur une perte irréparable.

PRÉFACE
DU TRADUCTEUR.

Mon dessein, dans cette traduction, n'est pas d'instruire les savans, mais d'amuser ceux qui n'ont pas eu le loisir de le devenir. Comme je n'aspire point à donner des modèles aux uns, je crois pouvoir faire des copies pour les autres. On aurait donc grand tort, si l'on me reprochait que je n'ai pas rendu toutes les grâces de mon original. Je serai trop content, si j'en ai grossièrement ébauché les traits.

Plus j'ai lu Pline le Jeune, plus il m'a paru que trois qualités principales, quoiqu'en différens degrés, le caractérisent. Beaucoup de finesse dans les pensées, assez d'enjouement dans le style, infiniment de noblesse dans les sentimens. Je sais bien que son esprit n'a pas été du goût de tout le monde. L'un de nos auteurs modernes, qui s'est acquis le plus de réputation dans le même genre d'écrire, trouve que les expressions de Pline sont trop concertées, et que sa manière de penser n'est point assez naturelle. Il se déchaîne contre lui, le met fort au dessous de Pline le Naturaliste, son oncle, et le traite (ou peu s'en faut) d'écolier.

Serait-ce un préjugé apporté du collége? Personne n'ignore qu'en un pays où la seule latinité fait le mérite des auteurs, et où l'on étudie bien plus les phrases de Cicéron que ses pensées, Pline doit avoir peu de crédit. L'on ne parlait plus à Rome, sous Trajan, avec la même pureté que sous Auguste.

Mais parce que les censeurs de Voiture lui ont reproché que son savoir était au dessous du médiocre, faudra-t-il le soupçonner d'avoir jugé Pline, ou sans l'entendre, ou sur le rapport de ceux qui ne lui peuvent pardonner de n'avoir pas vécu dans le beau siècle de la langue latine?

Je suis bien éloigné d'avoir si mauvaise opinion de Voiture. Il ne serait pas permis à un homme qui ne connaîtrait point les anciens, ou qui n'aurait pas eu grande familiarité avec eux, d'user de leurs biens comme il en use, souvent mieux qu'ils n'ont fait eux-mêmes. Tant d'heureuses applications, tant d'agrément répandu dans ses ouvrages, me persuadent aisément que, s'il n'avait pas rapporté du pays des belles-lettres les meilleurs fruits, il y avait au moins cueilli les plus belles fleurs.

Que l'on fasse attention sur son style vif et coupé, sur le peu de paroles où il enchâsse ses idées, sur cet air riant et badin qu'il donne à tout ce qu'il écrit, sur la délicatesse avec laquelle il pense, on sera bien plutôt tenté de croire qu'il avait oublié ce qu'il devait à Pline, ou qu'il voulait le faire oublier aux autres.

Je l'avouerai pourtant, il se trouve de la différence entr'eux. L'enjouement fait le fond des lettres de Voiture, et l'ornement de celles de Pline.

Le premier est plus hardi; le second plus retenu dans ses plaisanteries. Jamais Pline n'eût hasardé la lettre du clou à une grande princesse, ni celle des chevaux de poste à une dame qu'il eût respectée. Celui-là n'écrit que pour rire; celui-ci ne rit que pour égayer ce qu'il écrit. Tous deux réjouissent quand ils badinent; mais l'un ne prend point le sérieux que les lecteurs n'y perdent; l'autre, qu'ils n'y gagnent. Enfin, l'imagination peut trouver plus son compte avec Voiture, le cœur avec Pline.

On ne peut jeter les yeux sur ses lettres, sans y reconnaître la source de cette sorte de politesse, qui, par des paroles obligeantes, multiplie le bienfait, et donne des grâces même au refus. Il a des premiers enrichi le commerce des hommes de cette agréable flatterie qui plaît sans nuire, et qui s'éloigne également de la bassesse des courtisans et de la bonté des philosophes.

Il est surprenant que Montaigne l'accuse de vanité. Si Pline, dans des discours publics, eût continuellement ramené son mérite et ses services; si dans des traités de philosophie, il eût à tout propos vanté la noblesse de sa race, les équipages de ses aïeux et le nombre de ses domestiques, l'accusation aurait peut-être ses apparences. Mais il parle de lui dans ses Lettres : pouvait-il s'en dispenser? L'amitié qui met les amis en société des biens et des maux, ne les oblige-t-elle pas à se rendre compte de leur bonne et de leur mauvaise fortune? leur est-il permis de retrancher de ce compte leurs prospérités, pour n'y faire entrer que leurs disgrâces? La même loi qui veut que l'ami malheureux répande une partie de sa douleur dans le sein de son ami, veut aussi, par un juste retour, que l'ami heureux y verse une partie de sa joie.

C'est là proprement l'office des lettres. Ailleurs, c'est orgueil de parler de soi : dans les lettres, c'est nécessité. Nous y sommes le plus souvent historiens de nous-mêmes : mais cette histoire, faite pour demeurer inconnue, ne peut être raisonnablement suspecte d'une ostentation recherchée. Personne n'en fut jamais plus éloigné que Pline. L'avidité de gloire serait peut-être pardonnable à un philosophe, qui ne connaissait guère d'autre récompense de la vertu : cependant on ne peut s'imaginer jusqu'où notre auteur porte la délicatesse sur ce point. Il découvre dans une de ses lettres [1] le fond de son âme, à l'occasion d'un discours où il avait été obligé de dire du bien de ses aïeux et de lui-même. Il y

---

[1] Lettre VIII, liv. I.

fait voir tant de timidité, de modestie et de sagesse, que Montaigne eût mieux parlé, s'il eût bien lu cette lettre.

Pour moi, puisqu'il faut que je paie le tribut de préférence que tout traducteur doit à son original (car de quel droit m'en affranchir?), je ne feindrai point de le dire : peut-être qu'ailleurs on trouvera un génie plus naturel et plus facile; mais nulle autre part, l'on ne rencontrera tant de mœurs.

Si ce n'est pas ce que la plupart des lecteurs cherchent dans des lettres, c'est du moins ce qu'ils devraient y chercher. Les leçons de morale débitées dans les livres, où les vertus sont traitées par chapitres, et démontrées par règles, ont ordinairement le sort ou de dégoûter par la sécheresse du dogme, ou de ne toucher que légèrement des esprits qui se tiennent sur leurs gardes.

Les lettres seules ont le privilége d'insinuer dans le cœur, avant même qu'il s'en aperçoive, les sentimens qu'elles exposent. On s'y familiarise insensiblement avec les vertus que l'on y voit chacune à sa place, chacune appliquée à son usage. Charmés de les retrouver dans l'exercice continuel des plus communs devoirs de la vie civile, nous revenons de l'erreur qui nous les représentait auparavant comme les idées et les chimères des sages, ou comme les irréconciliables ennemies de la nature. Le peu qu'elles paraissent avoir coûté, inspire la hardiesse d'y prétendre et l'espérance d'y parvenir. On ne se contente plus d'admirer ce que l'on croyait inimitable ; on se sent piqué d'une noble émulation d'imiter ce qu'on admire.

Tel est l'effet le plus ordinaire des Lettres de Pline. On ne peut, quand on les lit, ne le pas estimer, ne le pas aimer. On sent un désir secret de lui ressembler. Vous ne voyez partout que candeur, que désintéressement, que reconnaissance, que frugalité, que modestie, que fidélité pour ses amis à l'épreuve de la disgrâce et de la mort même; enfin, qu'horreur pour le vice, et passion pour la vertu.

J'ai donc cru que l'on ne pouvait trop mettre entre les mains de tout le monde, ce qui peut être utile à tout le monde. Pline, dans les premiers rangs du barreau, de la magistrature et de la cour, nous montre que l'on peut être habile avocat, et fort poli; grand magistrat, et fort affable; délié courtisan, et fort sincère : en un mot, que tous les défauts appartiennent aux hommes, et non pas à leurs professions. Avec lui, l'on apprend à exercer les plus illustres emplois, et mieux encore à s'en passer. Aux uns, il enseigne à se posséder dans la vie tumultueuse; aux autres, à jouir de la vie privée, à ne point chercher la gloire dans l'approbation des hommes, mais dans le témoignage de la conscience, et, pour tout dire, à ne point connaître de mérite sans probité.

PRÉFACE DU TRADUCTEUR.

Comme je ne veux point de querelle, je ne prétends point m'en faire ici avec ceux qui ne trouvent ni moins d'agrément, ni moins d'utilité dans les Lettres de Cicéron, et qui leur adjugent même la préférence.

Cette question demanderait plus d'étendue que n'en souffre une préface. D'ailleurs, je ne m'oublie pas jusqu'à croire qu'il m'appartienne de décider. Chacun peut donc en juger ce qu'il lui plaira. Mais si ceux pour qui j'ai déclaré avoir entrepris ma traduction, me pressent de leur dire mon avis, il me paraît plus de génie dans les Lettres de Cicéron, plus d'art dans celles de Pline. Le premier se pardonne quelquefois plus de négligence; le second souvent laisse voir trop d'étude. On lit dans Cicéron grand nombre de lettres, dont il semble que la postérité se serait bien passée; il en est peu dans Pline dont elle ne puisse profiter. Plus de grands événemens, plus de politique dans les unes; plus de sentimens, plus de morale dans les autres. L'un est peut-être un meilleur modèle de bien écrire, l'autre de bien vivre. Enfin, les Lettres de Cicéron nous apprennent, mieux que toutes les histoires, à connaître les hommes de son siècle, et les ressorts qui les remuaient; les Lettres de Pline, mieux que tous les préceptes, apprennent aux hommes de tous les siècles à se connaître et à se régler eux-mêmes.

Voilà, selon moi, ce que l'on peut rapporter de plus précieux du commerce de Pline. Voilà l'unique objet de ma traduction. Je puis n'avoir pas attrapé ses tours heureux, ses expressions vives et serrées ; j'ai pu ne pas donner assez de jour à tant de réflexions judicieuses qu'il fait sur l'éloquence. Mais je crois avoir exprimé ses sentimens avec assez de fidélité. Que ceux donc qui ne demandent que des sentimens, lisent hardiment cet ouvrage. Que les autres le négligent; ou, s'ils font tant que de le lire, qu'ils me pardonnent de ne les avoir pas satisfaits. J'en dis autant à ceux qui n'aiment rien davantage dans la lecture des anciens, que le nom des poissons qu'ils mangeaient, des mets que l'on servait sur leur table, des pièces qui composaient leurs appartemens, et que le rapport de l'ancienne géographie avec la moderne. Ils peuvent, s'ils croient cette découverte si importante, avoir recours à ces savans interprètes pour qui l'antiquité n'a rien d'obscur.

Persuadé que, sur ces sortes de questions, l'on pouvait impunément se tromper, je me suis imaginé que cette recherche ne vaut pas toujours ce qu'elle coûte. Sans trop m'embarrasser dans ces discussions curieuses, je m'en tiens à l'explication qui me paraît la plus commune ou la plus naturelle, bien résolu de ne point défendre mon opinion contre ceux qui pourraient m'en proposer une meilleure.

VIE

DE PLINE LE JEUNE.

Pline le Jeune naquit à Côme, ville d'Italie, dont les citoyens jouissaient des mêmes priviléges que ceux qui étaient nés à Rome. On ne sait pas trop quels emplois avait exercés C. Cécilius, son père; mais on ne peut douter que son rang et sa fortune ne fussent considérables, puisqu'il avait épousé la sœur de Pline le naturaliste, homme très-riche, et qui avait passé par de grandes charges; qu'il fit élever Pline le Jeune comme on élevait la plus illustre noblesse romaine de ce temps-là, et qu'il lui laissa de grands biens.

Quoique l'éloquence et la vertu commençassent à être négligées dans un état où elles ne conduisaient plus aux honneurs, cependant ce qui restait de vrais Romains avait peine à s'en détacher. On ne s'était point alors avisé qu'il fût honteux à un homme de condition de trop savoir; une profession ouverte de vice et de débauche n'anoblissait encore personne. On se souvenait que le premier des Césars n'avait pas été moins savant que brave. Enfin, si le mérite n'avait pas le crédit d'élever, du moins on n'était point parvenu jusqu'à le mépriser. La servitude et la flatterie, qui traînent toujours à leur suite l'ignorance et les plus honteux déréglemens, se répandaient déjà ; mais arrêtées de temps en temps par quelques héros, comme par de puissantes digues, elles n'inondèrent tout à fait l'empire que sous les règnes suivans.

Il ne faut donc pas s'étonner des soins extraordinaires que l'on eut de cultiver l'esprit de Pline par la connaissance de toute sorte de science, et de former ses mœurs par les leçons de la plus saine philosophie.

Il y apporta des dispositions heureuses, et il y fit bientôt un si grand progrès, qu'à l'âge de quatorze ans, il composa une tragédie grecque.

Dès que le temps de s'appliquer aux études les plus sérieuses fut venu, on le mit entre les mains de Quintilien. C'était le premier professeur d'éloquence de son siècle. Son génie n'avait pas moins de force que de finesse. Son goût était exquis, son érudition profonde ; mais surtout il possédait souverainement cet heureux talent de communiquer ses idées les plus déliées, par des images et par des expressions qui étaient également à la portée des différentes personnes à qui il devait se faire entendre.

Aussi, sans craindre de passer pour vain ni pour téméraire, il osa bien entreprendre un ouvrage sur lequel il ne semblait pas qu'Aristote et Cicéron eussent rien laissé à désirer. Il traça des règles pour l'orateur, qu'il prend soin de former dès le berceau, et le fait avec tant de succès, que son livre est regardé comme l'un des plus précieux trésors que nous tenions de l'antiquité.

Ce fut sous ce grand maître que Pline le Jeune apprit l'art de parler, de persuader et de plaire. Ce fut à ses préceptes qu'il dut ce fameux Panégyrique que tous les siècles ont regardé comme un chef-d'œuvre.

VIE DE PLINE LE JEUNE.

Il crut pourtant devoir entendre aussi Nicète de Smyrne, le plus célèbre rhéteur qui fût alors à Rome. Ensuite on l'envoya en Syrie, où il servit pendant quelques années à la tête d'une légion. Là, tout le temps que son devoir lui laissait, il le donnait aux leçons et aux entretiens d'Euphrate. Ce philosophe, aussi recommandable par l'étendue de ses lumières que par la pureté de ses mœurs, crut dès lors voir dans Pline tout ce qu'il fut dans la suite. Il en fit des pronostics si avantageux, qu'ils ne pouvaient manquer d'être suspects de flatterie, si Pline n'eût pris de bonne heure le soin de les justifier. Pline le naturaliste, son oncle, qui n'avait point d'enfans, fut charmé de trouver dans son neveu toutes les qualités qu'il aurait pu désirer dans un fils, si le ciel lui en eût donné un au gré de ses désirs : il l'adopta.

Une faveur si glorieuse n'éblouit point Pline le Jeune. Il en connut tout le prix, mais aussi il en sentit tout le poids. Persuadé que les grands noms déshonorent ceux qui les traînent, s'il n'oublia rien des plus tendres devoirs que la reconnaissance et le respect demandaient de lui pour son bienfaiteur, il ne négligea rien aussi de ce qui lui parut propre à se rendre digne du bienfait. A la vue de cette haute réputation qu'avait acquise celui dont il prenait le nom, à la vue de tout ce qu'il avait fait pour y arriver, de tout ce qu'il faisait chaque jour pour s'y maintenir, il ne cessait de se reprocher sa paresse et sa langueur, au milieu du travail le plus pénible et le plus assidu. Pline le naturaliste ne semblait pas seulement être devenu son père ; c'était son maître, son modèle, son guide. Pline le Jeune le suivait partout ; il recueillait ses moindres discours, il étudiait toutes ses actions.

C'est ainsi, qu'à son retour de Syrie, il s'occupait à Rome, dans ses premières années, lorsque son oncle, alors âgé de cinquante-six ans, fut obligé d'aller du côté de Naples, pour y commander la flotte que les Romains avaient à Misène. Pline le Jeune l'y accompagna, et le perdit par la plus tragique de toutes les aventures.

Un nuage extraordinaire que l'on découvrit de Misène, fit juger à Pline le naturaliste que le mont Vésuve, plus embrasé qu'à l'ordinaire, causait aux environs quelque désordre. Il voulut s'en éclaircir de plus près, soit pour y remédier, s'il avait deviné juste, soit pour satisfaire sa curiosité, si ce n'était qu'un jeu de la nature. Il monte sur une frégate; il tire vers le lieu d'où le nuage venait, et reconnaît bientôt que le plus affreux débordement de feu dont jamais on eût entendu parler, jetait partout l'épouvante et la consternation. Loin de se retirer, il ne songea qu'à rassurer les autres par son exemple, et à s'instruire plus exactement lui-même par ses propres yeux. Mais dans ce dessein, s'étant trop avancé, la fumée le suffoqua.

Cette horrible désolation ne se fit pas moins sentir à Misène, où Pline le Jeune était demeuré, et il n'y montra pas moins de courage. Il n'avait alors que dix-huit ans. A cet âge, il est aussi naturel d'aimer la vie que de s'alarmer dans le danger. Cependant, au fort du tremblement de terre, il poussa la constance jusqu'à lire tranquillement Tite-Live, comme si, dans une pareille conjoncture, il n'avait eu rien de plus à craindre que de perdre du temps. Mais ce qui fut encore plus glorieux pour lui, c'est que ni les prières, ni les larmes de sa mère ne le purent obliger de la quitter, et qu'il aima mieux se livrer à toutes les horreurs d'une mort qui paraissait inévitable, que d'aller chercher un asile où il ne voyait pas sa mère en état de le suivre.

Enfin, les flammes s'arrêtèrent, les noires vapeurs commencèrent à se dissiper, le seul tremblement de terre continua, mais beaucoup moins violent; et Pline, que le péril avait obligé de se sauver dans la campagne avec sa mère, rentra dans Misène.

Il y attendait avec impatience des nouvelles de son oncle. Dès qu'il en eut appris le triste sort, et qu'il eut donné à sa douleur, et à de justes devoirs, tout ce qu'ils lui demandaient, il retourna à Rome.

Cette perte le toucha plus qu'on ne peut dire; mais il n'en fut point accablé. Destitué d'un tel appui, il ne songea plus qu'à s'en faire un qui ne pût jamais lui manquer. Des inclinations naturellement douces, et un amour excessif pour les lettres, semblaient l'engager à la retraite et au repos; la vertu et la gloire l'emportèrent. Il croyait que la vie n'est point à nous; que nous la devons à la patrie; que nés dans une société dont nous voulons partager les douceurs et les avantages, nous sommes obligés d'y contribuer comme les autres; que nous ne pouvons sans injustice rejeter sur eux tous les travaux d'où dépendent la sûreté et la tranquillité publique, et garder pour nous tout le plaisir d'en jouir. Il croyait honteux de se reposer avant que d'avoir travaillé; il regardait le repos comme une récompense qu'il fallait avoir méritée, et où la nature défendait de prétendre avant le temps qu'elle a prescrit.

Plein de ces idées, il se tourna tout entier du côté des affaires publiques, et plaida sa première cause à dix-neuf ans. Il continua depuis avec une approbation aussi universelle que rare, dans une ville où l'on ne manquait ni de concurrens ni d'envieux.

Comme il avait naturellement du feu, de l'élévation et de l'agrément dans l'esprit, et que la première règle qu'il tenait de son excellent maître, c'était de suivre son propre génie et de s'y accommoder, la symétrie exacte, les pensées brillantes, les tours hardis régnèrent partout, et peut-être un peu trop, dans ses ouvrages. Ce n'est pas qu'il allât à grands frais les chercher loin de son sujet ; mais la facilité qu'il avait à les trouver lui faisait croire qu'ils en sortaient, pendant que ceux à qui un génie différent les cachait, les regardaient comme des ornemens affectés, étrangers, et qui coûtent beaucoup. Aussi la raison n'y perdit jamais rien. Elle en fut plus belle, plus à la mode du siècle où il vivait, mais non pas moins forte. Il eut plus d'une fois la satisfaction de se voir l'entrée du barreau fermée par la foule des auditeurs qui l'attendaient, quand il devait parler : il fallait qu'il passât au travers du tribunal des juges pour arriver à sa place. Il parlait quelquefois sept heures, et il en était seul fatigué. Comme il ne s'écartait jamais de son sujet, comme ce qu'il disait était toujours juste et nouveau, qu'il savait intéresser l'esprit et le cœur tout à la fois, le temps coulait rapidement : la chaleur la plus violente devenait supportable, et toutes les incommodités inséparables d'un nombreux auditoire s'évanouissaient, tant qu'on avait le plaisir de l'entendre. Souvent les juges, au milieu de son action, oubliant ce qu'ils devaient à leur caractère, et comme transportés hors d'eux, se levaient de leurs siéges, et mêlaient leurs applaudissemens à ceux du public. C'est ce qui fait dire à Quintilien [1], le plus grand admirateur que Cicéron ait eu, qu'il voyait de son temps des orateurs comparables aux anciens, et propres à former de dignes successeurs.

L'éloquence, alors vénale, ouvrait une voie sûre aux richesses. Plusieurs y allèrent par cette route avec tant d'ardeur que, pour la modérer, il fallut renouveler les anciens décrets du sénat faits sur ce sujet, et fixer le prix d'un travail qui n'en devrait point avoir.

Ce nouveau décret fut honorable pour Pline. Jamais il n'avait plaidé que pour l'intérêt public, pour ses amis, ou pour ceux à qui leur mauvaise fortune n'en avait point laissé; et il s'était toujours si religieusement abstenu d'en recevoir les plus légers présens, que ceux qui aimaient à rire, disaient quand le décret parut, les uns, qu'il était devin [2], et qu'il avait prévu le décret; les autres, qu'on avait voulu arrêter le cours de ses rapines.

Les occasions où il se signala davantage furent contre Bébius Massa, gouverneur de la Bétique, accusé de concussion, et contre qui le sénat le chargea de plaider, du vivant même de Domitien, dont l'accusé avait plus d'une fois servi la cruauté; contre Cécilius Classicus, gouverneur de la même province, et contre Marius Priscus, gouverneur d'Afrique. Il plaida contre ce dernier, non-seulement en plein sénat, comme dans les deux autres affaires, mais même en présence de l'empereur Trajan, et parla cinq

---

[1] *Habebunt, qui post nos de oratoribus scribent, magnam eos qui nunc vigent materiam vere laudandi. Sunt enim summa hodie, quibus illustratur forum, ingenia; namque et consummati jam patroni veteribus æmulantur, et eos juvenum ad optima tendentium imitatur ac sequitur industria.* QUINTIL., lib. *Instit. Orat.* X.

[2] Allusion à la dignité d'augure, dont il était revêtu.

heures de suite. Ce prince en fut si charmé, qu'il ne put s'empêcher de le marquer publiquement, par l'inquiétude où il parut qu'un si grand effort n'altérât la santé de Pline. Cette inquiétude alla si loin, qu'il avertit lui-même plusieurs fois un affranchi qui était derrière Pline, de lui dire de ménager ses forces, témoignant ainsi combien le discours lui était agréable, et l'orateur précieux.

Pline eut même la satisfaction que donne le succès. Ceux qu'il accusa furent condamnés. Mais rien ne lui fit tant d'honneur, que ce qu'il entreprit pour venger Helvidius, son ami. C'était le fils de cet illustre Helvidius, le Caton de son siècle, à qui des vertus austères, et une liberté romaine, coûtèrent la vie sous l'empire de Vespasien. Domitien, fils de cet empereur, et l'un des plus cruels princes qui ait jamais été, ne se trouva guère moins importuné de l'innocence des mœurs d'Helvidius le jeune, que Vespasien l'avait été de la haute estime que l'ancien Helvidius s'était acquise. Le jeune Helvidius fut donc condamné à la mort, sur la dénonciation de Certus, et l'on exila toute sa famille.

Quelque temps après, Domitien fut tué. Nerva, son successeur, rappela tous ceux qui avaient été injustement bannis. Sous ce nouveau prince, que le mérite seul avait élevé, la haine publique éclata contre les délateurs dont les calomnies avaient rempli de deuil les plus illustres familles. Ils furent vivement poursuivis par les parens de ceux qu'ils avaient fait périr, et livrés à la sévérité des lois.

Certus seul échappait. Soutenu par de grandes alliances et par de puissans amis, élevé lui-même à la place de préfet du trésor public, et consul désigné pour l'année suivante, il pouvait en sûreté braver le ressentiment de la femme d'Helvidius, et de deux autres femmes que des raisons d'alliance engageaient dans la même querelle. Ces femmes, chargées seules d'une si juste vengeance, au retour d'un exil, étaient trop timides pour rien entreprendre, et trop faibles pour rien exécuter.

Mais, l'amitié de Pline pour Helvidius, et son horreur pour l'infamie de Certus, y suppléa. Il ne fut point retenu par toutes les considérations qui pouvaient rendre le succès douteux. L'entreprise était périlleuse pour un jeune homme que sa réputation et sa fortune naissante engageaient à ne se point faire d'ennemis. Cependant il ne voulut pas même s'appuyer de la colère commune; il en laissa éteindre le premier feu, et crut que le sacrifice qu'il voulait faire à la mémoire de son ami, lui serait beaucoup plus glorieux, s'il n'était fait qu'à lui, et par les mains de la seule justice, au milieu du sénat tranquille.

Ce dessein ne fut communiqué à personne, pas même à Corellius, l'un des hommes les plus sages de son siècle, et sans l'avis de qui Pline n'entreprenait rien d'important. Les seules personnes intéressées furent de la confidence.

Il en arriva ce que Pline avait prévu. Dès qu'il eut demandé au sénat la permission d'accuser Certus, qu'il ne fit que désigner, il souleva tout le monde. Les partisans de Certus s'écrièrent, et voulurent que la proposition fût rejetée. Les amis de Pline furent effrayés du péril où il s'exposait. Le Consul lui-même parut contraire, et remit à l'entendre, quand son tour d'opiner sur d'autres affaires serait venu. Pendant que les autres, qui devaient parler avant lui, disaient leur avis, il n'y eut rien que l'on ne mît en usage pour l'obliger à se désister de cette poursuite. Mais tout fut inutile; jusque-là qu'un de ses amis lui ayant remontré que, par cette conduite, il se rendrait redoutable aux empereurs à venir, il eut la fermeté de lui répondre : *Tant mieux, pourvu que ce soit aux méchans empereurs.* Enfin, son tour de parler vint; et il parla avec tant de force et tant de véhémence, que si la clémence du nouvel empereur sauva la peine à Certus, sa justice du moins nota l'indignité de ce scélérat par l'exclusion du consulat où il avait été nommé.

On ne peut dire combien cette action augmenta l'estime que l'on avait déjà pour Pline : il n'y eut plus personne à Rome qui ne voulût être ou paraître de ses amis. Les uns aimaient sa fermeté, les autres la craignaient; tous se sentaient intérieurement forcés de l'admirer. Mais il ne borna pas là les témoignages de son amitié pour Helvidius. Après l'avoir vengé, il s'efforça de l'immortaliser par trois livres où il n'oublia rien de ce qui pouvait rendre un ami recommandable, et qu'il intitula : *De la vengeance d'Helvidius.*

Son éloquence n'éclata pas seulement à poursuivre le crime, mais aussi à défendre l'innocence. Il plaida pour Julius Bassus, homme qui était célèbre par ses disgrâces, et qu'au retour du gouvernement de Bithynie, les peuples de cette province avaient accusé; et il sut si bien mettre en jour l'esprit de la loi, que, malgré la rigueur de ses termes, il le fit absoudre.

Il défendit avec un pareil succès Varenus, successeur de Julius Bassus dans ce gouvernement, et qui depuis avait été chargé d'une semblable accusation. Toutes ces causes furent plaidées dans le sénat; mais Pline ne se fit pas moins admirer dans les autres tribunaux, et principalement devant les centumvirs. Quoiqu'il ne nous reste aucun de ces plaidoyers, il est aisé pourtant d'en faire un jugement certain, en le réglant sur le Panégyrique de Trajan. Un auteur célèbre, qui vivait dans un temps où l'on conservait encore et ces plaidoyers et le souvenir de leur succès, nous en donne en un mot l'idée la plus haute. Il écrit à un de ses amis, que Pline remporta plus de gloire de son plaidoyer pour Accia Variola, qu'il n'avait fait du Panégyrique de l'empereur Trajan[1]; c'est en dire assez pour n'y pouvoir rien ajouter.

Ce fut par ces degrés, que bientôt Pline monta jusqu'aux premières charges de l'état : il y porta partout les vertus qui l'y avaient élevé.

Dès le temps de Domitien, il avait été préteur. Ce prince farouche, qui regardait comme une censure délicate l'innocence des mœurs, et comme une révolte déclarée tous les discours qui tendaient à rendre le vice odieux, chassa de Rome et de l'Italie tous les philosophes. Il n'y avait point de sûreté à les assister dans leur retraite. Pline le devait faire beaucoup moins qu'un autre. Sa place l'exposait au grand jour; et ses moindres démarches étaient importantes, sous un empereur qui ne cherchait que des prétextes pour condamner, et qui souvent s'en passait. Toute la ville était remplie de dénonciateurs. Trois des amis de Pline venaient de périr, Sénécion, Rusticus et Helvidius. Quatre avaient été bannis, Mauricus, Gratilla, Arria, Fannia. Cependant la générosité de Pline pour les philosophes exilés, lui ferme les yeux sur le danger. Il ne se contente pas de les favoriser sous

---

[1] *Sidonius Apollinaris*, liv. VI, *Lett. à Rusticus.*

main; il va trouver Artémidore, l'un des plus célèbres d'entre eux, jusque dans une maison qu'il avait aux portes de la ville : pendant que de riches et puissans amis veulent ignorer le besoin que ce philosophe avait de grosses sommes, pour acquitter des dettes honorables, Pline emprunte ces sommes et les lui donne.

Il ne faut pas douter qu'une vertu si peu timide, dans une cour aussi corrompue, ne lui eût été funeste; mais la mort imprévue de Domitien mit en sûreté ce qui restait de gens de bien à Rome. Pline était trop redoutable aux délateurs pour leur échapper : on trouva une accusation toute prête contre lui, parmi les papiers de Domitien; et Pline n'évita le coup que par celui qui tomba sur ce prince.

Aussi les révolutions étaient si étranges et si fréquentes en ces temps-là, que l'on voyait subitement l'empire passer des mains les plus pures dans les plus infâmes. La même vertu qui avait conduit aux honneurs, poussait tout à coup dans le précipice. Pline l'éprouva plus qu'un autre; et c'est ce qui lui fit dire, *que les belles-lettres l'avaient élevé; que les belles-lettres l'avaient abaissé; et qu'enfin les belles-lettres l'avaient relevé.*

Il ne s'acquitta pas moins dignement des autres charges sous de meilleurs règnes. Il fut tribun du peuple, préfet du trésor public, consul, gouverneur de Bithynie et de Pont, commissaire de la voie Émilienne, et enfin augure, espèce de dignité sacerdotale qui ne se perdait qu'avec la vie.

C'était depuis long-temps la coutume que le consul, à l'entrée de son consulat, après avoir remercié le prince, proposât au sénat de lui décerner quelque nouvel honneur. Moins les empereurs de ce temps-là en étaient dignes, plus ils en étaient avides. Pline crut que ces honneurs, tant de fois profanés par la flatterie, étaient au dessous de Trajan. Persuadé que cet empereur pouvait confier le soin de sa gloire à ses actions, et que rien n'était plus propre à la rehausser, que de faire voir qu'elle pouvait se passer des titres où les autres avaient mis toute la leur, il ne lui en décerna point. Mais Trajan n'y perdit rien. La harangue où Pline les lui refuse, a duré plus que le marbre et que le bronze, où tant d'inscriptions pompeuses avaient été gravées. Elle charme encore aujourd'hui; et en la lisant, on a peine à démêler qui l'on doit admirer le plus, ou du prince qui a pu mériter de tels éloges, ou de l'orateur qui sut les donner.

Après son consulat, il fut fait gouverneur de Bithynie. C'était une des plus grandes provinces de l'empire, et composée de deux puissans royaumes, dont l'un avait été conquis sur Pharnace, fils de Mithridate, fameux par les guerres qu'il soutint si long-temps contre les Romains; l'autre leur avait été donné par Attale, fils de Prusias, l'un de ses rois, et qui se disait l'affranchi de la république. Pline ne prit pas moins de soin d'embellir les villes de cette province, que d'en soulager les peuples. Il fit élever un magnifique théâtre à Nicée, des aquéducs à Nicomédie, et à Sinope, colonie romaine. Il bâtit des bains publics à Pruse, et joignit, par un grand canal, le lac de Nicomédie à la mer.

Mais, pendant qu'il s'appliquait tant aux embellissemens extérieurs, il ne négligeait pas le dedans. Il liquida les dettes des villes; il en modéra les dépenses par de sages réglemens, et mit un si bon ordre à la police, que rien ne manquait à la sûreté et à la commodité publique. Il maintint les juges dans le devoir par des exemples, et les peuples dans la tranquillité par ses jugemens. Il ne songea point à s'attirer le respect par le faste de ses équipages, par la difficulté de son accès, par son dédain à écouter, par sa dureté à répondre; mais une simplicité majestueuse, un accès toujours libre, toujours ouvert, une affabilité qui consolait des refus nécessaires, une modération qui ne se démentit jamais, lui concilièrent tous les cœurs. Enfin, il prit pour lui les conseils que, dans une de ses lettres, il donne à son ami Maxime, envoyé pour gouverner l'Achaïe, et pour en réformer les désordres.

Si quelquefois une affaire, plus difficile ou plus importante, semblait demander les lumières et la décision du souverain, il la lui renvoyait. Mais alors, en homme qui cherchait sincèrement la justice, et non pas la confirmation de son avis, il ne se contentait pas d'en faire un simple rapport. Dans la défiance où il était que, malgré sa droiture, ce rapport ne tînt toujours de la première impression qu'il avait prise, et ne tendît à la communiquer, il envoyait les mémoires mêmes des parties et leurs titres, afin que le prince, libre de toute prévention étrangère et pleinement instruit, pût juger comme s'il les avait entendues.

Revenu à Rome, il reprit les affaires et ses emplois. Juge, quand les lois l'y engageaient, avocat, quand l'intérêt public, le besoin de ses amis, ou l'honneur le demandaient, souvent appelé au conseil du prince, assidu au sénat, il remplit toujours fidèlement toute la mesure des devoirs que la patrie a droit d'exiger d'un bon citoyen.

Tant de vertus lui acquirent la bienveillance de Trajan. Il était sûr d'en obtenir toutes les grâces qu'il lui demandait, et il n'en demanda que pour les autres. Un homme qui ne connaissait rien de plus précieux que de faire du bien, n'était point gêné par cette basse politique de la plupart des courtisans, qui craignent d'user leur crédit, dès qu'il le faut employer pour autrui. Jamais plus éloquent, jamais plus vif que dans ces occasions, s'il fallait solliciter un gouvernement, une charge, une grâce pour quelqu'un de ses amis, on eût dit que du succès de la sollicitation dépendait toute sa fortune. Les seules faveurs qu'il se réserva de demander pour lui, ce fut de pouvoir offrir lui-même, en qualité d'augure, des sacrifices pour un prince qu'il aimait sincèrement, et de jouir du droit de ceux qui ont trois enfans, après deux mariages qui ne lui en avaient point donné.

On ne sait rien de sa première femme, si ce n'est qu'elle venait de mourir, lorsqu'il entreprit de venger la mémoire d'Helvidius.

Sa seconde femme s'appelait Calphurnie. Comme elle était fort jeune quand il l'épousa, et qu'elle avait beaucoup d'esprit, il n'eut pas de peine à lui inspirer le goût des belles-lettres. Elle en fit toute sa passion; mais elle la concilia toujours si bien avec l'attachement qu'elle avait pour son mari, que l'on ne pouvait dire si elle aimait Pline pour les belles-lettres, ou les belles-lettres pour Pline.

S'il plaidait quelque cause importante, et que gênée par la bienséance, elle ne pût l'entendre, elle chargeait toujours plusieurs personnes de venir lui apprendre les premières nouvelles du succès; et l'agitation où la mettait cette attente, ne cessait que par leur retour. S'il lisait quelque harangue, ou quelqu'autre pièce dans une assemblée d'amis, elle ne manquait jamais de se ménager quelque place, d'où elle pût, derrière un rideau, ou voilée, recueillir elle-même les applaudissemens qu'il s'attirait. Elle tenait continuellement en ses mains les ouvrages qu'il avait composés; et, sans le secours d'autre maître que de son amour, elle composait sur sa lyre des airs pour les vers qu'il avait faits.

Une femme de ce caractère méritait bien d'être aimée. Elle le fut; mais avec des sentimens si tendres, que lorsqu'on les retrouve dans les lettres que Pline lui écrivait, on n'y sent guère moins le mérite et les charmes de celle qui fait penser de la sorte, que l'esprit et la douceur de celui qui sait si délicatement s'exprimer.

Il ne manquait à ce mariage, pour le rendre parfaitement heureux, que des enfans. Pline se croyait à la veille de jouir d'un bien qu'il désirait si fort, lorsque sa femme se blessa. Il se consola par les espérances qu'il fondait sur cet accident même. Les suites en furent pourtant plus tristes qu'il ne l'avait appréhendé. Elle guérit, à la vérité, et vécut assez long-temps; mais elle ne lui laissa point de postérité.

Il eut pour amis tout ce qu'il y avait de grands hommes dans son siècle; entre ceux que leurs rares vertus distinguaient, Virginius Rufus, qui refusa l'empire; Corellius, que l'on regardait comme un prodige de sagesse et de probité; Helvidius, dont nous avons déjà parlé; Rusticus Arulenus et Sénécion, que Domitien fit mourir: entre ceux que les belles-lettres ont rendus illustres, Quintilien, qui avait été son maître; Corneille Tacite et Suétone, célèbres, l'un par ses Annales, l'autre par ses Vies des empereurs; Frontinus, Ariston, Neratius, fameux jurisconsultes; Silius Italicus et Martial, poètes.

Son amitié fut aussi douce que solide. Il n'avait rien

qui ne fût à ses amis. Biens, crédit, talens, tout leur était prodigué, souvent sans qu'ils eussent la peine de le demander, quelquefois sans qu'ils le sussent. On eût dit qu'au milieu des affaires qui l'assiégeaient, et des études où il se plongeait, il n'avait d'attention qu'aux avantages de ceux qu'il aimait. Toujours éclairé sur leurs bonnes qualités qu'il vantait sans cesse, il ne sentait point leurs défauts; et, s'il les voyait, ce n'était que pour les trouver infiniment moindres que les siens. Ce n'est pas qu'il ait jamais trahi ses sentimens, ou qu'il ait négligé de remettre dans la voie ceux qui s'égaraient; mais, sincère sans chagrin quand il fallait reprendre, il était complaisant sans mollesse quand il fallait supporter. Il distinguait un faible d'un vice, une saillie d'humeur d'une expression du cœur, et n'exigeait point des autres qu'ils missent dans le commerce une perfection qu'il croyait ne pouvoir y porter. Comme il ne s'attachait qu'au mérite, il n'aimait pas les personnes selon le degré de leur noblesse et de leur élévation. Si en public il suivait sur cela les bienséances, en particulier son inclination et leurs vertus réglaient seules les rangs. Enfin, la mort et l'adversité, qu'on voit rompre ordinairement tous les nœuds qui lient les hommes, serraient plus étroitement ceux de son amitié. Elle se tournait en religion, dès que ses amis étaient morts ou malheureux. Aussi personne n'eut jamais plus de respect pour la volonté des morts: elle était pour lui une loi supérieure à toutes les autres. S'il s'y trouvait de l'obscurité, c'était toujours contre lui, et de la manière qui convenait le plus à leurs desseins et à leur réputation, qu'elle était expliquée. Si les formes la condamnaient, sa fidélité les faisait taire et la confirmait.

Il n'y eut pas jusqu'à ses affranchis et à ses esclaves,

qui n'éprouvassent sa douceur et sa modération. Loin des sentimens de la plupart des maîtres, qui regardent leurs domestiques avec plus de mépris que s'ils étaient, non pas d'une condition, mais d'une espèce différente de la leur, il ne voyait en eux que des hommes, d'autant plus dignes de bonté, qu'ils étaient plus malheureux. Il vivait au milieu d'eux avec la noble familiarité d'un père qui se communique à ses enfans, et qui cherche bien moins à s'en faire craindre, qu'à s'en faire aimer. Il croyait que le nom de père de famille, que les lois donnent aux maîtres, l'avertissait sans cesse de ses devoirs, et que ces devoirs devaient s'étendre également sur tous ceux qui composaient la famille. Toujours prêt à les excuser, s'ils avaient manqué, toujours prêt à leur pardonner, dès qu'ils se repentaient, il ne croyait point que, parce que les domestiques sont plus mal élevés et plus faibles, les maîtres eussent droit d'en attendre plus de lumières et de sagesse qu'ils n'en ont eux-mêmes. Leurs maux le touchaient; tous leurs besoins le trouvaient attentif; leur perte l'affligeait. Enfin, il traitait à table ses affranchis comme il se traitait lui-même; et, pour s'excuser à ceux qui lui en faisaient la guerre, il disait avec son enjouement ordinaire, *que ses affranchis ne buvaient pas du même vin que lui; mais qu'il buvait du même vin que ses affranchis.*

Dans une fortune médiocre, pour un homme de sa condition, il trouva le secret d'être excessivement libéral, non pas en prenant sur les uns ce qu'il donnait aux autres, mais en prenant sur lui tout ce que la modestie et la frugalité lui conseillaient de se refuser. Ainsi voyant Calvina, qu'il avait en partie dotée de son bien, sur le point de renoncer à la succession de Calvinus son père, dans la crainte que les biens qu'il laissait ne fussent pas suffisans pour payer les sommes dues à Pline, il lui écrivit de ne pas faire cet affront à la mémoire de son ami, et, pour la déterminer, lui envoya une quittance générale.

Dans une autre occasion, il donna trois cent mille sesterces à Romanus, pour le mettre en état d'entrer dans l'ordre des chevaliers romains, sans lui demander autre chose, sinon d'user de cette dignité en homme qui se souvenait qu'il ne la pouvait déshonorer sans déshonorer Pline lui-même. Il acheta une ferme cent mille sesterces pour y établir sa nourrice. Il fit présent de cinquante mille sesterces à la fille de Quintilien, lorsqu'elle se maria; et la lettre polie dont il accompagna son présent, pour ménager la peine que cela pouvait faire à un homme de ce caractère, valut infiniment mieux que le don même.

Mais où sa générosité éclata davantage, ce fut dans un marché qu'il fit avec Corellia. C'était la sœur de Corellius Rufus, qui, après avoir été pendant sa vie l'oracle de Pline, était encore après sa mort l'objet de sa vénération. Elle eut envie d'avoir quelques terres aux environs de Côme. Pline lui offrit à choisir entre plusieurs qu'il y avait, à l'exception de ce qu'il tenait de son père ou de sa mère. Dans cette conjoncture, il recueillit une succession dont les principales terres étaient en ce pays-là : il manda à son affranchi de les vendre à Corellia pour le prix qu'elle voudrait. Elle s'informe de leur valeur; on lui dit qu'elles valent sept cent mille sesterces; elle les offre à l'affranchi : il lui en passe la vente, et reçoit l'argent. Peu de temps après, Corellia, mieux instruite du juste prix de ce qu'elle avait acheté de Pline, apprend que ces terres valent neuf cent mille sesterces. Elle le presse avec les dernières instances de recevoir un supplément de cette somme qu'elle lui envoie; mais Pline le refuse, et lui écrit qu'il la supplie de ne pas considérer seulement ce qui est digne d'elle, mais aussi ce qui est digne de lui, et de souffrir que l'extrême soumission qu'il a toujours eue pour ses moindres ordres se démente en cette occasion, par la même raison qui lui sert de principe dans toutes les autres.

Les particuliers ne furent pas les seuls qui se ressentirent de sa libéralité; le public y eut sa part. Il fit établir des écoles à Côme, sa patrie, et contribua du tiers à fonder les appointemens des maîtres, mais avec tant de désintéressement, qu'il en laissa le choix au suffrage des parens. Il ne borna pas là son bienfait : il y fonda une bibliothèque, avec des pensions annuelles, pour un certain nombre de jeunes gens de famille, à qui leur mauvaise fortune avait refusé les secours nécessaires pour étudier. Mais surtout il eut grand soin de marquer sa reconnaissance aux dieux, qu'il regardait comme les auteurs de tous les biens dont il jouissait. Il leur éleva des autels, et leur bâtit un temple dans une de ses terres[1].

Ce respect pour les dieux de ses pères ne le rendit ni cruel ni injuste envers les chrétiens. Né dans le sein du paganisme, il les regardait comme des malheureux, séduits par les charmes d'une fausse et vaine superstition, et les plaignait. Pendant que ses plus chers amis, Corneille Tacite et Suétone, en parlaient comme d'une secte impie et détestable, comme d'une peste publique, et qu'ils les traitaient ainsi dans leurs histoires; pendant que l'esprit de la cour où il vivait, était de les poursuivre et de les exterminer partout, la droiture de son cœur

---

[1] Près de Tifernum Tiburinum.

corrige[r] les égaremens de son esprit. Il osa bien, non-seulement apporter dans l'instruction de leurs procès tous les adoucissemens que la sévérité des lois lui permit d'imaginer, mais il alla même jusqu'à écrire à Trajan en leur faveur, et à rendre témoignage à leur innocence; non qu'il reconnût la sainteté du culte qu'ils professaient, mais il rendait justice à la pureté de leurs mœurs.

C'en fut assez pour modérer le feu de la persécution, sous un empereur qui, tout païen qu'il était, avait des principes d'équité naturelle. Il ordonna que l'on ne recherchât point les chrétiens, et que l'on se contentât de les punir lorsqu'ils seraient dénoncés, et qu'ils persévéreraient.

Ceux qui ne peuvent s'empêcher de canoniser la vertu, partout où ils la trouvent, auraient cru commettre un crime, s'ils eussent laissé échapper une si belle occasion de faire de Pline un chrétien, et même un martyr, en le confondant avec un Secundus qu'ils trouvent dans la légende. Mais ceux dont le zèle se règle selon la lumière, assurent qu'il ne fut ni l'un ni l'autre, et qu'un événement de cette importance n'eût jamais échappé à la vigilance et à l'attention des auteurs chrétiens de ce siècle-là et des suivans. Non-seulement ces auteurs n'en font aucune mention, mais ils parlent d'une manière qui ne permet pas seulement de le soupçonner.

Aussi ne peut-on douter que la gloire ne fût l'âme des vertus de Pline. Pour elle, les plus durs travaux lui paraissaient pleins de charmes; par elle, le sommeil lui devenait comme inutile. Veilles, repos, divertissemens, études, il y rapportait tout; il y excitait sans cesse ses amis; il reprochait aux gens de son siècle, que depuis que l'on s'abstenât des actions louables, on méprisait la louange. Il avait pour maxime, que la seule ambition convenable à un honnête homme, c'était, ou de faire des choses dignes d'être écrites, ou d'écrire des choses dignes d'être lues. Il ne dissimulait point que l'approbation des bons juges du mérite le touchait; il ne cachait point la passion qu'il avait de plaire à la postérité, il lui faisait publiquement sa cour dans ses écrits; il avouait qu'il serait bien aise d'obtenir une place dans l'histoire. En un mot, il allait à visage découvert à l'immortalité.

Cet amour de la réputation l'a fait accuser de vanité : si c'est avec raison, chacun en jugera. Ce qu'il y a de certain, c'est qu'il ne courut à la gloire que sur les pas de la vertu. S'il chercha le plus grand jour, il n'y porta qu'une conscience pure et nette : s'il brigua les louanges, il prit soin de les mériter.

On lui reproche de parler souvent de lui; mais on ne peut au moins lui reprocher de ne parler que de lui. Loin d'avoir fondé sa réputation sur le mépris des autres, jamais homme ne prit plus de plaisir à vanter le mérite d'autrui; il en saisissait les moindres occasions, et il le publiait avec une abondance de paroles, que l'esprit ne fournit point, et qui ne peut couler que du cœur. Il ne mit pas la délicatesse du goût à ne trouver rien de bon. Sa colère s'allumait, quand il rencontrait des gens de ce caractère, à la lecture des pièces où il était invité. Comme l'admiration lui paraissait un bien commun, et dont le fonds était inépuisable, il ne croyait pas que l'on prît rien du sien, quand on distribuait aux autres la part qui leur en était due, et ils avaient toujours sujet d'être contens du partage qu'il leur en faisait. Sans craindre d'être devancé, il animait généreusement ceux qui couraient la même carrière. Personne ne soutenait plus que lui les jeunes avocats de son temps dans l'exercice de leur ministère; personne n'encourageait davantage les auteurs, et ne revoyait leurs écrits avec une envie plus sincère de les porter à la dernière perfection. En un mot, amoureux de la gloire, jamais il n'en fut jaloux, et il traita ses rivaux en frères et non pas en ennemis.

Son inclination et son attachement à l'étude passent ce qu'on pourrait en dire. Il y employait tout ce qui lui restait de temps, après que les devoirs publics étaient remplis. Dès que les affaires le permettaient, il fuyait à la campagne, non pour se délasser, mais pour composer, pour étudier plus librement et sans interruption. Là, comme il était maître de lui, rien n'était plus rangé, plus ordonné que sa vie. Il ne s'occupait que du soin de la prolonger, soit par le bon usage qu'il en faisait, soit en travaillant à des ouvrages, qui pussent le faire vivre d'une manière plus noble et plus glorieuse dans les siècles à venir. S'il se promenait, c'était avec un livre, ou avec des personnes dont les conversations valaient des livres. S'il était à table, on lisait pendant le repas, ou bien l'on récitait des vers. Le temps même de la chasse n'était pas exempt de méditations et de réflexions solides. Enfin, toutes ses heures étaient remplies, tous ses momens mis à profit.

Il vantait fort le plaisir de ne rien faire, et jamais homme ne le goûta moins. Le changement de travail était son unique repos. Tantôt il composait des plaidoyers et des harangues; tantôt il écrivait quelque morceau d'histoire : quelquefois il traduisait; souvent, il s'amusait à faire des vers. Il aimait à lire devant des gens de lettres assemblés ce qu'il avait composé, moins pour y recevoir des applaudissemens, que pour en rendre dignes ses ouvrages.

Quoiqu'il en ait fait un très-grand nombre, il ne nous reste que ses Lettres et son Panégyrique de l'empereur Trajan. On ne peut trop regretter ceux que l'on n'a plus, si l'on en juge par ceux que l'on a.

On ne connaît ni le temps, ni les particularités de la mort de Pline. Tout ce qu'on peut assurer, c'est que les hommes de ce caractère vivent toujours trop peu, et que ce qu'on sait de sa vie suffit à quiconque ne cherche sincèrement qu'à bien régler la sienne.

LETTRES

DE

PLINE LE JEUNE.

C. PLINII CÆCILII SECUNDI
EPISTOLÆ.

LIBER PRIMUS.

I.

C. Plinius Secundus Septicio suo s.

Frequenter hortatus es, ut epistolas, si quas paullo accuratius scripsissem, colligerem publicaremque. Collegi, non servato temporis ordine (neque enim historiam componebam), sed ut quæque in manus venerat. Superest, ut nec te consilii, nec me pœniteat obsequii. Ita enim fiet, ut eas, quæ adhuc neglectæ jacent, requiram, et, si quas addidero, non supprimam. Vale.

II.

Plinius Arriano suo s.

Quia tardiorem adventum tuum prospicio, librum, quem prioribus epistolis promiseram, exhibeo. Hunc, rogo, ex consuetudine tua et legas et emendes; eo magis, quod nihil, ante, peræque eodem ζήλῳ scripsisse vi-

LETTRES
DE PLINE LE JEUNE.
LIVRE PREMIER.

I.

Pline à son cher Septicius[1], salut.

Vous m'avez souvent pressé de rassembler et de donner au public les lettres que je pouvais avoir écrites avec quelque soin. Je les ai recueillies, sans m'arrêter aux dates; car je ne prétends pas composer une histoire : je les ai placées dans l'ordre même où elles se sont trouvées sous ma main. Je souhaite que nous ne nous repentions, ni vous de votre conseil, ni moi de ma condescendance : j'en serais alors plus attentif à rechercher les lettres qui m'ont échappé, et à conserver désormais celles que je puis avoir occasion d'écrire. Adieu.

II.

Pline à Arrien[2].

Comme je prévois que vous ne reviendrez pas de longtemps, je vous envoie l'ouvrage que mes dernières lettres vous avaient annoncé. Lisez-le, je vous en supplie; et surtout, selon votre coutume, n'épargnez pas les corrections. Je le désire d'autant plus, que je crois n'avoir jamais fait

deor. Tentavi enim imitari Demosthenem, semper tuum, Calvum, nuper meum, figuris duntaxat orationis ; nam vim tantorum virorum *pauci, quos æquus amavit*, assequi possunt. Nec materia ipsa huic (vereor, ne improbe dicam) æmulationi repugnavit. Erat enim prope tota in contentione dicendi, quod me longæ desidiæ indormientem excitavit, si modo is sum ego, qui excitari possim. Non tamen omnino Marci nostri τὰς ληκύθους fugimus, quoties paullulum itinere decedere non intempestivis amœnitatibus admonebamur. Acres enim esse, non tristes, volebamus.

Nec est quod putes me sub hac exceptione veniam postulare. Immo, quo magis intendam limam tuam, confitebor, et ipsum me et contubernales ab editione non abhorrere, si modo tu fortasse errori nostro album calculum adjeceris. Est enim plane aliquid edendum, atque utinam hoc potissimum, quod paratum est! (audis desidiæ votum) : edendum autem ex pluribus causis; maxime quod libelli, quos emisimus, dicuntur in manibus esse, quamvis jam gratiam novitatis exuerint : nisi tamen auribus nostris bibliopolæ blandiuntur; sed sane blandiantur, dum per hoc mendacium nobis studia nostra commendent. Vale.

tant d'efforts, pour lutter avec les grands modèles³. J'ai essayé d'imiter Démosthènes, dont vous avez toujours fait vos délices, et Calvus⁴, dont je fais depuis peu les miennes. Quand je dis imiter, je parle seulement de la tournure du style ; car, pour atteindre au génie de ces grands hommes, il faut

. . . . Le privilége heureux
Réservé sur la terre aux favoris des dieux⁵.

Mon sujet, soit dit sans amour-propre, secondait mon ambition ; il exigeait une véhémence de diction presque continuelle : il n'en fallait pas moins pour réveiller ma longue paresse, si tant est qu'elle puisse être réveillée. Cependant je n'ai pas entièrement dédaigné les fleurs de style de notre Cicéron⁶, toutes les fois que j'ai pu en cueillir sans trop m'écarter de mon chemin. Je cherchais la force, mais sans renoncer à la grâce.

Ne croyez pas que, sous ce prétexte, je prétende désarmer votre critique : au contraire, pour la rendre encore plus sévère, sachez que mes amis et moi nous ne sommes pas éloignés de l'idée de publier cet ouvrage, et que nous en ferons la folie, pour peu que vous nous encouragiez. Il faut bien que je publie quelque chose ; et pourquoi ne pas donner la préférence à ce qui est tout prêt ? vous reconnaissez là votre paresseux. Quant aux motifs qui me déterminent à faire paraître un ouvrage⁷, j'en ai plusieurs : le principal, c'est qu'on m'assure que mes derniers écrits sont encore entre les mains de tout le monde, quoiqu'ils aient perdu le charme de la nouveauté. Peut-être les libraires veulent-ils me flatter : mais puissent-ils nous tromper toujours, si leurs mensonges nous rendent nos études plus chères ! Adieu.

III.

Plinius Caninio Rufo suo s.

Quid agit Comum, tuæ meæque deliciæ? quid suburbanum amœnissimum? quid illa porticus, verna semper? quid πλατανῶν opacissimus? quid Euripus viridis et gemmeus? quid subjectus et serviens lacus? quid illa mollis, et tamen solida, gestatio? quid balineum illud, quod plurimus sol implet et circumit? quid triclinia illa popularia? quid illa paucorum? quid cubicula diurna nocturnaque? Possidentne te et per vices partiuntur? an, ut solebas, intentione rei familiaris obeundæ, crebris excursionibus avocaris? Si te possident, felix beatusque es: sin minus, unus ex multis.

Quin tu (tempus est enim) humiles et sordidas curas aliis mandas, et ipse te in alto isto pinguique secessu studiis asseris? hoc sit negotium tuum, hoc otium; hic labor, hæc quies: in his vigiliæ, in his etiam somnus reponatur. Effinge aliquid et excude, quod sit perpetuo tuum. Nam reliqua rerum tuarum post te alium atque alium dominum sortientur: hoc nunquam tuum desinet esse, si semel cœperit. Scio quem animum, quod horter

III.

Pline à Caninius Rufus.

Que devient Côme[8], cette ville délicieuse que nous aimons tant l'un et l'autre? que devient cette charmante maison du faubourg, et ce portique où règne un printemps éternel? cet impénétrable ombrage de platanes? ce canal aux bords verdoyans et émaillés de fleurs? et ce vaste bassin destiné à recevoir ses eaux? cette promenade, dont le terrain est si doux, et cependant si ferme[9]? ces bains que les rayons du soleil environnent et pénetrent toute la journée? cette salle à manger où vous recevez tant de monde, et cette autre où vous en admettez si peu? et ces appartemens de jour et de nuit? ces lieux enchanteurs, enfin, vous retiennent-ils et vous possèdent-ils tour à tour? ou bien le soin de vos affaires vous force-t-il, comme à l'ordinaire, à des excursions fréquentes? Vous êtes le plus heureux des hommes, si vous jouissez de tous ces biens : vous n'êtes qu'un homme vulgaire, si vous ne savez pas en jouir.

Que ne renvoyez-vous à d'autres, il en est temps, les occupations communes et viles? qu'attendez-vous pour vous livrer tout entier à l'étude dans ce paisible séjour? que ce soient là vos affaires, et votre repos; votre travail, et vos délassemens; consacrez aux lettres vos veilles, et votre sommeil même. Assurez-vous une sorte de bien que le temps ne puisse vous ôter. Tous les autres, dans la suite des siècles, changeront mille et mille fois de maîtres; mais les ouvrages de votre esprit ne cesseront jamais d'être à vous. Je sais à qui je parle : je connais la grandeur de

ingenium : tu modo enitere ut tibi ipse sis tanti, quanti videberis aliis, si tibi fueris. Vale.

IV.

Plinius Pompeiæ Celerinæ socrui s.

Quantum copiarum in Ocriculano, in Narniensi, in Carsulano, in Perusino tuo! In Narniensi vero etiam balineum! Ex epistolis meis (nam jam tuis opus non est) una illa brevis et vetus sufficit. Non, me hercule, tam mea sunt, quæ mea sunt, quam quæ tua. Hoc tamen differunt, quod sollicitius et intentius tui me, quam mei excipiunt. Idem fortasse eveniet etiam tibi, si quando in nostra deverteris : quod velim facias, primum ut perinde nostris rebus, ac nos tuis, perfruaris : deinde, ut mei expergiscantur aliquando, qui me secure ac prope negligenter exspectant. Nam mitium dominorum apud servos ipsa consuetudine metus exolescit : novitatibus excitantur, probarique dominis per alios, magis quam per ipsos, laborant. Vale.

votre courage, l'étendue de votre esprit. Tâchez seulement d'avoir meilleure opinion de vous; rendez-vous justice, et les autres vous la rendront. Adieu.

IV.

Pline à Pompeia Celerina, sa belle-mère.

Quelle douce abondance dans vos maisons d'Otricoli, de Narni, d'Arsuli, de Pérouse [10] ! et quel bain commode à Narni ! Je n'ai plus besoin de vos lettres pour connaître tout cela : la lettre que je vous écrivis il y a déjà quelque temps, quoique fort courte, suffit pour faire voir que j'en suis parfaitement instruit. J'éprouve, dans ces agréables demeures, que mon bien n'est pas plus à moi que le vôtre. J'y vois pourtant une différence; vos gens me servent mieux chez vous, que les miens ne me servent chez moi. Peut-être aurez-vous même fortune dans les maisons qui m'appartiennent, si vous me faites l'honneur d'y aller. Courez-en le risque, je vous en supplie : vous me ferez deux plaisirs à la fois; l'un, d'user de mon bien, comme j'use du vôtre; l'autre, de réveiller un peu l'assoupissement de mes valets, qui m'attendent toujours avec une espèce de tranquillité, qu'on pourrait appeler de la négligence. C'est le sort des maîtres trop indulgens : on s'accoutume aisément à n'en avoir pas grand'peur. Les nouveaux objets raniment le zèle des domestiques : ils aiment mieux obtenir l'approbation de leurs maîtres par le suffrage d'un étranger, que par les services qu'ils leur rendent. Adieu.

V.

Plinius Voconio Romano suo s.

Vidistine quemquam Marco Regulo timidiorem humilioremque post Domitiani mortem? sub quo non minora flagitia commiserat, quam sub Nerone, sed tectiora. Cœpit vereri, ne sibi irascerer : nec fallebatur; irascebar. Rustici Aruleni periculum foverat, exsultaverat morte; adeo ut librum recitaret publicaretque, in quo Rusticum insectatur, atque etiam «Stoicorum simiam» appellat. Adjicit «Vitelliana cicatrice stigmosum.» Agnoscis eloquentiam Reguli. Lacerat Herennium Senecionem, tam intemperanter quidem, ut dixerit ei Metius Carus: «Quid tibi cum meis mortuis? numquid ego aut Crasso aut Camerino molestus sum?» quos ille sub Nerone accusaverat. Hæc me Regulus dolenter tulisse credebat, eoque etiam, quum recitaret librum, non adhibuerat.

Præterea reminiscebatur, quam capitaliter ipsum me apud centumviros lacessisset. Aderam Arionillæ, Timonis uxori, rogatu Aruleni Rustici. Regulus contra. Nitebamur nos in parte causæ sententia Metii Modesti, optimi viri : is tunc in exsilio erat, a Domitiano relega-

V.

Pline à Voconius Romanus.

Vîtes-vous jamais homme plus lâche et plus rampant que Regulus [11], depuis la mort de Domitien? Vous savez que, sous son empire, Regulus, quoiqu'il sauvât mieux les apparences, ne fut pas plus honnête homme qu'il ne l'avait été à la cour de Néron. Il s'est avisé de craindre que je n'eusse du ressentiment contre lui. Il n'avait pas tort; je lui en voulais. Non content d'avoir fomenté la persécution exercée contre Rusticus Arulenus [12], il avait triomphé de sa mort, jusqu'à lire en public, et à répandre un livre injurieux, où il le traite de *singe des stoïciens*, et d'*homme qui porte les stigmates de Vitellius*. Vous reconnaissez là l'éloquence de Regulus. Il déchire avec tant d'emportement Herennius Senecion [13], que Metius Carus, son rival dans le noble métier de délateur, n'a pu s'empêcher de lui dire: *Quel droit avez-vous sur mes morts? Me voit-on remuer les cendres de Crassus ou de Camerinus* [14]? C'étaient des personnes illustres que, du temps de Néron, Regulus avait accusées. Il lut en public son dernier livre: il ne m'invita point, persuadé que je n'avais rien oublié de toutes ces indignités.

Il se souvenait d'ailleurs qu'il m'avait mis moi-même en un terrible danger, devant les centumvirs [15]. Je parlais, à la recommandation de Rusticus Arulenus, pour Arionille, femme de Timon, et j'avais Regulus contre moi. Je fondais en partie mon droit et mes espérances sur une opinion de Metius Modestus, homme

tus. Ecce tibi Regulus : « Quæro, inquit, Secunde, quid de Modesto sentias? » Vides quod periculum, si respondissem, Bene; quod flagitium, si, Male. Non possum dicere aliud tum mihi quam deos affuisse. « Respondebo, inquam, quid sentiam, si de hoc centumviri judicaturi sunt. » Rursus ille : « Quæro quid de Modesto sentias? » Iterum ego : « Solebant testes in reos, non in damnatos, interrogari. » Tertio ille : « Non jam quid de Modesto, sed quid de pietate Modesti sentias, quæro. » — « Quæris, inquam, quid sentiam? At ego, ne interrogare quidem fas puto, de quo pronuntiatum est. » Conticuit : me laus et gratulatio secuta est, quod nec famam meam aliquo responso, utili fortasse, inhonesto tamen, læseram; nec me laqueis tam insidiosæ interrogationis involveram.

Nunc ergo conscientia exterritus apprehendit Cæcilium Celerem, mox Fabium Justum : rogat ut me sibi reconcilient. Nec contentus, pervenit ad Spurinnam. Huic suppliciter (ut est, quum timet, abjectissimus) : « Rogo, inquit, mane videas Plinium domi, sed plane mane; neque enim diutius ferre sollicitudinem possum; et quoquo modo efficias, ne mihi irascatur. » Evigilaveram.

d'une vertu parfaite, alors exilé par Domitien. Regulus profita de cette circonstance pour me dire : *Pline, que pensez-vous de Modestus?* Vous voyez quel péril je courais, si j'eusse rendu un fidèle témoignage à la vérité; et de quel opprobre je me couvrais, si je l'eusse trahie. Les dieux seuls purent m'inspirer en cette occasion[16]. *Je vous répondrai*, lui dis-je, *si c'est là la question que les centumvirs ont à juger.* Il ne se rendit point. *Je vous demande,* poursuivit-il, *quel jugement vous portez sur Metius Modestus?* Je lui répliquai que *l'on ne demandait témoignage que contre des accusés, et jamais contre un homme condamné.* — *Eh bien*, continua-t-il, je ne vous demande plus ce que vous pensez de Modestus; mais quelle opinion avez-vous de son attachement pour le prince? — *Vous voulez*, dis-je, *savoir ce que j'en pense; mais moi, je crois qu'il n'est pas même permis de mettre en question ce qui est une fois jugé.* Regulus garda le silence. Vous ne pouvez vous imaginer quels éloges et quels applaudissemens suivirent cette réponse, qui, sans blesser ma réputation par une flatterie, utile peut-être à mes intérêts, mais honteuse pour moi, me tira d'un piége si artificieusement tendu.

Aujourd'hui Regulus, troublé par les justes reproches de sa conscience, s'adresse à Cecilius Celer, et ensuite à Fabius Justus; il les presse de vouloir bien faire sa paix avec moi. Il ne s'en tient pas là. Il court chez Spurinna; et, comme il est le plus rampant de tous les hommes lorsqu'il craint, il le supplie, avec les dernières bassesses, de me venir voir le lendemain matin, mais de grand matin : *Je ne puis plus vivre*, dit-il, *dans l'inquiétude où je suis; obtenez de lui, à quelque prix que ce soit, qu'il étouffe son ressentiment.* J'étais à peine éveillé, qu'un valet me vint

Nuntius a Spurinna : « Venio ad te. »—« Immo ego, ad te. » Coimus in porticum Liviæ, quum alter ad alterum tenderemus. Exponit Reguli mandata; addit preces suas, ut decebat optimum virum pro dissimillimo, parce. Cui ego : « Dispicies ipse, quid renuntiandum Regulo putes. Te decipi a me non oportet. Exspecto Mauricum (nondum enim ab exsilio venerat) : ideo nihil alterutram in partem respondere tibi possum, facturus quidquid ille decreverit. Illum enim esse hujus consilii ducem, me comitem, decet. »

Paucos post dies ipse me Regulus convenit in prætoris officio : illuc me persecutus secretum petit. Ait, timere se ne animo meo penitus hæreret, quod in centumvirali judicio aliquando dixisset, quum responderet mihi et Satrio Rufo : « Satrius Rufus, et cui est cum Cicerone æmulatio, et contentus non est eloquentia seculi nostri. » Respondi, nunc me intelligere maligne dictum, quia ipse confiteretur; ceterum potuisse honorificum existimari. « Est enim, inquam, mihi cum Cicerone æmulatio, nec sum contentus eloquentia seculi nostri; nam stultissimum credo, ad imitandum non optima quæque proponere. Sed tu, qui hujus judicii meministi, cur illius oblitus es, in quo me interrogasti, quid de Metii Modesti pietate sentirem? » Expalluit notabiliter, quamvis palleat semper : et hæsitabundus in-

prier, de la part de Spurinna, de vouloir bien l'attendre. Je lui fais répondre que je vais le trouver; et, comme nous allions l'un au devant de l'autre, nous nous rencontrons sous le portique de Livie. Il m'expose le sujet de sa mission : il joint ses instances à celles de Regulus, mais avec la modération [17] qui convenait à un honnête homme, sollicitant pour un personnage qui lui ressemblait si peu. *Vous verrez vous-même*, lui dis-je, *ce qu'il faut répondre à Regulus. Je ne veux point vous tromper : j'attends Mauricus* (car il n'était pas encore revenu de son exil); *je ne puis donc vous donner aucune parole certaine; je ferai ce qu'il voudra; c'est à lui de me guider en tout ceci, et c'est à moi de suivre ses avis.*

Regulus, peu de jours après, me vint trouver dans la salle du préteur. Là, après m'avoir suivi quelque temps, il me tire à l'écart, et il m'avoue qu'il craignait que je ne me souvinsse toujours des paroles qui lui étaient échappées une fois au tribunal des centumvirs (il plaidait contre Satrius et moi) : *Satrius*, avait-il dit, *et cet orateur qui, dégoûté de l'éloquence de notre siècle, se pique d'imiter Cicéron*... Je lui répondis, que son aveu seul m'ouvrait l'esprit; que jusqu'alors je n'y avais pas entendu malice; et qu'il avait été très-aisé de donner à ses paroles un sens fort obligeant. *Je me pique en effet*, poursuivis-je, *d'imiter Cicéron, et j'estime fort peu l'éloquence de notre temps. Je trouve ridicule, lorsqu'on se choisit des modèles, de ne pas prendre les meilleurs. Mais vous*, lui dis-je, *qui vous souvenez si bien de ce qui se passa dans cette cause, comment avez-vous oublié celle où vous me demandâtes ce que je pensais de l'attachement de Metius Modestus pour le prince?* La pâleur ordinaire de l'homme augmenta sensiblement. Il me dit enfin, d'une voix trem

quit : « Interrogavi, non ut tibi nocerem, sed ut Modesto. » Vide hominis crudelitatem, qui se non dissimulet exsuli nocere voluisse! Subjunxit egregiam causam : « Scripsit, inquit, in epistola quadam, quæ apud Domitianum recitata est, Regulus omnium bipedum nequissimus. » Quod quidem Modestus verissime scripserat. Hic fere nobis sermonis terminus. Neque enim volui progredi longius, ut mihi omnia libera servarem, dum Mauricus venit. Nec me præterit, esse Regulum δυσκαθαίρετον. Est enim locuples, factiosus; curatur a multis, timetur a pluribus, quod plerumque fortius amore est. Potest tamen fieri, ut hæc concussa labantur; nam gratia malorum tam infida est, quam ipsi. Verum, ut idem sæpius dicam, exspecto Mauricum. Vir est gravis, prudens, multis experimentis eruditus, et qui futura possit ex præteritis providere. Mihi et tentandi aliquid et quiescendi, illo auctore, ratio constabit. Hæc tibi scripsi, quia æquum erat te, pro amore mutuo, non solum omnia mea facta dictaque, verum etiam consilia, cognoscere. Vale.

VI.

Plinius Cornelio Tacito suo s.

RIDEBIS, et licet rideas. Ego ille, quem nosti, apros tres, et quidem pulcherrimos, cepi. Ipse? inquis. Ipse :

blante : *Ce n'était pas à vous que je voulais nuire; c'était à Metius Modestus.* Remarquez, je vous prie, le caractère cruel de cet homme, qui ne craint pas d'avouer qu'il voulait nuire à un exilé! Il ajouta, pour se justifier, une raison excellente. Modestus avait écrit une lettre, qui fut lue chez Domitien, et dans laquelle il disait : *Regulus est le plus méchant des animaux à deux pieds.* En effet, Modestus l'avait écrite. Notre conversation n'alla guère plus loin; car je voulais me réserver la liberté entière d'agir comme il me plairait, quand Mauricus serait de retour. Ce n'est pas que j'ignore qu'il est assez difficile de perdre Regulus. Il est riche, il est intrigant : bien des gens le considèrent; beaucoup plus encore le craignent; et la crainte souvent a plus de pouvoir que l'amitié. Mais, après tout, il n'est rien que de violentes secousses ne puissent abattre : la fortune n'est pas plus fidèle aux scélérats, qu'ils le sont aux autres. Au reste, je le répète, j'attends Mauricus. C'est un homme grave, prudent, instruit par une longue expérience, et qui saura lire l'avenir dans le passé. Ses conseils me fourniront des motifs, ou pour agir, ou pour demeurer en repos. J'ai cru devoir ce récit à l'amitié qui nous unit : elle ne me permet pas de vous laisser ignorer mes démarches, mes discours, ni même mes desseins. Adieu.

VI.

Pline à Cornelius Tacite.

Vous allez rire, et je vous le permets : riez tant qu'il vous plaira. Ce Pline que vous connaissez, a pris trois

non tamen ut omnino ab inertia mea et quiete discederem. Ad retia sedebam : erant in proximo, non venabulum aut lancea, sed stilus et pugillares. Meditabar aliquid enotabamque, ut, si manus vacuas, plenas tamen ceras reportarem. Non est, quod contemnas hoc studendi genus. Mirum est, ut animus, agitatione motuque corporis, excitetur. Jam undique silvæ et solitudo, ipsumque illud silentium, quod venationi datur, magna cogitationis incitamenta sunt. Proinde quum venabere, licebit, auctore me, ut panarium et lagunculam, sic etiam pugillares feras. Experieris non Dianam magis montibus, quam Minervam inerrare. Vale.

VII.

Plinius Octavio Rufo suo s.

Vide in quo me fastigio collocaris, quum mihi idem potestatis, idemque regni dederis, quod Homerus Jovi optimo maximo :

Τῷ δ' ἕτερον μὲν ἔδωκε πατὴρ, ἕτερον δ' ἀνένευσε.

Nam ego quoque simili nutu ac renutu respondere voto tuo possum. Etenim sicut fas est mihi, præsertim te exigente, excusare Bæticis contra unum hominem advocationem; ita nec fidei nostræ, nec constantiæ, quam di-

sangliers, mais des plus grands. Quoi! lui-même, dites-vous? Lui-même. N'allez pourtant pas croire qu'il en ait coûté beaucoup à ma paresse. J'étais assis près des toiles; ni épieu ni dard sous ma main; rien qu'un poinçon et des tablettes. Je rêvais, j'écrivais, et je me préparais la consolation de remporter mes pages [18] pleines, si je m'en retournais les mains vides. Ne méprisez pas cette manière d'étudier. Vous ne sauriez croire combien le mouvement du corps donne de vivacité à l'esprit; sans compter que l'ombre des forêts, la solitude, et ce profond silence qu'exige la chasse, sont très-propres à faire naître d'heureuses pensées. Ainsi, croyez-moi, quand vous irez chasser, portez votre pannetière et votre bouteille; mais n'oubliez pas vos tablettes. Vous éprouverez que Minerve ne se plaît pas moins que Diane sur les montagnes. Adieu.

VII.

Pline à Octavius Rufus.

Savez-vous que vous me placez bien haut, et que vous me donnez autant de pouvoir qu'Homère en accorde au grand Jupiter [19]?

> Le dieu
> N'accueille, en l'exauçant, qu'une part de son vœu.

Car je puis, comme Jupiter, répondre à vos vœux, en accueillant l'un, et en rejetant l'autre. S'il m'est permis, pour vous complaire, de refuser mon ministère à la province de Bétique contre un homme qu'elle accuse, la loyauté, la constance de principes, que vous estimez

ligis, convenit adesse contra provinciam, quam tot officiis, tot laboribus, tot etiam periculis meis aliquando devinxerim. Tenebo ergo hoc temperamentum, ut ex duobus, quorum alterum petis, eligam id potius, in quo non solum studio tuo, verum etiam judicio satisfaciam. Neque enim tanto opere mihi considerandum est quid vir optimus in praesentia velis, quam quid semper sis probaturus. Me circa idus Octobres spero Romae futurum, eademque haec praesentem quoque tua meaque fide Gallo confirmaturum : cui tamen nunc jam licet spondeas de animo meo.

H^{r}, καὶ κυανέῃσιν ἐπ' ὀφρύσι νεῦσε Κρονίων.

Cur enim non usquequaque Homericis versibus agam tecum, quatenus tu me tuis agere non pateris? quorum tanta cupiditate ardeo, ut videar mihi hac sola mercede posse corrumpi, ut vel contra Baeticos adsim. Paene praeterii, quod minime praetereundum fuit, accepisse me caryotas optimas, quae nunc cum ficis et boletis certandum habent. Vale.

VIII.

Plinius Pompeio Saturnino suo s.

PEROPPORTUNE mihi redditae sunt litterae tuae, quibus flagitabas, ut tibi aliquid ex scriptis meis mitterem, quum

en moi, ne m'interdisent pas moins de prendre la défense de cet homme contre une province que je me suis attachée au prix de tant de services, de travaux, et même de dangers. Je prendrai donc un terme moyen, et, de deux choses que vous me demandez, je vous accorderai celle qui, en satisfaisant vos désirs, ne nuira pas à l'estime que vous avez pour moi. Car je dois moins considérer ce que veut aujourd'hui un homme de votre caractère, que ce qu'il approuvera toujours. J'espère me rendre à Rome vers les ides d'octobre. J'y réitérerai à Gallus en personne la promesse que je vous fais, et je lui engagerai ma parole et la vôtre. Vous pouvez d'avance lui répondre de moi.

Il dit, et d'un regard confirme sa promesse[20].

Pourquoi ne vous citerais-je pas toujours les vers d'Homère, puisque vous ne voulez pas que je puisse citer les vôtres? Je les attends avec une telle impatience, que la certitude de les obtenir serait peut-être le seul attrait qui pût me corrompre, et me faire plaider même contre la province de Bétique. J'allais oublier quelque chose, qui mérite pourtant bien qu'on en parle : j'ai reçu vos dattes; elles sont excellentes, et vont disputer le prix à vos figues et à vos morilles. Adieu.

VIII.

Pline à Pompeius Saturninus.

Votre lettre ne pouvait m'être rendue plus à propos. Vous m'y priez de vous envoyer quelque ouvrage de ma

ego id ipsum destinassem. Addidisti ergo calcaria sponte currenti; pariterque et tibi veniam recusandi laboris, et mihi exigendi verecundiam sustulisti. Nam nec me timide uti decet eo, quod oblatum est, nec te gravari, quod depoposcisti. Non est tamen, quod ab homine desidioso aliquid novi operis exspectes. Petiturus sum enim, ut rursus vaces sermoni, quem apud municipes meos habui, bibliothecam dedicaturus. Memini quidem te jam quædam annotasse, sed generaliter : ideo nunc rogo, ut non tantum universitati ejus attendas, verum etiam particulas, qua soles lima, persequaris. Erit enim et post emendationem liberum nobis vel publicare vel continere. Quin immo fortasse hanc ipsam cunctationem nostram in alterutram sententiam emendationis ratio deducet, quæ aut indignum editione, dum sæpius retractat, inveniet; aut dignum, dum id ipsum experitur, efficiet.

Quanquam hujus cunctationis meæ causæ non tam in scriptis, quam in ipso materiæ genere, consistunt. Est enim paullo gloriosius et elatius. Onerabit hoc modestiam nostram, etiamsi stilus ipse fuerit pressus demissusque, propterea quod cogimur, quum de municentia parentum nostrorum, tum de nostra, disputare. Anceps hic et lubricus locus est, etiam quum illi necessitas lenocinatur. Etenim si alienæ quoque laudes parum æquis auribus accipi solent, quam difficile est obtinere, ne mo-

façon, au moment même où je songeais à vous en adresser un. C'est donner de l'éperon à qui ne demande qu'à courir; et je n'ai plus à craindre, ni les excuses de votre paresse, ni les scrupules de ma discrétion : j'aurais aussi mauvaise grâce de me croire importun, que vous de me traiter de fâcheux, quand je ne fais que répondre à votre impatience. Cependant n'attendez rien de nouveau d'un paresseux. Je veux vous demander de vouloir bien revoir encore le discours que j'ai prononcé dans ma ville natale, le jour que je fondai une bibliothèque. Je me souviens que vous m'avez fait déjà, sur ce morceau, quelques remarques générales : ne puis-je point obtenir qu'il passe encore une fois sous votre lime? Je voudrais aujourd'hui que votre critique ne s'attachât pas seulement à l'ensemble; mais qu'elle relevât les moindres détails avec ce goût sévère que nous vous connaissons. Nous serons encore libres, après cet examen, de le publier ou de le garder. Peut-être même que cette revue attentive aidera beaucoup à nous déterminer; car, à force de revoir et de retoucher l'ouvrage, ou nous le trouverons indigne, ou nous le rendrons digne de paraître.

Toutefois, je vous l'avoue, mon incertitude vient moins de la composition que du sujet. Ne m'expose-t-il point un peu au reproche d'ostentation et de vanité? Quelque simple que soit mon style, il sera difficile que, contraint à parler de la libéralité de mes aïeux et de la mienne, je paraisse assez modeste. Le pas est glissant, lors même que la plus juste nécessité nous y engage. Si les louanges que nous donnons aux autres ne sont déjà pas trop bien reçues, comment se promettre de faire passer celles que nous nous donnons à nous-mêmes? La vertu, qui toute seule fait des envieux, nous en attire bien davantage quand la

lesta videatur oratio de se aut de suis disserentis! Nam quum ipsi honestati, tum aliquanto magis gloriæ ejus prædicationique invidemus; atque ea demum recte facta minus detorquemus et carpimus, quæ in obscuritate et silentio reponuntur. Qua ex causa sæpe ipse mecum, nobisne tantum, quidquid est istud, composuisse, an et aliis, debeamus : ut nobis, admonet istud quoque, quod pleraque, quæ sunt agendæ rei necessaria, eadem peracta nec utilitatem parem nec gratiam retinent.

Ac, ne longius exempla repetamus, quid utilius fuit, quam munificentiæ rationem etiam stilo prosequi? Per hoc enim assequebamur, primum, ut honestis cogitationibus immoraremur; deinde, ut pulchritudinem illarum longiore tractatu pervideremus; postremo, ut subitæ largitionis comitem pœnitentiam caveremus. Nascebatur ex his exercitatio quædam contemnendæ pecuniæ. Nam quum omnes homines ad custodiam ejus natura restrinxerit, nos contra multum ac diu pensitatus amor liberalitatis communibus avaritiæ vinculis eximebat; tantoque laudabilior munificentia nostra fore videbatur, quod ad illam non impetu quodam, sed consilio trahebamur. Accedebat his causis, quod non ludos aut gladiatores, sed annuos sumptus in alimenta ingenuorum pollicebamur. Oculorum porro et aurium voluptates adeo non egent commendatione, ut non tam incitari debeant oratione,

la gloire la suit; et l'on expose moins les belles actions à la malignité, en les laissant dans l'ombre. Plein de ces pensées, je me demande souvent, si je dois avoir composé mon discours pour le public, ou seulement pour moi. La preuve que je dois avoir travaillé pour moi, c'est que les accessoires les plus nécessaires à une action de ce genre, ne conservent, après l'action, ni leur prix ni leur mérite [21].

Sans aller plus loin chercher des exemples, peut-on douter qu'il ne me fût très-utile d'expliquer les motifs de ma munificence? J'y trouvais plusieurs avantages à la fois : j'arrêtais mon esprit sur de nobles pensées; une longue méditation m'en dévoilait mieux toute la beauté; enfin, je me précautionnais contre le repentir inséparable des libéralités précipitées. C'était comme une occasion de m'exercer au mépris des richesses. Car, tandis que la nature attache tous les hommes au soin de les conserver, l'amour raisonné d'une libéralité bien entendue me dégageait de ce commun lien de l'avarice. Il me semblait que ma générosité serait d'autant plus méritoire, que j'y étais entraîné par la réflexion, et non par un brusque caprice. Une dernière considération me déterminait encore. Ce n'étaient pas des spectacles ou des combats de gladiateurs que je proposais, c'étaient des pensions qui assurassent à des jeunes gens d'honnête famille les secours que la fortune leur refusait [22]. On n'a pas besoin de faire valoir les plaisirs qui charment les yeux ou les oreilles; et, lorsqu'il s'agit de ces sortes de jouissances, l'orateur doit plutôt em-

quam reprimi. Ut vero aliquis libenter educationis tædium laboremque suscipiat, non præmiis modo, verum etiam exquisitis adhortationibus impetrandum est. Nam si medici salubres, sed voluptate carentes cibos, blandioribus alloquiis prosequuntur, quanto magis decuit publice consulentem, utilissimum munus, sed non perinde populare, comitate orationis inducere? præsertim quum enitendum haberemus, ut, quod parentibus dabatur, et orbis probaretur, honoremque paucorum ceteri patienter et exspectarent et mererentur.

Sed ut tunc communibus magis commodis, quam privatæ jactantiæ studebamus, quum intentionem effectumque muneris nostri vellemus intelligi; ita nunc in ratione edendi veremur, ne forte non aliorum utilitatibus, sed propriæ laudi servisse videamur. Præterea meminimus, quanto majore animo honestatis fructus in conscientia, quam in fama, reponatur. Sequi enim gloria, non appeti, debet; nec, si casu aliquo non sequatur, idcirco quod gloriam meruit, minus pulchrum est. Ii vero, qui benefacta sua verbis adornant, non ideo prædicare, quia fecerint, sed ut prædicarent, fecisse creduntur. Sic, quod magnificum referente alio fuisset, ipso qui gesserat recensente, vanescit. Homines enim, quum rem destruere non possunt,

ployer le frein que l'aiguillon. Mais faut-il engager quelqu'un à se livrer aux fatigues et aux dégoûts que traîne à sa suite l'éducation des jeunes gens, on n'a pas trop et des charmes de l'intérêt particulier et de tous les agrémens de l'éloquence. Les médecins essaient par leurs discours de répandre sur des alimens insipides, mais salutaires, la saveur qui leur manque : à plus forte raison, en faisant à mes concitoyens un présent d'une utilité immense, mais peu reconnue, fallait-il l'accompagner de toutes les séductions de la parole, surtout quand il était nécessaire de faire approuver, à ceux qui n'ont plus d'enfans, une institution qui n'est faite qu'en faveur de ceux qui en ont, et d'inspirer à tous assez de patience pour attendre et pour mériter une distinction restreinte au petit nombre[23].

Mais comme alors, en exposant le but et les avantages de cet établissement[24], j'étais plus occupé de l'utilité publique que de ma gloire particulière, je crains aujourd'hui, en publiant ma harangue, de paraître plus occupé de ma gloire particulière que de l'utilité publique. Je n'ai pas oublié qu'il y a plus de grandeur à chercher la récompense de la vertu dans sa conscience, que dans l'éclat de la renommée. Ce n'est pas à nos actions à courir après la gloire, c'est à la gloire à les suivre; et, s'il arrive qu'elle nous échappe, il ne faut pas croire que ce qui l'a méritée[25] perde rien de son prix. Il est difficile de vanter le bien qu'on a fait, sans donner lieu de juger que l'on ne s'en vante pas, parce qu'on l'a fait, mais qu'on l'a fait pour s'en vanter. Notre action, que l'on admire quand d'autres en parlent, est méprisée dès que nous en parlons nous-mêmes. Les hommes sont ainsi faits : ils at-

jactationem ejus incessunt. Ita, si silenda feceris, factum ipsum; si laudanda, quod non sileas ipse, culpatur.

Me vero peculiaris quædam impedit ratio: etenim hunc ipsum sermonem non apud populum, sed apud decuriones habui; nec in propatulo, sed in curia. Vereor ergo ut sit satis congruens, quum in dicendo assentationem vulgi acclamationemque defugerim, nunc eadem illa editione sectari; quumque plebem ipsam, cui consulebatur, limine curiæ parietibusque discreverim, ne quam in speciem ambitionis inciderem, nunc eos etiam, ad quos ex munere nostro nihil pertinet, præter exemplum, velut obvia ostentatione conquirere. Habes cunctationis meæ causas : obsequar tamen consilio tuo, cujus mihi auctoritas pro ratione sufficit. Vale.

IX.

Plinius Minutio Fundano suo s.

Mirum est, quam singulis diebus in urbe ratio aut constet, aut constare videatur, pluribus cunctisque non constet. Nam si quem interroges, Hodie quid egisti? respondeat : Officio togæ virilis interfui; sponsalia aut nuptias frequentavi; ille me ad signandum testamentum, ille in advocationem, ille in consilium rogavit. Hæc quo

taquent la louange, ne pouvant attaquer ce qui est louable. Quel parti prendre? Ne faisons-nous rien qui mérite que l'on parle de nous, on nous le reproche : avons-nous mérité que l'on parle de ce que nous faisons, on ne nous pardonne pas de le dire.

J'ai encore un scrupule qui m'est personnel; c'est que j'ai harangué, non en public, mais dans l'assemblée des décurions. Or, je crains qu'il soit peu convenable de briguer, par cette publication, les applaudissemens de la multitude, que j'ai évités en prononçant mon discours. Il s'agissait des intérêts du peuple, et j'avais mis entre lui et moi les murs du sénat [26], pour ne point avoir l'air de capter sa bienveillance; mais aujourd'hui ne semblerai-je pas mendier par vanité l'approbation de ceux mêmes qui n'ont d'autre intérêt à mon action, que celui de l'exemple qu'elle donne? Vous voilà instruit de tous mes doutes; décidez. Je ne veux pour raison que votre avis. Adieu.

IX.

Pline à Minutius Fundanus [27].

Chose merveilleuse! prenez à part chacune des journées que nous passons à Rome, il n'y en a point qui ne soit ou qui ne paraisse remplie : rassemblez-les toutes, vous les trouverez vides. Demandez à quelqu'un : qu'avez-vous fait aujourd'hui? — J'ai assisté, vous dira-t-il, à une cérémonie de la robe virile. J'ai été prié à des fiançailles ou à des noces. L'on m'a demandé pour la signature d'un testament. Celui-ci m'a chargé de sa cause [28];

die feceris, necessaria; eadem, si quotidie fecisse te reputes, inania videntur, multo magis quum secesseris. Tunc enim subit recordatio, quot dies quam frigidis rebus absumsi! Quod evenit mihi, postquam in Laurentino meo aut lego aliquid, aut scribo, aut etiam corpori vaco, cujus fulturis animus sustinetur. Nihil audio, quod audisse, nihil dico, quod dixisse pœniteat. Nemo apud me quemquam sinistris sermonibus carpit; neminem ipse reprehendo, nisi unum me, quum parum commode scribo : nulla spe, nullo timore sollicitor, nullis rumoribus inquietor. Mecum tantum et cum libellis loquor. O rectam sinceramque vitam! o dulce otium, honestumque, ac pæne omni negotio pulchrius! o mare, o litus, verum secretumque μουσεῖον! quam multa invenitis, quam multa dictatis! Proinde tu quoque strepitum istum inanemque discursum, et multum ineptos labores, ut primum fuerit occasio, relinque, teque studiis, vel otio trade. Satius est enim, ut Attilius noster eruditissime simul et facetissime dixit, « otiosum esse, quam nihil agere. » Vale.

celui-là m'a fait appeler à une consultation. Chacune de ces occupations, le jour qu'on s'y est livré, a paru nécessaire : mais quand on vient à réfléchir que c'est ainsi que se sont passées toutes les journées, on y trouve bien de l'inutilité, surtout lorsqu'on y réfléchit dans la retraite. Alors vous ne pouvez vous empêcher de vous dire : « A quelles bagatelles ai-je perdu mon temps ! » C'est ce que je répète souvent dans ma maison de Laurentin, où mes momens sont incessamment occupés par la lecture, par la composition, ou même par les exercices du corps, dont la bonne disposition influe tant sur les opérations de l'esprit. Je n'entends, je ne dis rien, que je me repente d'avoir entendu et d'avoir dit. Personne, devant moi, n'ose se permettre de malins discours sur qui que ce soit[29]. Je ne censure personne, si ce n'est moi-même[30] quand ce que je compose n'est pas à mon gré. Point de désirs, point de craintes qui me tourmentent, point de bruits fâcheux à redouter. Je ne m'entretiens qu'avec moi et avec mes livres. O l'agréable, ô l'innocente vie[31] ! Que cette oisiveté est douce ! qu'elle est honorable, et préférable même aux plus illustres emplois[32] ! Mer, rivage, mes vrais cabinets d'étude, que ne vous doit pas l'imagination ! que de pensées n'inspirez-vous pas ! Voulez-vous m'en croire, mon cher Fundanus, fuyez les embarras de la ville ; rompez au plus tôt cet enchaînement de soins frivoles qui vous y attachent ; livrez-vous à l'étude ou au repos ; et songez au mot si spirituel et si plaisant de notre ami Attilius : *Il vaut infiniment mieux ne rien faire, que de faire des riens.* Adieu.

X.

Plinius Atrio Clementi suo s.

Si quando urbs nostra liberalibus studiis floruit, nunc maxime floret. Multa claraque exempla sunt. Suffecerit unum, Euphrates philosophus. Hunc ego in Syria, quum adolescentulus militarem, penitus et domi inspexi, amarique ab eo laboravi, etsi non erat laborandum. Est enim obvius et expositus, plenusque humanitate quam præcipit. Atque utinam sic ipse, quam spem tunc ille de me concepit, impleverim, ut ille multum virtutibus suis addidit! Aut ego nunc illas magis miror, quia magis intelligo: quanquam ne nunc quidem satis intelligo. Ut enim de pictore, sculptore, fictore, nisi artifex, judicare, ita, nisi sapiens, non potest perspicere sapientem. Quantum mihi tamen cernere datur, multa in Euphrate sic eminent et elucent, ut mediocriter quoque doctos advertant et afficiant. Disputat subtiliter, graviter, ornate: frequenter etiam platonicam illam sublimitatem et latitudinem effingit. Sermo est copiosus et varius; dulcis in primis, et qui repugnantes quoque ducat et impellat. Ad hoc, proceritas corporis, decora facies, demissus capillus, ingens et cana barba; quæ, licet fortuita et inania putentur, illi tamen plurimum venerationis

X.

Pline à Atrius Clemens.

Si jamais les belles-lettres ont été florissantes à Rome, c'est assurément aujourd'hui. Je pourrais vous en citer bien des exemples : vous en serez quitte pour un seul ; je ne vous parlerai que du philosophe Euphrate. Je commençai à le connaître en Syrie, dans ma jeunesse et dans mes premières campagnes [33]. J'étais admis chez lui, et j'en profitai pour l'étudier à fond. J'employai tous mes efforts pour me faire aimer de lui ; et l'effort n'était pas nécessaire. Il est accessible, prévenant, et soutient bien par sa conduite les leçons d'affabilité qu'il donne. Que je serais content, si j'avais pu remplir l'espérance qu'il avait conçue de moi, comme il a surpassé celle qu'on avait déjà de lui ! Peut-être qu'aujourd'hui je n'admire davantage ses vertus, que parce que je les connais mieux ; et cependant, à vrai dire, je ne les connais pas encore assez. Il n'appartient qu'à un artiste de bien juger d'un peintre, d'un sculpteur, d'un statuaire ; il faut, de même, posséder la sagesse pour sentir tout le mérite d'un sage. Mais, autant que je puis m'y connaître, tant de rares qualités brillent dans Euphrate, qu'elles frappent les moins clairvoyans. Il a tout à la fois de la finesse, de la solidité et de la grâce dans la discussion ; souvent même il atteint au sublime, et reproduit la majesté du style de Platon. Il règne dans ses discours une abondance, une variété qui enchantent, et surtout une douceur qui entraîne les plus rebelles. Son extérieur ne dément point le reste : il est de belle taille ; il a le visage agréable, les cheveux longs, et

acquirunt. Nullus horror in cultu, nulla tristitia, multum severitatis : reverearis occursum, non reformides. Vitæ sanctitas summa, comitas par. Insectatur vitia, non homines; nec castigat errantes, sed emendat. Sequaris monentem attentus et pendens; et persuaderi tibi, etiam quum persuaserit, cupias. Jam vero liberi tres, duo mares, quos diligentissime instituit. Socer Pompeius Julianus, quum cetera vita, tum vel hoc uno magnus et clarus, quod, ipse provinciæ princeps, hunc inter altissimas conditiones generum, non honoribus principem, sed sapientia, elegit.

Quanquam quid ego plura de viro, quo mihi frui non licet? An ut magis angar, quod non licet? Nam distringor officio, ut maximo, sic molestissimo. Sedeo pro tribunali, subnoto libellos, conficio tabulas : scribo plurimas, sed illitteratissimas litteras. Soleo nonnunquam (nam idipsum quando contingit!) de his occupationibus apud Euphratem queri. Ille me consolatur : affirmat etiam esse hanc philosophiæ, et quidem pulcherrimam partem, agere negotium publicum, cognoscere, judicare, promere et exercere justitiam, quæque ipsi doceant, in usu habere. Mihi tamen hoc unum non persuadet, satius esse ista facere, quam cum illo dies totos audiendo discendoque

une longue barbe toute blanche. Ces dehors, tout indifférens qu'ils paraissent, ajoutent singulièrement à la vénération qu'on a pour lui. Ses habits sont propres, sans affectation : son air est sérieux, sans être chagrin : son abord inspire le respect, sans imprimer la crainte. Son extrême politesse égale la pureté de ses mœurs : il fait la guerre aux vices, et non pas aux hommes : il ramène ceux qui s'égarent, et ne leur insulte point. On est si charmé de l'entendre, qu'après même qu'il vous a persuadé, vous voudriez qu'il eût à vous persuader encore. Trois enfans composent sa famille : il a deux fils, et il n'oublie rien pour leur éducation. Pompée Julien, son beau-père, est recommandable par sa vie entière ; il s'est honoré surtout par le choix de son gendre, puisque, tenant le premier rang dans sa province, il a cependant choisi la vertu plutôt que la naissance et la fortune.

Mais il faut que je n'aime guère mon repos, pour m'étendre si fort sur les louanges d'un ami qui est comme perdu pour moi. Ai-je donc peur de ne point sentir assez ma perte? Malheureuse victime d'un emploi qui, tout important qu'il est, me paraît plus fâcheux encore [34], je passe ma vie à écouter, à juger des plaideurs, à répondre à des requêtes [35], à faire des réglemens, à écrire nombre de lettres, mais où les belles-lettres ne sont pour rien. Je m'en plains quelquefois à Euphrate (et encore combien est-il rare que j'aie seulement le plaisir de me plaindre!) Il essaie de me consoler. « C'est, dit-il, la plus noble fonction de la philosophie, que de mettre en œuvre les maximes des philosophes, que de consacrer ses travaux aux intérêts publics, de faire régner la justice et la paix parmi les hommes. » Voilà, je vous l'avoue, le seul point où son éloquence ne me persuade pas. Je suis

consumere. Quo magis te, cui vacat, hortor, quum in urbem proxime veneris (venias autem ob hoc maturius), illi te expoliendum limandumque permittas. Neque enim ego, ut multi, invideo aliis bono, quo ipse careo; sed contra sensum quemdam voluptatemque percipio, si ea, quæ mihi denegantur, amicis video superesse. Vale.

XI.

Plinius Fabio Justo suo s.

OLIM mihi nullas epistolas mittis. « Nihil est, inquis, quod scribam. » At hoc ipsum scribe, nihil esse, quod scribas; vel solum illud, unde incipere priores solebant, « Si vales, bene est; ego valeo. » Hoc mihi sufficit; est enim maximum. Ludere me putas? serio peto. Fac sciam quid agas : quod sine sollicitudine summa nescire non possum. Vale.

encore à comprendre, que de semblables occupations puissent valoir le plaisir de l'écouter continuellement, et de l'étudier. Aussi, je vous le répète, vous qui avez le temps, revenez promptement à Rome, et, dès que vous y serez, allez vous former et vous perfectionner à son école [36]. Vous voyez que je ne ressemble pas à la plupart des hommes, qui envient aux autres les avantages qu'ils ne peuvent avoir. Au contraire, je crois jouir des biens que je n'ai pas, quand je sais que mes amis les possèdent. Adieu.

XI.

Pline à Fabius Justus.

Depuis long-temps je n'ai reçu de vos nouvelles. Vous n'avez rien à m'écrire, dites-vous : eh bien, écrivez-moi que vous n'avez rien à m'écrire. Du moins écrivez-moi ce que nos ancêtres avaient coutume de mettre au commencement de leurs lettres : *Si vous vous portez bien, j'en suis bien aise; quant à moi, je me porte fort bien.* Je serai content; car cela dit beaucoup. Vous croyez que je badine : non, je parle très-sérieusement. Mandez-moi comment vous passez votre temps; je souffre trop à ne le pas savoir. Adieu.

XII.

Plinius Calestrio Tironi suo s.

JACTURAM gravissimam feci, si jactura dicenda est tanti viri amissio. Decessit Corellius Rufus, et quidem sponte, quod dolorem meum exulcerat. Est enim luctuosissimum genus mortis, quæ non ex natura nec fatalis videtur. Nam utcumque in illis, qui morbo finiuntur, magnum ex ipsa necessitate solatium est; in iis vero, quos arcessita mors aufert, hic insanabilis dolor est, quod creduntur potuisse diu vivere. Corellium quidem summa ratio, quæ sapientibus pro necessitate est, ad hoc consilium compulit, quanquam plurimas vivendi causas habentem, optimam conscientiam, optimam famam, maximam auctoritatem; præterea filiam, uxorem, nepotem, sorores, interque tot pignora, veros amicos. Sed tam longa, tam iniqua valetudine conflictabatur, ut hæc tanta pretia vivendi mortis rationibus vincerentur. Tertio et tricesimo anno, ut ipsum prædicantem audiebam, pedum dolore correptus est. Patrius hic illi: nam plerumque morbi quoque per successiones quasdam, ut alia, traduntur. Hunc abstinentia, sanctitate, quoad viridis ætas, vicit et fregit; novissime cum senectute ingravescentem, viribus animi sustinebat. Quum quidem

XII.

Pline à Calestrius Tiron.

J'ai fait une perte cruelle [37], si c'est assez dire pour exprimer le malheur qui nous enlève un grand homme. Corellius Rufus est mort; et, ce qui m'accable davantage, il est mort, parce qu'il l'a voulu. Ce genre de mort, dont on ne peut accuser la nature ni la fatalité [38], me semble le plus affligeant de tous. Lorsqu'une maladie tranche les jours de nos amis, ils nous laissent au moins un sujet de consolation dans cette inévitable nécessité qui menace tous les hommes [39]. Mais ceux qui se livrent eux-mêmes à la mort, nous laissent l'éternel regret de penser qu'ils auraient pu vivre long-temps. Une souveraine raison, qui est pour les sages la nécessité même du destin, a déterminé Corellius Rufus. Mille avantages concouraient à lui faire aimer la vie; le témoignage d'une bonne conscience, une haute réputation, un crédit des mieux établis, une femme, une fille, un petit-fils, des sœurs très-aimables, et, ce qui est encore plus précieux, de véritables amis. Mais ses maux duraient depuis si long-temps, et étaient devenus si insupportables, que les raisons de mourir l'emportèrent sur tant d'avantages qu'il trouvait à vivre. A trente-trois ans (il nous l'a dit lui-même plusieurs fois), il fut attaqué de la goutte. Il l'avait héritée de son père; car les maux, comme les biens, nous viennent souvent par succession. Tant qu'il fut jeune, il trouva des remèdes dans le régime et dans la continence : quand ses souffrances se furent accrues avec l'âge [40], il se soutint par sa vertu et par son courage. J'allai le voir

incredibiles cruciatus, et indignissima tormenta pateretur (jam enim dolor non pedibus solis, ut prius, insidebat, sed omnia membra pervagabatur), veni ad eum, Domitiani temporibus, in suburbano jacentem. Servi e cubiculo recesserunt. Habebat hoc moris, quoties intrasset fidelior amicus : quin etiam uxor, quanquam omnis secreti capacissima, digrediebatur. Circumtulit oculos, et : « Cur, inquit, me putas hos tantos dolores tamdiu sustinere? ut scilicet isti latroni, vel uno die, supersim. Dedisses huic animo par corpus, fecisset quod optabat.» Affuit tamen deus voto, cujus ille compos, ut jam securus liberque moriturus, multa illa vitæ, sed minora, retinacula abrupit. Increverat valetudo, quam temperantia mitigare tentavit, perseverantem constantia fugit. Jam dies alter, tertius, quartus; abstinebat cibo. Misit ad me uxor ejus Hispulla communem amicum C. Geminium cum tristissimo nuntio, destinasse Corellium mori; nec aut suis, aut filiæ precibus flecti : solum superesse me, a quo revocari posset ad vitam. Cucurri : perveneram in proximum, quum mihi ab eadem Hispulla Julius Atticus nuntiat, nihil jam ne me quidem impetraturum : tam obstinate magis ac magis induruisse. Dixerat sane medico admoventi cibum, Κέκρικα, quæ vox quantum admirationis in animo meo, tantum desiderii reliquit. Cogito quo amico, quo viro caream. Im-

un jour à sa maison, près de Rome : c'était sous Domitien. Il souffrait des tourmens inouis; la douleur n'attaquait plus seulement ses pieds, elle parcourait tout son corps. Dès que je parus, ses valets se retirèrent : il avait établi cet ordre chez lui, que quand un ami intime entrait dans sa chambre, tout le monde en sortait, même sa femme, quoiqu'elle fût d'ailleurs d'une discrétion éprouvée. Après avoir jeté les yeux autour de lui : *Savez-vous bien*, dit-il, *pourquoi je me suis obstiné à vivre si long-temps, malgré des maux insupportables ? c'est pour survivre au moins un jour à ce brigand; et j'en aurais eu le plaisir, si mes forces n'eussent pas démenti mon courage* [41]. Ses vœux furent pourtant exaucés : il eut la satisfaction d'expirer libre et tranquille, et de n'avoir plus à rompre que les autres liens, en grand nombre, mais beaucoup plus faibles, qui l'attachaient à la vie. Ses douleurs redoublèrent; il essaya de les adoucir par le régime. Elles continuèrent : il s'en délivra par son courage. Il y avait déjà quatre jours qu'il n'avait pris de nourriture, quand Hispulla sa femme, envoya notre ami commun, C. Geminius, m'apporter la triste nouvelle, que Corellius avait résolu de mourir; que les larmes de sa femme, les supplications de sa fille ne gagnaient rien sur lui, et que j'étais le seul qui pouvais le rappeler à la vie. J'y cours : j'arrivais, lorsque Julius Atticus, de nouveau dépêché vers moi par Hispulla, me rencontre et m'annonce que l'on avait perdu toute espérance, même celle que l'on avait en moi, tant Corellius paraissait affermi dans sa détermination. Il venait de répondre à son médecin, qui le pressait de prendre des alimens : *Je l'ai résolu;* parole qui me remplit tout à la fois d'admiration et de douleur. Je ne cesse de penser quel ami, quel

plevit quidem annum septimum et sexagesimum, quæ ætas etiam robustissimis satis longa est : scio. Evasit perpetuam valetudinem : scio. Decessit superstitibus suis, florente republica, quæ illi omnibus suis carior erat : et hoc scio. Ego tamen, tanquam et juvenis et firmissimi, mortem doleo : doleo autem (licet me imbecillum putes) meo nomine. Amisi enim, amisi vitæ meæ testem, rectorem, magistrum. In summa dicam, quod recenti dolore contubernali meo Calvisio dixi : « Vereor ne negligentius vivam. » Proinde adhibe solatia mihi : non hæc, « Senex erat, infirmus erat », hæc enim novi; sed nova aliqua, sed magna, quæ audierim nunquam, legerim nunquam. Nam quæ audivi, quæ legi, sponte succurrunt, sed tanto dolore superantur. Vale.

XIII.

Plinius Sosio Senecioni suo s.

MAGNUM proventum poetarum annus hic attulit : toto mense aprili nullus fere dies, quo non recitaret aliquis. Juvat me, quod vigent studia, proferunt se ingenia hominum et ostentant, tametsi ad audiendum pigre coitur.

homme j'ai perdu. Je sais qu'il avait passé soixante et sept ans, terme assez long, même pour les santés les plus robustes. Je sais qu'il est délivré de toutes les douleurs d'une maladie continuelle. Il a eu le bonheur de laisser florissantes et sa famille, et la république, qui lui était plus chère encore que sa famille. Je me le dis, je le sens; cependant je le regrette comme s'il m'eût été ravi dans la fleur de son âge, et dans la plus brillante santé[42] : dussiez-vous m'accuser de faiblesse, je le regrette particulièrement pour moi-même. J'ai perdu le témoin, le guide, le juge de ma vie. Vous ferai-je un aveu, que j'ai déjà fait à notre ami Calvisius, dans les premiers transports de ma douleur? je crains bien de ne plus veiller sur moi avec autant de soin[43]. Vous voyez combien j'ai besoin de vos consolations. Ne me dites pas, *Il était vieux, il était souffrant;* je sais cela : il me faut d'autres motifs, des considérations plus puissantes, que je n'aie encore trouvées ni dans le monde, ni dans les livres. Tout ce que j'ai entendu, tout ce que j'ai lu, se présente à ma pensée; mais c'est un secours trop faible pour une si grande douleur. Adieu.

XIII.

Pline à Sosius Senecion.

L'année a été fertile en poètes : le mois d'avril n'a presque pas eu de jour où il ne se soit fait quelque lecture. J'aime à voir que l'on cultive les lettres, et qu'elles excitent cette noble émulation, malgré le peu d'empressement de nos Romains à venir entendre les productions

Plerique in stationibus sedent, tempusque audiendi fabulis conterunt, ac subinde sibi nuntiari jubent, an jam recitator intraverit, an dixerit præfationem, an ex magna parte evolverit librum : tum demum, ac tunc quoque lente cunctanterque, veniunt; nec tamen permanent, sed ante finem recedunt, alii dissimulanter et furtim, alii simpliciter et libere. At hercule memoria parentum, Claudium Cæsarem ferunt, quum in palatio spatiaretur, audissetque clamorem, causam requisisse, quumque dictum esset, recitare Nonianum, subitum recitanti inopinatumque venisse. Nunc otiosissimus quisque multo ante rogatus, et identidem admonitus, aut non venit, aut, si venit, queritur se diem, quia non perdiderit, perdidisse. Sed tanto magis laudandi probandique sunt, quos a scribendi recitandique studio hæc auditorum vel desidia vel superbia non retardat. Equidem prope nemini defui : erant sane amici, neque enim quisquam est fere, qui studia, ut non simul et nos, amet. His ex causis longius, quam destinaveram, tempus in urbe consumsi. Possum jam repetere secessum, et scribere aliquid, quod non recitem; ne videar, quorum recitationibus affui, non auditor fuisse, sed creditor. Nam, ut in ceteris rebus, ita in audiendi officio, perit gratia, si reposcatur. Vale.

nouvelles. La plupart, assis dans les places publiques, perdent à dire des bagatelles le temps qu'ils devraient consacrer à écouter : ils envoient demander de temps en temps si le lecteur est entré, si sa préface est expédiée, s'il est bien avancé dans sa lecture. Alors vous les voyez venir lentement, et comme à regret. Encore n'attendent-ils pas la fin pour s'en aller : l'un se dérobe adroitement ; l'autre, moins honteux, sort sans façon et la tête levée. Il en était bien autrement du temps de nos pères ! On raconte qu'un jour l'empereur Claude, se promenant dans son palais, entendit un grand bruit. Il en demanda la cause : on lui dit que Nonianus [44] lisait publiquement un de ses ouvrages. Ce prince quitte tout, et par sa présence vient surprendre agréablement l'assemblée. Aujourd'hui l'homme le moins occupé, bien averti, prié, supplié, dédaigne de venir ; ou, s'il vient, ce n'est que pour se plaindre qu'il a perdu un jour, justement parce qu'il ne l'a pas perdu. Je vous l'avoue, cette nonchalance et ce dédain de la part des auditeurs, rehaussent beaucoup dans mon idée le courage des écrivains qu'ils ne dégoûtent pas de l'étude. Pour moi, j'ai assisté à presque toutes les lectures ; et, à dire vrai, la plupart des auteurs étaient mes amis : car il n'y a peut-être pas un ami des lettres qui ne soit aussi le mien [45]. Voilà ce qui m'a retenu ici plus long-temps que je ne voulais. Enfin, je suis libre ; je puis revoir ma retraite, et y composer quelque ouvrage, que je me garderai bien de lire en public : ceux dont j'ai écouté les lectures croiraient que je leur ai, non pas donné, mais seulement prêté mon attention. Car, dans ces sortes de services, comme dans tous les autres, le mérite cesse dès qu'on en demande le prix. Adieu.

XIV.

Plinius Junio Maurico suo s.

Petis, ut fratris tui filiae prospiciam maritum. Quod merito mihi potissimum injungis: scis enim, quantopere summum illum virum suspexerim dilexerimque, quibus ille adolescentiam meam exhortationibus foverit, quibus etiam laudibus, ut laudandus viderer, effecerit. Nihil est quod a te mandari mihi aut majus aut gratius, nihil quod honestius a me suscipi possit, quam ut eligam juvenem, ex quo nasci nepotes Aruleno Rustico deceat. Qui quidem diu quaerendus fuisset, nisi paratus et quasi provisus esset Minucius Acilianus, qui me, ut juvenis juvenem (est enim minor pauculis annis), familiarissime diligit, reveretur ut senem ; nam ita formari a me et institui cupit, ut ego a vobis solebam. Patria est ei Brixia, ex illa nostra Italia, quae multum adhuc verecundiae, frugalitatis, atque etiam rusticitatis antiquae retinet ac servat. Pater Minucius Macrinus, equestris ordinis princeps, quia nihil altius voluit : allectus enim a divo Vespasiano inter praetorios, honestam quietem huic nostrae, ambitioni dicam, an dignitati? constantissime praetulit. Habet aviam maternam Serranam Proculam, e municipio Patavino. Nosti loci mores : Serrana tamen Patavinis quoque severitatis exemplum est. Contigit et

XIV.

Pline à Junius Mauricus.

Vous me priez de chercher un parti pour la fille de votre frère. C'est avec raison que vous me donnez cette commission plutôt qu'à tout autre : vous savez jusqu'où je portais mon attachement et ma vénération pour ce grand homme. Par quels sages conseils n'a-t-il point soutenu ma jeunesse! Combien ses éloges ne m'ont-ils pas aidé à en mériter! Vous ne pouviez donc me charger d'un soin plus important, et qui me fît tout à la fois plus de plaisir et plus d'honneur, que celui de choisir un homme digne de faire revivre Rusticus Arulenus dans ses descendans. Ce choix ne serait pas facile, si nous n'avions pas Minucius Acilianus, qui semble fait exprès pour cette alliance. C'est un jeune homme qui m'aime comme l'on aime les gens de son âge (car je n'ai que quelques années plus que lui), et qui me respecte, comme si j'étais un vieillard. Il veut tenir de moi l'instruction et les principes de vertu, que je dus autrefois à vos leçons. Il est né à Brescia, ville de ce canton d'Italie où l'on conserve encore des restes de la modestie, de la frugalité, de la franchise de nos ancêtres. Minucius Macrinus, son père, n'eut d'autre rang que celui de premier des chevaliers, parce qu'il refusa de monter plus haut. Vespasien lui offrit une place[46] parmi ceux qui avaient exercé la préture : mais il eut la force de préférer un repos honorable à ce que nous appelons de la gloire, et qui n'est peut-être que de l'ambition. Serrana Procula, aïeule maternelle de ce jeune homme, est née à Padoue. Vous connaissez les mœurs sévères de ce pays : Serrana y est citée comme un

avunculus ei P. Acilius, gravitate, prudentia, fide prope singulari. In summa, nihil erit in domo tota, quod non tibi, tanquam in tua, placeat. Aciliano vero ipsi plurimum vigoris et industriæ, quanquam in maxima verecundia. Quæsturam, tribunatum, præturam honestissime percucurrit, ac jam pro se tibi necessitatem ambiendi remisit. Est illi facies liberalis, multo sanguine, multo rubore suffusa; est ingenua totius corporis pulchritudo, et quidam senatorius decor. Quæ ego nequaquam arbitror negligenda : debet enim hoc castitati puellarum quasi præmium dari. Nescio, an adjiciam, esse patri ejus amplas facultates. Nam, quum imaginor vos, quibus quærimus generum, silendum de facultatibus puto : quum publicos mores atque etiam leges civitatis intueor, quæ vel in primis census hominum spectandos arbitrantur, ne id quidem prætereundum videtur. Et sane de posteris, et his pluribus, cogitanti, hic quoque in conditionibus deligendis ponendus est calculus. Tu fortasse me putes indulsisse amori meo, supraque ista, quam res patitur, sustulisse : at ego fide mea spondeo futurum, ut omnia longe ampliora, quam a me prædicantur, invenias. Diligo quidem adolescentem ardentissime, sicut meretur : sed hoc ipsum amantis est, non onerare eum laudibus. Vale.

modèle. Il a un oncle que l'on nomme P. Acilius. C'est un homme d'une sagesse, d'une prudence, d'une intégrité singulière. En un mot, vous ne trouverez, dans toute cette famille, rien qui ne vous plaise autant que dans la vôtre. Revenons à Minucius Acilianus. Modeste autant qu'on le peut être, il n'en a ni moins de courage, ni moins de capacité. Il a exercé avec honneur les charges de questeur, de tribun, de préteur; et il vous a épargné ainsi d'avance la peine de les briguer pour lui. Sa physionomie est heureuse; son teint est animé et ses couleurs vives. Il est bien fait : il a l'air noble, et presque la dignité d'un sénateur. Ces avantages, selon moi, ne sont point à négliger : c'est, en quelque sorte, une récompense que l'on doit aux mœurs innocentes d'une jeune personne. Je ne sais si je dois ajouter, que le père est fort riche. Quand je me représente le caractère de ceux qui veulent un gendre de ma main, je n'ose parler de ses biens; mais ils ne me semblent pas à mépriser, quand je consulte l'usage établi, et même nos lois, qui mesurent les hommes surtout à leurs revenus. Franchement, on ne peut jeter les yeux sur les suites du mariage, sans mettre les biens au nombre des choses nécessaires pour en assurer le bonheur. Vous croyez peut-être que mon amitié s'est plu à exagérer le mérite d'Acilianus : ne vous fiez jamais à moi, s'il ne tient plus que je n'ai promis. Je vous avoue que j'aime ce jeune homme comme il le mérite, c'est-à-dire, de tout mon cœur. Mais, selon moi, le meilleur office que l'on puisse rendre à un ami, c'est de ne pas lui donner plus de louanges qu'il n'en peut porter. Adieu.

XV.

Plinius Septicio Claro suo s.

Heus tu, promittis ad coenam, nec venis! Dicitur jus; ad assem impendium reddes, nec id modicum. Paratae erant lactucae singulae, cochleae ternae, ova bina, alica cum mulso et nive (nam hanc quoque computabis, immo hanc in primis, quae perit in ferculo), olivae, betacei, cucurbitae, bulbi, alia mille non minus lauta. Audisses comoedum, vel lectorem, vel lyristen, vel (quae mea liberalitas!) omnes. At tu, apud nescio quem, ostrea, vulvas, echinos, Gaditanas maluisti. Dabis poenas, non dico quas: dure fecisti; invidisti, nescio an tibi, certe mihi; sed tamen et tibi. Quantum nos lusissemus, risissemus, studuissemus! Potes apparatius coenare apud multos; nusquam hilarius, simplicius, incautius. In summa, experire; et, nisi postea te aliis potius excusaveris, mihi semper excusa. Vale.

XV.

Pline à Septicius Clarus.

A merveille vraiment! vous me promettez de venir souper, et vous ne venez pas! Il y a bonne justice à Rome : vous me paierez mes dépenses jusqu'à la dernière obole; et cela va plus loin que vous ne croyez. J'avais préparé à chacun sa laitue [47], trois escargots [48], deux œufs, un gâteau, du vin miellé et de la neige; car je vous compterai jusqu'à la neige, et avec plus de raison encore que le reste, puisqu'elle ne sert jamais plus d'une fois. Nous avions des olives, des bettes [49], des courges, des échalottes, et mille autres mets aussi délicats. Vous auriez eu à choisir d'un comédien, d'un lecteur, ou d'un musicien; ou même, admirez ma générosité, vous les auriez eus tous ensemble. Mais vous avez préféré, chez je ne sais qui, des huîtres, des viandes exquises, des poissons rares, et des danseuses espagnoles [50]. Je saurai vous en punir; je ne vous dis pas comment. Vous avez agi cruellement : c'est un grand plaisir dérobé, si ce n'est à vous, du moins à moi. Cependant, croyez que vous y avez perdu vous-même. Comme nous eussions badiné, plaisanté, moralisé! Vous trouverez ailleurs des repas plus magnifiques; mais n'en cherchez point où règnent davantage la joie, la franchise, la confiance. Faites-en l'épreuve; et, après cela, si vous ne quittez toute autre table pour la mienne, je consens que vous quittiez la mienne pour toute autre. Adieu.

XVI.

Plinius Erucio suo s.

AMABAM Pompeium Saturninum, hunc dico nostrum; laudabamque ejus ingenium, etiam antequam scirem quam varium, quam flexibile, quam multiplex esset: nunc vero totum me tenet, habet, possidet. Audivi causas agentem acriter et ardenter, nec minus polite et ornate, sive meditata, sive subita proferret. Adsunt aptæ crebræque sententiæ, gravis et decora constructio, sonantia verba et antiqua. Omnia hæc mire placent, quum impetu quodam et flumine prævehuntur: placent, si retractentur. Senties quod ego, quum orationes ejus in manus sumseris; quas facile cuilibet veterum, quorum est æmulus, comparabis. Idem tamen in historia magis satisfaciet vel brevitate, vel luce, vel suavitate, vel splendore etiam et sublimitate narrandi. Nam in concionibus eadem, quæ in orationibus, vis est; pressior tamen, et circumscriptior, et adductior. Præterea facit versus, quales Catullus aut Calvus. Quantum illis leporis, dulcedinis, amaritudinis, amoris! Inserit sane, sed data opera, mollibus lenibusque duriusculos quosdam; et hoc, quasi Catullus aut Calvus. Legit mihi nuper epistolas; uxoris esse dicebat. Plautum vel Terentium metro solutum legi credidi: quæ sive uxoris

XVI.

Pline à Erucius.

Je chérissais déjà Pompée Saturnin : je parle de notre ami. Je vantais son esprit, même avant que j'en connusse bien la fécondité, la flexibilité, l'étendue. Aujourd'hui, il s'est emparé de moi; il me possède, il m'occupe tout entier. Je l'ai entendu plaider avec autant de vivacité que de force, et je n'ai pas trouvé moins d'art et d'élégance dans ses improvisations que dans ses discours étudiés. Son style est soutenu partout de réflexions solides : sa composition est belle et majestueuse; ses expressions harmonieuses et marquées au coin de l'antiquité. Toutes ces beautés, qui vous transportent quand la déclamation les anime, vous charment encore lorsque vous les retrouvez sur le papier. Vous serez de mon avis, dès que vous aurez en main ses pièces d'éloquence. Vous n'hésiterez pas à les comparer aux plus belles que les anciens nous ont laissées, et vous avouerez qu'il égale ses modèles. Mais vous serez encore plus content de lui, si vous lisez ses histoires. Ses narrations vous paraîtront tout à la fois serrées, claires, coulantes, lumineuses et même sublimes. Il n'a pas moins de force dans ses harangues, que dans ses plaidoyers; mais il y est plus concis, plus serré, plus pressant. Ce n'est pas tout : il fait des vers qui valent ceux de Catulle ou de Calvus. Que de grâce, de douceur, de tendresse, et quelquefois de mordant [51]! Aux vers faciles et coulans, il en mêle, à dessein, d'une harmonie un peu rude : c'est la manière de Catulle et de Calvus. Ces jours passés, il me lut des lettres qu'il disait être de sa femme [52]. Je croyais entendre Plaute ou Térence en prose.

sunt, ut affirmat, sive ipsius, ut negat, pari gloria dignus est, qui aut illa componat, aut uxorem, quam virginem accepit, tam doctam politamque reddiderit. Est ergo mecum per diem totum : eumdem antequam scribam, eumdem quum scripsi, eumdem etiam quum remittor, non tanquam cumdem, lego. Quod te quoque ut facias, et hortor et moneo. Neque enim debet operibus ejus obesse, quod vivit. An, si inter eos, quos nunquam vidimus, floruisset, non solum libros ejus, verum etiam imagines conquireremus, ejusdem nunc honor praesentis et gratia, quasi satietate, languescet? At hoc pravum malignumque est, non admirari hominem admiratione dignissimum, quia videre, alloqui, audire, complecti, nec laudare tantum, verum etiam amare contingit. Vale.

XVII.

Plinius Cornelio Titiano suo s.

Est adhuc curae hominibus fides et officium : sunt qui defunctorum quoque amicos agant. Titinius Capito ab imperatore nostro impetravit, ut sibi liceret statuam L. Silani in foro ponere. Pulchrum et magna laude dignum, amicitia principis in hoc uti, quantumque gratia valeas, aliorum honoribus experiri! Est omnino Capi-

Que ces lettres soient de sa femme, comme il l'assure, ou qu'elles soient de lui, ce qu'il n'avoue pas, il mérite les mêmes éloges, ou pour les avoir écrites, ou pour avoir donné à sa femme, qu'il épousa si jeune, le talent de les écrire. Je ne le quitte donc plus : je le lis à toute heure, avant de prendre la plume, quand je la quitte, quand je me délasse; et je crois, en vérité, le lire toujours pour la première fois. Je ne puis trop vous engager à m'imiter. Faut-il le dédaigner, parce qu'il est votre contemporain? Quoi! s'il avait vécu parmi des gens que nous n'eussions jamais vus, nous courrions après ses livres, nous rechercherions jusqu'à ses portraits; et, quand nous l'avons au milieu de nous, nous serons dégoûtés de son mérite par la facilité même d'en jouir! Rien de plus étrange, à mon gré, rien de plus injuste, que de refuser son admiration à un homme vraiment digne d'être admiré, et cela, parce qu'il est permis, non-seulement de le louer, mais de le voir, de lui parler, de l'entendre, de l'embrasser, de l'aimer. Adieu.

XVII.

Pline à Cornelius Titianus.

Il reste encore de la fidélité et de l'honneur parmi les hommes; on en voit dont l'amitié survit à leurs amis. Titinius Capiton vient d'obtenir de l'empereur [53] la permission d'élever une statue, sur la place publique, à Lucius Silanus. Qu'il est glorieux d'employer sa faveur à cet usage, et d'essayer son crédit à illustrer la vertu des autres! Capiton s'est fait une habitude d'honorer les

toni in usu claros viros colere : mirum est qua religione, quo studio imagines Brutorum, Cassiorum, Catonum domi, ubi potest, habeat. Idem clarissimi cujusque vitam egregiis carminibus exornat. Scias ipsum plurimis virtutibus abundare, qui alienas sic amat. Redditus est L. Silano debitus honor, cujus immortalitati Capito prospexit pariter et suæ. Neque enim magis decorum et insigne est, statuam in foro populi romani habere, quam ponere. Vale.

XVIII.

Plinius Suetonio Tranquillo suo s.

Scribis te perterritum somnio, vereri ne quid adversi in actione patiaris : rogas ut dilationem petam, et pauculos dies, certe proximum excusem. Difficile est; sed experiar :

. . . . . Καὶ γάρ τ' ὄναρ ἐκ Διός ἐστιν.

Refert tamen, eventura soleas, an contraria somniare. Mihi reputanti somnium meum, istud, quod times tu, egregiam actionem portendere videtur. Susceperam causam Julii Pastoris, quum mihi quiescenti visa est socrus mea advoluta genibus, ne agerem obsecrare. Et eram acturus adolescentulus adhuc; eram in quadruplici ju-

grands hommes. On admire avec quelle affection, avec quel respect il conserve dans sa maison, ne pouvant pas les voir ailleurs [54], les portraits des Brutus, des Cassius, des Catons. J'ajoute qu'il est peu de personnages illustres qu'il ne célèbre dans ses excellens vers. Croyez-moi, l'on n'aime point tant le mérite d'autrui, sans en avoir beaucoup soi-même. Silanus a reçu les honneurs qu'il méritait, et, en lui assurant l'immortalité, Capiton a consacré la sienne. Il n'est pas, selon moi, plus glorieux de mériter une statue dans Rome, que de la faire dresser à celui qui la mérite. Adieu.

XVIII.

Pline à Suétone.

Vous m'écrivez qu'un songe vous effraie [55], et que vous craignez pour le succès de votre plaidoyer. Vous me priez de demander un délai de quelques jours, ou d'obtenir au moins que vous ne plaidiez pas à la prochaine audience. Cela n'est pas facile : cependant j'essaierai; car

> Un songe assez souvent est un avis des dieux [56].

Mais il importe de savoir si d'ordinaire l'événement est conforme ou contraire à vos songes. En me rappelant un des miens, j'augure bien de celui qui vous fait tant de peur. J'allais plaider la cause de Julius Pastor : je rêvai que ma belle-mère, à mes genoux, me conjurait, avec les dernières instances, de ne point plaider ce jour-là. J'étais fort jeune; je devais parler devant les quatre tribunaux assemblés [57]; j'avais contre moi les citoyens les plus puissans,

dicio; eram contra potentissimos civitatis, atque etiam Caesaris amicos : quae singula excutere mentem mihi post tam triste somnium poterant. Egi tamen, λογισάμενος illud,

Εἷς οἰωνὸς ἄριστος ἀμύνασθαι περὶ πάτρης.

Nam mihi patria, et si quid carius patria, fides videbatur. Prospere cessit; atque adeo illa actio mihi aures hominum, illa januam famae patefecit. Proinde dispice, an tu quoque sub hoc exemplo somnium istud in bonum vertas : aut, si tutius putas illud cautissimi cujusque praeceptum, « quod dubitas, ne feceris », id ipsum rescribe. Ego aliquam stropham inveniam, agamque causam tuam, ut ipsam agere, quum tu voles, possis. Est enim sane alia ratio tua, alia mea fuit. Nam judicium centumvirale differri nullo modo, istud aegre quidem, sed tamen potest. Vale.

XIX.

Plinius Romano suo s.

MUNICEPS tu meus et condiscipulus, et ab ineunte aetate contubernalis : pater tuus et matri et avunculo meo, mihi etiam, quantum aetatis diversitas passa est,

et même les favoris du prince. Il n'y avait pas une de ces circonstances qui, jointe à mon songe, ne dût me détourner de mon entreprise. Je plaidai pourtant, rassuré par cette réflexion, que

> Défendre sa patrie est le plus sûr présage [58].

Ma parole engagée était pour moi la patrie, et quelque chose de plus cher encore, s'il est possible. Je me trouvai fort bien de ma résolution : c'est même cette cause qui fit d'abord parler de moi, et qui commença ma réputation. Voyez donc si cet exemple ne vous engagera point à mieux augurer de votre songe; ou, si vous trouvez plus de sûreté à suivre ce conseil du sage, *dans le doute, abstiens-toi*, faites-le moi savoir. J'imaginerai quelque prétexte. Je plaiderai, pour vous faire obtenir de ne plaider que quand il vous plaira. Après tout, vous êtes dans une situation différente de celle où je me trouvais. L'audience des centumvirs ne souffre point de remise. Celle où vous devez parler ne se remet pas aisément; mais enfin elle se peut remettre. Adieu.

XIX.

Pline à Romanus.

Nés dans la même ville, instruits à même école, nous n'avons depuis notre enfance presque habité que la même maison. Votre père était lié d'une étroite amitié avec ma mère, avec mon oncle, avec moi, autant que le

familiaris : magnæ et graves causæ cur suspicere et augere dignitatem tuam debeam. Esse autem tibi centum millium censum satis indicat, quod apud nos decurio es. Igitur, ut te non decurione solum, verum etiam equite romano perfruamur, offero tibi, ad implendas equestres facultates, trecenta millia nummum. Te memorem hujus muneris amicitiæ nostræ diuturnitas spondet. Ego ne illud quidem admoneo quod admonere deberem, nisi scirem sponte facturum, ut dignitate a me data quam modestissime utare. Nam sollicitius custodiendus est honor, in quo etiam beneficium amici tuendum est. Vale.

XX.

Plinius Cornelio Tacito suo s.

Frequens mihi disputatio est cum quodam docto homine et perito, cui nihil æque in causis agendis, ut brevitas placet. Quam ego custodiendam esse confiteor, si causa permittat : alioquin prævaricatio est transire dicenda; prævaricatio etiam, cursim et breviter attingere quæ sint inculcanda, infigenda, repetenda. Nam plerisque longiore tractatu vis quædam et pondus accedit;

pouvait permettre la différence de nos âges. Que de raisons à la fois pour prendre intérêt à votre élévation, et pour y concourir! Il est certain que vous avez cent mille sesterces de revenu, puisque vous êtes décurion dans notre province. Pour que nous ayons le plaisir de vous posséder encore dans l'ordre des chevaliers, j'ai à votre service les trois cent mille sesterces qui vous manquent, et je vous les offre. Notre ancienne amitié m'est un gage suffisant de votre reconnaissance. Je ne vous ferai pas même la recommandation que je devrais vous faire, si je n'étais persuadé que vous n'en avez pas besoin : c'est de vous gouverner avec sagesse dans ce nouvel emploi que vous tiendrez de moi. On ne peut remplir avec trop d'exactitude les devoirs de son rang, lorsqu'il faut justifier le choix de l'ami qui nous y élève. Adieu.

XX.

Pline à Cornelius Tacite.

Je discute souvent avec un fort savant et fort habile homme, qui, dans l'éloquence du barreau, n'estime rien tant que la brièveté. J'avoue qu'elle n'est pas à négliger, quand la cause le permet; autrement, c'est un abus de confiance que d'omettre ce qu'il serait utile de dire, et même que d'effleurer légérement ce qu'il faut imprimer, inculquer, et remanier plus d'une fois. Il arrive presque toujours que l'abondance des paroles [59] ajoute une nouvelle force et comme un nouveau poids aux idées. Nos pen-

utque corpori ferrum, sic oratio animo non ictu magis, quam mora imprimitur. Hic ille mecum auctoritatibus agit, ac mihi ex Græcis orationes Lysiæ ostentat, ex nostris Gracchorum Catonisque, quorum sane plurimæ sunt circumcisæ et breves. Ego Lysiæ Demosthenem, Æschinem, Hyperidem, multosque præterea; Gracchis et Catoni, Pollionem, Cæsarem, Cœlium, in primis Marcum Tullium oppono, cujus oratio optima fertur esse, quæ maxima. Et hercule, ut aliæ bonæ res, ita bonus liber melior est quisque, quo major. Vides ut statuas, signa, picturas, hominum denique multorumque animalium formas, arborum etiam, si modo sint decoræ, nihil magis quam amplitudo commendet. Idem orationibus evenit : quin etiam voluminibus ipsis auctoritatem quamdam et pulchritudinem adjicit magnitudo.

Hæc ille, multaque alia, quæ a me in eamdem sententiam solent dici, ut est in disputando incomprehensibilis et lubricus, ita eludit, ut contendat, hos ipsos, quorum orationibus nitar, pauciora dixisse quam ediderint. Ego contra puto. Testes sunt multæ multorum orationes, et Ciceronis pro Murena, pro Vareno; in quibus brevis et nuda quasi subscriptio quorumdam criminum solis titulis indicatur. Ex his apparet, illum permulta dixisse; quum ederet, omisisse. Idem pro Cluentio ait se totam

sées entrent dans l'esprit des autres, comme le fer entre dans un corps solide; un seul coup ne suffit pas, il faut redoubler. Pour répondre à ces raisonnemens, notre homme s'arme d'exemples : il va prendre chez les Grecs les harangues de Lysias; chez nous, il me cite les Gracques et Caton, dont les discours, sans contredit, ne pourraient être ni plus concis ni plus serrés. Moi, à Lysias, j'oppose Démosthène, Eschine, Hypérides, et une infinité d'autres. Aux Gracques et à Caton, j'oppose Pollion, Célius, César, et surtout Cicéron, de qui, selon l'opinion commune, la plus longue harangue est la plus belle. Il en est d'un bon livre comme de toute autre chose bonne en soi : plus il a d'étendue, meilleur il est. Ne voyez-vous pas que les statues, les gravures, les tableaux, la figure des hommes, celle de beaucoup d'animaux, et jusqu'à celle des arbres, pourvu que d'ailleurs elles soient agréables, reçoivent de leur grandeur un nouveau prix? Il en est de même des harangues. Un ouvrage doit à son étendue je ne sais quoi de plus imposant et de plus beau.

Mon adversaire, homme subtil et difficile à saisir, échappe à tous ces raisonnemens et à plusieurs autres de même espèce, par un détour assez ingénieux. Il prétend que les harangues mêmes que je lui oppose, étaient plus courtes lorsqu'elles ont été prononcées. Je ne puis être de ce sentiment : je me fonde sur un bon nombre de harangues de divers orateurs; par exemple, sur celles de Cicéron pour Murena, pour Varenus. L'orateur n'a presque fait qu'indiquer dans un sommaire concis les chefs d'accusation qu'il avait à traiter. De là on doit juger, qu'en parlant, il s'était étendu sur bien des choses qu'il a supprimées en écrivant [60]. Il dit lui-même que, selon l'ancien usage, qui, dans une cause, ne don-

causam veteri instituto solum perorasse, et pro C. Cornelio quatriduo egisse : ne dubitare possimus, quæ per plures dies, ut necesse erat, latius dixerit, postea recisa ac repurgata, in unum librum, grandem quidem, unum tamen, coarctasse. At aliud est actio bona, aliud oratio. Scio nonnullis ita videri : sed ego (forsitan fallor) persuasum habeo, posse fieri ut sit actio bona, quæ non sit bona oratio; non posse non bonam actionem esse, quæ sit bona oratio. Est enim oratio actionis exemplar, et quasi ἀρχέτυπον. Ideo in optima quaque mille figuras extemporales invenimus; in his etiam, quas tantum editas scimus, ut in Verrem, « Artificem quem? quemnam? Recte admones : Polycletum esse dicebant. » Sequitur ergo ut actio sit absolutissima, quæ maxime orationis similitudinem expresserit, si modo justum et debitum tempus accipiat : quod si negetur, nulla oratoris, maxima judicis culpa est. Adsunt huic opinioni meæ leges, quæ longissima tempora largiuntur, nec brevitatem dicentibus, sed copiam, hoc est, diligentiam suadent; quam præstare, nisi in angustissimis causis, non potest brevitas.

Adjiciam quod me docuit usus, magister egregius.

naît qu'un avocat à chaque client, il plaida seul pour Cluentius, et pendant quatre audiences pour Cornelius. Par là, il fait assez comprendre que ce qu'il avait été obligé d'étendre bien davantage dans sa plaidoirie de plusieurs jours, il avait su depuis, à force de retranchemens et de corrections, le réduire sur le papier à un discours, discours fort long, il est vrai, mais enfin à un seul discours. Me dira-t-on qu'il y a une grande différence entre un bon plaidoyer et un bon discours écrit? C'est l'opinion de bien des gens, je le sais. La mienne (peut-être me trompé-je), c'est qu'il peut bien se faire qu'un bon plaidoyer ne soit pas un bon discours, mais qu'il est impossible qu'un bon discours ne soit pas un bon plaidoyer. Car enfin, le discours écrit est le type et le modèle du discours qui doit être prononcé. De là vient que dans les meilleurs, et dans ceux mêmes que nous savons n'avoir jamais été prononcés, nous trouvons de ces figures de style, qu'on est censé ne pas préparer d'avance. Ainsi, dans une des harangues contre Verrès, nous lisons : *Un ouvrier......... comment s'appelait-il? Vous m'aidez fort à propos; c'est Polyclète.* Il faut donc en conclure que la meilleure plaidoirie est celle qui se rapproche le plus du discours écrit, et qu'elle ne doit pas être resserrée dans un espace de temps trop court. Que si on l'y renferme, ce n'est plus la faute de l'avocat, c'est celle du juge. Les lois s'expliquent en ma faveur : elles ne sont point avares du temps pour l'orateur. Ce n'est point la brièveté, c'est l'attention à ne rien omettre, qu'elles lui recommandent : et comment s'acquitter de ce devoir, si l'on se pique d'être court? C'est tout ce qu'on pourrait faire dans les causes d'une très-faible importance.

J'ajoute ce que je tiens d'un long usage, le plus sûr de

Frequenter egi, frequenter judicavi, frequenter in consilio fui : aliud alios movet; ac plerumque parvæ res maximas trahunt. Varia sunt hominum judicia, variæ voluntates : inde qui eamdem causam simul audierunt, sæpe diversum, interdum idem, sed ex diversis animi motibus, sentiunt. Præterea suæ quisquis inventioni favet, et quasi fortissimum amplectitur, quum ab alio dictum est, quod ipse prævidit. Omnibus ergo dandum est aliquid, quod teneant, quod agnoscant. Dixit aliquando mihi Regulus, quum simul adessemus : « Tu omnia quæ sunt in causa, putas exsequenda : ego jugulum statim video, hunc premo. » (Premit sane quod elegit, sed in eligendo frequenter errat). Respondi : « posse fieri ut genu esset, aut tibia, aut talus, ubi ille jugulum putaret. At ego, inquam, qui jugulum perspicere non possum, omnia pertento, omnia experior, πάντα denique λίθον κινῶ. » Utque in agricultura non vineas tantum, verum etiam arbusta, nec arbusta tantum, verum etiam campos curo et exerceo; utque in ipsis campis non far aut siliginem solam, sed hordeum, fabam, ceteraque legumina sero ; sic in actione plura quasi semina latius spargo, ut quæ provenerint colligam. Neque enim minus imperspicua, incerta, fallaciaque sunt judicum ingenia, quam tempestatum terrarumque. Nec me præterit

tous les maîtres : j'ai souvent rempli les fonctions d'avocat et de juge; on m'a consulté souvent; et j'ai toujours éprouvé que tous les hommes ne sont pas frappés des mêmes raisons, et que souvent c'est par de petites considérations qu'on produit sur eux de grands effets. Les dispositions de leur esprit, les affections de leur cœur, sont tellement variées, qu'il est ordinaire de les voir de différens avis sur une question que l'on vient d'agiter devant eux; et, s'il leur arrive de s'accorder, c'est presque toujours par des motifs différens. D'ailleurs, on s'entête de ce qu'on a soi-même imaginé; et lorsque le moyen qu'on a prévu est proposé par un autre, on le regarde comme péremptoire. Il faut donc donner à chacun quelque chose qu'il puisse saisir, qu'il puisse reconnaître. Un jour que Regulus et moi défendions le même client, il me dit : *Vous vous imaginez qu'il faut tout faire valoir dans une cause; moi, je prends d'abord mon ennemi à la gorge; je l'étrangle.* Il presse effectivement l'endroit qu'il saisit; mais il se trompe souvent dans le choix qu'il fait. *Ne pourrait-il point arriver*, lui répondis-je, *que vous prissiez quelquefois le genou, la jambe, ou même le talon, pour la gorge? Moi, qui ne suis pas si sûr de saisir la gorge, je saisis tout ce qui se présente, de peur de m'y tromper*[61]. Je mets tout en œuvre : je fais valoir ma cause, comme on fait valoir une ferme. On n'en cultive pas seulement les vignes : on y prend soin des moindres arbrisseaux, on en laboure les terres. Dans ces terres, on ne se contente pas de semer du froment, du seigle; on y sème de l'orge, des fèves, et toutes sortes d'autres légumes. Je jette aussi à pleines mains dans ma cause des moyens de toute espèce, pour en recueillir ce qui pourra venir à bien. Il n'y a pas plus de fond à faire sur la certitude des juge-

summum oratorem Periclem sic a comico Eupolide laudari:

Πρὸς δέ γ' αὐτοῦ τῷ τάχει,
Πειθώ τις ἐπεκάθητο τοῖσι χείλεσιν.
Οὕτως ἐκήλει, καὶ μόνος τῶν ῥητόρων
Τὸ κέντρον ἐγκατέλιπε τοῖς ἀκροωμένοις.

Verum huic ipsi Pericli ne illa πειθώ nec illud ἐκήλει brevitate, vel velocitate, vel utraque (differunt enim) sine facultate summa contigisset. Nam delectare, persuadere, copiam dicendi spatiumque desiderant: relinquere vero aculeum in audientium animis is demum potest, qui non pungit, sed infigit. Adde quæ æque de eodem Pericle comicus alter:

Ἤστραπτ', ἐβρόντα, ξυνεκύκα τὴν Ἑλλάδα.

Non enim amputata oratio et abscissa, sed lata, et magnifica, et excelsa tonat, fulgurat, omnia denique perturbat ac miscet. Optimus tamen modus est. Quis negat? sed non minus non servat modum, qui infra rem, quam qui supra; qui astrictius, quam qui effusius dicit. Itaque audis frequenter, ut illud « immodice et redundanter », ita hoc « jejune et infirme. » Alius excessisse materiam, alius dicitur non implesse. Æque uterque, sed ille imbecillitate, hic viribus, peccat. Quod certe, etsi non limatioris, majoris tamen ingenii vitium est.

mens, que sur la constance des saisons et sur la fertilité des terres. Je me souviens toujours qu'Eupolis, dans une de ses comédies, donne cette louange à Périclès :

> La douce persuasion
> Sur ses lèvres fait sa demeure,
> Et dans les cœurs il laisse l'aiguillon,
> Tandis qu'un autre à peine les effleure [62].

Mais, sans cette heureuse abondance qui me charme, Périclès eût-il exercé cet empire souverain sur les cœurs, soit par la rapidité, soit par la brièveté de son discours (car il ne faut pas les confondre), ou par toutes les deux ensemble? Plaire et convaincre, s'insinuer dans les esprits et s'en rendre maître, ce n'est pas l'ouvrage d'une parole et d'un moment : comment y laisser l'aiguillon, si l'on pique sans enfoncer? Un autre poète comique, parlant du même orateur, dit :

> Il tonnait, foudroyait; il ébranlait la Grèce [63].

Ce n'est pas dans un discours concis et serré, c'est dans un discours étendu, majestueux et sublime, qu'on peut mêler le feu des éclairs aux éclats du tonnerre, et jeter partout le trouble et la confusion. Il y a pourtant une juste mesure, je l'avoue; mais, à votre avis, celui qui n'atteint pas cette limite, est-il plus estimable que celui qui la passe? Vaut-il mieux ne pas dire assez, que de trop dire? Si l'on reproche tous les jours à tel orateur d'être trop abondant et trop fécond, on reproche à tel autre d'être sec et stérile. On dit de celui-là qu'il s'emporte au delà de son sujet; de celui-ci, qu'il ne peut y atteindre. Tous deux pèchent également; mais l'un par excès de force, et l'autre par faiblesse. Si cette fécondité

Nec vero, quum hæc dico, illum Homericum ἀμετροεπῆ probo, sed hunc,

Καὶ ἔπεα νιφάδεσσιν ἐοικότα χειμερίῃσιν.

Non quia non et ille mihi validissime placeat,

Παῦρα μὲν, ἀλλὰ μάλα λιγέως.

Si tamen detur electio, illam orationem similem nivibus hibernis, id est, crebram, assiduam et largam, postremo divinam et cœlestem volo. At est gratior multis actio brevis. Est; sed inertibus, quorum delicias desidiamque, quasi judicium, respicere ridiculum est. Nam si hos in consilio habeas, non solum satius est breviter dicere, sed omnino non dicere.

Hæc est adhuc sententia mea, quam mutabo, si dissenseris tu : sed plane cur dissentias, explices rogo. Quamvis enim cedere auctoritati tuæ debeam, rectius tamen arbitror in tanta re, ratione quam auctoritate superari. Proinde, si non errare videor, id ipsum quam voles brevi epistola, sed tamen scribe; confirmabis enim judicium meum; si errare, longissimam para. Num corrupi te, qui tibi, si mihi accederes, brevis epistolæ necessitatem; si dissentires, longissimæ imposui? Vale.

ne marque pas tant de justesse, elle marque au moins beaucoup plus d'étendue dans l'esprit. Quand je parle ainsi, je n'approuve pas ce discoureur sans fin, que peint Homère[64]; je songe plutôt à celui dont les paroles se précipitent en abondance,

> Comme à flocons pressés la neige des hivers[65].

Ce n'est pas que je n'aie aussi beaucoup de goût pour l'autre,

> Qui sait dans peu de mots cacher un sens profond[66].

Mais si vous me laissez le choix, je me déclarerai pour cette éloquence *semblable aux neiges d'hiver,* c'est-à-dire, abondante, large, impétueuse : c'est là ce que j'appelle une éloquence vraiment divine. Cependant, direz-vous, beaucoup d'auditeurs aiment la brièveté : oui, sans doute, les paresseux, dont il serait ridicule de prendre pour règle la délicatesse et l'indolence; si vous les consultez, non-seulement vous parlerez peu, mais vous ne parlerez point.

Voilà mon sentiment, que j'offre d'abandonner pour le vôtre. Toute la faveur que je vous demande, si vous me condamnez, c'est de m'en développer les motifs. Ce n'est pas que je ne sache quelle soumission je dois à votre autorité; mais, dans une occasion de cette importance, il est mieux encore de déférer à la raison. Ainsi, êtes-vous de mon avis, écrivez-le-moi, aussi brièvement qu'il vous plaira; mais enfin, écrivez-le-moi : cela me fortifiera toujours dans mon opinion. Me trompé-je, prouvez-le-moi dans une très-longue lettre. N'est-ce point vous corrompre, que d'exiger seulement un billet, si vous m'êtes favorable, et une longue épître, si vous m'êtes contraire? Adieu.

XXI.

Plinius Paterno suo s.

Ut animi tui judicio, sic oculorum plurimum tribuo: non quia multum (ne tibi placeas), sed quia tantum, quantum ego, sapis : quanquam hoc quoque multum est. Omissis jocis, credo decentes esse servos, qui sunt empti mihi ex consilio tuo : superest ut frugi sint; quod de venalibus, melius auribus, quam oculis, judicatur. Vale.

XXII.

Plinius Catilio Severo suo s.

Diu jam in urbe hæreo, et quidem attonitus. Perturbat me longa et pertinax valetudo Titi Aristonis, quem singulariter et miror et diligo. Nihil est enim illo gravius, sanctius, doctius; ut mihi non unus homo, sed litteræ ipsæ omnesque bonæ artes in uno homine summum periculum adire videantur. Quam peritus ille et privati juris et publici! quantum rerum, quantum exemplorum, quantum antiquitatis tenet! Nihil est quod discere velis, quod ille docere non possit : mihi certe, quoties aliquid abditum quæro, ille thesaurus est. Jam

XXI.

Pline à Paternus.

Je ne me fie pas moins à vos yeux qu'à votre discernement. Non que je vous croie fort habile (car il ne faut pas vous donner de vanité); mais je crois que vous l'êtes autant que moi; c'est encore beaucoup dire. Raillerie à part, les esclaves que vous m'avez fait acheter me paraissent d'assez bonne mine. Reste à savoir s'ils sont de bonnes mœurs; et, sur ce point, il vaut mieux s'en rapporter à leur réputation qu'à leur physionomie. Adieu.

XXII.

Pline à Catilius Severus[67].

Une circonstance douloureuse me retient depuis long-temps à Rome. Je ne puis voir sans inquiétude la longue et opiniâtre maladie de Titus Ariston, pour qui j'ai une admiration et une tendresse singulières. Rien n'égale sa prudence, son intégrité, son savoir; et il me semble voir les sciences et les lettres prêtes à succomber avec lui. Il est également versé dans le droit public et dans le droit particulier. L'antiquité n'a point de maxime, d'exemple, de fait qu'il ignore. Tout ce que vous désirez savoir, il peut vous l'apprendre. C'est pour moi un trésor, où je trouve toujours les connaissances qui me manquent. Quelle confiance, quel respect ses paroles ne doivent-elles pas inspirer! Que sa lenteur à décider une question est

quanta sermonibus ejus fides! quanta auctoritas! quam pressa et decora cunctatio! Quid est quod non statim sciat? et tamen plerumque hæsitat, dubitat, diversitate rationum, quas acri magnoque judicio ab origine causisque primis repetit, discernit, expendit. Ad hæc, quam parcus in victu! quam modicus in cultu! Soleo ipsum cubiculum ejus, ipsumque lectum, ut imaginem quamdam priscæ frugalitatis, aspicere. Ornat hæc magnitudo animi, quæ nihil ad ostentationem, omnia ad conscientiam refert; recteque facti, non ex populi sermone, mercedem, sed ex facto petit. In summa, non facile quemquam ex istis, qui sapientiæ studium habitu corporis præferunt, huic viro comparabis. Non quidem gymnasia sectatur aut porticus, nec disputationibus longis aliorum otium suumque delectat : sed in toga negotiisque versatur : multos advocatione, plures consilio juvat. Nemini tamen istorum castitate, pietate, justitia, fortitudine, etiam primo loco cesserit. Mirareris, si interesses, qua patientia hanc ipsam valetudinem toleret, ut dolori resistat, ut sitim differat, ut incredibilem febrium ardorem immotus opertusque transmittat. Nuper me paucosque mecum, quos maxime diligit, advocavit; rogavitque ut medicos consuleremus de summa valetudinis, ut, si esset insuperabilis, sponte exiret e vita : sin tantum difficilis et longa, resisteret maneretque.

honorable dans un tel homme! Il n'est rien qu'il ne découvre du premier coup d'œil : il doute cependant presque toujours, il hésite, combattu par les raisons opposées, que son génie vaste et pénétrant va rechercher jusque dans leur principe : il les examine, il les pèse. Vous vanterai-je la frugalité de sa table[68], la simplicité de ses habits? Je vous l'avoue, je n'entre jamais dans sa chambre, je ne jette jamais les yeux sur son lit, que je ne croie revoir les mœurs de nos pères. Il rehausse cette simplicité par une grandeur d'âme qui n'accorde rien à l'ostentation, qui donne tout au secret témoignage de la conscience, et n'attache point la récompense d'une bonne action aux louanges qu'elle attire, mais à la seule satisfaction intérieure qui la suit. En un mot, il n'est pas aisé de trouver, même entre ceux qui, par la sévérité de leur extérieur, affichent le goût de la philosophie[69], quelqu'un digne de lui être comparé. Vous ne le voyez point courir d'école en école, pour charmer, par de longues disputes, l'oisiveté des autres, et la sienne. Les affaires, le barreau l'occupent tout entier. Il plaide pour l'un, il donne des conseils à l'autre; et, malgré tant de soins, il pratique si bien les leçons de la philosophie, qu'aucun de ceux qui en font profession publique, ne lui peut disputer la gloire de la modestie, de la bonté, de la justice, de la magnanimité. Si vous étiez près de lui, vous seriez étonné de voir avec quelle patience il supporte la maladie, comment il lutte contre la douleur, comment il résiste à la soif, avec quel courage il souffre, immobile et couvert, les plus cruelles ardeurs de la fièvre! Ces jours passés, il nous fit appeler, quelques-uns de ses plus intimes amis et moi. Il nous pria de consulter sérieusement ses médecins, et nous dit

Dandum enim precibus uxoris, dandum filiæ lacrymis, dandum etiam nobis amicis, ne spes nostras, si modo non essent inanes, voluntaria morte desereret. Id ego arduum in primis et præcipua laude dignum puto. Nam impetu quodam et instinctu procurrere ad mortem, commune cum multis : deliberare vero, et causas ejus expendere, utque suaserit ratio, vitæ mortisque consilium suscipere vel ponere, ingentis est animi.

Et medici quidem secunda nobis pollicentur : superest ut promissis deus annuat, tandemque me hac sollicitudine exsolvat; qua liberatus, Laurentinum meum, hoc est, libellos et pugillares, studiosumque otium, repetam. Nunc enim nihil legere, nihil scribere aut assidenti vacat, aut anxio libet. Habes quid timeam, quid optem, quid etiam in posterum destinem : tu quid egeris, quid agas, quid velis agere, invicem nobis, sed lætioribus epistolis, scribe. Erit confusioni meæ non mediocre solatium, si tu nihil quereris. Vale.

qu'il voulait prendre son parti, quitter au plus tôt une vie douloureuse, si la maladie était incurable, attendre patiemment la guérison, si elle pouvait venir avec le temps; qu'il devait aux prières de sa femme, aux larmes de sa fille, aux vœux de ses amis, de ne point trahir leurs espérances par une mort volontaire, pourvu que ces espérances ne fussent pas une illusion de leur tendresse. Rien de moins commun, à mon gré, rien de plus digne d'éloges, qu'un tel courage. Vous trouverez assez de gens, qui ont la force de courir à la mort en aveugles et sans réflexion; mais il n'appartient qu'aux âmes héroïques de peser la mort et la vie, et de se déterminer pour l'une ou pour l'autre, selon qu'une sérieuse raison fait pencher la balance.

Les médecins nous font tout espérer. Il faut encore qu'un dieu secourable confirme leurs promesses, et me délivre de cette mortelle inquiétude. Aussitôt, je retourne à ma maison de Laurentin, avec impatience de reprendre mon porte-feuille et mes livres, et de me livrer à mes studieux loisirs. En l'état où je suis, tout occupé de mon ami tant que je le vois, inquiet dès que je le perds de vue, il ne m'est possible ni de lire ni d'écrire. Vous voilà informé de mes alarmes, de mes vœux, de mes desseins. Apprenez-moi à votre tour, mais d'un style moins triste, ce que vous avez fait, ce que vous faites, et ce que vous vous proposez de faire. Ce ne sera pas un faible soulagement à ma peine, de savoir que vous n'avez rien qui vous afflige. Adieu.

XXIII.

Plinius Pompeio Falconi suo s.

Consulis an existimem te in tribunatu causas agere decere. Plurimum refert quid esse tribunatum putes; inanem umbram, et sine honore nomen, an potestatem sacrosanctam, et quam in ordinem cogi, ut a nullo, ita ne a se quidem, deceat. Ipse quum tribunus essem, erraverim fortasse, qui me esse aliquid putavi; sed tanquam essem, abstinui causis agendis: primum quod deforme arbitrabar, cui assurgere, cui loco cedere omnes oporteret, hunc omnibus sedentibus stare; et, qui jubere posset tacere quemcumque, huic silentium clepsydra indici; et, quem interfari nefas esset, hunc etiam convicia audire: et, si inulta pateretur, inertem, si ulcisceretur, insolentem videri. Erat hic quoque æstus ante oculos, si forte me appellasset vel ille cui adessem, vel ille quem contra, intercederem et auxilium ferrem; an quiescerem sileremque, et, quasi ejurato magistratu, privatum ipse me facerem. His rationibus motus, malui me tribunum omnibus exhibere, quam paucis advocatum. Sed tu, iterum dicam, plurimum interest quid esse tribunatum putes; quam personam

XXIII.

Pline à Pompée Falcon.

Vous me demandez s'il vous convient[70] de plaider pendant que vous êtes tribun. Pour se bien déterminer, il est bon de savoir quelle idée vous vous faites de cette dignité. Ne la regardez-vous que comme un vain honneur, comme un titre sans réalité[71]? ou la croyez-vous une puissance sacrée, une autorité respectable à tout le monde, même à celui qui en est revêtu[72]? Pour moi, tant que j'ai exercé cette charge[73], j'ai peut-être eu tort de me croire un personnage important; mais je me suis conduit comme si je l'étais, et je me suis abstenu de plaider. J'ai cru qu'il était contre la bienséance, que le magistrat à qui la première place est due en tout lieu, devant qui tout le monde devait se tenir debout, se tînt debout lui-même, pendant que tout le monde serait assis; que lui, qui a droit d'imposer silence, reçut de la clepsydre l'ordre de se taire[74]; que lui, qu'il n'est pas permis d'interrompre, fût exposé à s'entendre dire des injures, traité de lâche s'il les souffre, de superbe s'il s'en venge. J'y voyais un autre embarras. Que faire, si l'une des parties venait à réclamer ma protection? Aurais-je usé de mon pouvoir? ou bien serais-je demeuré muet et immobile, me dégradant moi-même, en quelque sorte, et me réduisant à la condition d'un simple particulier? J'ai donc mieux aimé être le tribun de tous nos citoyens, que l'avocat de quelques-uns. Pour vous, je vous le répète, tout dépend de savoir ce que vous pensez du rang que

tibi imponas, quæ sapienti viro ita aptanda est, ut perferatur. Vale.

XXIV.

Plinius Bebio Hispano suo s.

Tranquillus, contubernalis meus, vult emere agellum, quem venditare amicus tuus dicitur. Rogo cures, quanti æquum est, emat : ita enim delectabit emisse. Nam mala emptio semper ingrata est, eo maxime, quod exprobrare stultitiam domino videtur. In hoc autem agello, si modo arriserit pretium, Tranquilli mei stomachum multa sollicitant : vicinitas urbis, opportunitas viæ, mediocritas villæ, modus ruris, qui avocet magis quam distringat. Scholasticis porro dominis, ut hic est, sufficit abunde tantum soli, ut relevare caput, reficere oculos, reptare per limitem, unam semitam terere, omnesque viticulas suas nosse, et numerare arbusculas possint. Hæc tibi exposui, quo magis scires quantum ille esset mihi, quantum ego tibi debiturus, si prædiolum istud, quod commendatur his dotibus, tam salubriter emerit, ut pœnitentiæ locum non relinquat. Vale.

vous tenez, quel rôle vous avez résolu de choisir, et de ne pas oublier qu'un homme sage le doit prendre tel, qu'il le puisse soutenir jusqu'au bout. Adieu.

XXIV.

Pline à Bebius Hispanus.

Suétone, qui loge avec moi, a dessein d'acheter une petite terre, qu'un de vos amis veut vendre. Faites en sorte, je vous prie, qu'elle ne lui soit vendue que ce qu'elle vaut : c'est à ce prix qu'elle lui plaira. Un mauvais marché est toujours désagréable, surtout en ce qu'il semble nous reprocher continuellement notre sottise. Cette propriété, si d'ailleurs le prix lui paraît convenable, tente mon ami par plus d'un endroit. Elle est voisine de Rome; les chemins sont commodes, et les bâtimens peu considérables; les terres, d'une médiocre étendue, et plus capables d'amuser que d'occuper. Aux savans, comme notre Suétone, il ne faut que le terrain nécessaire pour délasser leur esprit et réjouir leurs yeux : il ne leur faut qu'un sentier, une allée étroite pour se promener nonchalamment, une vigne dont ils connaissent tous les ceps, des arbres dont ils sachent le nombre. Je vous mande tout ce détail, pour vous apprendre combien il me devra, et combien je vous devrai, s'il achète, à des conditions dont il n'ait jamais à se repentir, cette petite maison, où se trouvent réunis tous les avantages que nous cherchons. Adieu[75].

C. PLINII CÆCILII SECUNDI

EPISTOLÆ.

LIBER SECUNDUS.

I.

Plinius Voconio Romano suo s.

Post aliquot annos insigne, atque etiam memorabile populi romani oculis spectaculum exhibuit publicum funus Virginii Rufi, maximi et clarissimi civis, et perinde felicis. Triginta annis gloriæ suæ supervixit. Legit scripta de se carmina, legit historias, et posteritati suæ interfuit. Perfunctus est tertio consulatu, ut summum fastigium privati hominis impleret, quum principis noluisset. Cæsares, quibus suspectus, atque etiam invisus virtutibus fuerat, evasit: reliquit incolumem optimum atque amicissimum, tanquam ad hunc ipsum honorem publici funeris reservatum. Annum tertium et octogesimum excessit in altissima tranquillitate, pari veneratione. Usus est firma valetudine, nisi quod solebant ei manus tremere, citra dolorem tamen: aditus

LETTRES
DE PLINE LE JEUNE.
LIVRE SECOND.

I.

Pline à Voconius Romanus.

La pompe funèbre de Virginius Rufus[1], citoyen illustre, non moins remarquable par son rare bonheur que par son mérite éclatant, vient de donner aux Romains un spectacle des plus beaux et des plus mémorables qu'ils aient eus depuis long-temps. Il a joui trente années de sa gloire. Il a eu le plaisir de lire des poèmes et des histoires, dont ses actions avaient fourni le sujet, et de voir commencer pour lui la postérité[2]. Trois fois consul, il se vit élevé au plus haut rang où pouvait monter un particulier qui n'avait pas voulu être souverain. Il échappa aux empereurs, dont ses vertus avaient excité les soupçons et la haine : il a laissé sur le trône le meilleur des princes, qui l'honorait d'une amitié particulière ; il semble que les destins eussent réservé un si grand empereur, pour relever par sa présence la pompe funéraire d'un si grand homme[3]. Il a vécu quatre-vingt-trois ans, toujours heureux, toujours admiré. Sa santé fut parfaite ; et il n'eut d'autre incommodité, qu'un tremble-

tantum mortis durior longiorque, sed hic ipse laudabilis. Nam quum vocem præpararet, acturus in consulatu principi gratias, liber, quem forte acceperat grandiorem, et seni et stanti ipso pondere elapsus est. Hunc dum consequitur colligitque, per leve et lubricum pavimentum, fallente vestigio, cecidit, coxamque fregit, quæ parum apte collocata, reluctante ætate, male coiit. Hujus viri exsequiæ magnum ornamentum principi, magnum seculo, magnum etiam foro et rostris attulerunt. Laudatus est a Cornelio Tacito : nam hic supremus felicitati ejus cumulus accessit, laudator eloquentissimus. Et ille quidem plenus annis abiit, plenus honoribus, illis etiam quos recusavit. Nobis tamen quærendus ac desiderandus est, ut exemplar ævi prioris; mihi vero præcipue, qui illum non solum publice, sed etiam privatim, quantum admirabar, tantum diligebam: primum quod utrique eadem regio, municipia finitima, agri etiam possessionesque conjunctæ; præterea quod ille mihi tutor relictus, affectum parentis exhibuit. Sic candidatum me suffragio ornavit; sic ad omnes honores meos ex secessibus accucurrit, quum jampridem ejusmodi officiis renuntiasset; sic illo die, quo sacerdotes solent nominare quos dignissimos sacerdotio judicant, me semper nominabat. Quin etiam in hac novissima valetudine veritus, ne forte inter quinqueviros crearetur,

ment de mains, sans aucune douleur. Il est vrai que la crise de sa mort a été longue et douloureuse; mais cela même n'a fait que rehausser sa gloire. Il exerçait sa voix, pour se préparer à remercier publiquement l'empereur de l'avoir élevé au consulat[4] : il était debout; un large volume, que tenait le vieillard, échappe à ses faibles mains. Il veut le retenir, et se presse de le ramasser : le plancher était glissant; le pied lui manque; il tombe, et se rompt une cuisse. Elle fut mal remise, et, la vieillesse s'opposant aux efforts de la nature, les os ne purent reprendre. Les obsèques de ce grand homme honorent l'empereur, notre siècle, la tribune même et le barreau. Cornelius Tacite a prononcé son éloge[5]; car la fortune, pour dernière grâce, réservait à Virginius le plus éloquent des panégyristes. Il est mort chargé d'années, comblé d'honneurs, même de ceux qu'il a refusés; et cependant nous n'en devons pas moins le regretter, comme le modèle des anciennes mœurs; moi surtout, qui le chérissais, qui l'admirais autant dans le commerce familier, que dans sa vie publique. Nous étions du même pays : nos villes natales étaient voisines; nos terres et nos propriétés se touchaient. Il m'avait été laissé pour tuteur, et avait eu pour moi la tendresse d'un père. Je n'ai point obtenu de charge qu'il ne l'ait briguée publiquement pour moi, et qu'il n'ait accouru du fond de sa retraite pour m'appuyer de son crédit, quoique depuis long-temps il eût renoncé à ces sortes de devoirs. Enfin, le jour que les prêtres ont coutume de nommer ceux qu'ils croient les plus dignes du sacerdoce, jamais il ne manqua de me donner son suffrage. Cette vive affection ne se démentit point pendant sa dernière maladie. Craignant d'être élu l'un des cinq membres de la commission insti-

qui minuendis publicis sumptibus judicio senatus constituebantur, quum illi tot amici senes consularesque superessent, me hujus ætatis, per quem excusaretur, elegit, his quidem verbis : « Etiamsi filium haberem, tibi mandarem. » Quibus ex causis necesse est tanquam immaturam mortem ejus in sinu tuo defleam; si tamen fas est aut flere, aut omnino mortem vocare, qua tanti viri mortalitas magis finita quam vita est. Vivit enim, vivetque semper, atque etiam latius in memoria hominum et sermone versabitur, postquam ab oculis recessit. Volui tibi multa alia scribere, sed totus animus in hac una contemplatione defixus est. Virginium cogito, Virginium jam vanis imaginibus, recentibus tamen, audio, alloquor, teneo : cui fortasse cives aliquos virtutibus pares et habemus et habebimus, gloria neminem. Vale.

II.

Plinius Paullino suo s.

Irascor : nec liquet mihi an debeam, sed irascor. Scis quam sit amor iniquus interdum, impotens sæpe, μικραίτιος semper. Hæc tamen causa magna est, nescio an justa : sed ego tanquam non minus justa quam

tuée par le sénat pour travailler à la diminution des charges publiques[6], il me choisit, malgré ma jeunesse, pour le remplacer[7], me préférant à tant d'amis consulaires et d'une vieillesse honorable. Et de quelles paroles obligeantes n'accompagna-t-il point cette faveur! *Quand j'aurais un fils*, me dit-il, *je vous préférerais encore à lui*. Puis-je m'empêcher, dites-moi, de verser des larmes dans votre sein, et de pleurer sa mort comme prématurée? si toutefois il est permis de la pleurer, ou d'appeler mort le passage qu'il a fait d'une vie courte à une vie qui ne finira plus. Car enfin il vit, et vivra toujours, plus que jamais présent à la mémoire des hommes et mêlé à leurs discours, depuis qu'il ne paraît plus à leurs yeux. J'avais mille autres choses à vous mander; mais mon esprit ne peut se détacher de Virginius : je ne puis penser qu'à Virginius : l'imagination prête à mes souvenirs toute la force de la réalité[8]; je crois l'entendre, l'entretenir, l'embrasser. Nous avons et nous aurons peut-être encore des citoyens qui l'égaleront en vertus; personne n'égalera sa gloire. Adieu.

II.

Pline à Paullinus[9].

Je suis en colère : je ne sais pas encore si c'est avec raison; ce qu'il y a de certain, c'est que je suis en colère. Vous connaissez l'amitié; elle est quelquefois injuste, souvent emportée, toujours querelleuse[10]. Mais ici j'aurais matière à me fâcher, si mon courroux était fondé;

magna sit, graviter irascor, quod a te tamdiu litteræ nullæ. Exorare me potes uno modo, si nunc saltem plurimas et longissimas miseris. Hæc mihi sola excusatio vera, ceteræ falsæ videbuntur. Non sum auditurus, «Non eram Romæ,» vel, «Occupatior eram;» illud enim nec dii sinant, ut «infirmior.» Ipse ad villam partim studiis, partim desidia fruor; quorum utrumque ex otio nascitur. Vale.

III.

Plinius Nepoti suo s.

Magna Isæum fama præcesserat; major inventus est. Summa est facultas, copia, ubertas. Dicit semper ex tempore, sed tanquam diu scripserit. Sermo græcus, immo atticus : præfationes tersæ, graciles, dulces; graves interdum et erectæ. Poscit controversias plures, electionem auditoribus permittit, sæpe etiam partes. Surgit, amicitur, incipit : statim omnia, ac pæne pariter, ad manum. Sensus reconditi, occursant verba : sed qualia? quæsita et exculta : multa lectio in subitis, multa scriptio elucet. Proœmiatur apte, narrat aperte, pugnat acriter, colligit fortiter, ornat excelse : postremo docet, delectat, afficit : quid maxime, dubites. Crebra νοήματα,

et je me fâche d'avance, comme si le motif en était aussi légitime qu'il est grave[11]. Quoi! si long-temps sans me donner de vos nouvelles! Vous n'avez plus qu'un moyen de m'apaiser; c'est de m'écrire à l'avenir fort souvent, et de très-longues lettres. Je ne reçois que cette seule excuse; je traiterai toutes les autres de mensonges. Je ne me paierai pas de ces défaites usées : *Je n'étais point à Rome, j'étais accablé d'occupations;* car pour l'excuse, *j'étais malade,* aux dieux ne plaise que vous puissiez vous en servir! Moi, je me partage ici entre l'étude et la paresse, ces deux enfans de l'oisiveté. Adieu.

III.

Pline à Nepos[12].

Isée avait été précédé d'une brillante réputation; et l'on a trouvé sa réputation au dessous de son mérite. Rien n'égale la facilité, la variété, la richesse de son élocution. Jamais il ne se prépare, et il parle toujours comme s'il était préparé[13]. C'est la perfection du langage grec, ou plutôt de la langue attique[14]. Ses exordes ont de la grâce, de la délicatesse et de la douceur, quelquefois de la grandeur et de la majesté. Il demande plusieurs sujets de discussion, prie les auditeurs d'en choisir un, et souvent même de lui indiquer l'opinion qu'il doit soutenir. Il se lève, il se compose[15], il commence : tout se trouve presque à la fois sous sa main. Ses pensées sont profondes, et les mots semblent voler au devant des pensées. Mais quels mots! les mieux choisis, les plus élégans. On sent, à ses discours les moins étudiés, qu'il a

crebri syllogismi, circumscripti et effecti, quod stilo quoque assequi magnum est. Incredibilis memoria: repetit altius quae dixit ex tempore, ne verbo quidem labitur. Ad tantam ἕξιν studio et exercitatione pervenit: nam diebus et noctibus nihil aliud agit, nihil audit, nihil loquitur. Annum sexagesimum excessit, et adhuc scholasticus tantum est; quo genere hominum nihil aut simplicius, aut sincerius, aut melius. Nos enim, qui in foro verisque litibus terimur, multum malitiae, quamvis nolimus, addiscimus. Schola et auditorium, ut ficta causa, ita res inermis, innoxia est; nec minus felix, senibus praesertim. Nam quid in senectute felicius, quam quod dulcissimum est in juventa?

Quare ego Isaeum non disertissimum tantum, verum etiam beatissimum judico, quem tu nisi cognoscere concupiscis, saxeus, ferreusque es. Proinde si non ob alia, nosque ipsos, at certe ut hunc audias, veni. Nunquamne legisti Gaditanum quemdam, Titi Livii nomine gloriaque commotum, ad visendum eum

lu beaucoup, et beaucoup composé [16]. Il entre naturellement dans son sujet; il narre avec clarté; il argumente vivement; il récapitule avec force, et sème partout des fleurs avec un goût exquis. En un mot, il instruit, il plaît, il remue, sans qu'on puisse décider si c'est à remuer, à plaire, ou à instruire qu'il excelle [17]. Il ramène sans cesse de courtes réflexions, et des raisonnemens si justes et si serrés, que, même la plume à la main, on aurait peine à leur donner autant d'énergie. Sa mémoire est un prodige : il reprend, depuis le commencement, un discours qu'il vient d'improviser, et ne s'y trompe pas d'un seul mot. L'étude et l'exercice lui ont acquis ce merveilleux talent : car ce qu'il fait, ce qu'il entend, ce qu'il dit, tout se rapporte là. Il a passé soixante ans, et il ne s'exerce encore que dans les écoles [18]. C'est chez les hommes de ce genre qu'on trouve au plus haut degré la simplicité, la bonté, la franchise. Nous autres, qui passons notre vie dans les contestations réelles et dans le tumulte du barreau, nous nous familiarisons, même sans le vouloir, avec la finesse et la ruse. Les écoles, au contraire, où tout n'est que fiction, ne nous offrent aussi que des sujets où l'esprit se joue innocemment; et rien n'est plus agréable, surtout dans la vieillesse. Car est-il pour la vieillesse un amusement plus doux, que celui qui fait les délices du jeune âge ?

Je crois donc Isée, non-seulement le plus éloquent, mais encore le plus heureux des hommes; et vous, vous en êtes le plus insensible, si vous n'éprouvez un désir ardent de le connaître. Quand d'autres affaires, quand le besoin de me voir ne vous appelleraient pas ici, vous y devriez voler pour l'entendre. N'avez-vous jamais lu qu'un citoyen de Cadix, frappé de la réputation et de

ab ultimo terrarum orbe venisse, statimque ut viderat, abiisse? Ἀφιλόκαλον, illitteratum, iners, ac paene etiam turpe est, non putare tanti cognitionem, qua nulla est jucundior, nulla pulchrior, nulla denique humanior. Dices, « Habeo hic quos legam, non minus disertos. » Etiam : sed legendi semper occasio est, audiendi non semper. Praeterea multo magis, ut vulgo dicitur, viva vox afficit. Nam licet acriora sint quae legas, altius tamen in animo sedent, quae pronuntiatio, vultus, habitus, gestus etiam dicentis affigit. Nisi vero falsum putamus illud Æschinis, qui quum legisset Rhodiis orationem Demosthenis, admirantibus cunctis, adjecisse fertur : Τί δέ, εἰ αὐτοῦ τοῦ θηρίου ἀκηκόειτε; et erat Æschines, si Demostheni credimus, λαμπροφωνότατος : fatebatur tamen longe melius eadem illa pronuntiasse ipsum qui pepererat. Quae omnia huc tendunt, ut audias Isaeum, vel ideo tantum ut audieris. Vale.

IV.

Plinius Calvinae suae s.

Si pluribus pater tuus, vel unicuilibet alii, quam mihi debuisset, fuisset fortasse dubitandum, an adires here-

la gloire de Tite-Live, vint des extrémités du monde pour le voir, le vit, et s'en retourna? Il faut être sans goût, sans littérature, sans émulation, j'ai presque dit sans honneur, pour ne pas céder à cette curiosité, la plus séduisante, la plus noble, enfin la plus digne d'un homme. Vous me direz peut-être, je lis ici des ouvrages où l'on ne trouve pas moins d'éloquence. Je le veux; mais vous les lirez toujours quand il vous plaira, et vous ne pourrez pas toujours entendre ce grand homme. Ignorez-vous d'ailleurs que le débit fait une impression bien plus vive et bien plus profonde? Ce que vous lisez l'emportât-il naturellement en énergie, les traits que l'orateur enfonce par le geste, par la voix, par le jeu de la physionomie, entreront toujours plus avant. Ne savons-nous pas ce que l'on raconte d'Eschine? Un jour qu'il lisait à Rhodes la harangue que Démosthène avait prononcée contre lui, les auditeurs applaudissaient avec enthousiasme. *Que serait-ce donc*, s'écria-t-il, *si vous eussiez entendu le monstre lui-même*[19]? Cependant, si l'on en croit Démosthène, Eschine avait un organe très-sonore[20]; et Eschine avouait néanmoins que l'auteur du discours l'avait infiniment mieux débité que lui. Quel est le but de tout ceci? C'est de vous déterminer à venir entendre Isée, quand ce ne serait que pour dire que vous l'avez entendu. Adieu.

IV.

Pline à Calvina[21].

Si votre père avait laissé des créanciers, ou même un seul créancier autre que moi, vous auriez raison de déli-

ditatem etiam viro gravem. Quum vero ego ductus affinitatis officio, dimissis omnibus, qui, non dico molestiores, sed diligentiores erant, creditor solus exstiterim; quumque ego nubenti tibi in dotem centum millia contulerim, præter eam summam quam pater tuus quasi de meo dixit (erat enim solvenda de meo), magnum habes facilitatis meæ pignus. Cujus fiducia debes famam defuncti pudoremque suscipere : ad quod ne te verbis magis quam rebus horter, quidquid mihi pater tuus debuit, acceptum tibi ferri jubeo. Nec est quod verearis ne sit mihi onerosa ista donatio. Sunt quidem omnino nobis modicæ facultates, dignitas sumptuosa, reditus, propter conditionem agellorum, nescio minor an incertior : sed quod cessat ex reditu, frugalitate suppletur, ex qua, velut ex fonte, liberalitas nostra decurrit. Quæ tamen ita temperanda est, ne nimia profusione inarescat : sed temperanda in aliis; in te vero facile ratio constabit, etiamsi modum excesserit. Vale.

V.

Plinius Luperco suo s.

ACTIONEM et a te frequenter efflagitatam, et a me sæpe promissam exhibui tibi, nondum tamen totam;

bérer si vous devez accepter une succession, dont un homme même redouterait le fardeau. Mais aujourd'hui (les liens qui nous unissent m'en imposaient le devoir), j'ai payé les plus incommodes [22], ou, pour mieux dire, les plus diligens, et je suis devenu votre créancier unique. J'avais déjà contribué à votre dot d'une somme de cent mille sesterces, outre celle que votre père s'était engagé à payer, en quelque sorte, sur mon bien; car c'était moi qui devais en faire les fonds. Voilà des gages assez certains de mes dispositions pour vous. Avec cette assurance, il faut épargner une tache à votre père, en acceptant sa succession; et, pour donner à mes avis toute la vertu que les effets donnent aux paroles, je vous envoie une quittance générale de tout ce que me doit la succession. N'appréhendez point qu'une telle donation me soit à charge. Je ne suis pas riche, il est vrai; mon rang exige de la dépense, et mon revenu, par la nature de mes terres, est aussi incertain que modique. Mais ce qui me manque de ce côté-là, je le retrouve dans l'économie : voilà la source de mes libéralités. Je sais bien pourtant qu'il ne faut pas y puiser jusqu'à la tarir; mais je garde cette précaution pour d'autres que vous. A votre égard, quand ma générosité passerait les bornes, j'aurai toujours bien calculé. Adieu.

V.

Pline à Lupercus.

JE vous envoie un discours que vous m'avez demandé plus d'une fois, et que je vous ai souvent promis. Vous

adhuc enim pars ejus perpolitur. Interim, quæ absolutiora mihi videbantur, non fuit alienum judicio tuo tradi. His tu, rogo, intentionem scribentis accommodes; nihil enim adhuc inter manus habui, cui majorem sollicitudinem præstare deberem. Nam in ceteris actionibus existimationi hominum diligentia tantum et fides nostra, in hac etiam pietas subjicietur. Inde et liber crevit, dum ornare patriam et amplificare gaudemus, pariterque et defensioni ejus servimus et gloriæ. Tu tamen hæc ipsa, quantum ratio exegerit, reseca. Quoties enim ad fastidium legentium deliciasque respicio, intelligo nobis commendationem ex ipsa mediocritate libri petendam.

Idem tamen, qui a te hanc austeritatem exigo, cogor id, quod diversum est, postulare, ut in plerisque frontem remittas. Sunt enim quædam adolescentium auribus danda, præsertim si materia non refragetur. Nam descriptiones locorum, quæ in hoc libro frequentiores erunt, non historice tantum, sed prope poetice prosequi fas est. Quod tamen si quis exstiterit, qui putet nos lætius fecisse, quam orationis severitas exigat, hujus (ut ita dixerim) tristitiam reliquæ partes actionis exorare debebunt. Adnixi certe sumus, ut quamlibet diversa genera lectorum, per plures dicendi species teneremus. Ac sicut veremur, ne quibusdam pars aliqua secundum suam cujusque naturam non probetur; ita videmur

n'en recevrez pourtant aujourd'hui qu'une partie; je corrige encore l'autre. J'ai cru convenable de soumettre à votre critique ce qu'il y avait déjà de plus travaillé. Lisez, je vous prie, avec le même soin que j'ai composé. Je n'avais rien fait encore qui exigeât de moi autant d'application : on n'avait à juger, dans mes autres discours, que du zèle et de la fidélité de l'avocat : ici, l'on jugera de la piété du citoyen. Aussi mon ouvrage s'est étendu sous ma main, animé comme je l'étais par le plaisir de louer, de célébrer ma patrie, de la défendre tout à la fois et de faire éclater sa gloire. Abrégez cependant, taillez à votre gré; car toutes les fois que je pense au dégoût et à la délicatesse de nos lecteurs, je conçois que la brièveté même n'est pas un moyen de succès à négliger.

Toutefois, en me recommandant à votre sévérité, j'ai à vous demander une grâce toute différente : c'est de vous laisser souvent dérider le front. Il faut bien donner quelque chose au goût des jeunes gens, surtout lorsque le sujet ne s'y oppose pas. Dans ces sortes d'ouvrages, on peut prêter aux descriptions des lieux, qui reviennent souvent, non-seulement les ornemens de l'histoire, mais peut-être encore les embellissemens de la poésie. Si quelqu'un pensait que je me suis accordé plus de licence sur ce point, que ne le permettait la gravité du sujet, le reste de mon discours m'excusera, je l'espère, aux yeux de ce censeur chagrin. J'ai, par la variété de mon style, tâché de satisfaire les différentes inclinations des lecteurs. Ainsi, tout en craignant que ce qui pourra plaire à l'un ne déplaise à l'autre, je me flatte que cette variété même sauvera l'ouvrage entier. Quand nous sommes à table,

posse confidere, ut universitatem omnibus varietas ipsa commendet. Nam et in ratione conviviorum, quamvis a plerisque cibis singuli temperemus, totam tamen coenam laudare omnes solemus, nec ea quæ stomachus noster recusat, adimunt gratiam illis quibus capitur. Atque hæc ego sic accipi volo, non tanquam assecutum me esse credam, sed tanquam assequi laboraverim; fortasse non frustra, si modo tu curam tuam admoveris, interim istis, mox iis quæ sequuntur. Dices te non posse satis diligenter id facere, nisi prius totam actionem cognoveris. Fateor: in præsentia tamen et ista tibi familiariora fient, et quædam ex his talia erunt, ut per partes emendari possint. Etenim si avulsum statuæ caput aut membrum aliquod inspiceres, non tu quidem ex illo posses congruentiam æqualitatemque deprehendere; posses tamen judicare, an id ipsum satis elegans esset. Nec alia ex causa principia librorum circumferuntur, quam quia existimatur pars aliqua etiam sine ceteris esse perfecta. Longius me provexit dulcedo quædam tecum loquendi: sed jam finem faciam, ne modum, quem etiam orationi adhibendum puto, in epistola excedam. Vale.

nous ne touchons pas à tous les mets; nous louons pourtant tout le repas, et ce que nous n'aimons pas ne fait point de tort à ce que nous aimons. Non que je prétende avoir atteint au degré de perfection dont je parle : je veux seulement vous faire entendre que j'y visais. Peut-être même n'aurai-je pas perdu ma peine, si vous prenez celle de retoucher ce que je vous envoie et ce que je vous enverrai bientôt. Vous direz, qu'il ne vous est pas facile de vous bien acquitter de ce soin sans voir toute la pièce. J'en conviens : mais vous vous familiariserez toujours avec les morceaux que je vous soumets, et vous y trouverez quelque endroit qui peut souffrir des corrections partielles. Que l'on vous présente une tête, ou quelque autre partie d'une statue, vous ne pourrez pas dire si les proportions sont bien gardées, et pourtant vous ne laisserez pas de juger du mérite de cette partie. Et par quel autre motif va-t-on lire de maison en maison les commencemens d'un ouvrage, sinon parce que l'on est persuadé qu'ils peuvent avoir leur beauté, indépendamment du reste? Je m'aperçois que le plaisir de vous entretenir m'a mené loin. Je finis. Il sied trop mal à un homme, qui blâme même les longues harangues, de faire de longues lettres. Adieu.

VI.

Plinius Avito suo s.

Longum est altius repetere, nec refert, quemadmodum acciderit, ut, homo minime familiaris, coenarem apud quemdam, ut sibi videbatur, lautum et diligentem; ut mihi, sordidum simul et sumptuosum. Nam sibi et paucis opima quædam, ceteris vilia et minuta ponebat: vinum etiam parvulis lagunculis in tria genera descripserat, non ut potestas eligendi, sed ne jus esset recusandi : et aliud sibi et nobis, aliud minoribus amicis (nam gradatim amicos habet), aliud suis nostrisque libertis. Animadvertit qui mihi proximus recumbebat, et an probarem interrogavit. Negavi. «Tu ergo, inquit, quam consuetudinem sequeris?—Eadem omnibus pono: ad coenam enim, non ad notam, invito, cunctisque rebus exæquo, quos mensa et toro æquavi. — Etiamne libertos? — Etiam : convictores enim tunc, non libertos, puto.» Et ille : «Magno tibi constat. — Minime. — Qui fieri potest? — Potest; quia scilicet liberti mei non idem, quod ego, bibunt, sed idem ego, quod liberti.»

Et hercule, si gulæ temperes, non est onerosum, quo

VI.

Pline à Avitus [23].

Il faudrait reprendre de trop haut une histoire d'ailleurs inutile, pour vous dire comment, malgré mon humeur réservée, je me suis trouvé à souper chez un homme, selon lui, magnifique et économe, selon moi, somptueux et mesquin tout à la fois. On servait pour lui et pour un petit nombre de conviés des mets excellens : l'on ne servait pour les autres que des viandes communes et grossières. Il y avait trois sortes de vins dans de petites bouteilles différentes, non pas pour laisser la liberté de choisir, mais afin d'ôter le droit de refuser. Le premier était pour le maître et pour nous; le second, pour les amis du second rang (car il aime par étage); le dernier, pour ses affranchis et pour les nôtres. L'un de mes voisins me demanda si j'approuvais l'ordonnance de ce festin. Je lui répondis que non. *Et comment donc en usez-vous, dit-il? —Je fais servir également tout le monde; car mon but est de réunir mes amis dans un repas, et non de les offenser par des distinctions injurieuses. La différence du service ne distingue point ceux que la même table a égalés. —Quoi! reprit-il, traitez-vous de même les affranchis? —Pourquoi non? Dans ce moment je ne vois point en eux des affranchis; je n'y vois plus que des convives.— Cela vous coûte beaucoup, ajouta-t-il?— Point du tout. — Quel secret avez-vous donc? — Quel secret? c'est que mes affranchis ne boivent pas le même vin que moi, mais que je bois le même vin que mes affranchis* [24].

Ne soyons pas trop délicats, et il ne nous en coûtera ja-

utaris ipse, communicare cum pluribus. Illa ergo reprimenda, illa quasi in ordinem redigenda est, si sumptibus parcas, quibus aliquanto rectius tua continentia, quam aliena contumelia, consulas. Quorsus haec? Ne tibi optimae indolis juveni quorumdam in mensa luxuria specie frugalitatis imponat. Convenit autem amori in te meo, quoties tale aliquid inciderit, sub exemplo praemonere, quid debeas fugere. Igitur memento, nihil magis esse vitandum, quam istam luxuriae et sordium novam societatem, quae quum sint turpissima discreta ac separata, turpius junguntur. Vale.

VII.

Plinius Macrino suo s.

Heri a senatu Vestricio Spurinnae, principe auctore, triumphalis statua decreta est; non ita ut multis, qui nunquam in acie steterunt, nunquam castra viderunt, nunquam denique tubarum sonum, nisi in spectaculis, audierunt, verum ut illis, qui decus istud sudore et sanguine et factis assequebantur. Nam Spurinna Bructerum regem vi et armis induxit in regnum, ostentato-

mais bien cher pour traiter les autres comme nous-mêmes. C'est notre propre sensualité qu'il faut réprimer et, pour ainsi dire, rappeler à l'ordre, quand nous voulons ménager notre bien : on doit, pour bien faire, fonder son économie sur sa tempérance, et non sur l'humiliation des autres. A quoi tend ce discours ? à vous avertir, vous dont j'estime tant l'heureux naturel, de ne point vous laisser imposer par une sorte de profusion d'autant plus dangereuse, qu'elle se pare des dehors de l'économie. L'amitié que je vous ai vouée exige de moi que toutes les fois qu'en mon chemin je rencontre un exemple semblable, je m'en serve pour vous avertir de ce qu'il faut éviter. N'oubliez donc jamais que l'on ne peut avoir trop d'horreur de ce monstrueux mélange d'avarice et de prodigalité; et que, si un seul de ces vices suffit pour ternir la réputation, ils ne peuvent que déshonorer davantage, quand ils sont unis. Adieu.

VII.

Pline à Macrin.

Hier le sénat, sur la proposition qu'en fit l'empereur, ordonna qu'il serait élevé une statue triomphale à Vestricius Spurinna, non pas comme à tant d'autres, qui ne se sont jamais trouvés à une bataille, qui n'ont jamais vu de camp, et qui n'ont jamais entendu la trompette qu'au milieu des spectacles; mais comme à ceux qui ont acheté cet honneur au prix de leurs fatigues, de leur sang et de leurs exploits. Spurinna, à la tête d'une armée, a rétabli le roi des Bructères dans ses états : il lui a suffi de pa-

que bello, ferocissimam gentem (quod est pulcherrimum victoriæ genus) terrore perdomuit. Et hoc quidem virtutis præmium; illud solatium doloris accepit, quod filio ejus Cottio, quem amisit absens, habitus est honor statuæ. Rarum id in juvene : sed pater hoc quoque merebatur, cujus gravissimo vulneri magno aliquo fomento medendum fuit. Præterea Cottius ipse tam clarum specimen indolis dederat, ut vita ejus brevis et angusta debuerit hac veluti immortalitate proferri. Nam tanta ei sanctitas, gravitas, auctoritas etiam, ut posset senes illos provocare virtute, quibus nunc honore adæquatus est. Quo quidem honore, quantum ego interpretor, non modo defuncti memoriæ, et dolori patris, verum etiam exemplo prospectum est. Acuent ad bonas artes juventutem adolescentibus quoque, digni sint modo, tanta præmia constituta : acuent principes viros ad liberos suscipiendos et gaudia ex superstitibus, et ex amissis tam gloriosa solatia.

His ex causis, statua Cottii publice lætor, nec privatim minus. Amavi consummatissimum juvenem tam ardenter, quam nunc impatienter requiro. Erit ergo pergratum mihi hanc effigiem ejus subinde intueri, subinde respicere, sub hac consistere, præter hanc commeare. Etenim si defunctorum imagines domi positæ dolorem nostrum levant, quanto magis eæ, quibus in celeberrimo loco non modo species

raître (et c'est sans doute la plus glorieuse de toutes les victoires), pour dompter, par la terreur de ses armes, une nation si belliqueuse. Mais, en même temps que l'on a récompensé le héros, on a consolé le père. Spurinna, en son absence, a perdu son fils Cottius, et Cottius a aussi été honoré d'une statue; distinction rarement accordée à un jeune homme. Les services du père l'avaient bien méritée; et il ne fallait pas moins qu'un tel remède pour une plaie si profonde. D'ailleurs, Cottius brillait déjà de tant de vertus naturelles, que l'on devait une sorte d'immortalité à une vie si précieuse et si courte. La pureté de ses mœurs, la solidité, et même la supériorité de son esprit, lui permettaient de disputer de mérite avec les vieillards, à qui ce nouvel honneur l'a justement égalé. Cet honneur, si je ne me trompe, ne se bornera pas à la consolation du père, et à la gloire du fils; il va faire naître une nouvelle émulation dans tous les cœurs. Les jeunes gens, animés par l'espérance du même prix, vont se distinguer à l'envi dans l'exercice des vertus. Les hommes du plus haut rang s'empresseront d'élever des enfans, ou pour revivre en eux, s'ils les conservent, ou pour être si glorieusement consolés, s'ils les perdent.

Je dois donc voir avec un plaisir infini, dans l'intérêt public et tout ensemble pour moi-même, qu'on ait érigé une statue à Cottius. J'aimais cet excellent jeune homme aussi vivement que je le regrette aujourd'hui; et je trouverai une bien douce consolation à contempler de temps en temps sa statue, à me retourner quelquefois pour la voir, à m'arrêter devant elle, à passer près d'elle. Si les images des morts calment notre douleur, lors même qu'elles ne se présentent à nous que dans l'enceinte d'une maison, combien ne frappent-elles pas davantage, lors-

et vultus illorum, sed honor etiam et gloria refertur? Vale.

VIII.

Plinius Caninio suo s.

STUDES? an piscaris? an venaris? an simul omnia? possunt enim omnia simul fieri ad Larium nostrum : nam lacus piscem, feras silvæ, quibus lacus cingitur, studia altissimus iste secessus affatim suggerit. Sed sive omnia simul, sive aliquid facias, non possum dicere, « invideo : » angor tamen non et mihi licere, quæ sic concupisco, ut ægri vinum, balinea, fontes. Nunquamne hos arctissimos laqueos, si solvere negatur, abrumpam? Nunquam, puto : nam veteribus negotiis nova accrescunt, nec tamen priora peraguntur : tot nexibus, tot quasi catenis majus in dies occupationum agmen extenditur. Vale.

que, dans une place publique, elles nous retracent, non-seulement le visage et les traits de nos amis, mais leurs vertus mêmes et leur gloire. Adieu.

VIII.

Pline à Caninius.

Est-ce l'étude, est-ce la pêche, est-ce la chasse, ou les trois ensemble qui vous occupent? car ce sont des plaisirs qu'on peut goûter à la fois dans notre charmante retraite, près du lac de Côme. Le lac vous fournit du poisson; les bois qui l'environnent sont pleins de bêtes fauves, et la profonde tranquillité du lieu invite à l'étude. Mais, que toutes ces choses ensemble ou quelqu'autre vous occupent, il ne m'est pas permis de dire que je vous porte envie. Il m'est bien cruel pourtant de ne pouvoir jouir, ainsi que vous, de ces innocens plaisirs, après lesquels je soupire avec la même ardeur, que le malade soupire après les bains, après le vin, après les eaux. Ne m'arrivera-t-il donc jamais de rompre les nœuds qui m'attachent, puisque je ne puis les délier? Non, je n'ose m'en flatter. Chaque jour, nouveaux embarras viennent se joindre aux anciens : une affaire n'est pas encore finie, qu'une autre commence : la chaîne de mes occupations s'étend et s'appesantit de jour en jour. Adieu.

IX.

Plinius Apollinari suo s.

Anxium me et inquietum habet petitio Sexti Erucii mei. Afficior cura, et, quam pro me sollicitudinem non adii, quasi pro me altero patior. Et alioquin meus pudor, mea existimatio, mea dignitas in discrimen adducitur. Ego Sexto latum clavum a Caesare nostro, ego quaesturam impetravi: meo suffragio pervenit ad jus tribunatum petendi, quem nisi obtinet in senatu, vereor ne decepisse Caesarem videar. Proinde annitendum est mihi, ut talem eum judicent omnes, qualem esse princeps mihi credidit. Quae causa si studium meum non incitaret, adjutum tamen cuperem juvenem probissimum, gravissimum, eruditissimum, omni denique laude dignissimum, et quidem cum tota domo. Nam pater ei Erucius Clarus, vir sanctus, antiquus, disertus, atque in agendis causis exercitatus, quas summa fide, pari constantia, nec verecundia minore defendit. Habet avunculum C. Septicium, quo nihil verius, nihil simplicius, nihil candidius, nihil fidelius novi. Omnes me certatim, et tamen aequaliter amant: omnibus nunc ego in uno referre gratiam possum. Itaque prenso amicos, supplico, ambio; domos stationesque circumeo; quantum-

IX.

Pline à Apollinaire.

Je suis vivement occupé des démarches de mon ami Sextus Erucius. Je ressens pour cet autre moi-même des agitations, qu'en pareille occasion je n'ai point senties pour moi. D'ailleurs, il me semble que mon honneur, mon crédit et ma dignité sont compromis. J'ai obtenu de l'empereur, pour Sextus, le droit d'entrer au sénat [25]; je lui ai obtenu la charge de questeur : il doit à mes sollicitations la permission de demander celle de tribun [26]. Si le sénat la lui refuse, j'ai peur de paraître avoir abusé le prince. Je ne dois donc rien négliger, pour que le jugement public confirme l'opinion que l'empereur, sur la foi de mes éloges, a bien voulu concevoir de son mérite. Quand une raison si pressante me manquerait, je n'aurais guère moins d'ardeur pour l'élévation de Sextus. C'est un jeune homme plein de probité, de sagesse, de savoir, et de qui l'on ne peut dire trop de bien, ainsi que de toute sa maison. Son père, Erucius Clarus, est un homme d'une vertu antique : avocat éloquent et exercé, il honore sa profession par sa probité, par son courage, par sa modestie. Caius Septicius, son oncle, est la vérité, la franchise, la candeur, la fidélité même. Tous rivalisent d'affection pour moi, et cependant ils m'aiment tous également. Voici une occasion où je puis, en témoignant ma reconnaissance à un seul, m'acquitter envers tous. J'emploie donc tous mes amis. Je supplie, je brigue, je vais de maison en maison, je cours dans toutes les places publiques; et j'essaie, par mes prières, tout ce que j'ai de

que vel auctoritate vel gratia valeam, precibus experior. Te quoque obsecro, ut aliquam oneris mei partem suscipere tanti putes. Reddam vicem, si reposces : reddam et si non reposces. Diligeris, coleris, frequentaris : ostende modo velle te, nec deerunt, qui, id quod tu velis, cupiant. Vale.

X.

Plinius Octavio suo s.

Hominem te patientem, vel potius durum, ac pæne crudelem, qui tam insignes libros tamdiu teneas! Quousque et tibi et nobis invidebis, tibi, maxima laude, nobis, voluptate? Sine per ora hominum ferantur, iisdemque quibus lingua romana spatiis pervagentur. Magna etiam longaque exspectatio est, quam frustrari adhuc et differre non debes. Enotuerunt quidam tui versus, et invito te claustra refregerunt : hos nisi retrahis in corpus, quandoque, ut errones, aliquem, cujus dicantur, invenient. Habe ante oculos mortalitatem, a qua asserere te hoc uno monumento potes. Nam cetera, fragilia et caduca, non minus quam ipsi homines, occidunt desinuntque. Dices, ut soles, « Amici mei viderint. » Opto equidem amicos tibi tam fideles, tam eruditos, tam laboriosos, ut tantum curæ intentionisque suscipere

crédit et de considération. Partagez, s'il vous plaît, les soins que je me suis imposés : je vous en tiendrai compte aussitôt que vous le demanderez ; je n'attendrai même pas votre demande. Je sais combien de gens vous chérissent, vous honorent, vous font la cour. Laissez entrevoir seulement vos intentions ; nous ne manquerons pas de personnes empressées à les seconder. Adieu.

X.

Pline à Octavius [27].

N'ÊTES-VOUS pas bien nonchalant, ou plutôt bien dur, j'allais dire bien cruel, de retenir toujours dans l'obscurité de si charmantes productions ? Combien de temps encore avez-vous résolu d'être l'ennemi de votre gloire et de notre plaisir ? Laissez, laissez vos ouvrages courir le monde ; qu'ils se répandent aussi loin que la langue romaine [28]. D'ailleurs, une attente si longue, une curiosité si vive ne vous permettent plus de nous faire languir davantage. Quelques-uns de vos vers, échappés malgré vous [29], ont déjà paru. Si vous ne prenez soin de les rappeler et de les rassembler, ces vagabonds sans aveu trouveront maître. Songez que nous sommes mortels, et que les œuvres de votre esprit peuvent seules vous assurer l'immortalité. Tous les autres ouvrages des hommes ne résistent point au temps, et périssent comme eux. Vous me direz, selon votre coutume : *Ce sera l'affaire de mes amis.* Je souhaite de tout mon cœur que vous ayez des amis assez fidèles, assez savans, assez laborieux pour vouloir se charger de

et possint et velint; sed dispice ne sit parum providum sperare ex aliis, quod tibi ipse non præstes. Et de editione quidem interim, ut voles : recita saltem, quo magis libeat emittere, utque tandem percipias gaudium, quod ego olim pro te non temere præsumo. Imaginor enim, qui concursus, quæ admiratio te, qui clamor, quod etiam silentium maneat, quo ego, quum dico vel recito, non minus quam clamore delector, sit modo silentium acre et intentum et cupidum ulteriora audiendi. Hoc fructu tanto, tam parato, desine studia tua infinita ista cunctatione fraudare; quæ quum modum excedit, verendum est, ne inertiæ et desidiæ, vel etiam timiditatis nomen accipiat. Vale.

XI.

Plinius Arriano suo s.

SOLET esse gaudio tibi, si quid actum est in senatu dignum ordine illo. Quamvis enim quietis amore secesseris, insidet tamen animo tuo majestatis publicæ cura. Accipe ergo, quod per hos dies actum est, personæ claritate famosum, severitate exempli salubre, rei magnitudine æternum.

cette entreprise, et pour la pouvoir soutenir : mais croyez-vous qu'il y ait beaucoup de sagesse à se promettre des autres ce que l'on se refuse à soi-même? Ne parlons plus de publier vos vers; ce sera quand il vous plaira : au moins récitez-les, pour vous inspirer l'envie de les publier, et donnez-vous enfin la satisfaction que je goûte par avance pour vous depuis si long-temps. Je me représente déjà cette foule d'auditeurs, ces transports d'admiration, ces applaudissemens, ce silence même, qui, lorsque je plaide ou que je lis mes ouvrages, n'a guère moins de charmes pour moi que les applaudissemens, s'il est animé par l'attention et par l'impatience d'entendre ce qui va suivre. Ne dérobez donc plus à vos veilles, par d'éternels délais, une récompense si belle et si certaine. A différer plus long-temps, vous ne gagnerez rien que le nom d'indifférent, de paresseux, et peut-être de timide. Adieu.

XI.

Pline à Arrien.

Je sais quelle satisfaction vous éprouvez, quand notre sénat s'honore par un acte vraiment digne de son auguste caractère. L'amour du repos, qui vous éloigne des affaires, ne bannit pas de votre cœur la passion que vous avez pour la gloire de l'empire. Apprenez donc ce qui vient d'arriver ces jours derniers. C'est un événement fameux par le rang de la personne, salutaire par la sévérité de l'exemple, mémorable à jamais par son importance.

Marius Priscus, accusantibus Afris, quibus pro consule præfuit, omissa defensione, judices petiit. Ego et Cornelius Tacitus adesse provincialibus jussi, existimavimus fidei nostræ convenire, notum senatui facere, excessisse Priscum immanitate et sævitia crimina, quibus dari judices possent, quum ob innocentes condemnandos, interficiendos etiam, pecunias accepisset. Respondit Fronto Catius, deprecatusque est, ne quid ultra repetundarum legem quæreretur, omniaque actionis suæ vela, vir movendarum lacrymarum peritissimus, quodam velut vento miserationis implevit. Magna contentio, magni utrinque clamores, aliis cognitionem senatus lege conclusam, aliis liberam solutamque dicentibus, quantumque admisisset reus, tantum vindicandum.

Novissime consul designatus Julius Ferox, vir rectus et sanctus, Mario quidem judices interim censuit dandos; evocandos autem, quibus diceretur innocentium pœnas vendidisse. Quæ sententia non prævaluit modo, sed omnino post tantas dissensiones fuit sola frequens : adnotatumque experimentis, quod favor et misericordia acres et vehementes primos impetus habent, paullatim consilio et ratione quasi restincta, considunt. Unde evenit ut, quod multi clamore permisto tuentur, nemo, tacentibus ceteris, dicere velit. Patescit enim, quum separaris a turba, contemplatio rerum, quæ turba teguntur.

Marius Priscus, proconsul d'Afrique, accusé par les Africains, se bornait à demander des juges ordinaires, sans proposer aucune défense [30]. Cornelius Tacite et moi, chargés par ordre du sénat de la cause de ces peuples, nous crûmes qu'il était de notre devoir de représenter, que l'énormité des crimes imputés à Priscus ne permettait pas de lui accorder sa demande : on l'accusait d'avoir reçu de l'argent pour condamner et faire mourir des innocens. Catius Fronton [31] répondit, en suppliant le sénat de renfermer l'affaire dans l'accusation de péculat, et cet orateur, très-habile à tirer des larmes, fit jouer tous les ressorts de la pitié. Grande contestation, grandes clameurs de part et d'autre! Selon les uns, la loi assujettit le sénat à juger lui-même; selon les autres, elle lui laisse la liberté d'en user comme il croit convenir à la qualité des crimes.

Enfin, Julius Ferox, consul désigné, homme droit et intègre, ouvre un troisième avis. Il veut que, par provision, l'on donne des juges à Priscus sur la question de péculat; et qu'avant de prononcer sur l'accusation capitale, ceux à qui l'on prétend qu'il a vendu le sang innocent, soient appelés. Non-seulement cet avis l'emporta, mais il n'y en eut presque plus d'autres, après tant de disputes; et l'on éprouva que, si les premiers mouvemens de la prévention et de la pitié sont vifs et impétueux [32], la sagesse et la raison parviennent peu à peu à les apaiser. De là vient que personne n'a le courage de proposer seul ce qu'il osait soutenir en mêlant ses cris à ceux de la multitude. La vérité que l'on ne pouvait découvrir, tant que l'on était enveloppé dans la foule, se manifeste tout à coup dès que l'on s'en sépare.

Venerunt, qui adesse erant jussi, Vitellius Honoratus, et Flavius Martianus; ex quibus Honoratus trecentis millibus exsilium equitis romani, septemque amicorum ejus ultimam pœnam; Martianus unius equitis romani septingentis millibus plura supplicia arguebatur emisse : erat enim fustibus cæsus, damnatus in metallum, strangulatus in carcere. Sed Honoratum cognitioni senatus mors opportuna subtraxit: Martianus inductus est, absente Prisco. Itaque Tutius Cerealis consularis jure senatorio postulavit, ut Priscus certior fieret; sive quia miserabiliorem, sive quia invidiosiorem fore arbitrabatur, si præsens fuisset; sive (quod maxime credo) quia æquissimum erat commune crimen ab utroque defendi, et, si dilui non potuisset, in utroque puniri. Dilata res est in proximum senatum, cujus ipse conspectus augustissimus fuit. Princeps præsidebat; erat enim consul : ad hoc Januarius mensis quum cetera, tum præcipue senatorum frequentia celeberrimus : præterea causæ amplitudo, auctaque dilatione exspectatio et fama, insitumque mortalibus studium magna et inusitata noscendi, omnes undique exciverat. Imaginare, quæ sollicitudo nobis, qui metus, quibus super tanta re, in illo cœtu, præsente Cæsare, dicendum erat. Equidem in senatu non semel egi : quin immo nusquam audiri benignius soleo : tunc me tamen, ut nova, omnia novo metu permovebant. Obversabatur

Vitellius Honoratus et Flavius Martianus, complices assignés, se rendirent à Rome.[33]. Le premier était accusé d'avoir donné trois cent mille sesterces pour faire bannir un chevalier romain, et mettre à mort sept amis de cet exilé; le second, d'avoir acheté sept cent mille sesterces diverses peines imposées à un autre chevalier romain; ce malheureux avait été d'abord condamné au fouet, puis envoyé aux mines, et à la fin étranglé en prison. Une mort favorable déroba Honoratus à la justice du sénat : Martianus fut introduit, en l'absence de Priscus. Alors Tutius Cercalis, consulaire, usant de son droit de sénateur, demanda que Priscus assistât à la discussion, soit pour accroître par sa présence ou la compassion ou la haine, soit plutôt qu'il jugeât équitable que les deux accusés repoussassent en commun une accusation commune, et fussent punis ensemble, s'ils ne pouvaient se justifier. L'affaire fut renvoyée à la première assemblée du sénat, qui fut des plus augustes. Le prince y présida; il était consul. Nous entrions dans le mois de janvier, celui de tous qui rassemble à Rome le plus de monde, et particulièrement de sénateurs. D'ailleurs, l'importance de la cause, le bruit qu'elle avait fait, l'attente qui s'était encore accrue par tant de remises, la curiosité naturelle à tous les hommes de voir de près les événemens extraordinaires, avaient attiré un innombrable concours[34]. Imaginez-vous quels sujets d'inquiétude et de crainte pour nous, qui devions porter la parole dans une telle assemblée, et en présence de l'empereur! J'ai plus d'une fois parlé dans le sénat; j'ose dire même, que je ne suis nulle part aussi favorablement écouté : cependant tout m'étonnait, comme si tout m'eût été nouveau. La difficulté de la cause ne m'embarrassait guère moins que le

præter illa, quæ supra dixi, causæ difficultas : stabat modo consularis, modo septemvir epulonum, jam neutrum. Erat ergo perquam onerosum, accusare damnatum, quem, ut premebat atrocitas criminis, ita quasi peractæ damnationis miseratio tuebatur. Utcumque tamen animum cogitationemque collegi : cœpi dicere, non minore audientium assensu, quam sollicitudine mea. Dixi horis pæne quinque (nam duodecim clepsydris, quas spatiosissimas acceperam, sunt additæ quatuor); adeo illa ipsa, quæ dura et adversa dicturo videbantur, secunda dicenti fuerunt! Cæsar quidem mihi tantum studium, tantam etiam curam (nimium est enim dicere sollicitudinem) præstitit, ut libertum meum post me stantem sæpius admoneret, voci laterique consulerem, quum me vehementius putaret intendi, quam gracilitas mea perpeti posset.

Respondit mihi pro Martiano Claudius Marcellinus. Missus deinde senatus, et revocatus in posterum : neque enim jam inchoari poterat actio, nisi ut noctis interventu scinderetur. Postero die dixit pro Mario Salvius Liberalis, vir subtilis, dispositus, acer, disertus; in illa vero causa omnes artes suas protulit. Respondit Cornelius Tacitus eloquentissime, et, quod eximium orationi ejus inest, σεμνῶς. Dixit pro Mario

reste. J'envisageais dans la personne de Priscus, tantôt un consulaire, tantôt un septemvir [35], quelquefois un homme déchu de ces deux dignités. Il m'était bien pénible d'accuser un malheureux déjà condamné pour crime de péculat : si l'énormité du forfait parlait contre lui, la pitié, qui suit ordinairement une première condamnation, parlait en sa faveur. Néanmoins, je recueillis mes esprits et mes idées du mieux qu'il me fut possible, et je commençai mon discours : il fut écouté avec autant de faveur qu'il m'avait inspiré de crainte. Je parlai près de cinq heures (car on me donna presque une heure et demie, au delà des trois et demie [36] qui m'avaient été d'abord largement accordées); tant les parties mêmes de la cause qui m'avaient paru les plus épineuses et les plus défavorables, quand j'avais à les traiter, se présentèrent sous un jour heureux, quand je vins à les traiter! Les bontés de l'empereur, ses soins pour moi, je n'oserais dire ses inquiétudes, allèrent si loin, qu'il me fit avertir plusieurs fois par un affranchi que j'avais derrière moi, de ménager mes forces; il craignait que ma chaleur ne m'emportât plus loin que ne le permettait la faiblesse de ma complexion.

Claudius Marcellinus défendit Martianus. Le sénat se sépara, et remit l'assemblée au lendemain; car il n'y avait pas assez de temps pour achever un nouveau plaidoyer avant la nuit. Le jour d'après, Salvius Liberalis parla pour Marius. Cet orateur a de la finesse, de l'art, de la véhémence, de la facilité : il sut dans cette occasion déployer tous ses avantages. Cornelius Tacite répondit avec beaucoup d'éloquence, et fit admirer cette élévation qui caractérise ses discours. Catius Fronton répliqua avec talent, et, s'accommodant à son sujet, il songea plus à fléchir les

rursus Fronto Catius insigniter; utque jam locus ille poscebat, plus in precibus temporis quam in defensione consumpsit. Hujus actionem vespera inclusit, non tamen sic, ut abrumperet : itaque in tertium diem probationes exierunt. Jam hoc ipsum pulchrum et antiquum, senatum nocte dirimi, triduo vocari, triduo contineri.

Cornutus Tertullus cos. designatus, vir egregius, et pro veritate firmissimus, censuit «septingenta millia, quæ acceperat Marius, ærario inferenda; Mario urbe Italiaque interdicendum; Martiano hoc amplius, Africa.» In fine sententiæ adjecit, «Quod ego et Tacitus injuncta advocatione diligenter fortiterque functi essemus, arbitrari senatum, ita nos fecisse, ut dignum mandatis partibus fuerit.» Assenserunt consules designati, omnes etiam consulares usque ad Pompeium Collegam : ille et septingenta millia, quæ acceperat Marius, ærario inferenda, et Martianum in quinquennium relegandum; Marium repetundarum pœnæ, quam jam passus esset, censuit relinquendum. Erant in utraque sententia multi, fortasse etiam plures in hac vel solutiore vel molliore : nam quidam ex illis quoque, qui Cornuto videbantur assensi, hunc, qui post ipsos censuerat, sequebantur. Sed, quum fieret discessio, qui sellis consulum astiterant, in Cornuti sententiam ire cœperunt. Tum illi, qui se Collegæ annumerari patiebantur, in diversum

juges qu'à justifier l'accusé. Il finissait son plaidoyer, quand la nuit survint [37] : on renvoya donc les preuves au jour suivant. C'était quelque chose de fort beau, de vraiment digne de l'ancienne Rome, que de voir le sénat trois jours de suite assemblé, trois jours de suite occupé, ne se séparer qu'à la nuit.

Cornutus Tertullus, consul désigné, homme d'un rare mérite, et très-zélé pour la vérité, opina le premier. Il fut d'avis de condamner Marius à verser dans le trésor public les sept cent mille sesterces qu'il avait reçus, et de le bannir de Rome et de l'Italie : il alla plus loin contre Martianus, et demanda qu'il fût banni même de l'Afrique. Il conclut, en proposant au sénat de déclarer que nous avions, Tacite et moi, fidèlement et dignement rempli le ministère qui nous avait été confié. Les consuls désignés, et tous les consulaires qui parlèrent ensuite, se rangèrent à cette opinion, jusqu'à Pompeius Collega, qui la modifia de cette manière : il proposa de condamner Marius à verser dans le trésor public les sept cent mille sesterces, et d'exiler Martianus pour cinq ans, mais de ne rien ajouter à la peine prononcée déjà contre Marius pour le crime de péculat. Chaque opinion eut grand nombre de partisans; mais la balance semblait pencher en faveur de la dernière, c'est-à-dire de la plus indulgente, ou, si l'on veut, de la moins rigoureuse; car plusieurs de ceux qui avaient adopté le sentiment de Cornutus, se déclaraient maintenant pour Collega. Mais, lorsqu'on vint à compter les suffrages, les sénateurs placés près des consuls, commencèrent à se ranger du côté de Cornutus. Alors ceux qui avaient donné lieu de croire qu'ils étaient

transierunt: Collega cum paucis relictus. Multum postea de impulsoribus suis, præcipue de Regulo, questus est, qui se in sententia, quam ipse dictaverat, deseruisset. Est alioqui Regulo tam mobile ingenium, ut plurimum audeat, plurimum timeat.

Hic finis cognitionis amplissimæ : superest tamen λειτούργιον non leve, Hostilius Firminus, legatus Marii Prisci, qui, permistus causæ, graviter vehementerque vexatus est. Nam et rationibus Martiani, et sermone, quem ille habuerat in ordine Leptitanorum, operam suam Prisco ad turpissimum ministerium commodasse, stipulatusque de Martiano quinquaginta millia denarium probabatur : ipse præterea accepisse sestertium decem millia, fœdissimo quidem titulo, nomine unguentarii, qui titulus a vita hominis compti semper et pumicati non abhorrebat. Placuit, censente Cornuto, referri de eo proximo senatu: tunc enim, casu incertum, an conscientia, abfuerat.

Habes res urbanas : invicem rusticas scribe : quid arbusculæ tuæ, quid vineæ, quid segetes agunt, quid oves delicatissimæ? In summa, nisi æque longam epistolam reddes, non est quod postea, nisi brevissimam, exspectes. Vale.

de l'avis de Collega, repassèrent tout à coup de l'autre côté, en sorte que Collega se trouva presque seul. Il exhala son chagrin en reproches amers contre ceux qui l'avaient engagé dans ce parti, principalement contre Regulus, qui n'avait pas le courage de suivre un avis dont il était l'auteur. Au fait, Regulus est un esprit si léger, qu'il passe en un moment de l'extrême audace à l'extrême crainte.

Voilà quel fut le dénouement de cette grande affaire. Il en reste toutefois un chef[38], qui n'est pas de petite importance : c'est ce qui regarde Hostilius Firminus, lieutenant de Marius Priscus, qui s'est trouvé impliqué dans cette accusation, et qui a eu de terribles assauts à soutenir. Il est convaincu par les registres de Martianus, et par la harangue qu'il fit dans l'assemblée des habitans de Leptis, d'avoir rendu d'infâmes offices à Marius, et d'avoir exigé cinquante mille deniers de Martianus : il est prouvé, en outre, qu'il a reçu dix mille sesterces, à titre de parfumeur, titre honteux, qui ne convient pas trop mal, cependant, à un homme toujours si soigneux de sa coiffure et de la douceur de sa peau[39]. On décida, sur l'avis de Cornutus, de renvoyer la discussion de cette dernière affaire à la séance prochaine; car, soit hasard, soit remords, Hostilius était alors absent.

Vous voilà bien informé de ce qui se passe à la ville. Informez-moi à votre tour de ce qui se fait à la campagne : que deviennent vos arbres, vos vignes, vos blés, vos troupeaux choisis? Comptez que si je ne reçois de vous une très-longue lettre, vous n'en aurez plus de moi que de très-courtes. Adieu.

XII.

Plinius Arriano suo s.

Λειτούργιον illud, quod superesse Marii Prisci causae proxime scripseram, nescio an satis circumcisum, tamen et abrasum est. Firminus, inductus in senatum, respondit crimini noto. Secutae sunt diversae sententiae consulum designatorum. Cornutus Tertullus censuit ordine movendum: Acutius Nerva, in sortitione provinciae rationem ejus non habendam: quae sententia, tanquam mitior, vicit, quum sit alioqui durior tristiorque. Quid enim miserius, quam exsectum et exemptum honoribus senatoriis, labore et molestia non carere? Quid gravius, quam tanta ignominia affectum, non in solitudine latere, sed in hac altissima specula conspiciendum se monstrandumque praebere? Praeterea, quid publice minus aut congruens aut decorum, notatum a senatu in senatu sedere? ipsisque illis, a quibus sit notatus, aequari? et submotum a proconsulatu, quia se in legatione turpiter gesserat, de proconsulibus judicare? damnatumque sordium, vel damnare alios vel absolvere? Sed hoc pluribus visum est: numerantur enim sententiae, non ponderantur; nec aliud in publico consilio potest fieri, in

XII.

Pline à Arrien.

Je ne sais si nous avons bien jugé ce dernier chef, qui nous restait de l'affaire de Priscus, comme je vous l'avais mandé; mais enfin nous l'avons jugé [40]. Firminus comparut au sénat, et répondit à l'accusation, dont les motifs étaient déjà connus. Les avis se partagèrent entre les consuls désignés. Cornutus opinait à le chasser du sénat; Acutius [41] Nerva, seulement à l'exclure du partage des gouvernemens. Cette opinion prévalut comme la plus douce, quoiqu'elle soit en effet plus rigoureuse que l'autre. Car, enfin, qu'y a-t-il de plus cruel, que de se voir livré aux soins et aux travaux attachés à la dignité de sénateur, sans espérance de jouir jamais des honneurs qui en sont la récompense? Qu'y a-t-il de plus affreux pour un homme flétri d'une telle tache, que de n'avoir pas la liberté de se cacher au fond d'une solitude, et d'être obligé de rester au sein de cet ordre éminent, qui le donne en spectacle à tous les regards? Que peut-on d'ailleurs imaginer de plus bizarre et de plus indécent, que de voir assis dans le sénat un homme que le sénat a noté? de voir un homme déshonoré par un jugement, prendre place parmi ses juges? un homme exclu du proconsulat, pour avoir prévariqué dans ses fonctions de lieutenant, juger lui-même des proconsuls? un homme, enfin, condamné pour un crime honteux, condamner ou absoudre les autres? Mais la majorité a prononcé : on ne pèse pas les voix, on les compte; et il ne faut attendre rien de mieux de ces as-

quo nihil est tam inæquale, quam æqualitas ipsa : nam, quum sit impar prudentia, par omnium jus est.

Implevi promissum; priorisque epistolæ fidem exsolvi, quam ex spatio temporis jam recepisse te colligo : nam et festinanti et diligenti tabellario dedi ; nisi quid impedimenti in via passus est. Tuæ nunc partes, ut primum illam, deinde hanc remunereris litteris, quales istinc redire uberrimæ possunt. Vale.

XIII.

Plinius Prisco suo s.

Et tu occasiones obligandi me avidissime amplecteris, et ego nemini libentius debeo. Duabus ergo de causis a te potissimum petere constitui, quod impetratum maxime cupio. Regis exercitum amplissimum : hinc tibi beneficiorum larga materia ; longum præterea tempus, quo amicos tuos exornare potuisti. Convertere ad nostros, nec hos multos. Malles tu quidem multos; sed meæ verecundiæ sufficit unus aut alter, ac potius unus : is erit Vocomius Romanus.

Pater ei in equestri gradu clarus, clarior vitricus, immo pater alius ; nam huic quoque nomini pietate successit.

semblées, où la plus choquante inégalité est dans l'égalité même [42], puisque ceux qui les composent ont tous la même autorité sans avoir les mêmes lumières.

Je me suis acquitté de ce que je vous avais promis par ma dernière lettre : si je calcule bien le temps, vous devez l'avoir reçue; car je l'ai confiée à un courrier qui aura fait diligence, s'il n'a point rencontré d'obstacle sur son chemin. C'est à vous aujourd'hui à me payer de ma première et de ma seconde épître, par des lettres aussi longues et aussi remplies qu'on doit les écrire dans la retraite que vous habitez. Adieu.

XIII.

Pline à Priscus [43].

Vous saisissez avec empressement toutes les occasions de me rendre service, et il n'est personne à qui j'aime mieux avoir de telles obligations qu'à vous : ce double motif me détermine à vous demander une grâce, que je suis bien jaloux d'obtenir. Vous êtes à la tête d'une puissante armée : ce poste met à votre disposition nombre de places et de faveurs, et, depuis le temps que vous l'occupez, vous avez dû en combler tous vos amis. Daignez maintenant songer aux miens, je veux dire à quelques-uns des miens [44]. Vous aimeriez, je le sais, à les obliger tous; ma discrétion se contentera de vous parler d'un seul, de deux tout au plus. Mais non, je ne vous parlerai que d'un seul; c'est de Voconius Romanus.

Son père s'était distingué dans l'ordre des chevaliers, et son beau-père, ou plutôt son second père (car sa ten-

Mater e primis citerioris Hispaniæ. Scis, quod judicium provinciæ illius, quanta sit gravitas. Flamen proxime fuit. Hunc ego, quum simul studeremus, arcte familiariterque dilexi : ille meus in urbe, ille in secessu contubernalis : cum hoc seria, cum hoc jocos miscui. Quid enim illo aut fidelius amico, aut sodale jucundius? Mira in sermone, mira etiam in ore ipso vultuque suavitas. Ad hoc, ingenium excelsum, subtile, dulce, facile, eruditum in causis agendis. Epistolas quidem scribit, ut musas ipsas latine loqui credas. Amatur a me plurimum, nec tamen vincitur. Equidem juvenis statim juveni, quantum potui per ætatem, avidissime contuli, et nuper ab optimo principe trium liberorum ei jus impetravi; quod quanquam parce et cum delectu daret, mihi tamen, tanquam eligeret, indulsit. Hæc beneficia mea tueri nullo modo melius, quam ut augeam, possum; præsertim quum ipse illa tam grate interpretetur, ut, dum priora accipit, posteriora mereatur.

Habes, qualis, quam probatus carusque sit nobis. Quem rogo, pro ingenio, pro fortuna tua exornes. In primis ama hominem : nam licet tribuas ei quantum amplissimum potes, nihil tamen amplius potes amicitia tua, cujus esse eum, usque ad intimam familiaritatem,

dresse lui a aussi mérité ce nom⁴⁵), s'y était acquis une illustration plus grande encore. Sa mère était de l'une des meilleures maisons de l'Espagne citérieure : vous savez quels sont le bon esprit et la sévérité de mœurs des habitans de cette province. Pour lui, la dernière charge qu'il ait occupée, c'est celle de pontife. Notre amitié a commencé avec nos études : nous n'avions qu'une même maison à la ville et à la campagne ; il partageait mes affaires aussi bien que mes plaisirs. Et où trouver aussi une affection plus sûre, et tout à la fois une compagnie plus agréable ? Sa conversation a un charme inexprimable ; sa physionomie est pleine de douceur ; son esprit élevé, délicat, doux, facile, est heureusement préparé pour les exercices du barreau. Les lettres qu'il écrit semblent dictées par les muses elles-mêmes. Je l'aime plus que je ne puis dire, et son amitié ne le cède pas à la mienne. J'étais tout jeune aussi bien que lui, et déjà, pour le servir, je cherchais avec empressement les occasions que notre âge me pouvait permettre. Je viens de lui obtenir le privilége que donne le nombre de trois enfans⁴⁶ : quoique l'empereur se soit fait une loi de ne le conférer que rarement et avec choix, il a bien voulu me l'accorder avec autant de grâce que s'il avait choisi lui-même. Je ne puis mieux soutenir mes premiers bienfaits, qu'en les redoublant, surtout avec un homme qui les reçoit de manière à en mériter de nouveaux.

Je vous ai dit quel est Romanus, ce que j'en sais, combien je l'aime : traitez-le, je vous prie, comme je dois l'attendre de votre caractère et de votre position : je vous conjure surtout de l'aimer ; quelque bien que vous lui fassiez, je n'en vois point de plus précieux pour lui que votre amitié. C'est pour vous prouver qu'il la mérite,

capacem quo magis scires, breviter tibi studia, mores, omnem denique vitam ejus expressi. Extenderem preces, nisi et tu rogari diu nolles, et ego tota hoc epistola fecissem. Rogat enim et quidem efficacissime, qui reddit causas rogandi. Vale.

XIV.

Plinius Maximo suo s.

VERUM opinaris : distringor centumviralibus causis, quæ me exercent magis, quam delectant : sunt enim pleræque parvæ et exiles. Raro incidit vel personarum claritate, vel negotii magnitudine insignis. Ad hoc, perpauci, cum quibus juvet dicere : ceteri, audaces, atque etiam magna ex parte adolescentuli obscuri, ad declamandum huc transeunt, tam irreverenter et temere, ut mihi Attilius noster expresse dixisse videatur, « sic in foro pueros a centumviralibus causis auspicari, ut ab Homero in scholis. » Nam hic quoque, ut illic, primum cœpit esse quod maximum est.

At hercule, ante memoriam meam (ita majores natu solebant dicere), ne nobilissimis quidem adolescen-

et que vous pouvez l'admettre dans votre familiarité
même la plus intime, que je vous ai tracé en peu de mots
ses inclinations, son esprit, ses mœurs et sa vie tout entière. Je renouvellerais encore ici mes recommandations,
si je ne savais que vous n'aimez pas à vous faire prier
long-temps, et que je n'ai pas fait autre chose dans toute
cette lettre. Car c'est prier, et prier très-efficacement,
que de faire sentir la justice de ses prières. Adieu.

XIV.

Pline à Maxime.

Vous l'avez deviné; je commence à me lasser des
causes que je plaide devant les centumvirs : la peine
passe le plaisir. La plupart sont peu importantes. Rarement s'en présente-t-il une qui, par la qualité des personnes, ou par l'importance du sujet, attire l'attention.
D'ailleurs, il s'y trouve un très-petit nombre de dignes
adversaires : le reste n'est qu'un amas de gens, dont l'audace fait tout le mérite, ou d'écoliers sans talens et sans
nom. Ils ne viennent là que pour déclamer, mais avec si
peu de respect et de retenue, que j'applaudis fort au mot
de notre Attilius : *Les enfans*, disait-il, *commencent au
barreau par plaider devant les centumvirs, comme aux
écoles, par lire Homère.* En effet, au barreau comme
aux écoles, on commence par ce qu'il y a de plus difficile.

Autrefois, des vieillards me l'ont souvent dit [47], les
jeunes gens, même de la plus haute naissance, n'étaient

tibus locus erat, nisi aliquo consulari producente : tanta veneratione pulcherrimum opus colebatur! Nunc, refractis pudoris et reverentiæ claustris, omnia patent omnibus; nec inducuntur, sed irrumpunt. Sequuntur auditores actoribus similes, conducti et redempti : manceps convenitur in media basilica, ubi tam palam sportulæ, quam in triclinio, dantur. Ex judicio in judicium pari mercede transitur. Inde jam non inurbane σοφοκλεῖς vocantur : iisdem latinum nomen impositum est, laudicœni.

Et tamen crescit in dies fœditas utraque lingua notata. Heri duo nomenclatores mei (habent sane ætatem eorum, qui nuper togas sumpserint) ternis denariis ad laudandum trahebantur : tanti constat, ut sis disertissimus. Hoc pretio quamlibet numerosa subsellia implentur; hoc ingens corona colligitur; hoc infiniti clamores commoventur, quum μεσόχορος dedit signum. Opus est enim signo apud non intelligentes, ne audientes quidem : nam plerique non audiunt, nec ulli magis laudant.

Si quando transibis per basilicam, et voles scire, quomodo quisque dicat, nihil est, quod tribunal ascen-

point admis à parler devant les centumvirs, si quelque consulaire ne les présentait; tant on avait alors de vénération pour un si noble exercice! Aujourd'hui, les bornes de la discrétion et de la pudeur sont franchies, et le champ est ouvert à tout le monde. Nos nouveaux orateurs n'attendent plus qu'on les présente au barreau; ils s'y jettent d'eux-mêmes. A leur suite, marchent des auditeurs tout à fait dignes d'eux, que l'on achète à beaux deniers comptans. Cette foule mercenaire se presse autour de l'agent de nos avocats[48], au milieu même du palais, et là, comme dans une salle à manger, il leur distribue la sportule[49]. Aussi les a-t-on nommés assez plaisamment en grec σοφοκλεῖς (qui savent s'écrier à propos), et en latin *laudicœni* (louangeurs pour un repas[50]).

Cette manœuvre honteuse, flétrie dans les deux langues, ne gagne pas moins de jour en jour : je l'ai éprouvé hier. Deux de mes domestiques[51], à peine sortis de l'enfance, furent entraînés et forcés d'aller applaudir pour trois deniers[52]. Voilà ce qu'il en coûte pour être grand orateur. A ce prix, il n'y a point de bancs que vous ne remplissiez, point de lieux que vous ne couvriez d'auditeurs, point de cris d'enthousiasme que vous n'arrachiez, quand il plaît à celui qui règle ce beau concert d'en donner le signal : il faut bien un signal pour des gens qui ne comprennent rien, ou qui même n'écoutent pas; car la plupart ne s'en donnent pas la peine, et ce sont justement ceux-là qui approuvent le plus haut.

S'il vous arrive jamais de passer près du palais, et que vous soyez curieux de savoir comment parle chacun

das, nihil, quod præbeas aurem : facilis divinatio; scito, eum pessime dicere, qui laudabitur maxime.

Primus hunc audiendi morem induxit Largius Licinius; hactenus tamen, ut auditores corrogaret : ita certe ex Quintiliano, præceptore meo, audisse memini. Narrabat ille : « Assectabar Domitium Afrum, quum apud centumviros diceret graviter et lente (hoc enim illi actionis genus erat) : audiit ex proximo immodicum insolitumque clamorem; admiratus reticuit : ubi silentium factum est, repetiit quod abruperat; iterum clamor, iterum reticuit : et post silentium, cœpit idem tertio. Novissime, quis diceret, quæsivit : responsum est, Licinius. Tum, intermissa causa : Centumviri, inquit, hoc artificium periit. » Quod alioqui perire incipiebat, quum periisse Afro videretur; nunc vero prope funditus exstinctum et eversum est. Pudet referre, quæ, quam fracta pronuntiatione dicantur; quibus, quam teneris clamoribus excipiantur. Plausus tantum, ac potius sola cymbala, et tympana illis canticis desunt : ululatus quidem (neque enim alio vocabulo potest exprimi theatris quoque indecora laudatio) large supersunt. Nos tamen adhuc et utilitas amicorum, et ratio ætatis moratur ac retinet. Veremur enim, ne forte non has indignitates reliquisse, sed laborem refugisse videamur. Sumus tamen solito rariores; quod initium est gradatim desinendi. Vale.

de nos avocats, sans vous donner la peine d'entrer et de prêter votre attention, il vous sera facile de le deviner. Voici une règle sûre : plus les marques d'approbation sont bruyantes, moins l'orateur a de talent.

Largius Licinius amena le premier cette mode[53]; mais il se contentait de rassembler lui-même ses auditeurs : je l'ai ouï raconter à Quintilien mon maître. « J'accompagnais, disait-il, Domitius Afer, qui plaidait devant les centumvirs avec gravité et d'un ton fort lent; c'était sa manière. Il entendit dans une salle voisine un bruit extraordinaire : surpris, il se tut. Le silence succède; il reprend où il en est demeuré. Le bruit recommence, il s'arrête encore une fois. On se tait, il continue à parler. Interrompu de nouveau, il demande enfin le nom de l'avocat qui plaide : on lui répond que c'est Licinius: *Centumvirs*, dit-il alors avant de reprendre son plaidoyer, *l'éloquence est perdue*. » C'est aujourd'hui que cet art, qui ne commençait qu'à se perdre lorsque Afer le croyait déjà perdu, est entièrement éteint et anéanti. J'ai honte de vous dire quelles acclamations sont prodiguées par nos auditeurs imberbes[54] aux plus mauvais discours et au débit le plus monotone. En vérité, il ne manque à cette psalmodie, que des battemens de mains[55], ou plutôt que des cymbales et des tambours. Pour des hurlemens (un autre mot serait trop doux), nous en avons de reste, et le barreau retentit d'acclamations indignes du théâtre même. Mon âge pourtant et l'intérêt de mes amis m'arrêtent encore. Je crains que l'on ne me soupçonne de fuir ces infamies beaucoup moins que le travail. Cependant je commence à me montrer au barreau plus rarement qu'à l'ordinaire, ce qui me conduit insensiblement à l'abandonner tout à fait. Adieu.

XV.

Plinius Valeriano suo s.

Quomodo te veteres Marsi tui? quomodo emptio nova? placent agri, postquam tui facti sunt? Rarum id quidem! nihil enim æque gratum est adeptis, quam concupiscentibus. Me prædia materna parum commode tractant : delectant tamen, ut materna; et alioqui longa patientia occallui. Habent hunc finem assiduæ querelæ, quod queri pudet. Vale.

XVI.

Plinius Anniano suo s.

Tu quidem pro cetera tua diligentia admones me, codicillos Aciliani, qui me ex parte instituit heredem, pro non scriptis habendos, quia non sint confirmati testamento. Quod jus ne mihi quidem ignotum est, quum sit iis etiam notum, qui nihil aliud sciunt : sed ego propriam quamdam legem mihi dixi, ut defunctorum voluntates, etiamsi jure deficerentur, quasi perfectas tuerer. Constat autem codicillos istos Aciliani manu scriptos. Licet ergo non sint confirmati testa-

XV.

Pline à Valerien.

Votre ancienne terre du pays des Marses vous plaît-elle toujours? Et votre nouvelle acquisition? n'a-t-elle rien perdu de ses charmes, depuis que vous en jouissez? Cela me paraît bien difficile : celui qui possède, et celui qui désire n'ont pas les mêmes yeux. Pour moi, je n'ai pas trop à me louer des terres que j'ai héritées de ma mère : elles me plaisent pourtant, parce qu'elles viennent de ma mère; et d'ailleurs, une longue habitude m'a endurci. Voilà comment les longues plaintes se terminent toujours : à la fin, on a honte de se plaindre. Adieu.

XVI.

Pline à Annien.

Vous me mandez, avec votre zèle ordinaire quand il s'agit de mes intérêts, que les codiciles d'Acilien, qui ne m'a institué héritier que pour une part de son bien, doivent être regardés comme nuls, parce que son testament ne les confirme pas. Je n'ignore pas ce point de droit, connu du jurisconsulte le plus médiocre : mais je me suis fait une loi particulière; c'est de respecter et d'accomplir toujours les volontés des morts, quand même les formalités y manqueraient. Les codiciles dont il s'agit sont certainement écrits de la main d'Acilien. Quoiqu'ils ne soient pas confirmés par son testament, je les exécu-

mento, a me tamen, ut confirmati, observabuntur; præsertim quum delatori locus non sit. Nam si verendum esset, ne, quod ego dedissem, populus eriperet, cunctatior fortasse et cautior esse deberem : quum vero liceat heredi donare, quod in hereditate subsedit, nihil est, quod obstet illi meæ legi, cui publicæ leges non repugnant. Vale.

XVII.

Plinius Gallo suo s.

Miraris, cur me Laurentinum, vel, si ita mavis, Laurens meum tantopere delectet. Desines mirari, quum cognoveris gratiam villæ, opportunitatem loci, litoris spatium.

Decem et septem millibus passuum ab urbe secessit; ut peractis, quæ agenda fuerint, salvo jam et composito die, possis ibi manere. Aditur non una via : nam et Laurentina et Ostiensis eodem ferunt, sed Laurentina a quartodecimo lapide, Ostiensis ab undecimo relinquenda est. Utrinque excipit iter aliqua ex parte arenosum, junctis paullo gravius et longius, equo breve et molle. Varia hinc atque inde facies : nam modo occurrentibus silvis via coarctatur, modo latissimis pratis

terai comme s'ils l'étaient ; surtout ici où je ne vois rien à craindre de la chicane d'un délateur. Car, je vous l'avouerai, peut-être hésiterais-je davantage, si j'avais lieu d'appréhender qu'une confiscation ne détournât, au profit du trésor public, des libéralités que je veux faire aux légataires. Mais, comme il est permis à un héritier de disposer à son gré des biens d'une succession, je ne vois rien qui puisse traverser l'exécution de ma loi particulière, que les lois publiques ne désapprouvent pas. Adieu.

XVII.

Pline à Gallus.

Vous êtes surpris que je me plaise tant à ma terre du Laurentin, ou, si vous voulez, de Laurente [56]. Vous reviendrez sans peine de votre étonnement, quand vous connaîtrez cette charmante habitation, les avantages de sa situation, l'étendue de nos rivages.

Elle n'est qu'à dix-sept milles [57] de Rome; si bien qu'on peut s'y trouver après avoir achevé toutes ses affaires, et sans rien prendre sur sa journée. Deux grands chemins y conduisent, celui de Laurente [58] et celui d'Ostie: mais on quitte le premier à quatorze milles, et le second à onze. En sortant de l'un ou de l'autre de ces chemins, on entre dans une route en partie sablonneuse, où les voitures roulent avec assez de difficulté et de lenteur ; à cheval, le trajet est plus doux et plus court. De tous les côtés, la vue est très-variée : tantôt la route se resserre entre des bois, tantôt elle s'ouvre et s'étend dans de

diffunditur et patescit. Multi greges ovium, multa ibi equorum boumque armenta; quæ montibus hieme depulsa, herbis et tepore verno nitescunt.

Villa usibus capax, non sumptuosa tutela. Cujus in prima parte atrium frugi, nec tamen sordidum : deinde porticus in D litteræ similitudinem circumactæ ; quibus parvula, sed festiva, area includitur : egregium adversus tempestates receptaculum ; nam specularibus, ac multo magis imminentibus tectis muniuntur. Est contra medias cavædium hilare : mox triclinium satis pulchrum, quod in litus excurrit : ac si quando Africo mare impulsum est, fractis jam et novissimis fluctibus leviter alluitur. Undique valvas, aut fenestras non minores valvis habet : atque ita a lateribus et a fronte quasi tria maria prospectat; a tergo cavædium, porticum, aream, porticum rursus, mox atrium, silvas et longinquos respicit montes. Hujus a læva retractius paullo cubiculum est amplum ; deinde aliud minus, quod altera fenestra admittit orientem, occidentem altera retinet : hæc et subjacens mare longius quidem, sed securius intuetur. Hujus cubiculi et triclinii illius objectu includitur angulus, qui purissimum solem continet et accendit : hoc hibernaculum, hoc etiam gymnasium meorum est : ibi omnes silent

vastes prairies. Là, vous voyez des troupeaux de moutons, de bœufs, de chevaux, qui, dès que l'hiver a quitté leurs montagnes, viennent, ramenés par la douce température du printemps, s'engraisser dans les paturages.

La maison est commode, et n'est pas d'un grand entretien. L'entrée est propre, sans être magnifique : on trouve ensuite un portique courbé en forme de D[59], et qui environne une cour petite, mais agréable : c'est une retraite précieuse contre le mauvais temps ; car on y est protégé par les vitres qui le ferment, et surtout par les larges toits qui le couvrent. De ce portique, on passe dans une grande cour fort gaie, et, de là, dans une assez belle salle à manger, qui s'avance sur la mer, dont les vagues viennent mourir au pied du mur, lorsque souffle le vent du midi. De tous les côtés, cette salle est garnie de portes à deux battans et de fenêtres qui ne sont pas moins grandes que les portes ; ainsi, à droite, à gauche, en face, on découvre comme trois mers différentes : derrière soi, on retrouve la grande cour, le portique, la petite cour, puis encore le portique, enfin l'entrée, et, dans le lointain, les forêts et les montagnes. A la gauche de cette salle à manger, est une grande chambre moins avancée vers la mer ; et de là, on entre dans une plus petite, qui a deux fenêtres, dont l'une reçoit les premiers rayons du soleil, l'autre en recueille les derniers : celle-ci donne aussi sur la mer, que l'on voit de plus loin, mais avec plus de charme. L'angle, que forme la salle à manger avec le mur de la chambre, semble fait pour rassembler, pour arrêter tous les rayons du soleil ; c'est le refuge de mes gens contre l'hiver ; c'est le théâtre de leurs exercices : là, jamais le vent ne se fait sentir, excepté lorsqu'il charge le ciel

venti, exceptis qui nubilum inducunt, et serenum ante, quam usum loci, eripiunt: Annectitur angulo cubiculum in apsida curvatum, quod ambitum solis fenestris omnibus sequitur : parieti ejus in bibliothecae speciem armarium insertum est, quod non legendos libros, sed lectitandos capit. Adhaeret dormitorium membrum, transitu interjacente, qui, suspensus et tubulatus, conceptum vaporem salubri temperamento huc illucque digerit et ministrat. Reliqua pars lateris hujus servorum libertorumque usibus detinetur, plerisque tam mundis, ut accipere hospites possint. Ex alio latere cubiculum est politissimum; deinde vel cubiculum grande, vel modica coenatio, quae plurimo sole, plurimo mari lucet. Post hanc cubiculum cum procoetone, altitudine aestivum, munimentis hibernum : est enim subductum omnibus ventis. Huic cubiculo aliud, et procoeton, communi pariete junguntur. Inde balinei cella frigidaria, spatiosa et effusa, cujus in contrariis parietibus duo baptisteria velut ejecta sinuantur, abunde capacia, si innare in proximo cogites. Adjacet unctorium, hypocaustum ; adjacet propnigeon balinei mox, duae cellae magis elegantes, quam sumptuosae. Cohaeret calida piscina mirifice, ex qua natantes mare aspiciunt.

Nec procul sphaeristerium, quod calidissimo soli, in-

de nuages orageux; mais pour chasser mes domestiques de cet asile, il faut d'abord qu'il ait troublé la sérénité du ciel[60]. Tout auprès, il y a une chambre ronde, dont les fenêtres reçoivent successivement le soleil à tous les degrés de sa course : on a ménagé dans le mur une armoire qui me sert de bibliothèque, et qui contient, non les livres qu'on lit une fois, mais ceux que l'on relit sans cesse. A côté, sont des chambres à coucher, que sépare seulement de la bibliothèque un passage suspendu et garni de tuyaux[61], qui conservent, répandent et distribuent de tous côtés la chaleur qu'ils ont reçue. Le reste de cette aile est occupé par des affranchis ou par des valets; et cependant la plupart des appartemens en sont tenus si proprement, qu'on y peut fort bien loger des maîtres. A l'autre aile, est une pièce fort élégante : ensuite une grande chambre, ou une petite salle à manger, que le soleil et la mer semblent égayer à l'envi. Vous passez après cela dans une chambre, à laquelle est jointe une antichambre : cette salle est aussi fraîche en été par son élévation, que chaude en hiver par les abris qui la mettent à couvert de tous les vents. A côté, on trouve une autre pièce et son antichambre. De là, on entre dans la salle des bains, où est un réservoir d'eau froide; l'emplacement est grand et spacieux : des deux murs opposés sortent en rond deux baignoires si profondes et si larges, que l'on pourrait au besoin y nager à son aise; près de là, est un cabinet pour se parfumer, une étuve[62], et ensuite le fourneau nécessaire au service du bain. De plain-pied, vous trouvez encore deux salles, dont les meubles sont plus élégans que magnifiques; et à côté, le bain d'eau chaude, d'où l'on aperçoit la mer en se baignant.

Assez près de là, est un jeu de paume, percé de ma-

clinato jam die, occurrit. Hinc turris erigitur, sub qua diætæ duæ, totidem in ipsa : præterea cœnatio, quæ latissimum mare, longissimum litus, amœnissimas villas prospicit. Est et alia turris : in hac cubiculum, in quo sol nascitur conditurque; lata post apotheca et horreum. Sub hoc triclinium, quod turbati maris non nisi fragorem et sonum patitur, eumque jam languidum ac desinentem : hortum et gestationem videt, qua hortus includitur. Gestatio buxo, aut rore marino, ubi deficit buxus, ambitur : nam buxus, qua parte defenditur tectis, abunde viret ; aperto cœlo apertoque vento, et, quanquam longinqua, aspergine maris, inarescit.

Adjacet gestationi interiore circuitu vinea tenera et umbrosa, nudisque etiam pedibus mollis et cedens. Hortum morus et ficus frequens vestit : quarum arborum illa vel maxime ferax est terra, malignior ceteris. Hac non deteriore, quam maris, facie cœnatio remota a mari fruitur. Cingitur diætis duabus a tergo, quarum fenestris subjacet vestibulum villæ, et hortus alius, pinguior et rusticus. Hinc cryptoporticus, prope publici operis, extenditur : utrinque fenestræ, a mari plures, ab horto singulæ, et alternis pauciores. Hæ, quum serenus dies et immotus,

nière que le soleil, dans la saison où il est le plus chaud, n'y entre que sur le déclin du jour. D'un côté s'élève une tour, au bas de laquelle sont deux cabinets, deux autres au dessus, avec une salle à manger, d'où la vue se promène au loin, avec délices, tantôt sur la mer ou sur le rivage, tantôt sur les maisons de plaisance des environs. De l'autre côté est une autre tour; on y trouve une chambre percée au levant et au couchant : derrière est un garde-meuble fort spacieux; et puis un grenier. Au dessous de ce grenier est une salle à manger, où l'on n'a plus de la mer que le bruit de ses vagues; encore ce bruit est-il bien faible et presque insensible : cette salle donne sur le jardin, et sur l'allée destinée à la promenade, qui règne tout autour. Cette allée est bordée des deux côtés de buis, ou de romarin au défaut de buis : car dans les lieux où le bâtiment couvre le buis, il conserve toute sa verdure; mais au grand air et en plein vent, l'eau de la mer le dessèche, quoiqu'elle n'y rejaillisse que de fort loin.

Entre l'allée et le jardin est une espèce de palissade d'une vigne fort touffue, et dont le bois est si tendre, qu'il ploierait mollement, même sous un pied nu. Le jardin est couvert de figuiers et de mûriers, pour lesquels le terrain est aussi favorable, qu'il est contraire à tous les autres arbres. D'une salle à manger voisine, on jouit de cet aspect, qui n'est guère moins agréable que celui de la mer, dont elle est plus éloignée. Derrière cette salle, il y a deux appartemens dont les fenêtres regardent l'entrée de la maison, et un autre jardin moins élégant, mais mieux fourni. De là, vous trouvez une galerie voûtée, qu'à sa grandeur on pourrait prendre pour un monument public : elle est percée de

omnes; quum hinc vel inde ventus inquietus, qua venti quiescunt, sine injuria patent. Ante cryptoporticum xystus violis odoratus. Teporem solis infusi repercussu cryptoporticus auget, quæ, ut tenet solem, sic Aquilonem inhibet, submovetque; quantumque caloris ante, tantum retro frigoris: similiter Africum sistit, atque ita diversissimos ventos, alium alio latere, frangit et finit. Hæc jucunditas ejus hieme, major æstate: nam ante meridiem xystum, post meridiem gestationem hortique proximam partem umbra sua temperat; quæ, ut dies crevit decrevitque, modo brevior, modo longior hac vel illac cadit. Ipsa vero cryptoporticus tunc maxime caret sole, quum ardentissimus culmini ejus insistit. Ad hoc, patentibus fenestris, Favonios accipit transmittitque; nec unquam aere pigro et manente ingravescit.

In capite xysti deinceps cryptoporticus, horti diæta est, amores mei, re vera amores; ipse posui. In hac heliocaminus quidem, alia xystum, alia mare, utraque solem, cubiculum autem valvis, cryptoporticum fenestra prospicit. Qua mare, contra parietem medium, zotheca perquam eleganter recedit; quæ specularibus et velis obduc-

fenêtres des deux côtés ; mais du côté de la mer, le nombre des croisées est double ; une seule croisée sur le jardin répond à deux sur la mer[63] : quand le temps est calme et serein, on les ouvre toutes ; si le vent donne d'un côté, on ouvre les fenêtres de l'autre. Devant cette galerie est un parterre parfumé de violettes. Les rayons du soleil frappent sur la galerie, qui en augmente la chaleur par la réverbération ; et en recueillant les rayons du soleil, elle préserve encore de l'Aquilon : ainsi, d'une part, elle retient la chaleur, de l'autre, elle garantit du froid[64]. Enfin, cette galerie vous défend aussi du sud ; de sorte que, de différens côtés, elle offre un abri contre les vents opposés. L'agrément que l'on trouve l'hiver en cet endroit, augmente en été. Avant midi, l'ombre de la galerie s'étend sur le parterre ; après midi, sur la promenade[65] et sur la partie du jardin qui en est voisine : selon que les jours deviennent plus longs ou plus courts, l'ombre, soit de l'un soit de l'autre côté, ou décroît ou s'allonge. La galerie elle-même n'a jamais moins de soleil, que quand il est le plus ardent, c'est-à-dire quand il donne à plomb sur la voûte. Elle jouit encore de cet avantage, que, par ses fenêtres ouvertes, elle reçoit et transmet la douce haleine des zéphyrs, et que l'air qui se renouvelle, n'y devient jamais épais et malfaisant.

Au bout du parterre et de la galerie est, dans le jardin, un appartement détaché, que j'appelle mes délices : je dis mes vraies délices ; je l'ai construit moi-même. Là, j'ai un salon, espèce de foyer solaire, qui d'un côté regarde le parterre, de l'autre la mer, et de tous les deux reçoit le soleil : son entrée répond à une chambre voisine, et une de ses fenêtres donne sur la ga-

tis reductisque modo adjicitur cubiculo, modo aufertur. Lectum et duas cathedras capit; a pedibus mare, a tergo villae, a capite silvae : tot facies locorum totidem fenestris et distinguit et miscet. Junctum est cubiculum noctis et somni. Non illud voces servulorum, non maris murmur, non tempestatum motus, non fulgurum lumen, ac ne diem quidem sentit, nisi fenestris apertis. Tam alti abditique secreti illa ratio, quod interjacens andron parietem cubiculi hortique distinguit, atque ita omnem sonum media inanitate consumit. Applicitum est cubiculo hypocaustum perexiguum, quod angusta fenestra suppositum calorem, ut ratio exegit, aut effundit, aut retinet. Procoeton inde et cubiculum porrigitur in solem : quem orientem statim exceptum, ultra meridiem, obliquum quidem, sed tamen servat. In hanc ego diaetam quum me recepi, abesse mihi etiam a villa mea videor, magnamque ejus voluptatem, praecipue Saturnalibus, capio, quum reliqua pars tecti licentia dierum festisque clamoribus personat : nam nec ipse meorum lusibus, nec illi studiis meis obstrepunt.

Haec utilitas, haec amoenitas deficitur aqua salienti, sed puteos, ac potius fontes habet; sunt enim in summo: et omnino litoris illius mira natura; quocumque loco moveris humum, obvius et paratus humor occurrit, is-

lerie. J'ai ménagé, au milieu du côté qui regarde la mer, un cabinet charmant qui, au moyen d'une cloison vitrée et de rideaux que l'on ouvre ou que l'on ferme, peut à volonté se réunir à la chambre, ou en être séparé. Il y a place pour un lit et deux chaises : à ses pieds, on voit la mer; derrière soi, on a des maisons de campagne, et devant, des forêts : trois fenêtres vous présentent ces trois aspects différens, et en même temps les réunissent et les confondent. De là, on entre dans une chambre à coucher, où la voix des valets, le bruit de la mer, le fracas des orages, les éclairs, et le jour même ne peuvent pénétrer, à moins que l'on n'ouvre les fenêtres. La raison de cette tranquillité si profonde, c'est qu'entre le mur de la chambre et celui du jardin, il y a un espace vide qui rompt le bruit. A cette chambre tient une petite étuve, dont la fenêtre fort étroite retient ou dissipe la chaleur, selon le besoin. Plus loin, on trouve une antichambre et une chambre, où le soleil entre au moment qu'il se lève, et où il donne encore après midi, mais de côté. Quand je suis retiré dans cet appartement, je crois être bien loin, même de mon asile champêtre, et je m'y plais singulièrement, surtout au temps des Saturnales : j'y jouis du silence et du calme, pendant que tout le reste de la maison retentit de cris de joie, autorisés par la licence qui règne en ces jours de fêtes. Ainsi mes études ne troublent point les plaisirs de mes gens, ni leurs plaisirs, mes études.

Ce qui manque à tant de commodités, à tant d'agrémens, ce sont des eaux courantes : à leur défaut, nous avons des puits, ou plutôt des fontaines; car ils sont très-peu profonds. La nature du terrain est merveilleuse : en quelque endroit que vous le creusiez, vous avez de l'eau,

que sincerus, ac ne leviter quidem tanta maris vicinitate salsus. Suggerunt affatim ligna proximæ silvæ : ceteras copias Ostiensis colonia ministrat. Frugi quidem homini sufficit etiam vicus, quem una villa discernit. In hoc balinea meritoria tria : magna commoditas, si forte balineum domi vel subitus adventus, vel brevior mora calefacere dissuadeat. Litus ornant, varietate gratissima, nunc continua, nunc intermissa tecta villarum, quæ præstant multarum urbium faciem, sive mari, sive ipso litore utare : quod nonnunquam longa tranquillitas mollit, sæpius frequens et contrarius fluctus indurat. Mare non sane pretiosis piscibus abundat : soleas tamen et squillas optimas suggerit. Villa vero nostra etiam mediterraneas copias præstat, lac in primis : nam illuc e pascuis pecora conveniunt, si quando aquam umbramque sectantur.

Justisne de causis eum tibi videor incolere, inhabitare, diligere secessum? quem tu, nimis urbanus es, nisi concupiscis : atque utinam concupiscas! ut tot tantisque dotibus villulæ nostræ maxima commendatio ex tuo contubernio accedat. Vale.

mais de l'eau pure, et dont la douceur n'est aucunement altérée par le voisinage de la mer. Les forêts d'alentour vous donnent plus de bois que vous n'en voulez : Ostie fournit abondamment toutes les autres choses nécessaires à la vie. Le village même peut suffire aux besoins d'un homme frugal, et je n'en suis séparé que par une seule maison de campagne. On trouve dans ce village jusqu'à trois bains publics; ressource précieuse, lorsqu'on ne peut se baigner chez soi, parce qu'on est arrivé sans être attendu, ou parce qu'on doit repartir bientôt. Tout le rivage est bordé de maisons, contiguës ou séparées, qui plaisent par la variété seule de leur aspect, et qui, vues de la mer ou même de la côte, présentent l'image d'une multitude de villes. Le rivage, après un long calme, offre une promenade assez douce, mais plus souvent l'agitation des flots le rend impraticable. La mer n'abonde point en poissons délicats : on y prend pourtant des soles et des squilles excellentes. La terre fournit aussi ses richesses : nous avons surtout du lait en abondance, à mon habitation : car les troupeaux aiment à s'y retirer quand la chaleur les chasse du pâturage et les oblige de chercher de l'ombrage ou de l'eau.

N'ai-je pas raison d'habiter cette retraite, de m'y plaire, d'en faire mes délices? En vérité, vous êtes par trop esclave des habitudes de la ville, si vous ne souhaitez ardemment de venir partager avec moi tant de jouissances. Venez, je vous en prie, venez ajouter à tous les charmes de ma maison, ceux qu'elle emprunterait de votre présence. Adieu.

XVIII.

Plinius Maurico suo s.

Quid a te mihi jucundius potuit injungi, quam ut praeceptorem fratris tui liberis quaererem? Nam beneficio tuo in scholam redeo : illam dulcissimam aetatem quasi resumo. Sedeo inter juvenes, ut solebam; atque etiam experior, quantum apud illos auctoritatis ex studiis habeam : nam proxime frequenti auditorio inter se coram multis ordinis nostri clare loquebantur : intravi, conticuerunt. Quod non referrem, nisi ad illorum magis laudem, quam ad meam, pertineret, ac nisi sperare te vellem, posse fratris tui filios probe discere.

Quod superest, quum omnes, qui profitentur, audiero, quid de quoque sentiam, scribam; efficiamque, quantum tamen epistola consequi potero, ut ipse omnes audisse videaris. Debeo enim tibi, debeo memoriae fratris tui hanc fidem, hoc studium, praesertim super tanta re : nam quid magis interest vestra, quam ut liberi (dicerem tui, nisi nunc illos magis amares) digni illo patre, te patruo re-

XVIII.

Pline à Mauricus.

Quelle commission plus agréable pouviez-vous me donner, que celle de chercher un précepteur pour vos neveux? Je vous dois le plaisir de revoir des lieux où l'on a pris soin de former ma jeunesse, et où il me semble que je recommence, en quelque sorte, mes plus belles années. Je m'asseois, comme autrefois, au milieu des jeunes gens, et j'éprouve combien mon goût pour les belles-lettres me donne de considération auprès d'eux. J'arrivai la dernière fois, pendant qu'ils discutaient ensemble dans une assemblée nombreuse, et en présence de plusieurs sénateurs: j'entrai; ils se turent. Je ne vous rapporterais pas ce détail, s'il ne leur faisait plus d'honneur qu'à moi, et s'il ne vous promettait une heureuse éducation pour vos neveux.

Il me reste maintenant à vous mander ce que je pense de chacun des professeurs, quand je les aurai entendus tous: je tâcherai, autant du moins qu'une lettre me le permettra, de vous mettre en état de les juger, comme si vous les eussiez entendus vous-même. Je vous dois ce zèle et ce témoignage d'affection; je les dois à la mémoire de votre frère, surtout dans une affaire de cette importance: car que pouvez-vous avoir plus à cœur, que de rendre ses enfans (je dirais les vôtres, si c'était assez dire pour exprimer les sentimens qu'ils vous inspirent aujourd'hui), que de rendre, dis-je, ses enfans dignes d'un père

periantur? Quam curam mihi, etiamsi non mandasses, vindicassem. Nec ignoro suscipiendas offensas in eligendo praeceptore : sed oportet me non modo offensas, verum etiam simultates pro fratris tui filiis tam aequo animo subire, quam parentes pro suis. Vale.

XIX.

Plinius Cereali suo s.

HORTARIS ut orationem amicis pluribus recitem. Faciam, quia hortaris; quamvis vehementer addubitem. Neque enim me praeterit actiones, quae recitantur, impetum omnem caloremque ac prope nomen suum perdere, ut quas soleant commendare simul et accendere judicum consessus, celebritas advocatorum, exspectatio eventus, fama non unius actoris, diductumque in partes audientium studium; ad hoc dicentis gestus, incessus, discursus etiam, omnibusque motibus animi consentaneus vigor corporis. Unde accidit, ut hi, qui sedentes agunt, quamvis illis maxima ex parte supersint eadem illa, quae stantibus, tamen hoc, quod sedent, quasi debilitentur et deprimantur. Recitantium vero praecipua pronuntiationis adjumenta, oculi, manus praepediuntur : quo minus mirum est, si auditorum intentio languescit,

tel que lui, et d'un oncle tel que vous? Quand vous ne m'auriez pas confié ce soin, je l'aurais réclamé pour moi. Je sais que la préférence donnée à un maître, va me brouiller avec tous les autres; mais, pour l'intérêt de vos neveux, il n'est point d'inimitiés si fâcheuses que je ne doive affronter, avec autant de courage qu'un père le ferait pour ses propres enfans. Adieu.

XIX.

Pline à Cerealis.

Vous me pressez de lire mon plaidoyer dans une assemblée d'amis : je le ferai, puisque vous le désirez; mais je ne m'y décide pas sans peine. Je sais qu'à la lecture les harangues perdent leur chaleur et leur force : elles ne méritent presque plus le nom de harangues. Rien ne leur donne ordinairement tant de valeur et d'intérêt, que la présence des juges, le concours des avocats, l'attente du succès, souvent la réputation du demandeur [66], enfin l'inclination secrète qui divise les auditeurs et les attache à différens partis. Ajoutez encore le geste de l'orateur, sa démarche, ses mouvemens rapides, et la vivacité de tout son corps, conforme aux sentimens animés qu'il exprime. De là vient que ceux qui déclament assis, bien qu'ils conservent d'ailleurs une partie des avantages qu'ils pourraient avoir debout, perdent toujours beaucoup en chaleur et en énergie. Ceux qui lisent ont encore bien plus à perdre : comme ils ne peuvent presque se servir ni de l'œil, ni de la main, auxiliaires si puissans de la déclamation, il ne faut pas s'étonner que

nullis extrinsecus, aut blandimentis capta, aut aculeis excitata.

His accedit, quod oratio, de qua loquor, pugnax et contentiosa est. Porro ita natura comparatum est, ut ea, quæ scripsimus cum labore, etiam cum labore audiri putemus. Et sane quotusquisque tam rectus auditor, quem non potius dulcia hæc et sonantia, quam austera et pressa, delectent? Est quidem omnino turpis ista discordia; est tamen: quia plerumque evenit ut, aliud auditores, aliud judices exigant: quum alioqui præcipue auditor iis affici debeat, quibus idem, si foret judex, maxime permoveretur.

Potest tamen fieri, ut, quanquam in his difficultatibus, libro isti novitas lenocinetur; novitas apud nostros; apud Græcos enim est quiddam, quamvis ex diverso, non tamen omnino dissimile. Nam, ut illis erat moris, leges, quas ut contrarias prioribus legibus arguebant, aliarum collatione convincere, ita nobis, inesse repetundarum legi, quod postularemus, quum hac ipsa lege, tum aliis colligendum fuit. Quod nequaquam blandum auribus imperitorum, tanto majorem apud doctos habere gratiam debet, quanto minorem apud indoctos habet. Nos autem, si placuerit recitare, adhibituri sumus eruditissimum quemque : sed plane adhuc, an sit recitandum, examina tecum, omnesque, quos ego movi, in utraque parte calculos pone;

l'attention languisse, lorsque aucune séduction extérieure ne l'entraîne ou ne la réveille.

Outre ces désavantages, j'aurais celui d'un sujet rempli de subtilités et de chicanes. Il est naturel à l'orateur de croire que le travail qui lui a donné du dégoût et de la peine, en doit donner aussi à ses auditeurs. Où en trouver d'assez sensés pour préférer un discours grave et serré, à un discours élégant et harmonieux? Il existe une différence peu honorable, mais qui n'en est pas moins réelle, entre les juges et les auditeurs, dont les uns n'aiment rien de ce qu'approuvent les autres. Un auditeur raisonnable devrait se mettre à la place du juge, et n'être touché que de ce qui le toucherait lui-même, s'il avait à prononcer.

Cependant, malgré tant d'obstacles, la nouveauté pourra peut-être faire passer mon ouvrage : j'entends nouveauté pour nous; car les Grecs avaient un genre d'éloquence, qui, avec certaines différences, ne laissait pas de ressembler à celui dont je vous parle. Quand ils combattaient une loi comme contraire à une plus ancienne, ils prouvaient la contradiction, en comparant ces lois avec d'autres qui en déterminaient le sens : moi, ayant à défendre la disposition que je prétendais trouver dans la loi du péculat, j'ai ajouté à l'autorité de cette loi celle de plusieurs autres qui l'expliquaient[67]. Le vulgaire aura peine à goûter un ouvrage de cette nature; mais il n'en doit obtenir que plus de faveur devant les gens instruits. Si vous persistez toujours à vouloir que je le lise, je composerai mon auditoire des plus savans et des plus habiles[68]. Mais encore une fois, examinez bien sérieusement si je dois m'engager à cette lecture; comptez, pesez tous les motifs que je viens de vous exposer, et n'écou-

idque elige, in quo vicerit ratio : a te enim ratio exigetur, nos excusabit obsequium. Vale.

XX.

Plinius Calvisio suo s.

Assem para, et accipe auream fabulam, fabulas immo; nam me priorum nova admonuit : nec refert a qua potissimum incipiam. Verania Pisonis graviter jacebat : hujus dico Pisonis, quem Galba adoptavit. Ad hanc Regulus venit. Primum impudentiam hominis, qui venerit ad aegram, cujus marito inimicissimus, ipsi invisissimus fuerat. Esto, si venit tantum : at ille etiam proximus toro sedit : quo die, qua hora nata esset, interrogavit. Ubi audivit, componit vultum, intendit oculos, movet labra, agitat digitos, computat, nihil, nisi ut diu miseram exspectatione suspendat. « Habes, inquit, climactericum tempus, sed evades. Quod ut tibi magis liqueat, aruspicem consulam, quem sum frequenter expertus. » Nec mora : sacrificium facit; affirmat exta cum siderum significatione congruere. Illa, ut in periculo, credula, poscit codicillos : legatum Regulo scribit : mox ingravescit; clamat moriens : « O hominem nequam, perfidum, ac plus etiam quam perjurum! » qui

tez, pour vous déterminer, que la raison. Vous seul aurez besoin d'apologie : je trouverai la mienne dans ma complaisance. Adieu.

XX.

Pline à Calvisius.

Que me donnerez-vous, si je vous conte une histoire qui vaut son pesant d'or ? Je vous en dirai même plus d'une ; car la dernière me rappelle les précédentes : et qu'importe par laquelle je commencerai ? Véranie, veuve[69] de Pison (celui qui fut adopté par Galba), était à l'extrémité. Regulus la vient voir. Quelle impudence, d'abord, à un homme qui avait toujours été l'ennemi déclaré du mari, et qui était en horreur à la femme ! Passe encore pour la visite : mais il ose s'asseoir tout près de son lit, lui demande le jour, l'heure de sa naissance. Elle lui dit l'un et l'autre. Aussitôt il compose son visage, et, l'œil fixe, remuant les lèvres, il compte sur ses doigts sans rien compter ; tout cela, pour tenir en suspens l'esprit de la pauvre malade. *Vous êtes*, dit-il, *dans votre année climatérique ; mais vous guérirez. Pour plus grande certitude, je vais consulter un sacrificateur dont je n'ai pas encore trouvé la science en défaut.* Il part ; il fait un sacrifice, revient, jure que les entrailles des victimes sont d'accord avec le témoignage des astres. Cette femme crédule, comme on l'est d'ordinaire dans le péril, fait un codicille, et assure un legs à Regulus. Peu après, le mal redouble, et, dans les derniers soupirs, elle s'écrie : *Le scélérat, le perfide, qui enchérit même sur le par-*

sibi per salutem filii pejerasset. Facit hoc Regulus non minus scelerate quam frequenter, quod iram deorum, quos ipse quotidie fallit, in caput infelicis pueri detestatur. Velleius Blæsus, ille locuples consularis, novissima valetudine conflictabatur : cupiebat mutare testamentum. Regulus, qui speraret aliquid ex novis tabulis, quia nuper captare eum cœperat, medicos hortari, rogare, quoquo modo spiritum homini prorogarent. Postquam signatum est testamentum, mutat personam, vertit allocutionem, iisdemque medicis : « Quousque miserum cruciatis ? quid invidetis bonam mortem, cui dare vitam non potestis ? » Moritur Blæsus; et, tanquam omnia audisset, Regulo ne tantulum quidem.

Sufficiunt duæ fabulæ. An scholastica lege tertiam poscis? est unde fiat. Aurelia, ornata femina, signatura testamentum, sumpserat pulcherrimas tunicas. Regulus, quum venisset ad signandum, «Rogo, inquit, has mihi leges.» Aurelia ludere hominem putabat; ille serio instabat. Ne multa : coegit mulierem aperire tabulas, ac sibi tunicas, quas erat induta, legare : observavit scribentem; inspexit an scripsisset. Et Aurelia quidem vivit : ille tamen istud tanquam morituram coegit : et hic hereditates, hic legata, quasi mereatur, accipit ! Ἀλλὰ τί διατείνομαι in ea civitate, in qua jampridem non minora præmia, immo majora, nequitia et improbitas, quam pudor et virtus

jure! Il avait, en effet, affirmé son imposture par les jours de son fils [70]. Ce crime est familier à Regulus. Il expose sans scrupule à la colère des dieux, qu'il trompe tous les jours, la tête de son malheureux fils, et le donne pour garant de tant de faux sermens. Velleius Blésus, ce riche consulaire, voulait, pendant sa dernière maladie, changer quelque chose à son testament. Regulus, qui se promettait quelque avantage de ce changement, parce qu'il avait su, depuis quelque temps, s'insinuer dans l'esprit du malade, s'adresse aux médecins, les prie, les conjure de prolonger, à quelque prix que ce soit, la vie de son ami. Le testament est à peine scellé, que Regulus change de personnage et de ton. *Eh! combien de temps*, dit-il aux médecins, *voulez-vous encore tourmenter un malheureux? Pourquoi envier une douce mort à qui vous ne pouvez conserver la vie?* Blésus meurt; et, comme s'il eût tout entendu, il ne laisse rien à Regulus.

C'est bien assez de deux contes : m'en demandez-vous un troisième, selon le précepte de l'école [71] ? il est tout prêt. Aurélie, femme d'un rare mérite, allait sceller son testament [72] : elle se pare de ses plus riches habits. Regulus, invité à la cérémonie, arrive; et aussitôt, sans autre détour : *Je vous prie*, dit-il, *de me léguer ces vêtemens.* Aurélie, de croire qu'il plaisante; lui, de la presser fort sérieusement : enfin, il fait si bien, qu'il la contraint d'ouvrir son testament, et de lui faire un legs des robes qu'elle portait. Il ne se contenta pas de la voir écrire, il voulut encore lire ce qu'elle avait écrit. Il est vrai qu'Aurélie n'est pas morte; mais ce n'est pas la faute de Regulus : il avait bien compté qu'elle n'échapperait pas. Un homme de ce caractère ne laisse pas de recueillir des successions et de recevoir des legs, comme s'il le méritait. Cela doit-il sur-

habent? Aspice Regulum, qui ex paupere et tenui ad tantas opes per flagitia processit, ut ipse mihi dixerit, « quum consuleret, quam cito sestertium sexcenties impleturus esset, invenisse sese exta duplicia, quibus portendi, millies et ducenties habiturum. » Et habebit, si modo, ut cœpit, aliena testamenta (quod est improbissimum genus falsi) ipsis, quorum sunt illa, dictaverit. Vale.

prendre, dans une ville où le crime et l'impudence sont en possession de disputer, ou même de ravir leurs récompenses à l'honneur et à la vertu? Voyez Regulus : il était pauvre et misérable; il est devenu si riche, à force de lâchetés et de crimes, qu'il m'a dit : *Je sacrifiais un jour aux dieux, pour savoir si je parviendrais jamais à jouir de soixante millions de sesterces; doubles entrailles trouvées dans la victime m'en promirent cent vingt millions.* Il les aura, n'en doutez point, s'il continue à dicter ainsi des testamens, de toutes les manières de commettre un faux, la plus odieuse, à mon avis. Adieu.

C. PLINII CÆCILII SECUNDI
EPISTOLÆ.
LIBER TERTIUS.

I.

Plinius Calvisio suo s.

Nescio, an ullum jucundius tempus exegerim, quam quo nuper apud Spurinnam fui; adeo quidem, ut neminem magis in senectute (si modo senescere datum est) æmulari velim. Nihil est enim illo vitæ genere distinctius : me autem ut certus siderum cursus, ita vita hominum disposita delectat, senum præsertim. Nam juvenes adhuc confusa quædam et quasi turbata non indecent : senibus placida omnia et ordinata conveniunt, quibus industria sera, turpis ambitio est. Hanc regulam Spurinna constantissime servat; quin etiam parva hæc (parva, si non quotidie fiant) ordine quodam et velut orbe circumagit.

Mane lectulo continetur : hora secunda calceos poscit : ambulat millia passuum tria. Nec minus animum

LETTRES
DE PLINE LE JEUNE.
LIVRE TROISIÈME.

I.

Pline à Calvisius.

Je ne crois pas avoir jamais passé le temps d'une manière plus agréable, que dernièrement chez Spurinna. Il m'a tellement charmé, que, s'il m'est donné de vieillir, je ne sache personne à qui je voulusse davantage ressembler dans ma vieillesse. Rien n'est mieux entendu que son genre de vie; et j'aime l'arrangement dans la vie des hommes, surtout dans celle des vieillards, comme j'aime le cours réglé des astres. S'il y a une sorte d'agitation et de désordre, qui ne sied pas mal aux jeunes gens, rien aussi ne convient mieux aux gens avancés en âge que l'ordre et la tranquillité : pour eux, l'ambition est honteuse et le travail hors de saison. Spurinna suit religieusement cette règle. Il renferme même, comme dans un cercle, les petits devoirs qu'il s'impose; petits, si la régularité qui les rappelle chaque jour ne leur donnait du prix.

Le matin, il se recueille quelque temps dans son lit; à la seconde heure, il s'habille, fait trois milles à pied[73].

quam corpus exercet : si adsunt amici, honestissimi sermones explicantur : si non, liber legitur; interdum etiam praesentibus amicis, si tamen illi non gravantur. Deinde consided, et liber rursus, aut sermo libro potior : mox vehiculum ascendit : assumit uxorem singularis exempli, vel aliquem amicorum, ut me proxime. Quam pulchrum illud, quam dulce secretum! quantum ibi antiquitatis! quae facta, quos viros audias, quibus praeceptis imbuare! quamvis ille hoc temperamentum modestiae suae indixerit, ne praecipere videatur. Peractis septem millibus passuum, iterum ambulat mille, iterum residet, vel se cubiculo ac stilo reddit. Scribit enim, et quidem utraque lingua, lyrica doctissime. Mira illis dulcedo, mira suavitas, mira hilaritas : cujus gratiam cumulat sanctitas scribentis.

Ubi hora balinei nuntiata est (est autem hieme nona, aestate octava), in sole, si caret vento, ambulat nudus. Deinde movetur pila vehementer et diu : nam hoc quoque exercitationis genere pugnat cum senectute. Lotus accubat, et paullisper cibum differt : interim audit legentem remissius aliquid et dulcius. Per hoc omne tempus liberum est amicis vel eadem facere, vel alia, si malint. Apponitur coena non minus nitida quam frugi, in argento

Pendant cette promenade, il n'exerce pas moins son esprit que son corps : s'il a ses amis près de lui, la conversation roule sur les matières les plus dignes d'intérêt; s'il est seul, on lui lit quelque livre; on lit même quelquefois lorsqu'il y a des amis, et qu'ils aiment la lecture. Ensuite, il se repose, et reprend un livre, ou une conversation qui vaut mieux qu'un livre. Bientôt après, il monte dans une voiture avec sa femme, personne d'un rare mérite, ou avec quelqu'un de ses amis, comme, par exemple, ces derniers jours, avec moi. Quels charmes ne trouve-t-on point à sa conversation, dans cette douce et honorable intimité! Quelle connaissance de l'antiquité! Que d'actions héroïques, que de grands hommes viennent, par sa bouche, vous donner de hautes leçons! et cependant avec quel soin sa modestie n'évite-t-elle pas les airs dogmatiques, qui pourraient effaroucher! Quand on a parcouru sept milles, il met pied à terre, et marche encore un mille. Après cela, il prend quelque repos, ou retourne travailler dans son cabinet; car il fait très-bien des vers lyriques, en grec et en latin. Ses poésies ont une douceur, une grâce, une gaieté qui surprennent, et la vertu de l'auteur en rehausse le prix.

Dès qu'un esclave annonce l'heure du bain (c'est ordinairement la neuvième en hiver, et la huitième en été [74]), il se déshabille et se promène au soleil, s'il ne fait point de vent. De là, il va jouer à la paume long-temps et avec ardeur; car il oppose encore ce genre d'exercice à la pesanteur de la vieillesse. Après le bain, il se met au lit, diffère un peu le repas, et écoute une lecture légère et divertissante. Pendant ce temps, ses amis ont la liberté de s'occuper de la même manière, ou de toute autre, à leur choix. On sert avec autant d'élégance que de fruga-

puro et antiquo. Sunt in usu et Corinthia, quibus delectatur, nec afficitur. Frequenter comœdis cœna distinguitur, ut voluptates quoque studiis condiantur. Sumit aliquid de nocte, et æstate. Nemini hoc longum est : tanta comitate convivium trahitur. Inde illi post septimum et septuagesimum annum aurium oculorumque vigor integer; inde agile et vividum corpus, solaque ex senectute prudentia. Hanc ego vitam voto et cogitatione præsumo, ingressurus avidissime, ut primum ratio ætatis receptui canere permiserit. Interim mille laboribus conteror, quorum mihi et solatium et exemplum est idem Spurinna. Nam ille quoque, quoad honestum fuit, obiit officia, gessit magistratus, provincias rexit, multoque labore hoc otium meruit. Igitur eumdem mihi cursum, eumdem terminum statuo; idque jam nunc apud te subsigno, ut, si me longius evehi videris, in jus voces ad hanc epistolam meam, et quiescere jubeas, quum inertiæ crimen effugero. Vale.

II.

Plinius Maximo suo s.

Quod ipse amicis tuis obtulissem, si mihi eadem materia suppeteret, id nunc jure videor a te meis petiturus.

lité, dans de la vaisselle d'argent sans ciselure et d'une simplicité antique[75]. Il emploie aussi des vases de Corinthe, qu'il aime beaucoup, mais sans y attacher trop de prix. Souvent le repas est égayé par des comédiens, afin d'associer les arts aux plaisirs. La nuit, même en été, le trouve encore à table; et on ne s'aperçoit pas d'y avoir trop demeuré, tant sa conversation a de charme! Par là, il s'est conservé, à soixante et dix-sept ans passés, le plein usage de la vue et de l'ouïe, l'activité et la vivacité du corps : il n'a de la vieillesse que la prudence. Je souhaite une pareille vie, je la goûte déjà par avance, bien résolu de l'embrasser, dès que l'âge m'aura permis de sonner la retraite. Cependant mille travaux m'accablent; mais l'exemple de Spurinna me soutient et me console. Car lui aussi, tant que l'honneur l'a commandé, il a rempli des charges publiques, occupé des places, gouverné des provinces, et il a acheté par de longues fatigues le repos dont il jouit. Je me propose donc la même carrière et le même but : j'en prends aujourd'hui l'engagement devant vous. Si vous voyez que jamais je m'emporte plus loin, citez-moi devant les juges, en vertu de cette lettre, et faites-moi condamner au repos, quand je n'aurai plus à craindre le reproche de paresse. Adieu.

II.

Pline à Maxime.

Je crois être en droit de vous demander, pour mes amis, ce que je vous offrirais pour les vôtres, si j'étais à

Arrianus Maturius Altinatium est princeps. Quum dico princeps, non de facultatibus loquor, quæ illi large supersunt, sed de castitate, justitia, gravitate, prudentia. Hujus ego consilio in negotiis, judicio in studiis utor: nam plurimum fide, plurimum veritate, plurimum intelligentia præstat. Amat me (nihil possum ardentius dicere), ut tu. Caret ambitu; ideo se in equestri gradu tenuit, quum facile posset ascendere altissimum. Mihi tamen ornandus excolendusque est. Itaque magni æstimo, dignitati ejus aliquid astruere, inopinantis, nescientis, immo etiam fortasse nolentis : astruere autem quod sit splendidum, nec molestum; cujus generis, quæ prima occasio tibi, conferas in eum, rogo : habebis me, habebis ipsum gratissimum debitorem. Quamvis enim ista non appetat, tam grate tamen excipit, quam si concupiscat. Vale.

III.

Plinius Corelliæ Hispullæ s.

Quum patrem tuum, gravissimum et sanctissimum virum, suspexerim magis an amaverim, dubitem, teque in memoriam ejus, et in honorem tuum, unice diligam,

votre place. Arrianus Maturius tient le premier rang parmi les Altinates. Quand je parle de rang, je ne le règle pas sur les biens de la fortune dont il est comblé, mais sur la pureté des mœurs, sur la justice, sur l'intégrité, sur la prudence. Ses conseils dirigent mes affaires, et son goût mes études. Il a toute la droiture, toute la sincérité, toute l'intelligence que l'on peut désirer. Il m'aime (je ne puis dire rien de plus) autant que vous m'aimez vous-même. Comme il ne connaît point l'ambition, il s'est tenu dans l'ordre des chevaliers, quoiqu'il eût pu fort aisément monter aux premières dignités. Je n'en regarde pas moins comme un devoir pour moi de l'élever et de l'agrandir. Je serais heureux de lui faire obtenir quelque distinction, sans qu'il y pensât, sans qu'il le sût, et peut-être même malgré lui : mais j'en voudrais une qui eût de l'éclat, sans lui causer trop d'embarras. C'est une faveur que je vous demande pour lui, à la première occasion qui s'en présentera. Vous aurez en moi, vous aurez en lui-même un débiteur plein de reconnaissance ; car, quoiqu'il ne souhaite pas ces sortes de grâces, il les reçoit comme s'il les eût vivement désirées. Adieu.

III.

Pline à Corellia Hispulla [76].

Je ne pourrais pas dire si j'avais plus d'amitié que de vénération pour votre père, homme d'un mérite et d'une probité rares. Ce que je sens, c'est qu'en mémoire de cette ancienne amitié, et en même temps pour vos

cupiam necesse est, atque etiam, quantum in me fuerit, enitar, ut filius tuus avo similis exsistat; equidem malo, materno, quanquam illi paternus etiam clarus spectatusque contigerit. Pater quoque et patruus illustri laude conspicui. Quibus omnibus ita demum similis adolescet, si imbutus honestis artibus fuerit, quas plurimum refert a quo potissimum accipiat. Adhuc illum pueritiæ ratio intra contubernium tuum tenuit; præceptores domi habuit, ubi est vel erroribus modica, vel etiam nulla materia. Jam studia ejus extra limen proferenda sunt; jam circumspiciendus rhetor latinus, cujus scholæ severitas, pudor, in primis castitas constet. Adest enim adolescenti nostro, cum ceteris naturæ fortunæque dotibus, eximia corporis pulchritudo; cui in hoc lubrico ætatis non præceptor modo, sed custos etiam rectorque quærendus est.

Videor ego demonstrare tibi posse Julium Genitorem. Amatur a me : judicio tamen meo non obstat caritas hominis, quæ ex judicio nata est. Vir est emendatus et gravis : paullo etiam horridior et durior, ut in hac licentia temporum. Quantum eloquentia valeat, pluribus credere potes; nam dicendi facultas aperta et exposita statim cernitur : vita hominum altos recessus magnasque latebras habet; cujus pro Genitore me sponsorem accipe. Nihil ex hoc viro filius tuus audiet, nisi profuturum :

propres vertus, je vous aime tendrement. Jugez par là si je puis manquer de contribuer, non-seulement de mes vœux, mais de tous mes efforts, à rendre votre fils semblable à son aïeul; je dis son aïeul maternel, quoique d'ailleurs je n'ignore pas que son aïeul paternel s'était acquis beaucoup de considération, ainsi que son père et son oncle. Votre fils apprendra bientôt à marcher sur leurs traces, si on lui donne un guide qui lui enseigne les routes de la science et de l'honneur; mais il importe de bien choisir ce guide. Jusqu'ici son enfance l'a tenu auprès de vous, et sous la conduite de ses précepteurs : là, point d'erreurs, ou très-peu d'erreurs à craindre. Aujourd'hui, que le temps est venu de l'envoyer aux écoles publiques, il faut chercher un rhéteur dont la réputation soit établie, en vertu, en modestie, et surtout en sévérité de mœurs : car, entre autres avantages que cet enfant a reçus de la nature et de la fortune, il est doué d'une beauté singulière; et c'est un motif, dans un âge si tendre, pour lui donner non-seulement un précepteur, mais un gouverneur et un gardien rigide.

Je ne vois personne plus propre à cet emploi que Julius Genitor. Je l'aime; mais l'amitié que je lui porte ne séduit point mon jugement : c'est, au contraire, de mon jugement qu'elle est née. Genitor est un homme grave et irréprochable, peut-être un peu sévère et un peu dur, si l'on en juge d'après la licence du siècle. Sur son éloquence, vous pouvez vous en rapporter à l'opinion publique; car le talent de l'éloquence se manifeste de lui-même et est apprécié sur-le-champ. Il n'en est pas ainsi des qualités de l'âme : elle a des abîmes où il n'est pas facile de pénétrer, et, sous ce rapport, je serai la caution de Genitor. Votre fils ne lui entendra rien dire, dont il ne

nihil discet, quod nescisse rectius fuerit. Nec minus saepe ab illo, quam a te meque, admonebitur, quibus imaginibus oneretur, quae nomina et quanta sustineat. Proinde, faventibus diis, trade eum praeceptori, a quo mores primum, mox eloquentiam discat, quae male sine moribus discitur. Vale.

IV.

Plinius Macrino suo s.

Quamvis et amici, quos praesentes habebam, et sermones hominum factum meum comprobasse videantur, magni tamen aestimo scire, quid sentias tu. Nam cujus integra re consilium exquirere optassem, hujus etiam peracta judicium nosse mire concupisco.

Quum publicum opus mea pecunia inchoaturus in Tuscos excucurrissem, accepto, ut praefectus aerarii, commeatu, legati provinciae Baeticae, questuri de proconsulatu Caecilii Classici, advocatum me a senatu petierunt. Collegae optimi, meique amantissimi, de communis officii necessitatibus praelocuti, excusare me et eximere tentarunt. Factum est senatusconsultum perquam honorificum, « ut darer provincialibus patronus, si ab ipso me

puisse faire son profit; il n'apprendra rien de lui, qu'il eût été mieux d'ignorer. Genitor n'aura pas moins de soin, que vous et moi, de rappeler sans cesse devant ses yeux l'image de ses ancêtres, et de lui faire sentir les obligations que leurs grands noms lui imposent. N'hésitez donc pas à le mettre entre les mains d'un précepteur, qui le formera d'abord aux bonnes mœurs, et ensuite au talent de l'éloquence, où l'on n'excelle jamais sans les bonnes mœurs 77. Adieu.

IV.

Pline à Macrin.

Quoique ceux de mes amis qui se sont trouvés ici, et le public même, semblent avoir approuvé ma conduite, dans la conjoncture dont je vais vous parler, je serai pourtant fort aise de savoir encore ce que vous en pensez. Comme j'eusse voulu régler par votre avis les démarches que j'avais à faire, je désire vivement d'apprendre votre jugement sur les démarches que j'ai faites.

Après avoir obtenu un congé, sans lequel ma charge de préfet du trésor 78 ne me permettait pas de quitter Rome, j'étais allé en Toscane, pour faire élever à mes frais, un monument public 79. Pendant mon absence, les députés de la Bétique vinrent supplier le sénat de vouloir bien me nommer leur avocat, dans l'accusation qu'ils allaient intenter contre Cecilius Classicus, leur dernier proconsul. Mes collègues dans la charge de préfet du trésor, par un excès de bonté et d'amitié pour moi, re-

impetrassent. » Legati rursus inducti, iterum me jam præsentem advocatum postulaverunt; implorantes fidem meam, quam essent contra Massam Bæbium experti, allegantes patrocinii fœdus. Secuta est senatus clarissima assensio, quæ solet decreta præcurrere. Tum ego : « Desino, inquam, P. C., putare me justas excusationis causas attulisse. » Placuit et modestia sermonis et ratio.

Compulit autem me ad hoc consilium non solum consensus senatus, quanquam hic maxime, verum et alii quidam minores, sed tamen numeri. Veniebat in mentem, priores nostros etiam singulorum hospitum injurias accusationibus voluntariis exsecutos; quo deformius arbitrabar publici hospitii jura negligere. Præterea, quum recordarer quanta pro iisdem Bæticis priore advocatione etiam pericula subiissem, conservandum veteris officii meritum novo videbatur. Est enim ita comparatum, ut antiquiora beneficia subvertas, nisi illa posterioribus cumules : nam quamlibet sæpe obligati, si quid unum neges, hoc solum meminerunt, quod negatum est. Ducebar etiam, quod decesserat Classicus, amotumque erat, quod in ejusmodi causis solet esse

présentèrent les devoirs de notre commun emploi, et tâchèrent de m'épargner cette nouvelle obligation. Sur leurs remontrances, le sénat prit une décision qui m'est infiniment honorable, et qui porte, *que l'on me donnerait pour avocat à la province, si les députés pouvaient m'obtenir de moi-même.* A mon retour, les députés, introduits de nouveau dans le sénat, me conjurèrent de ne pas leur refuser mon ministère, en attestant le zèle que j'avais déployé contre Massa Bébius, et l'espèce d'alliance qui unit le défenseur aux cliens. Aussitôt j'entendis s'élever ce murmure d'approbation générale, qui précède toujours les décrets du sénat : *Pères conscrits,* dis-je alors[80], *je cesse de croire que mes excuses fussent légitimes.* Le motif et la simplicité de cette réponse la firent bien accueillir.

Ce qui me détermina, ce ne fut pas seulement l'intention visible du sénat (quoique cette considération fût la plus puissante de toutes), mais encore plusieurs autres raisons, qui, pour être moins importantes, n'étaient pas à négliger. Je me rappelais que nos ancêtres, pour venger ceux même auxquels ils n'étaient attachés que par les liens d'une hospitalité privée[81], accusaient spontanément leurs ennemis, et il me semblait d'autant plus honteux de manquer aux lois d'une hospitalité publique. D'ailleurs, lorsque je pensais à quels périls m'avait exposé la défense des peuples de Bétique, dans la cause que je plaidai pour eux, il me semblait utile d'assurer, par un second service, le mérite du premier : car, enfin, telle est la disposition du cœur humain; vous détruisez vos premiers bienfaits, si vous ne prenez soin de les soutenir par des bienfaits nouveaux : obligez cent fois, refusez une, on ne se souviendra que du refus. La mort de

tristissimum, periculum senatoris. Videbam ergo advocationi meæ non minorem gratiam, quam si viveret ille, propositam, invidiam nullam. In summa, computabam, si munere hoc jam tertio fungerer, faciliorem mihi excusationem fore, si quis incidisset, quem non deberem accusare : nam, quum est omnium officiorum finis aliquis, tum optime libertati venia obsequio præparatur.

Audisti consilii mei motus; superest alterutra ex parte judicium tuum; in quo mihi æque jucunda erit simplicitas dissentientis, quam comprobantis auctoritas. Vale.

V.

Plinius Macro suo s.

PERGRATUM est mihi quod tam diligenter libros avunculi mei lectitas, ut habere omnes velis, quærasque, qui sint omnes. Fungar indicis partibus, atque etiam, quo sint ordine scripti, notum tibi faciam : est enim hæc quoque studiosis non injucunda cognitio.

DE JACULATIONE EQUESTRI UNUS : hunc, quum præfectus alæ militaret, pari ingenio curaque composuit. DE VITA POMPONII SECUNDI DUO; a quo singulariter amatus, hoc

Classicus m'invitait encore à me charger de cette cause, et en éloignait ce que ce genre d'affaires offre de plus affligeant, le danger où l'on expose un sénateur : cette accusation m'assurait autant de reconnaissance, que si Classicus eût vécu, et ne me laissait nul ressentiment à craindre. Enfin, je comptais que si cette province me chargeait une troisième fois d'une pareille mission, contre quelqu'un qu'il ne me convînt pas d'accuser, il me serait plus facile de m'en dispenser : car tout devoir a ses bornes, et notre complaisance, dans une occasion, prépare une excuse à la liberté de nos refus dans une autre.

Je vous ai informé des plus secrets motifs de ma conduite ; c'est à vous d'en juger. Votre sincérité ne me fera guère moins de plaisir, si vous me condamnez, que votre suffrage, si vous m'approuvez. Adieu.

V.

Pline à Macer.

Je suis charmé de voir que vous lisez avec tant de soin les ouvrages de mon oncle, que vous voulez les connaître tous et les posséder tous. Je ne me contenterai pas de vous les indiquer ; je vous marquerai encore dans quel ordre ils ont été faits : c'est une connaissance qui n'est pas sans agrément, pour les hommes qui s'occupent de littérature.

Étant commandant de cavalerie, il a composé un livre de l'art de lancer le javelot à cheval, ouvrage où le talent et l'exactitude se font également remarquer. Il a écrit en

memoriæ amici quasi debitum munus exsolvit. BELLORUM GERMANIÆ VIGINTI; quibus omnia quæ cum Germanis gessimus bella collegit. Inchoavit, quum in Germania militaret, somnio monitus. Adstitit enim quiescenti Drusi Neronis effigies, qui Germaniæ latissime victor ibi periit : commendabat memoriam sui, orabatque ut se ab injuria oblivionis assereret. STUDIOSI TRES, in sex volumina propter amplitudinem divisi; quibus oratorem ab incunabulis instituit et perficit. DUBII SERMONIS OCTO: scripsit sub Nerone, novissimis annis, quum omne studiorum genus paullo liberius et erectius periculosum servitus fecisset. A FINE AUFIDII BASSI TRIGINTA UNUS. NATURÆ HISTORIARUM TRIGINTA SEPTEM; opus diffusum, eruditum, nec minus varium quam ipsa natura.

Miraris, quod tot volumina, multaque in his tam scrupulosa, homo occupatus absolverit? Magis miraberis, si scieris, illum aliquandiu causas actitasse; decessisse anno sexto et quinquagesimo; medium tempus distentum impeditumque, qua officiis maximis, qua amicitia principum, egisse. Sed erat acre ingenium, incredibile studium, summa vigilantia. Lucubrare a Vulcanalibus incipiebat, non auspicandi causa, sed studendi, statim a

deux livres la vie de Pomponius Secundus[82], qui avait eu beaucoup d'amitié pour lui : il paya ce tribut de reconnaissance à sa mémoire. Il nous a laissé vingt livres sur les guerres de Germanie; il y a rassemblé toutes celles que nous avons soutenues contre les peuples de ce pays. C'est un songe qui lui fit entreprendre cet ouvrage : il servait dans cette province, lorsqu'il crut voir, pendant son sommeil, Drusus Néron, qui, vainqueur et conquérant de la Germanie, y avait trouvé la mort. Ce prince lui recommandait de sauver son nom d'un injurieux oubli. Nous avons encore de lui trois livres, intitulés, *l'Homme de lettres*, que leur étendue obligea mon oncle de diviser en six volumes : il prend l'orateur au berceau, et ne le quitte point qu'il ne l'ait conduit à la plus haute perfection. Huit livres sur les difficultés de la grammaire[83] : il les composa pendant les dernières années de l'empire de Néron, où la tyrannie rendait dangereux tout genre d'étude plus libre et plus élevé. Trente et un, pour servir de suite à l'histoire qu'Aufidius Bassus[84] a écrite. Trente-sept, de l'histoire naturelle : cet ouvrage est d'une étendue, d'une érudition infinie, et presque aussi varié que la nature elle-même.

Vous ne concevez pas comment un homme si occupé a pu écrire tant de volumes, et y traiter tant de différens sujets, la plupart si épineux et si difficiles : vous serez bien plus étonné, quand vous saurez qu'il a plaidé pendant quelque temps; qu'il n'avait que cinquante-six ans quand il est mort, et que sa vie s'est passée[85] dans les occupations et les embarras que donnent les grands emplois et la faveur des princes : mais il avait un esprit ardent, un zèle infatigable, une vigilance extrême. Il commençait ses veilles aux fêtes de Vulcain[86], non pas pour

nocte multa : hieme vero, hora septima, vel quum tardissime, octava, sæpe sexta. Erat sane somni paratissimi, nonnunquam etiam inter studia instantis et deserentis.

Ante lucem ibat ad Vespasianum imperatorem; nam ille quoque noctibus utebatur : inde ad delegatum sibi officium. Reversus domum, quod reliquum erat temporis, studiis reddebat. Post cibum sæpe (quem interdiu levem et facilem, veterum more, sumebat), æstate, si quid otii, jacebat in sole : liber legebatur : adnotabat excerpebatque; nihil enim legit, quod non excerperet. Dicere etiam solebat : « Nullum esse librum tam malum, ut non aliqua parte prodesset. »

Post solem plerumque frigida lavabatur. Deinde gustabat, dormiebatque minimum. Mox, quasi alio die, studebat in cœnæ tempus : super hanc liber legebatur, adnotabatur, et quidem cursim. Memini quemdam ex amicis, quum lector quædam perperam pronuntiasset, revocasse et repeti coegisse; huic avunculum meum dixisse, « Intellexeras nempe? » quum ille annuisset : « Cur ergo revocabas? decem amplius versus hac tua interpellatione perdidimus. » Tanta erat parcimonia temporis. Surgebat æstate a cœna, luce : hieme, intra primam noctis, et tanquam aliqua lege cogente. Hæc inter medios labores urbisque

tirer des présages de l'observation des astres, mais pour se livrer au travail : il se mettait à l'étude, dès que la nuit était tout à fait venue; en hiver, à la septième heure, au plus tard à la huitième, souvent à la sixième. Il n'était pas possible de moins donner au sommeil, qui quelquefois le prenait et le quittait sur les livres[87].

Avant le jour, il se rendait chez l'empereur Vespasien, qui faisait aussi un bon usage des nuits. De là, il allait s'acquitter des fonctions qui lui étaient confiées. Ses affaires faites, il retournait chez lui; et ce qui lui restait de temps, c'était encore pour l'étude. Après le repas[88] (toujours très-simple et très-léger, suivant la coutume de nos pères), s'il se trouvait quelques momens de loisir, en été, il se couchait au soleil : on lui lisait quelque livre : il prenait des notes, et faisait des extraits; car jamais il n'a rien lu sans extraire, et il disait souvent, qu'il n'y a si mauvais livre, où l'on ne puisse apprendre quelque chose.

Après s'être retiré du soleil, il se mettait le plus souvent dans le bain d'eau froide. Il mangeait légèrement, et dormait quelques instans. Ensuite, et comme si un nouveau jour eût commencé, il reprenait l'étude jusqu'au moment du souper. Pendant qu'il soupait, nouvelle lecture, nouveaux extraits, mais en courant. Je me souviens qu'un jour, un de ses amis interrompit le lecteur, qui avait mal prononcé quelques mots, et le fit répéter. *Mais vous l'aviez compris*, lui-dit mon oncle?—*Sans doute*, répondit son ami.—*Et pourquoi donc*, reprit-il, *le faire recommencer? Votre interruption nous coûte plus de dix lignes*. Voyez si ce n'était pas être bon ménager du temps. L'été, il sortait de table avant la nuit; en hiver, entre la première et la seconde heure :

fremitum. In secessu solum balinei tempus studiis eximebatur : quum dico balinei, de interioribus loquor; nam dum destringitur tergiturque, audiebat aliquid aut dictabat. In itinere, quasi solutus ceteris curis, huic uni vacabat. Ad latus notarius cum libro et pugillaribus, cujus manus hieme manicis muniebantur, ut ne cœli quidem asperitas ullum studii tempus eriperet : qua ex causa Romæ quoque sella vehebatur. Repeto, me correptum ab eo, cur ambularem : «Poteras, inquit, has horas non perdere.» Nam perire omne tempus arbitrabatur, quod studiis non impertiretur. Hac intentione tot ista volumina peregit, Electorumque commentarios centum sexaginta mihi reliquit, opisthographos quidem, et minutissime scriptos, qua ratione multiplicatur hic numerus. Referebat ipse, potuisse se, quum procuraret in Hispania, vendere hos commentarios Largio Licinio quadringentis millibus nummum; et tunc aliquanto pauciores erant.

Nonne videtur tibi, recordanti quantum legerit, quantum scripserit, nec in officiis ullis, nec in amicitia principum fuisse? rursus, quum audis quid studiis laboris impenderit, nec scripsisse satis nec legisse? Quid est enim quod non aut illæ occupationes impedire, aut hæc instantia non possit efficere? Itaque soleo ridere,

on eût dit, à son exactitude, qu'il y était forcé par une loi. Et tout cela se faisait au milieu des occupations et du tumulte de la ville. Dans la retraite, il n'y avait que le temps du bain qui fût sans travail : je veux dire le temps qu'il était dans l'eau [89]; car pendant qu'il se faisait frotter et essuyer [90], il ne manquait point ou de lire ou de dicter. Dans ses voyages, comme s'il eût été dégagé de tout autre soin, il se livrait sans partage à l'étude : il avait toujours à ses côtés son livre, ses tablettes, et son secrétaire, auquel il faisait prendre ses gants en hiver, afin que la rigueur même de la saison ne pût dérober un moment au travail. C'était par cette raison qu'à Rome il n'allait jamais qu'en chaise. Je me souviens qu'un jour il me reprit de m'être promené. *Vous pouviez*, dit-il, *mettre ces heures à profit;* car il comptait pour perdu tout le temps que l'on n'employait pas aux sciences. C'est par cette prodigieuse application qu'il a su achever tant d'ouvrages, et qu'il m'a laissé cent soixante tomes d'extraits, écrits sur la page et sur le revers, en très-petits caractères; ce qui rend la collection bien plus volumineuse encore qu'elle ne le paraît. Il m'a souvent dit que, lorsqu'il était intendant en Espagne, il n'avait tenu qu'à lui de la vendre à Largius Licinius quatre cent mille sesterces ; et alors ces mémoires n'étaient pas tout à fait aussi étendus.

Quand vous songez à cette immense lecture, à ces ouvrages infinis qu'il a composés, ne croiriez-vous pas qu'il n'a jamais été ni dans les charges, ni dans la faveur des princes ? Et cependant, quand vous apprenez combien il consacrait de temps à l'étude et au travail, ne trouvez-vous pas qu'il aurait bien pu lire et composer davantage [91]? Car, d'un côté, quels obstacles les charges et la Cour ne

quum me quidam studiosum vocant; qui, si comparer illi, sum desidiosissimus. Ego autem tantum, quem partim publica, partim amicorum officia distringunt? Quis ex istis, qui tota vita litteris assident, collatus illi, non quasi somno et inertiæ deditus erubescat?

Extendi epistolam, quamvis hoc solum, quod requirebas, scribere destinassem, quos libros reliquisset. Confido tamen, hæc quoque tibi non minus grata quam ipsos libros futura; quæ te non tantum ad legendos eos, verum etiam ad simile aliquid elaborandum, possunt æmulationis stimulis excitare. Vale.

VI.

Plinius Severo suo s.

Ex hereditate, quæ mihi obvenit, emi proxime Corinthium signum, modicum quidem, sed festivum et expressum, quantum ego sapio, qui fortasse in omni re, in hac certe perquam exiguum, sapio. Hoc tamen signum ego quoque intelligo : est enim nudum, nec aut vitia, si qua sunt, celat, aut laudes parum ostentat. Effingit senem stantem : ossa, musculi, nervi, venæ, rugæ etiam

forment-elles point aux études; et, de l'autre, que ne doit-on pas attendre d'une si constante application? Aussi, je ne puis m'empêcher de rire quand on parle de mon ardeur pour l'étude, moi qui, comparé à lui, suis le plus paresseux des hommes : cependant je donne à l'étude tout ce que les devoirs publics et ceux de l'amitié me laissent de temps. Eh! parmi ceux mêmes qui consacrent toute leur vie aux belles-lettres, quel est celui qui pourrait soutenir le parallèle, et qui ne semblerait, auprès de lui, avoir livré tous ses jours au sommeil et à la mollesse?

Je m'aperçois que mon sujet m'a emporté plus loin que je ne m'étais proposé; je voulais seulement vous apprendre ce que vous désiriez savoir, quels ouvrages mon oncle a composés. Je m'assure pourtant que ce que je vous ai mandé ne vous fera guère moins de plaisir que les ouvrages mêmes : cela peut non-seulement vous engager encore à les lire, mais même vous enflammer d'une généreuse émulation, et d'un noble désir d'en imiter l'auteur. Adieu.

VI.

Pline à Sévère.

Ces jours passés, j'ai acheté, des deniers d'une succession qui m'est échue, une figure d'airain de Corinthe : elle est petite, mais belle et bien travaillée, au moins suivant mes lumières, qui ne vont loin en aucune matière, mais en celle-ci moins qu'en toute autre. Je crois pourtant pouvoir juger de l'excellence de cette statue : comme elle est nue, elle ne cache point ses défauts, et nous étale toutes ses beautés. C'est un vieillard debout :

ut spirantis apparent : rari et cedentes capilli, lata frons, contracta facies, exile collum : pendent lacerti, papillæ jacent, recessit venter. A tergo quoque eadem ætas, ut a tergo. Æs ipsum, quantum verus color indicat, vetus et antiquum. Talia denique omnia, ut possint artificum oculos tenere, delectare imperitorum. Quod me, quanquam tirunculum, sollicitavit ad emendum. Emi autem, non ut haberem domi (neque enim ullum adhuc Corinthium domi habeo), verum ut in patria nostra celebri loco ponerem; ac potissimum in Jovis templo. Videtur enim dignum templo, dignum deo donum. Tu ergo, ut soles omnia quæ a me tibi injunguntur, suscipe hanc curam, et jam nunc jube basim fieri, ex quo voles marmore, quæ nomen meum honoresque capiat, si hos quoque putabis addendos. Ego signum ipsum, ut primum invenero aliquem, qui non gravetur, mittam tibi; vel ipse, quod mavis, afferam mecum. Destino enim, si tamen officii ratio permiserit, excurrere isto. Gaudes, quod me venturum esse polliceor : sed contrahes frontem, quum adjecero, ad paucos dies. Neque enim diutius abesse me eadem hæc, quæ nondum exire, patiuntur. Vale.

les os, les muscles, les nerfs, les veines, les rides même ont quelque chose de vivant. Les cheveux sont rares et plats, le front large, le visage étroit, le cou maigre, les bras languissamment abattus, les mamelles pendantes, le ventre enfoncé : au seul aspect du dos, on reconnaît un vieillard, autant qu'il peut être reconnu par derrière. L'airain, à en juger par sa couleur, est fort ancien[92]. Enfin, il n'est rien dans cette statue qui ne soit fait pour arrêter les yeux des maîtres, et charmer ceux des ignorans. C'est ce qui m'a engagé à l'acheter, tout médiocre connaisseur que je suis, non dans le dessein d'en parer ma maison, car je ne me suis point encore avisé de lui donner de ces sortes d'embellissemens, mais pour orner quelque lieu remarquable dans notre patrie, comme le temple de Jupiter. Le présent me paraît digne d'un temple, digne d'une divinité. Veuillez donc vous charger, avec le zèle que vous mettez à vous acquitter de toutes les commissions que je vous donne, de faire faire à ma statue un piédestal, de tel marbre qu'il vous plaira : j'y inscrirai mon nom et mes qualités, si vous jugez qu'elles doivent y trouver place. Moi, j'aurai soin de vous envoyer la statue, à la prochaine occasion qui se présentera; ou, ce que vous aimerez beaucoup mieux, je vous la porterai moi-même : car je me propose, pour peu que les devoirs de ma charge me le permettent, de faire une course jusque chez vous. Je vous vois déjà sourire à cette nouvelle; mais vous allez froncer le sourcil : je ne resterai que peu de jours. Les mêmes raisons qui retardent mon départ aujourd'hui, me défendent une longue absence. Adieu.

VII.

Plinius Caninio suo s.

Modo nuntiatus est Silius Italicus in Neapolitano suo inedia vitam finisse. Causa mortis, valetudo. Erat illi natus insanabilis clavus, cujus taedio ad mortem irrevocabili constantia decucurrit; usque ad supremum diem beatus et felix, nisi quod minorem ex liberis duobus amisit, sed majorem melioremque, florentem atque etiam consularem reliquit. Laeserat famam suam sub Nerone; credebatur sponte accusasse. Sed in Vitellii amicitia sapienter se et comiter gesserat: ex proconsulatu Asiae gloriam reportaverat: maculam veteris industriae laudabili otio abluerat. Fuit inter principes civitatis sine potentia, sine invidia. Salutabatur, colebatur; multumque in lectulo jacens, cubiculo semper, non ex fortuna, frequenti, doctissimis sermonibus dies transigebat. Quum a scribendo vacaret (scribebat carmina majore cura quam ingenio), nonnunquam judicia hominum recitationibus experiebatur. Novissime, ita suadentibus annis, ab urbe secessit, seque in Campania tenuit; ac ne adventu quidem novi principis inde commotus est. Magna Caesaris laus, sub quo hoc liberum fuit; magna illius qui hac libertate ausus est uti.

VII.

Pline à Caninius.

Le bruit vient de se répandre ici, que Silius Italicus a fini ses jours, par une abstinence volontaire, dans sa terre près de Naples. La cause de sa mort est sa mauvaise santé : un abcès incurable qui lui était survenu, l'a dégoûté de la vie, et l'a fait courir à la mort avec une constance inébranlable. Jamais la moindre disgrace ne troubla son bonheur, si ce n'est peut-être la perte de son second fils; mais l'aîné, qui était aussi le meilleur des deux, il l'a laissé consulaire et jouissant de la plus honorable considération. Sa réputation avait reçu quelque atteinte du temps de Néron. Il fut soupçonné de s'être rendu volontairement délateur; mais il avait usé sagement et en honnête homme de la faveur de Vitellius. Il acquit beaucoup de gloire dans le gouvernement d'Asie; et, par une honorable retraite, il avait effacé la tache de ses premières intrigues : il a su tenir son rang parmi les premiers citoyens de Rome, sans rechercher la puissance et sans exciter l'envie. On le visitait, on lui rendait des hommages : quoiqu'il gardât souvent le lit, toujours entouré d'une cour, qu'il ne devait pas à sa fortune[93], il passait les jours dans de savantes conversations. Quand il ne composait pas (et il composait avec plus d'art que de génie), il lisait quelquefois ses vers, pour sonder le goût du public. Enfin, il prit conseil de sa vieillesse, et quitta Rome pour se retirer dans la Campanie, d'où rien n'a pu l'arracher depuis, pas même l'avénement du nouveau prince. Cette liberté fait honneur à l'empereur sous le-

Erat φιλόκαλος usque ad emacitatis reprehensionem. Plures iisdem in locis villas possidebat, adamatisque novis, priores negligebat. Multum ubique librorum, multum statuarum, multum imaginum, quas non habebat modo, verum etiam venerabatur; Virgilii ante omnes, cujus natalem religiosius quam suum celebrabat; Neapoli maxime, ubi monumentum ejus adire, ut templum, solebat. In hac tranquillitate annum quintum et septuagesimum excessit, delicato magis corpore, quam infirmo. Utque novissimus a Nerone factus est consul, ita postremus ex omnibus, quos Nero consules fecerat, decessit. Illud etiam notabile; ultimus ex Neronianis consularibus obiit, quo consule Nero periit.

Quod me recordantem, fragilitatis humanæ miseratio subit. Quid enim tam circumcisum, tam breve, quam hominis vita longissima? An non videtur tibi Nero modo fuisse, quum interim ex iis, qui sub illo gesserant consulatum, nemo jam superest? Quanquam quid hoc miror? Nuper Lucius Piso, pater Pisonis illius, qui a Valerio Festo per summum facinus in Africa occisus est, dicere solebat, « neminem se videre in senatu, quem consul ipse sententiam rogavisset.»

quel on a pu se la permettre, et à celui qui l'a osé prendre.

Il avait pour les objets d'art remarquables un goût particulier, qu'il poussait même jusqu'à la manie [94]. Il achetait en un même pays plusieurs maisons ; et la passion qu'il prenait pour la dernière, le dégoûtait des autres. Il se plaisait à rassembler dans chacune grand nombre de livres, de statues, de bustes, qu'il ne se contentait pas d'aimer, mais qu'il honorait d'un culte religieux, le buste de Virgile surtout. Il célébrait la naissance de ce poète avec plus de solennité que la sienne propre, principalement à Naples, où il ne visitait son tombeau qu'avec le même respect qu'il se fût approché d'un temple. Il a vécu dans cette tranquillité soixante et quinze ans, avec un corps délicat, plutôt qu'infirme. Comme il fut le dernier consul créé par Néron, il mourut aussi le dernier de tous ceux que ce prince avait honorés de cette dignité. Il est encore remarquable, que lui, qui se trouvait consul quand Néron fut tué, ait survécu à tous les autres qui avaient été élevés au consulat par cet empereur.

Je ne puis me rappeler tout cela, sans être frappé de la misère humaine : car que peut-on imaginer de si court et de si borné, qui ne le soit moins que la vie même la plus longue? Ne vous semble-t-il pas qu'il n'y ait qu'un jour que Néron régnait? Cependant, de tous ceux qui ont exercé le consulat sous lui, il n'en reste pas un seul. Mais pourquoi s'en étonner? Lucius Pison, le père de celui que Valerius Festus assassina si cruellement en Afrique, nous a souvent répété qu'il ne voyait plus aucun de ceux dont il avait pris l'avis dans le sénat, étant consul. Les jours comptés à cette multitude infinie d'hommes, répandus sur la terre, sont en si petit nombre, que je n'ex-

Tam angustis terminis tantæ multitudinis vivacitas ipsa concluditur, ut mihi non venia solum dignæ, verum etiam laude videantur illæ regiæ lacrymæ. Nam ferunt Xerxem, quum immensum exercitum oculis obiisset, illacrymasse, quod tot millibus tam brevis immineret occasus. Sed tanto magis hoc, quidquid est temporis futilis et caduci, si non datur factis (nam horum materia in aliena manu), nos certe studiis proferamus; et quatenus nobis denegatur diu vivere, relinquamus aliquid, quo nos vixisse testemur. Scio te stimulis non egere; me tamen tui caritas evocat, ut currentem quoque instigem, sicut tu soles me. Ἀγαθὴ δ᾽ ἔρις, quum invicem se mutuis exhortationibus amici ad amorem immortalitatis exacuunt. Vale.

VIII.

Plinius Tranquillo suo s.

FACIS pro cetera reverentia, quam mihi præstas, quod tam sollicite petis, ut tribunatum, quem a Neratio Marcello, clarissimo viro, impetravi tibi, in Cæsennium Silvanum, propinquum tuum, transferam. Mihi autem sicut jucundissimum, ipsum te tribunum, ita non minus

cuse pas seulement, mais que je loue même ces larmes d'un prince fameux : vous savez qu'après avoir attentivement regardé la prodigieuse armée qu'il commandait, Xerxès ne put s'empêcher de pleurer sur le sort de tant de milliers d'hommes qui devaient sitôt finir. Combien cette idée n'est-elle pas puissante pour nous engager à faire un bon usage de ce peu de momens qui nous échappent si vite! Si nous ne pouvons les employer à des actions d'éclat que la fortune ne laisse pas toujours à notre portée, donnons-les au moins entièrement à l'étude. S'il n'est pas en notre pouvoir de vivre long-temps, laissons au moins des ouvrages qui ne permettent pas d'oublier jamais que nous avons vécu. Je sais bien que vous n'avez pas besoin d'être excité : mon amitié pourtant m'avertit de vous animer dans votre course, comme vous m'animez vous-même dans la mienne. La noble ardeur 95 que celle de deux amis qui, par de mutuelles exhortations, allument de plus en plus en eux l'amour de l'immortalité! Adieu.

VIII.

Pline à Tranquille 96.

Votre air de cérémonie avec moi ne se dément point, quand vous me priez, avec tant de circonspection, de vouloir bien faire passer à Césennius Silvanus, votre proche parent, la charge de tribun 97 que j'ai obtenue pour vous de Neratius Marcellus. Je n'aurai pas moins de plaisir à vous mettre en état de donner cette place, qu'à

gratum, alium per te videre. Neque enim esse congruens arbitror, quem augere honoribus cupias, huic pietatis titulis invidere, qui sunt omnibus honoribus pulchriores. Video etiam, quum sit egregium et mereri beneficia et dare, utramque te laudem simul assecuturum, si, quod ipse meruisti, aliis tribuas. Praeterea intelligo, mihi quoque gloriae fore, si ex hoc tuo facto non fuerit ignotum, amicos meos non gerere tantum tribunatus posse, verum etiam dare. Quare ego vero honestissimae voluntati tuae pareo; neque enim adhuc nomen in numeros relatum est; ideoque liberum est nobis Silvanum in locum tuum subdere : cui cupio tam gratum esse munus tuum, quam tibi meum est. Vale.

IX.

Plinius Minuciano suo s.

Possum jam perscribere tibi quantum in publica provinciae Baeticae causa laboris exhauserim. Nam fuit multiplex, actaque est saepius cum magna varietate. Unde varietas? unde plures actiones?

Caecilius Classicus, homo foedus et aperte malus, proconsulatum in ea non minus violenter quam sor-

vous la voir remplir vous-même. Je ne crois point qu'il soit raisonnable d'envier à ceux que l'on veut élever aux honneurs, le titre de bienfaiteur, qui seul vaut mieux que tous les honneurs ensemble. Je sais même qu'il est aussi glorieux de répandre les grâces, que de les mériter : vous aurez à la fois cette double gloire, si vous cédez à un autre[98] une dignité, où votre mérite vous avait appelé. Je sens d'ailleurs que ma gloire est intéressée dans le service que je vous rends : on saura, par votre exemple, que mes amis peuvent non-seulement exercer la charge de tribun, mais même la donner. Je vous obéis donc avec plaisir dans une chose si honorable. Heureusement votre nom n'a point encore été porté sur le rôle public : ainsi nous avons la liberté de mettre, à la place, celui de Silvanus. Puisse-t-il être aussi sensible à cette grâce, qu'il reçoit de vous, que vous l'êtes à ce petit service que je vous rends ! Adieu.

IX.

Pline à Minucianus[99].

Je puis enfin vous faire ici le détail de tous les travaux que m'a coûtés la poursuite judiciaire dont je me suis chargé au nom de la province de Bétique. Cette cause a duré plusieurs audiences, avec des succès fort différens[100]. Pourquoi des succès différens? pourquoi plusieurs audiences? je vais vous le dire[101].

Classicus, homme d'une âme basse, et qui faisait le mal sans se cacher, avait gouverné cette province

dide gesserat, eodem anno, quo in Africa Marius Priscus. Erat autem Priscus ex Bætica, ex Africa Classicus. Inde dictum Bæticorum (ut plerumque dolor etiam venustos facit) non illepidum ferebatur: « Dedi malum, et accepi. » Sed Marium una civitas publice, multique privati reum peregerunt; in Classicum tota provincia incubuit. Ille accusationem vel fortuita, vel voluntaria morte prævertit; nam fuit mors ejus infamis, ambigua tamen : ut enim credibile videbatur, voluisse exire de vita, quum defendi non posset; ita mirum, pudorem damnationis morte fugisse, quem non puduisset damnanda committere. Nihilominus Bætica etiam in defuncti accusatione perstabat : provisum hoc legibus, intermissum tamen, et post longam intercapedinem tunc reductum. Addiderunt Bætici, quod simul socios ministrosque Classici detulerunt; nominatimque in eos inquisitionem postulaverunt.

Aderam Bæticis; mecumque Luceius Albinus, vir in dicendo copiosus, ornatus; quem ego quum olim mutuo diligerem, ex hac officii societate amare ardentius cœpi. Habet quidem gloria, in studiis præsertim, quiddam ἀκοινώνητον:

avec autant de cruauté que d'avarice, la même année que sous Marius Priscus l'Afrique éprouvait semblable sort. Priscus était originaire de la Bétique, et Classicus d'Afrique : de là ce bon mot des habitans de la Bétique (car il échappe quelquefois de bons mots à la douleur) : *L'Afrique nous rend ce que nous lui avons prêté.* Il y eut pourtant cette différence entre ces deux hommes, que Priscus ne fut poursuivi publiquement que par une seule ville, à laquelle vinrent se joindre plusieurs particuliers; tandis que la province entière de Bétique fondit sur Classicus. Il prévint les suites de ce procès par une mort qu'il dut, soit au hasard, soit à son courage; car sa mort, qui n'a rien d'ailleurs d'honorable, ne laisse pas d'être équivoque[102]. Si, d'un côté, il paraît fort vraisemblable qu'en perdant l'espérance de se justifier il ait voulu perdre la vie, il n'est pas concevable, de l'autre, qu'un scélérat qui n'a pas eu honte de commettre les actions les plus condamnables, ait eu le cœur d'affronter la mort pour se dérober à la honte de la condamnation. La Bétique cependant demandait que, tout mort qu'il était, son procès fût instruit. Sa demande était conforme à la loi; mais cette loi était tombée en désuétude, et on la tirait de l'oubli après une longue interruption. Les peuples de cette province allaient encore plus loin : ils prétendaient que Classicus n'était pas le seul coupable; ils accusaient nommément les ministres, les complices de ses crimes, et demandaient justice contre eux.

Je parlais pour la Bétique, et j'étais secondé par Luceius Albinus, dont l'éloquence est à la fois abondante et fleurie: nous avions déjà de l'amitié l'un pour l'autre; mais cette communauté de ministère me l'a rendu bien plus cher encore. Il semble que les rivaux de gloire, surtout parmi les

nobis tamen nullum certamen, nulla contentio, quum uterque pari jugo non pro se, sed pro causa niteretur. Cujus et magnitudo et utilitas visa est postulare, ne tantum oneris singulis actionibus subiremus. Verebamur, ne nos dies, ne vox, ne latera deficerent, si tot crimina, tot reos uno velut fasce complecteremur; deinde, ne judicum intentio multis nominibus multisque causis non lassaretur modo, verum etiam confunderetur; mox, ne gratia singulorum collata atque permista, pro singulis quoque vires omnium acciperet; postremo, ne potentissimi, vilissimo quoque quasi piaculari dato, alienis pœnis elaberentur. Etenim tum maxime favor et ambitio dominatur, quum sub aliqua specie severitatis delitescere potest. Erat in consilio Sertorianum illud exemplum, qui robustissimum et infirmissimum militem jussit caudam equi.... reliqua nosti. Nam nos quoque tam numerosum agmen reorum ita demum videbamus posse superari, si per singulos carperetur. Placuit in primis ipsum Classicum ostendere nocentem : hic aptissimus ad socios ejus et ministros transitus erat, quia socii ministrique probari, nisi illo nocente, non poterant. Ex quibus duos statim Classico junximus; Bæbium Probum, et Fabium Hispanum : utrumque gratia, Hispanum etiam facundia validum.

gens de lettres, soient fort peu disposés à s'entendre : cependant il n'y eut pas entre nous la moindre division. Sans écouter l'amour-propre, nous marchions d'un pas égal où nous appelait le bien de la cause. La complication de l'affaire et l'utilité de nos cliens nous semblèrent exiger que chacun de nous ne renfermât pas tant d'actions différentes dans un seul discours. Nous craignions que le jour, que la voix, que les forces ne nous manquassent, si nous rassemblions, comme en un seul corps d'accusation, tant de crimes et tant de criminels. Tous ces noms, tous ces faits différens pouvaient d'ailleurs, non-seulement épuiser l'attention des juges, mais même confondre leurs idées. Nous appréhendions encore que le crédit particulier de chacun des accusés ne devînt commun à tous par le mélange. Enfin, nous voulions éviter que le plus puissant ne livrât le plus faible comme une victime expiatoire, et ne se sauvât en le sacrifiant : car jamais la faveur et la brigue n'agissent plus sûrement, que lorsqu'elles peuvent se couvrir du masque de la sévérité. Nous avons songé à Sertorius, ordonnant au plus fort et au plus faible de ses soldats d'arracher la queue d'un cheval[103]... vous savez le reste. Nous jugions de même que nous ne viendrions à bout d'un si gros escadron d'accusés, qu'en les détachant les uns des autres. La première chose que nous crûmes devoir établir, c'est que Classicus était coupable : c'était une préparation nécessaire à l'accusation de ses officiers et de ses complices, qui ne pouvaient être reconnus criminels, s'il était innocent. Nous en choisîmes deux, pour les accuser avec lui dès le premier moment, Bébius Probus et Fabius Hispanus, l'un et l'autre redoutables par leur crédit, Hispanus même par son éloquence.

Et circa Classicum quidem brevis et expeditus labor. Sua manu reliquerat scriptum, quid ex quaque re, quid ex quaque causa accepisset. Miserat etiam epistolas Romam ad amiculam quamdam, jactantes et gloriosas, his quidem verbis : « Io, io, liber ad te venio : jam sestertium quadragies redegi, parte vendita Bæticorum. » Circa Hispanum et Probum multum sudoris. Horum antequam crimina ingrederer, necessarium credidi elaborare, ut constaret, ministerium crimen esse ; quod nisi effecissem, frustra ministros probassem. Neque enim ita defendebantur, ut negarent, sed ut necessitati veniam precarentur : esse enim se provinciales, et ad omne proconsulum imperium metu cogi. Solet dicere Claudius Restitutus, qui mihi respondit, vir exercitatus et vigilans, et quamlibet subitis paratus, nunquam sibi tantum caliginis, tantum perturbationis offusum, quam quum ea præropta et extorta defensioni suæ cerneret, in quibus omnem fiduciam reponebat.

Consilii nostri exitus fuit : bona Classici, quæ habuisset ante provinciam, placuit senatui a reliquis separari; illa filiæ, hæc spoliatis relinqui. Additum est, ut pecuniæ, quas creditoribus solverat, revocarentur. Hispanus et Probus in quinquennium relegati : adeo grave visum est, quod initio dubitabatur, an omnino crimen esset !

Classicus nous donna peu de peine. Il avait laissé parmi ses papiers un mémoire écrit de sa main, où l'on trouvait au juste ce que lui avait valu chacune de ses concussions. Nous avions même une lettre de lui fort vaine et fort impertinente, qu'il avait écrite à une de ses maîtresses à Rome. *Réjouissons-nous*, lui disait-il, *je reviens près de vous, et je reviens libre de toute dette*[104] : *j'ai gagné quatre millions de sesterces sur la vente d'une partie des domaines de la Bétique.* Probus et Hispanus nous embarrassèrent davantage. Avant d'entrer dans l'exposition de leurs crimes, je crus qu'il était nécessaire de faire voir que l'exécution d'un ordre inique était un crime ; autrement, c'était perdre son temps que de prouver qu'ils avaient été les ministres des ordres de Classicus ; car ils ne niaient pas les faits dont ils étaient chargés, mais ils s'excusaient sur la nécessité d'obéir : habitans de la province, disaient-ils, ils étaient soumis par la crainte à toutes les volontés des proconsuls. Claudius Restitutus, qui me répliqua, a pour lui une longue habitude du barreau, et une vivacité naturelle qui lui fournit toujours la réponse aux argumens les moins prévus : cependant il avoue hautement que jamais il ne fut plus troublé, plus déconcerté, que lorsqu'il se vit arracher les seules armes où il avait mis sa confiance.

Voici quel fut l'événement. Le sénat ordonna que les biens dont Classicus jouissait, avant qu'il prît possession de son gouvernement, seraient séparés de ceux qu'il avait acquis depuis : les premiers furent abandonnés à sa fille, les autres rendus aux peuples dépouillés. On alla plus loin : on ordonna que les créanciers, qu'il avait payés, restitueraient ce qu'ils avaient reçu ; et l'on exila pour cinq ans Hispanus et Probus : tant on jugea cou-

Post paucos dies Clavium Fuscum, Classici generum, et Stillonium Priscum, qui tribunus cohortis sub Classico fuerat, accusavimus, dispari eventu. Prisco in biennium Italia interdictum : absolutus est Fuscus. Actione tertia commodissimum putavimus plures congregare, ne, si longius esset extracta cognitio, satietate et tædio quodam justitia cognoscentium severitasque languesceret : alioqui supererant minores rei, data opera hunc in locum reservati; excepta tamen Classici uxore, quæ sicut implicita suspicionibus, ita non satis convinci probationibus visa est. Nam Classici filia, quæ et ipsa inter reos erat, ne suspicionibus quidem hærebat. Itaque, quum ad nomen ejus in extrema actione venissem (neque enim, ut initio, sic etiam in fine verendum erat, ne per hoc totius accusationis auctoritas minueretur), honestissimum credidi, non premere immerentem ; idque ipsum dixi et libere et varie. Nam modo legatos interrogabam, docuissentne me aliquid, quod re probari posse confiderent; modo consilium a senatu petebam, putaretne debere me, si quam haberem in dicendo facultatem, in jugulum innocentis, quasi telum aliquod, intendere; postremo totum locum hoc fine conclusi : « Dicet aliquis, Judicas ergo? Ego vero non

pable ce qui d'abord avait à peine semblé suffire pour motiver une accusation !

Peu de jours après, nous plaidâmes contre Clavius[105] Fuscus, gendre de Classicus, et contre Stillonius Priscus, qui avait commandé une cohorte sous Classicus : leur sort fut très-différent; on bannit Priscus de l'Italie pour deux ans; Fuscus fut renvoyé absous. Dans la troisième audience, il nous sembla plus convenable de rassembler un grand nombre de complices. Il nous parut à craindre qu'en faisant traîner plus long-temps cette affaire, le dégoût et l'ennui ne refroidissent l'attention des juges, et ne lassassent leur sévérité. Il ne restait d'ailleurs que des criminels d'une moindre importance, et que nous avions tout exprès réservés pour les derniers. J'en excepte pourtant la femme de Classicus : l'on avait assez d'indices pour la soupçonner, mais non assez de preuves pour la convaincre. A l'égard de sa fille aussi accusée, les soupçons même manquaient. Lors donc qu'à la fin de cette audience j'eus à parler d'elle, n'ayant plus à craindre, comme au commencement, d'ôter à l'accusation quelque chose de sa force, j'obéis à l'honneur, qui me faisait une loi de ne point opprimer l'innocence : je ne me contentai pas de le penser, je le dis librement, et de plus d'une manière. Tantôt je demandais aux députés s'ils m'avaient instruit de quelque fait qu'ils pussent se promettre de prouver contre elle; tantôt je m'adressais au sénat, et le suppliais de me dire, s'il croyait qu'il me fût permis d'abuser du peu d'éloquence que je pouvais avoir, pour accabler une femme innocente, et pour lui plonger le poignard dans le sein. Enfin, je conclus par ces paroles : *Quelqu'un dira : vous vous érigez donc en juge?*

judico, memini tamen me advocatum ex judicibus datum. »

Hic numerosissimæ causæ terminus fuit, quibusdam absolutis, pluribus damnatis, atque etiam relegatis, aliis in tempus, aliis in perpetuum. Eodem senatusconsulto industria, fides, constantia nostra plenissimo testimonio comprobata est, dignum, solumque par pretium tanti laboris. Concipere animo potes quam simus fatigati, quibus toties agendum, toties altercandum, tam multi testes interrogandi, sublevandi, refutandi. Jam illa quam ardua, quam molesta, tot reorum amicis secreto rogantibus negare, adversantibus palam obsistere! Referam unum aliquod ex iis, quæ dixi. Quum mihi quidam e judicibus ipsis pro reo gratiosissimo reclamarent : « Non minus, inquam, hic innocens erit, si ego omnia dixero. » Conjectabis ex hoc, quantas contentiones, quantas etiam offensas subierimus, dumtaxat ad breve tempus : nam fides in præsentia eos, quibus resistit, offendit; deinde ab illis ipsis suspicitur laudaturque.

Non potui magis te in rem præsentem perducere. Dices : « Non fuit tanti : quid enim mihi cum tam longa epistola? » Nolito ergo identidem quærere, quid Romæ geratur : et tamen memento non esse epistolam longam, quæ tot dies, tot cognitiones, tot denique reos causasque complexa sit. Quæ omnia videor mihi non

non ; mais je n'oublie pas que je suis un avocat tiré du nombre des juges.

Telle a été la fin de cette longue affaire. Les uns ont été absous; la plupart condamnés, et bannis, ou à temps, ou à perpétuité. Le décret du sénat loue en termes fort honorables notre application, notre zèle, notre fermeté; et cela seul pouvait dignement récompenser de si grands travaux. Vous comprenez aisément à quel point m'ont fatigué tant de plaidoiries différentes, tant d'opiniâtres disputes, tant de témoins à interroger, à raffermir, à réfuter. Représentez-vous quel embarras, quel chagrin, de se montrer toujours inexorable aux sollicitations secrètes, et de résister en face aux protecteurs déclarés d'un si grand nombre de coupables. En voici un exemple. Quelques-uns des juges eux-mêmes, au gré desquels je pressais trop un accusé des plus accrédités, se récrièrent hautement.—*Il n'en sera pas moins innocent,* leur répliquai-je, *quand j'aurai tout dit contre lui.* Imaginez par là quelles contradictions il m'a fallu essuyer, quelles inimitiés je me suis attirées! ces inimitiés dureront peu, il est vrai; car l'intégrité, qui blesse d'abord ceux à qui elle résiste, devient bientôt l'objet de leur estime et de leurs louanges.

Je ne pouvais pas vous exposer plus clairement toute cette affaire. Vous allez me dire : *Elle n'en valait pas la peine; je me serais bien passé d'une si longue lettre.* Cessez donc de me demander si souvent ce que l'on fait à Rome; et souvenez-vous qu'une lettre ne peut être longue, lorsqu'elle embrasse tant de journées, tant de discussions, tant d'accusés enfin et tant de causes différentes. Il n'était pas possible, ce me semble, de vous mander tout cela, ni en moins de mots, ni plus exactement. Je me

minus breviter, quam diligenter persecutus. Temere dixi diligenter : succurrit quod præterieram, et quidem sero; sed, quanquam præpostere, reddetur. Facit hoc Homerus, multique illius exemplo : est alioqui perdecorum; a me tamen non ideo fiet.

Ex testibus quidam, sive iratus, quod evocatus esset invitus, sive subornatus ab aliquo reorum, ut accusationem exarmaret, Norbanum Licinianum, legatum et inquisitorem, reum postulavit, tanquam in causa Castæ (uxor hæc Classici) prævaricaretur. Est lege cautum, ut reus ante peragatur, tunc de prævaricatore quæratur, quia optime ex accusatione ipsa accusatoris fides æstimatur. Norbano tamen non ordo legis, non legati nomen, non inquisitionis officium præsidio fuit : tanta conflagravit invidia homo alioqui flagitiosus, et Domitiani temporibus usus, ut multi; electusque tunc a provincia ad inquirendum, non tanquam bonus et fidelis, sed tanquam Classici inimicus. Erat ab illo relegatus. Dari sibi diem, et edi crimina postulabat. Neutrum impetravit; coactus est statim respondere : respondit : malum pravumque ingenium hominis facit, ut dubitem, confidenter an constanter, certe paratissime. Objecta sunt multa, quæ magis, quam prævaricatio, nocuerunt. Quin etiam duo consulares, Pomponius Rufus et Libo Frugi, læserunt eum

vante à tort d'exactitude : il me revient un peu tard une circonstance qui m'était échappée : je vais la rappeler ici, quoiqu'elle n'y soit pas à sa place naturelle. Homère, et tant d'habiles gens, à son exemple, n'en usent-ils pas de même? et, après tout, cela n'a-t-il pas son agrément? Moi, je l'avoue, je n'y ai pas mis cette savante intention.

L'un des témoins, ou mécontent de se voir cité malgré lui, ou corrompu par quelqu'un des complices, qui voulait déconcerter les accusateurs, accusa Norbanus Licinianus, l'un des députés et des commissaires, de prévariquer [106] en ce qui regardait Casta, femme de Classicus. Les lois veulent que l'on juge l'accusation principale, avant que d'entrer en connaissance de la prévarication, parce que rien n'est plus propre à faire bien juger de la prévarication, que l'accusation même. Cependant, ni la disposition des lois, ni la qualité de député, ni la fonction de commissaire, ne purent garantir Norbanus; tant on avait de haine et d'indignation contre cet homme! C'était un scélérat, qui avait profité du règne de Domitien [107], comme tant d'autres, et que la province avait choisi pour informer dans cette affaire, en considération, non de sa droiture et de sa fidélité, mais de sa haine déclarée contre Classicus, qui l'avait fait exiler. Norbanus demandait qu'on lui accordât un jour, et qu'on établît les chefs d'accusation. On n'eut pas plus d'égard à cette seconde demande qu'à la première. Il fallut répondre sur-le-champ; il répondit : son caractère fourbe et méchant ne me permet pas de décider si ce fut avec audace ou avec fermeté; mais il est certain que ce fut avec toute la présence d'esprit imaginable. On le chargea de beaucoup de faits particuliers, qui lui firent plus de tort que la prévarication. Pompo-

testimonio, tanquam apud judicem, sub Domitiano, Salvii Liberalis accusatoribus affuisset. Damnatus, et in insulam relegatus est. Itaque, quum Castam accusarem, nihil magis pressi, quam quod accusator ejus prævaricationis crimine corruisset. Pressi tamen frustra: accidit enim res contraria et nova, ut, accusatore prævaricationis damnato, rea absolveretur.

Quæris, quid nos, dum hæc aguntur? Indicavimus senatui ex Norbano didicisse nos publicam causam, rursusque debere ex integro discere, si ille prævaricator probaretur: atque ita, dum ille peragitur reus, sedimus. Postea Norbanus omnibus diebus cognitionis interfuit; eamdemque usque ad extremum vel constantiam, vel audaciam pertulit.

Interrogo ipse me, an aliquid omiserim rursus: et rursus pæne omisi. Summo die Salvius Liberalis reliquos legatos graviter increpuit, tanquam non omnes, quos mandasset provincia, reos peregissent; atque, ut est vehemens et disertus, in discrimen adduxit. Protexi viros optimos, eosdemque gratissimos: mihi certe debere se prædicant, quod illum turbinem evaserint. Hic erit epistolæ finis, re vera finis: litteram non addam, etiamsi adhuc aliquid præteriisse me sensero. Vale.

nius Rufus et Libo Frugi, tous deux consulaires, déposèrent contre lui que, du temps de Domitien, il avait plaidé pour les accusateurs de Salvius Liberalis. Norbanus fut condamné et relégué dans une île. Ainsi, lorsque j'accusai Casta, j'appuyai principalement sur le jugement de prévarication prononcé contre son accusateur. Mais j'appuyai inutilement; car il arriva une chose toute nouvelle, et qui paraît impliquer contradiction : les mêmes juges qui avaient déclaré l'accusateur convaincu de prévarication, prononcèrent l'absolution de l'accusée.

Vous êtes curieux de savoir quelle fut notre conduite dans cette conjoncture : nous représentâmes au sénat, que nous tenions de Norbanus seul toutes nos instructions, et que, s'il était jugé prévaricateur, il nous fallait prendre des informations nouvelles. Après cela, pendant toute l'instruction de son procès, nous demeurâmes spectateurs. Pour lui, il continua d'assister à toutes les séances, et montra jusqu'à la fin, ou la même fermeté, ou la même audace.

J'examine si je n'omets pas encore quelque chose. Oui : j'allais oublier que, le dernier jour, Salvius Liberalis parla fortement contre tous les autres députés, leur reprochant d'épargner plusieurs personnes qu'ils avaient ordre d'accuser. Comme il a du feu et de l'éloquence, il les mit en danger. Je les défendis, parce que j'étais convaincu de leur probité : ils se montrent fort reconnaissans, et ne se lassent pas de dire que je les ai sauvés d'une terrible tempête. Ce sera ici la fin de ma lettre. Je n'y ajouterai pas une syllabe, quand même je m'apercevrais que j'ai oublié quelque chose. Adieu.

X.

Plinius Spurinnae suo et Cocciae s.

Composuisse me quaedam de filio vestro, non dixi vobis, quum proxime apud vos fui; primum, quia non ideo scripseram, ut dicerem, sed ut meo amori, meo dolori satisfacerem; deinde, quia te, Spurinna, quum audisses recitasse me, ut mihi ipse dixisti, quid recitassem simul audisse credebam. Praeterea veritus sum, ne vos festis diebus confunderem, si in memoriam gravissimi luctus reduxissem. Nunc quoque paullisper haesitavi, id solum, quod recitavi, mitterem exigentibus vobis, an adjicerem, quae in aliud volumen cogito reservare. Neque enim affectibus meis uno libello carissimam mihi et sanctissimam memoriam prosequi satis est: cujus famae latius consuletur, si dispensata et digesta fuerit. Verum haesitanti mihi, omnia, quae jam composui, vobis exhiberem, an adhuc aliqua differrem, simplicius et amicius mihi visum est, omnia, praecipue quum affirmetis intra vos futura, donec placeat emittere.

Quod superest, rogo, ut pari simplicitate, si qua existimabitis addenda, commutanda, omittenda, indicetis

X.

Pline à Spurinna et à Coccia.

Si, la dernière fois que je me trouvai chez vous, je ne vous dis pas que j'avais composé un ouvrage à la louange de votre fils, c'est que d'abord je ne l'avais pas composé pour le dire, mais pour satisfaire à ma tendresse et à ma douleur : ensuite, je croyais que ceux qui avaient entendu la lecture de mon ouvrage, et qui vous en avaient parlé (vous me l'avez dit vous-même, Spurinna), vous en auraient appris en même temps le sujet. Je craignais d'ailleurs de prendre mal mon temps, en rappelant de si tristes idées dans des jours destinés à la joie. J'ai même encore un peu hésité aujourd'hui, si je me contenterais de vous envoyer le morceau que j'ai lu et que vous me demandez, ou si je n'y ajouterais pas d'autres écrits, que je destine à un second volume : car il ne suffit pas à un cœur aussi touché que le mien de n'en consacrer qu'un seul à une mémoire si chère et si précieuse : pour que la gloire de votre fils s'étende aussi loin qu'elle le mérite, il faut qu'on la répande et qu'on la distribue, en quelque sorte, dans plusieurs ouvrages. Ayant donc délibéré si je vous adresserais tout ce que j'ai composé sur ce sujet, ou si j'en retiendrais une partie, j'ai trouvé qu'il convenait mieux à ma franchise et à notre amitié de vous envoyer tout, principalement après la promesse que vous me faites d'en garder le secret, jusqu'à ce que je veuille publier ces écrits.

Il ne me reste plus qu'à vous demander une grâce, c'est de vouloir bien me dire, avec la même franchise, ce que

mihi. Difficile est hucusque intendere animum in dolore; difficile : sed tamen ut sculptorem, ut pictorem, qui filii vestri imaginem faceret, admoneretis, quid exprimere, quid emendare deberet; ita me quoque formate, regite, qui non fragilem et caducam, sed immortalem, ut vos putatis, effigiem conor efficere; quæ hoc diuturnior erit, quo verior, melior, absolutior fuerit. Vale.

XI.

Plinius Julio Genitori suo s.

Est omnino Artemidori nostri tam benigna natura, ut officia amicorum in majus extollat : inde etiam meum meritum, ut vera, ita supra meritum prædicatione circumfert. Equidem, quum essent philosophi ab urbe summoti, fui apud illum in suburbano; et quo notabilius hoc periculosiusque esset, fui prætor. Pecuniam etiam, qua tunc illi ampliore opus erat, ut æs alienum exsolveret, contractum ex pulcherrimis causis, mussantibus magnis quibusdam et locupletibus amicis, mutuatus ipse, gratuitam dedi. Atque hæc feci, quum, septem amicis meis aut occisis, aut relegatis (occisis, Senecione,

je dois ajouter, changer, supprimer. Je sais bien que cette tâche est difficile, pour des esprits préoccupés de leur douleur; je le sais : mais usez-en avec moi comme avec un sculpteur, avec un peintre, qui travaillerait à la statue, au portrait de votre fils. Vous l'avertiriez de ce qu'il doit s'attacher à rendre, de ce qu'il est indispensable de corriger. Ayez pour moi la même attention : soutenez, conduisez ma plume. Elle trace une image impérissable, dites-vous, et que le temps ne doit jamais effacer : plus cette image sera naturelle, ressemblante, parfaite, plus elle sera durable. Adieu.

XI.

Pline à Julius Genitor.

C'est le caractère de notre Artémidore d'exagérer toujours les services que lui rendent ses amis. Il est vrai qu'il a reçu de moi celui dont il vous a parlé; mais il l'estime beaucoup plus qu'il ne vaut. Les philosophes avaient été chassés de Rome [108] : j'allai le trouver dans une maison qu'il avait aux portes de la ville : j'étais alors préteur, ce qui rendait ma visite plus remarquable et plus dangereuse. Il avait besoin d'une somme considérable, pour acquitter des dettes contractées par les plus honorables motifs : plusieurs de ses amis, riches et puissans, n'avaient pas l'air de sentir son embarras; moi, j'empruntai la somme, et je lui en fis don. Et au moment où je lui rendais ce service, on venait d'envoyer à la mort ou en exil sept de mes amis : Senecion, Rusticus,

Rustico, Helvidio ; relegatis, Maurico, Gratilla, Arria, Fannia), tot circa me jactis fulminibus quasi ambustus, mihi quoque impendere idem exitium, certis quibusdam notis augurarer. Non ideo tamen eximiam gloriam meruisse me, ut ille prædicat, credo : sed tantum effugisse flagitium. Nam et C. Musonium, socerum ejus, quantum licitum est per ætatem, cum admiratione dilexi; et Artemidorum ipsum jam tum, quum in Syria tribunus militarem, arcta familiaritate complexus sum; idque primum nonnullius indolis dedi specimen, quod virum aut sapientem, aut proximum simillimumque sapienti intelligere sum visus. Nam ex omnibus, qui nunc se philosophos vocant, vix unum aut alterum invenies tanta sinceritate, tanta veritate. Mitto qua patientia corporis hiemes juxta et æstates ferat, ut nullis laboribus cedat, ut nihil in cibo aut potu voluptatibus tribuat, ut oculos animumque contineat. Sunt hæc magna, sed in alio; in hoc vero minima, si ceteris virtutibus comparentur, quibus meruit, ut a C. Musonio ex omnibus omnium ordinum assectatoribus gener assumeretur.

Quæ mihi recordanti est quidem jucundum, quod me quum apud alios, tum apud te, tantis laudibus cumulat. Vereor tamen ne modum excedat, quem benignitas ejus (illuc enim, unde cœpi, revertor) non solet tenere. Nam in hoc uno interdum, vir alioqui prudentissimus, honesto

Helvidius n'étaient plus : Mauricus, Gratilla, Arria, Fannia, avaient été bannis. La foudre tombée tant de fois autour de moi semblait menacer ma tête du même sort. Cependant je ne crois pas avoir mérité la gloire qu'il m'accorde : je n'ai fait qu'éviter la honte. Songez que C. Musonius, son beau-père, outre l'admiration qu'il excitait en moi, m'avait encore inspiré une tendresse aussi vive que pouvait le permettre la distance de nos âges : songez qu'Artémidore lui-même était déjà l'un de mes plus intimes amis, quand je servais, en qualité de tribun, dans l'armée de Syrie. C'est le premier témoignage que j'aie donné d'un assez heureux naturel, de montrer du goût pour un sage, ou du moins pour un homme qui ressemble si fort à ceux que l'on honore de ce nom : il est certain, qu'entre tous nos philosophes, vous en trouverez difficilement un ou deux aussi sincères, aussi vrais que lui. Je ne vous parle point de son courage à supporter l'excès de la chaleur et du froid. Je ne vous dis point qu'il est infatigable dans les plus rudes travaux; que les plaisirs de la table lui sont inconnus, et qu'il ne permet pas plus à ses yeux qu'à ses désirs. Ces qualités pourraient briller dans un autre : chez lui, elles ne sont presque rien, comparées à ses autres vertus. Il doit à ces vertus la préférence que Musonius lui donna sur des rivaux de tous les rangs, lorsqu'il le choisit pour gendre.

Je ne puis rappeler ces souvenirs, sans être flatté des louanges dont il me comble dans le monde et surtout auprès de vous. Et cependant, je crains (pour finir comme j'ai commencé), je crains qu'il ne passe la mesure, entraîné, comme il l'est toujours, par son caractère généreux. Cet homme, d'ailleurs si sage, a un défaut,

quidem, sed tamen errore versatur, quod pluris amicos suos, quam sunt, arbitratur. Vale.

XII.

Plinius Catilio suo s.

Veniam ad coenam : sed jam nunc paciscor, sit expedita, sit parca : Socraticis tantum sermonibus abundet: in his quoque teneat modum. Erunt officia antelucana, in quæ incidere impune ne Catoni quidem licuit; quem tamen C. Cæsar ita reprehendit, ut laudet. Scribit enim, eos, quibus obvius fuerat, quum caput ebrii retexissent, erubuisse : deinde adjicit : « Putares non ab illis Catonem, sed illos a Catone deprehensos. » Potuitne plus auctoritatis tribui Catoni, quam si ebrius quoque tam venerabilis erat? Nostræ tamen coenæ ut apparatus et impendii, sic temporis modus constet. Neque enim ii sumus, quos vituperare ne inimici quidem possint, nisi ut simul laudent. Vale.

bien honorable sans doute, mais qui n'en est pas moins un défaut : c'est d'estimer ses amis au delà de leur valeur. Adieu.

XII.

Pline à Catilius.

J'IRAI souper chez vous; mais voici mes conditions : je veux que le repas soit court et frugal : rien en abondance, que les propos d'une douce philosophie; et de cela même, point d'excès. Craignons d'être surpris demain avant le jour, à la sortie de notre festin, par ces cliens empressés, que Caton lui-même ne rencontra pas impunément [109]. Je sais bien que César le blâme, à cette occasion, d'une manière qui le loue. Il montre [110] ceux qui trouvèrent Caton pris de vin, rougissant de confusion dès qu'ils lui eurent découvert le visage. *On eût dit, ajoute-t-il, que Caton venait de les prendre sur le fait, et non pas qu'ils venaient d'y prendre Caton.* Quelle plus haute idée pouvait-on donner du caractère de Caton, que de représenter le respect qu'il inspirait encore, malgré son ivresse? Pour nous, réglons la durée, aussi bien que l'ordre et la dépense de notre repas : car nous ne sommes pas de ceux que leurs ennemis ne sauraient blâmer, sans les louer en même temps. Adieu.

XIII.

Plinius Romano suo s.

Librum, quo nuper optimo principi consul gratias egi, misi exigenti tibi, missurus, etsi non exegisses. In hoc consideres velim, ut pulchritudinem materiæ, ita difficultatem. In ceteris enim lectorem novitas ipsa intentum habet; in hac, nota, vulgata, dicta sunt omnia: quo fit, ut quasi otiosus securusque lector tantum elocutioni vacet, in qua satisfacere difficilius est, quum sola æstimatur. Atque utinam ordo saltem, et transitus, et figuræ simul spectarentur! Nam invenire præclare, enuntiare magnifice, interdum etiam barbari solent: disponere apte, figurare varie, nisi eruditis, negatum est. Nec vero affectanda sunt semper elata et excelsa: nam, ut in pictura lumen non alia res magis quam umbra commendat, ita orationem tam submittere, quam attollere, decet. Sed quid ego hæc doctissimo viro? Quin potius illud : « Annota quæ putaveris corrigenda. » Ita enim magis credam cetera tibi placere, si quædam displicuisse cognovero. Vale.

XIII.

Pline à Romanus.

Je vous ai envoyé, comme vous le désiriez, le discours de remerciement que j'ai adressé à l'empereur en commençant mon consulat[111] : vous l'auriez reçu, quand même vous ne me l'eussiez pas demandé. Ne considérez pas moins, je vous prie, la difficulté, que la beauté du sujet. Dans tous les autres, la nouveauté seule suffit pour soutenir l'attention du lecteur : ici, tout est connu, tout a été dit et répété : en sorte que le lecteur n'ayant plus à s'occuper des choses, et tranquille sur ce point, s'attache entièrement au style, et le style résiste difficilement à une critique dont il est le seul objet. Et plût aux dieux que l'on s'arrêtât du moins au plan, aux liaisons, aux figures du discours! Car enfin, les plus grossiers peuvent quelquefois inventer heureusement, et s'exprimer en termes pompeux; mais ordonner avec art, distribuer les figures avec une agréable variété, c'est ce qui n'appartient qu'à la science. Il ne faut pas même rechercher toujours l'élévation et l'éclat. Dans un tableau, rien ne fait tant valoir la lumière, que le mélange des ombres : il en est de même d'un discours; il faut savoir tour à tour en élever, en abaisser le ton. Mais j'oublie que je parle à un maître : tout ce que je dois lui dire, c'est de vouloir bien me marquer les passages à corriger. Je croirai mieux que vous approuvez le reste, si je vois que vous n'épargnez pas les endroits faibles. Adieu.

XIV.

Plinius Acilio suo s.

Rem atrocem, nec tantum epistola dignam, Largius Macedo, vir prætorius, a servis suis passus est : superbus alioqui dominus et sævus, et qui, servisse patrem suum, parum, immo nimium, meminisset. Lavabatur in villa Formiana : repente eum servi circumsistunt; alius fauces invadit, alius os verberat, alius pectus, et ventrem, atque etiam (fœdum dictu) verenda contundit; et, quum exanimem putarent, abjiciunt in fervens pavimentum, ut experirentur, an viveret. Ille, sive quia non sentiebat, sive quia non sentire simulabat, immobilis et extentus, fidem peractæ mortis implevit. Tum demum, quasi æstu solutus, effertur : excipiunt servi fideliores : concubinæ cum ululatu et clamore concurrunt. Ita et vocibus excitatus, et recreatus loci frigore, sublatis oculis agitatoque corpore, vivere se (et jam tutum erat) confitetur. Diffugiunt servi; quorum magna pars comprehensa est, ceteri requiruntur : ipse paucis diebus ægre focillatus, non sine ultionis solatio decessit, ita vivus vindicatus, ut occisi solent. Vides quot periculis, quot contumeliis, quot ludibriis simus obnoxii. Nec est, quod quisquam possit esse securus,

XIV.

Pline à Acilius.

Voici une aventure des plus tragiques, et telle, qu'une lettre ne suffit pas pour en faire sentir toute l'horreur. Les esclaves de Largius Macedo, l'ancien préteur, viennent d'exercer sur lui les dernières cruautés : c'était un maître dur, inhumain, et qui avait oublié, ou, si vous voulez, qui se souvenait trop que son père avait été lui-même esclave. Il prenait le bain dans sa maison de Formies, lorsque tout à coup ses gens l'environnent; l'un le prend à la gorge; l'autre le frappe au visage; celui-ci lui donne mille coups dans le ventre, dans l'estomac, et, chose affreuse, jusque dans les parties du corps qu'on ne peut nommer. Lorsqu'ils crurent l'avoir tué, ils le jetèrent sur un plancher brûlant, pour s'assurer qu'il ne vivait plus. Lui, soit qu'en effet il eût perdu le sentiment, soit qu'il feignît de ne rien sentir, demeure étendu et immobile, et les confirme dans la pensée qu'il était mort. Aussitôt ils l'emportent, comme s'il eût été étouffé par la chaleur du bain. Ceux de ses esclaves qui n'étaient point complices s'approchent alors de lui : ses concubines accourent en poussant de grands cris. Largius, réveillé par le bruit, et ranimé par la fraîcheur du lieu, entr'ouvre les yeux, et, par un léger mouvement, annonce qu'il vit encore : il le pouvait alors sans danger. Les esclaves prennent la fuite : on arrête les uns; on court après les autres. Quant au maître, ranimé à grand'peine, il meurt au bout de quelques jours, avec la consolation de se voir vengé, comme l'on venge

quia sit remissus et mitis : non enim judicio domini, sed scelere perimuntur.

Verum hæc hactenus. Quid præterea novi? Quid? Nihil : alioqui subjungerem; nam et charta adhuc superest, et dies feriatus patitur plura contexi. Addam, quod opportune de eodem Macedone succurrit. Quum in publico Romæ lavaretur, notabilis, atque etiam, ut exitus docuit, ominosa res accidit. Eques romanus a servo ejus, ut transitum daret, manu leviter admonitus, convertit se, nec servum, a quo erat tactus, sed ipsum Macedonem tam graviter palma percussit, ut pæne concideret. Ita balineum illi, quasi per gradus quosdam, primum contumeliæ locus, deinde exitii fuit. Vale.

XV.

Plinius Proculo suo s.

Petis ut libellos tuos in secessu legam, examinemque an editione sint digni : adhibes preces; allegas exemplum : rogas etiam, ut aliquid subsecivi temporis studiis meis subtraham, impertiam tuis : adjicis M. Tullium mira benignitate poetarum ingenia fovisse. Sed ego nec ro-

les morts. Considérez, je vous prie, à quel danger, à quelle insolence, et à quels outrages nous sommes exposés! Il ne faut pas se croire en sureté, parce qu'on est maître indulgent et humain; car les esclaves n'égorgent point par raison, mais par fureur.

C'en est assez sur ce sujet. N'y a-t-il plus rien de nouveau? Rien : je ne manquerais pas de vous l'écrire; j'ai du papier de reste; j'ai du loisir, et c'est jour de fête. J'ajouterai pourtant ce qui me revient fort à propos du même Macedo. Un jour qu'il se baignait à Rome dans un bain public, il lui arriva une aventure remarquable, et de très-mauvais augure, comme la suite l'a bien prouvé. Un de ses esclaves, pour lui faire faire place, poussa légèrement un chevalier romain; celui-ci se retournant brusquement, au lieu de s'adresser à l'esclave, frappa si rudement le maître, qu'il pensa le renverser. Ainsi le bain a été funeste à Macedo, et lui a été, en quelque sorte, funeste par degrés : la première fois, il y reçut un affront; la seconde fois, il y perdit la vie. Adieu.

XV.

Pline à Proculus.

Vous me demandez de lire vos ouvrages dans ma retraite, et de vous dire s'ils sont dignes d'être publiés : vous employez la prière; vous alléguez des exemples ; vous me conjurez même de dérober à mes études une partie du loisir que je leur destine, et de la consacrer à l'examen de vos travaux : enfin, vous me citez Cicéron,

gandus sum, nec hortandus. Nam et poeticen ipsam religiosissime veneror, et te validissime diligo. Faciam ergo, quod desideras, tam diligenter, quam libenter. Videor autem jam nunc posse rescribere, esse opus pulchrum, nec supprimendum, quantum æstimare licuit ex iis, quæ me præsente recitasti : si modo mihi non imposuit recitatio tua ; legis enim suavissime et peritissime. Confido tamen, me non sic auribus duci, ut omnes aculei judicii mei illarum delinimentis refringantur. Hebetentur fortasse et paullulum retundantur; evelli quidem extorquerique non possunt. Igitur non temere jam nunc de universitate pronuntio : de partibus experiar legendo. Vale.

XVI.

Plinius Nepoti suo s.

ANNOTASSE videor facta dictaque virorum feminarumque illustrium, alia clariora esse, alia majora. Confirmata est opinio mea hesterno Fanniæ sermone. Neptis hæc Arriæ illius, quæ marito et solatium mortis et exemplum fuit. Multa referebat aviæ suæ non minora hoc, sed obscuriora; quæ tibi existimo tam mirabilia legenti fore, quam mihi audienti fuerunt.

qui se faisait un plaisir de favoriser et d'animer les poètes. Vous me faites tort : il ne faut ni me prier, ni me presser ; je suis adorateur de la poésie, et j'ai pour vous une tendresse que rien n'égale. Ne doutez donc pas que je ne fasse, avec autant d'exactitude que de joie, ce que vous désirez. Je pourrais déjà vous mander, que votre ouvrage est fort bon, et qu'il mérite de paraître ; du moins, autant que j'en puis juger par les endroits que vous avez lus devant moi, et si votre manière de lire ne m'en a point imposé ; car votre débit est plein d'art et de charme. Mais j'ai assez bonne opinion de moi-même, pour croire que le prestige du débit ne va point jusqu'à m'ôter le jugement : il peut bien le surprendre, mais non pas le corrompre, ni l'altérer. Ainsi, j'ai déjà le droit de prononcer sur l'ensemble de l'ouvrage : la lecture m'apprendra ce que je dois penser de chaque partie. Adieu.

XVI.

Pline à Nepos.

J'avais déjà remarqué, que, parmi les actions et les paroles des hommes et des femmes illustres, les plus belles ne sont pas toujours les plus célèbres [112]. L'entretien que j'eus hier avec Fannia, m'a confirmé dans cette opinion. C'est la petite-fille de cette célèbre Arria, qui, par son exemple, apprit à son mari à mourir sans regret. Fannia me contait plusieurs autres traits d'Arria, non moins héroïques, quoique moins connus. Vous aurez, je m'imagine, autant de plaisir à les lire, que j'en ai eu à les entendre.

Ægrotabat maritus ejus; ægrotabat et filius, uterque mortifere, ut videbatur. Filius decessit, eximia pulchritudine, pari verecundia, et parentibus non minus ob alia carus, quam quod filius erat. Huic illa ita funus paravit, ita duxit exsequias, ut ignoraret maritus. Quin immo, quoties cubiculum ejus intraret, vivere filium, atque etiam commodiorem esse simulabat; ac persæpe interroganti, quid ageret puer, respondebat : « Bene quievit, libenter cibum sumpsit. » Deinde, quum diu cohibitæ lacrymæ vincerent prorumperentque, egrediebatur : tunc se dolori dabat : satiata, siccis oculis, composito vultu redibat, tanquam orbitatem foris reliquisset. Præclarum quidem illud ejusdem, ferrum stringere, perfodere pectus, extrahere pugionem, porrigere marito, addere vocem immortalem ac pæne divinam, Pæte, non dolet. Sed tamen facienti ista dicentique gloria et æternitas ante oculos erant : quo majus est sine præmio æternitatis, sine præmio gloriæ, abdere lacrymas, operire luctum, amissoque filio, matrem adhuc agere.

Scribonianus arma in Illyrico contra Claudium moverat: fuerat Pætus in partibus, et, occiso Scriboniano, Romam trahebatur. Erat ascensurus navem : Arria milites orabat, ut simul imponeretur. « Nempe enim, inquit, daturi estis consulari viro servulos aliquos, quorum e manu cibum

Son mari[113] et son fils étaient en même temps attaqués d'une maladie, qui paraissait mortelle. Le fils mourut : c'était un jeune homme d'une beauté, d'une modestie ravissantes, et plus cher encore à son père et à sa mère par de rares vertus, que par le nom de fils. Arria fit préparer et conduire ses funérailles avec tant de mystère, que le père n'en sut rien. Toutes les fois qu'elle entrait dans la chambre de son mari, elle lui faisait croire que leur fils était vivant, que même il se portait mieux : et comme Pétus insistait souvent pour savoir en quel état il se trouvait, elle répondait qu'il n'avait pas mal dormi, qu'il avait mangé avec assez d'appétit. Enfin, lorsqu'elle sentait qu'elle ne pouvait plus retenir ses larmes, elle sortait ; elle s'abandonnait à sa douleur ; et, après l'avoir soulagée, elle rentrait les yeux secs, le visage serein, comme si elle eût laissé son deuil à la porte. Ce qu'elle fit en mourant est bien grand sans doute : il est courageux de prendre un poignard, de l'enfoncer dans son sein, de l'en tirer tout sanglant, et de le présenter à son mari, en lui disant ces paroles sublimes : *Mon cher Pétus, cela ne fait point de mal.* Mais, après tout, elle était soutenue par la gloire et l'immortalité présentes dans ce moment à ses yeux. Combien ne faut-il pas plus de force et de courage, en l'absence de ces brillantes illusions, pour cacher ses larmes, dévorer sa douleur, et jouer encore le rôle de mère[114], quand on n'a plus de fils !

Scribonien avait pris les armes, en Illyrie, contre l'empereur Claude : Pétus avait suivi le parti de la révolte, et, après la mort de Scribonien, on le traînait à Rome. On allait l'embarquer : Arria conjure les soldats de la recevoir avec lui. *Vous ne pouvez,* leur disait-elle, *refuser à un consulaire quelques esclaves qui lui servent à*

capiat, a quibus vestiatur, a quibus calcietur : omnia sola præstabo. » Non impetravit : conduxit piscatoriam naviculam, ingensque navigium minimo secuta est. Eadem apud Claudium uxori Scriboniani, quum illa profiteretur indicium : « Ego, inquit, te audiam, cujus in gremio Scribonianus occisus est, et vivis ! » Ex quo manifestum est, ei consilium pulcherrimæ mortis non subitum fuisse. Quin etiam, quum Thrasea, gener ejus, deprecaretur, ne mori pergeret, interque alia dixisset: « Tu vis ergo filiam tuam, si mihi pereundum fuerit, mori mecum ? » respondit : « Si tam diu tantaque concordia vixerit tecum, quam ego cum Pæto, volo. » Auxerat hoc responso curam suorum. Attentius custodiebatur : sensit, et : « Nihil agitis, inquit : potestis enim efficere, ut male moriar; ne moriar, non potestis. » Dum hæc dicit, exsiluit cathedra, adversoque parieti caput ingenti impetu impegit, et corruit. Focillata : « Dixeram, inquit, vobis, inventuram me quamlibet duram ad mortem viam, si vos facilem negassetis. » Videnturne hæc tibi majora illo « Pæte, non dolet, » ad quod per hæc perventum est ? Quum interim illud quidem ingens fama, hæc nulla circumfert. Unde colligitur, quod initio dixi, alia esse clariora, alia majora. Vale.

manger, qui l'habillent, qui le chaussent : seule, je lui rendrai tous ces services. Les soldats furent inexorables : alors Arria loue une barque de pêcheur, et, sur ce léger esquif, se met à suivre le grand vaisseau. Arrivée à Rome, elle rencontre dans le palais de l'empereur la femme de Scribonien, qui révélait les complices, et qui voulut lui parler. *Que je t'écoute,* lui dit-elle, *toi qui as vu tuer ton mari entre tes bras, et qui vis encore!* Il est aisé de juger par là qu'elle s'était décidée long-temps d'avance à sa glorieuse mort. Un jour Thraséas, son gendre, la conjurait de renoncer à la résolution de mourir: *Vous voulez donc,* lui dit-il entre autres choses, *si l'on me force à quitter la vie, que votre fille la quitte avec moi? — Oui,* répondit-elle, *je le veux, quand elle aura vécu avec vous aussi long-temps, et dans une aussi parfaite union que j'ai vécu avec Pétus.* Ces paroles avaient redoublé l'inquiétude de toute sa famille. On l'observait avec plus d'attention : elle s'en aperçut. *Vous perdrez votre temps,* dit-elle. *Vous pouvez bien faire que je meure d'une mort plus douloureuse; mais il n'est pas en votre pouvoir de m'empêcher de mourir.* En achevant ces paroles, elle s'élance de sa chaise, va se frapper la tête avec violence contre le mur, et tombe sans connaissance. Revenue à elle-même, *je vous avais avertis,* dit-elle, *que je saurais bien aller à la mort par les routes les plus pénibles, si vous me fermiez les plus douces.* Ces traits ne vous paraissent-ils pas plus héroïques encore, que le *Pétus, cela ne fait pas de mal,* auquel d'ailleurs ils conduisent naturellement? Tout le monde parle de ce dernier trait; les autres sont inconnus. Je conclus, ce que je disais en commençant, que les plus belles actions ne sont pas toujours les plus célèbres. Adieu.

XVII.

Plinius Serviano suo s.

Rectene omnia, quod jampridem epistolæ tuæ cessant? An, omnia recte, sed occupatus es tu? An, tu non occupatus, sed occasio scribendi vel rara, vel nulla? Exime hunc mihi scrupulum, cui par esse non possum. Exime autem vel data opera tabellario misso : ego viaticum, ego etiam præmium dabo : nuntiet mihi modo, quod opto. Ipse valeo; si valere est, suspensum et anxium vivere, exspectantem in horas, timentemque pro capite amicissimo, quidquid accidere homini potest. Vale.

XVIII.

Plinius Severo suo s.

Officium consulatus injunxit mihi, ut reipublicæ nomine principi gratias agerem. Quod ego in senatu quum ad rationem et loci et temporis ex more fecissem, bono civi convenientissimum credidi, eadem illa spatiosius et uberius volumine amplecti : primum ut imperatori nostro virtutes suæ veris laudibus commendarentur : deinde

XVII.

Pline à Servien.

Tout va-t-il bien? il m'est permis d'en douter, puisqu'il y a si long-temps que je n'ai reçu de vos nouvelles : si tout va bien, êtes-vous occupé? si vous n'êtes pas occupé, les occasions d'écrire sont-elles rares, ou vous manquent-elles[115]? Tirez-moi de cette inquiétude, que je ne puis plus supporter : envoyez-moi un courrier, s'il le faut : qu'il vienne m'annoncer ce que je désire, je lui paierai son voyage; je lui ferai même un présent. Pour moi, je me porte bien, si c'est se bien porter que de vivre dans une cruelle incertitude, que d'attendre de moment à autre des nouvelles qui n'arrivent point; que de craindre, pour ce que j'ai de plus cher, tous les malheurs attachés à la condition humaine. Adieu.

XVIII.

Pline à Sévère.

Les devoirs du consulat m'obligeaient à remercier le prince au nom de la république[116]. Après m'en être acquitté dans le sénat, d'une manière convenable au lieu, au temps, à la coutume, j'ai pensé qu'en bon citoyen, je devais écrire le discours que j'avais prononcé, et, sur le papier, donner au sujet plus de développement et d'étendue. Mon premier dessein a été de faire aimer à l'em-

ut futuri principes non quasi a magistro, sed tamen sub exemplo præmonerentur, qua potissimum via possent ad eamdem gloriam niti. Nam præcipere, qualis esse debeat princeps, pulchrum quidem, sed onerosum, ac prope superbum est : laudare vero optimum principem, ac per hoc posteris, velut e specula, lumen quod sequantur ostendere, idem utilitatis habet, arrogantiæ nihil.

Cepi autem non mediocrem voluptatem, quod, hunc librum quum amicis recitare voluissem, non per codicillos, non per libellos, sed si commodum esset, et si valde vacaret, admoniti (nunquam porro, aut valde raro, vacat Romæ, aut commodum est audire recitantem), fœdissimis insuper tempestatibus, per biduum convenerunt; quumque modestia mea finem recitationi facere voluisset, ut adjicerem tertium diem, exegerunt. Mihi hunc honorem habitum putem, an studiis? Studiis malo, quæ prope exstincta refoventur.

At cui materiæ hanc sedulitatem præstiterunt? nempe quam in senatu quoque, ubi perpeti necesse erat, gravari tamen vel puncto temporis solebamus, eamdem nunc et qui recitare et qui audire triduo velint, inveniuntur; non quia eloquentius, quam prius, sed quia liberius, ideoque etiam libentius scribitur. Accedet ergo hoc quoque laudibus principis nostri, quod res antea

pereur ses propres vertus, par les charmes d'une louange naïve. J'ai voulu en même temps tracer à ses successeurs, par son exemple mieux que par aucun précepte, la route qu'ils devaient suivre pour arriver à la même gloire. Car, s'il y a de l'honneur à donner aux princes des leçons de vertu, il n'y a pas moins de danger et peut-être de présomption : mais laisser à la postérité l'éloge d'un prince accompli, montrer, comme d'un phare, aux empereurs qui viendront après lui une lumière qui les guide, c'est être aussi utile et plus modeste.

Voici, au reste, une circonstance qui m'a été fort agréable. Voulant lire cet ouvrage à mes amis, je ne les invitai point par les billets d'usage : je leur fis seulement dire de venir, si cela ne les gênait en rien, s'ils avaient quelque loisir, et vous savez qu'à Rome on n'a jamais, ou presque jamais, le loisir ou la fantaisie d'assister à une lecture; cependant, ils sont venus deux jours de suite, et par le temps le plus affreux : et quand, par discrétion, je voulais borner là ma lecture, ils exigèrent de moi que je leur donnasse une troisième séance. Est-ce à moi, est-ce aux lettres qu'ils ont rendu ces honneurs? j'aime mieux croire que c'est aux lettres, dont l'amour presque éteint se rallume aujourd'hui [117].

Mais songez, je vous prie, quel est le sujet pour lequel ils ont montré tant d'empressement. Comment se fait-il que ce qui nous ennuyait sous d'autres empereurs, même dans le sénat, où il fallait bien le souffrir, et quoiqu'on ne nous demandât qu'un moment d'attention, on se plaise aujourd'hui à le lire et à l'écouter pendant trois jours? Ce n'est point que l'orateur soit plus éloquent; mais son discours a été écrit avec plus de liberté, et par conséquent avec plus de plaisir. Le règne de notre prince

tam invisa quam falsa, nunc ut vera, ita amabilis facta est. Sed ego quum studium audientium, tum judicium mire probavi. Animadverti enim severissima quæque vel maxime satisfacere. Memini quidem, me non multis recitasse, quod omnibus scripsi; nihilominus tamen, tanquam sit eadem omnium futura sententia, hac severitate aurium lætor. Ac sicut olim theatra male musicos canere docuerunt, ita nunc in spem adducor posse fieri, ut eadem theatra bene canere musicos doceant. Omnes enim qui placendi causa scribunt, qualia placere viderint, scribent. Ac mihi quidem confido in hoc genere materiæ lætioris stili constare rationem, quum ea potius quæ pressius et astrictius, quam illa, quæ hilarius et quasi exsultantius scripsi, possint videri arcessita et inducta. Non ideo tamen segnius precor, ut quandoque veniat dies (utinamque jam venerit!), quo austeris illis severisque dulcia hæc blandaque vel justa possessione decedant.

Habes acta mea tridui; quibus cognitis volui tantum te voluptatis absentem, et studiorum nomine et meo, capere, quantum præsens percipere potuisses. Vale.

aura donc encore cette gloire, que l'on y verra ces harangues, odieuses naguère parce qu'elles étaient fausses, devenir agréables à tous en même temps que sincères. Quant à moi, je n'ai pas été moins charmé du goût de mes auditeurs, que de leur empressement. Je me suis aperçu que les endroits les moins fleuris plaisaient autant et plus que les autres. Il est vrai que je n'ai lu qu'à peu de personnes cet ouvrage fait pour tout le monde : cependant cette approbation éclairée me flatte singulièrement ; elle semble me répondre de celle du public. N'avons-nous pas vu, pendant quelque temps, l'adulation enseigner à mal chanter sur nos théâtres? pourquoi n'espérerais-je pas que, grâce à des temps plus heureux, les mêmes théâtres vont enseigner à bien chanter[118]? Oui, ceux qui n'écrivent que pour plaire, se régleront toujours sur le goût général. A la vérité, j'ai cru pouvoir en un tel sujet laisser courir ma plume avec une sorte de liberté, et j'ose même dire que ce qu'il y a de sérieux et de serré dans mon ouvrage, paraîtra moins naturellement amené que ce que j'ai écrit avec enjouement et avec verve. Je n'en souhaite pas moins que ce jour vienne enfin (et fût-il déjà venu!), où le style mâle et nerveux bannira pour jamais le style agréable et joli des sujets même où il règne le plus légitimement[119].

Voilà ce que j'ai fait pendant trois jours. Je ne veux pas que votre absence vous dérobe rien des plaisirs que votre amitié pour moi et votre inclination pour les belles-lettres vous eussent donné, si vous aviez été présent. Adieu.

XIX.

Plinius Calvisio Rufo suo s.

Assumo te in consilium rei familiaris, ut soleo. Prædia agris meis vicina, atque etiam inserta, venalia sunt. In his me multa sollicitant; aliqua nec minora deterrent. Sollicitat primum ipsa pulchritudo jungendi : deinde, quod non minus utile quam voluptuosum, posse utraque eadem opera, eodem viatico invisere, sub eodem procuratore, ac pæne iisdem actoribus habere, unam villam colere et ornare, alteram tantum tueri. Inest huic computationi sumptus supellectilis, sumptus atriensium, topiariorum, fabrorum, atque etiam venatorii instrumenti ; quæ plurimum refert, unum in locum conferas, an in diversa dispergas.

Contra, vereor ne sit incautum, rem tam magnam iisdem tempestatibus, iisdem casibus subdere. Tutius videtur, incerta fortunæ possessionum varietatibus experiri. Habet etiam multum jucunditatis soli cœlique mutatio, ipsaque illa peregrinatio intersita. Jam, quod deliberationis nostræ caput est, agri sunt fertiles, pingues, aquosi : constant campis, vineis, silvis, quæ materiam et ex ea reditum sicut modicum, ita statum præstant. Sed hæc felicitas terræ imbecillis cultoribus fatiga-

XIX.

Pline à Calvisius Rufus.

J'ai, selon ma coutume, recours à vous, comme au chef de mon conseil. Une terre voisine des miennes, et qui s'y trouve en quelque sorte enclavée, est à vendre. Plus d'une raison m'invite à l'acheter; plus d'une raison m'en détourne. L'agrément d'unir cette terre à celle que je possède; première amorce. Seconde tentation, le plaisir, et tout à la fois l'avantage de n'être obligé, pour les visiter toutes deux, ni à double voyage, ni à double dépense; de les régir par un même intendant, et presque par les mêmes fermiers; d'embellir l'une et de me contenter d'entretenir l'autre. Je compte encore que je m'épargne les frais d'un mobilier nouveau, des portiers, des jardiniers, d'autres esclaves de cette sorte, et des équipages de chasse. Il n'est pas indifférent d'avoir à faire ces dépenses en un seul lieu, ou en plusieurs.

D'un autre côté, je crains qu'il n'y ait quelque imprudence à exposer tant de biens aux mêmes accidens, aux influences du même climat. Il me paraît plus sûr de se précautionner contre les caprices de la fortune, par la différente situation de nos terres. Et même, n'est-il pas agréable de changer quelquefois de terrain et d'air, et le voyage d'une maison à l'autre n'a-t-il pas ses charmes[120]? Mais venons au point capital. Le terroir est gras, fertile, arrosé : on y trouve des terres labourables, des vignes, et des bois dont la coupe est d'un revenu modique, mais certain. Cependant, l'indigence des cultivateurs a nui à la fécondité de la terre. Le dernier pro-

tur. Nam possessor prior sæpius vendidit pignora; et, dum reliqua colonorum minuit ad tempus, vires in posterum exhausit, quarum defectione rursus reliqua creverunt. Sunt ergo instruendi complures frugi mancipes: nam nec ipse usquam vinctos habeo, nec ibi quisquam.

Superest, ut scias, quanti videantur posse emi; sestertio tricies : non quia non aliquando quinquagies fuerint, verum et hac penuria colonorum, et communi temporis iniquitate, ut reditus agrorum, sic etiam pretium retro abiit. Quæris an hoc ipsum tricies facile colligere possimus? Sum quidem prope totus in prædiis : aliquid tamen fenero : nec molestum erit mutuari. Accipiam a socru, cujus arca non secus ac mea utor. Proinde hoc te non moveat, si cetera non refragantur; quæ velim quam diligentissime examines : nam quum in omnibus rebus, tum in disponendis facultatibus, plurimum tibi et usus et providentiæ superest. Vale.

priétaire a vendu plus d'une fois tout ce qui servait à la faire valoir [121]; et, par cette vente, en diminuant pour le présent les arrérages dont les fermiers étaient redevables, il leur ôtait tous les moyens de se relever, et les surchargeait de nouvelles dettes. Il faut donc établir nombre de bons fermiers : car nulle part je n'assujettis mes esclaves à la culture de la terre, et tout le monde en use comme moi dans le pays [122].

Je n'ai plus qu'à vous instruire du prix ; il est de trois millions de sesterces. Il a été autrefois jusqu'à cinq : mais la diminution du revenu, causée, soit par le manque de bons cultivateurs, soit par la misère des temps, a naturellement diminué le prix du fonds. Vous me demandez si je puis aisément rassembler trois millions de sesterces. Il est vrai que la plus grande partie de mon bien est en terres : j'ai pourtant quelque argent qui roule dans le commerce [123]; et d'ailleurs, je ne me ferais pas scrupule d'emprunter. J'ai toujours une ressource prête dans la bourse de ma belle-mère, où je puise aussi librement que dans la mienne. Ainsi, que cela ne vous arrête point, si le reste vous plaît. Apportez-y, je vous en supplie, la plus grande attention : car en toutes choses, mais surtout en économie, vous avez infiniment d'expérience et de sagesse. Adieu.

XX.

Plinius Maximo suo s.

Meministine, te saepe legisse, quantas contentiones excitarit lex tabellaria, quantumque ipsi latori vel gloriae, vel reprehensionis attulerit? At nunc in senatu sine ulla dissensione hoc idem, ut optimum, placuit. Omnes comitiorum die tabellas postulaverunt. Excesseramus sane manifestis illis apertisque suffragiis licentiam concionum. Non tempus loquendi, non tacendi modestia, non denique sedendi dignitas custodiebatur. Magni undique dissonique clamores : procurrebant omnes cum suis candidatis : multa agmina in medio, multique circuli et indecora confusio : adeo desciveramus a consuetudine parentum, apud quos omnia disposita, moderata, tranquilla, majestatem loci pudoremque retinebant!

Supersunt senes, ex quibus audire soleo hunc ordinem comitiorum. Citato nomine candidati, silentium summum. Dicebat ipse pro se, vitam suam explicabat, testes et laudatores dabat, vel eum, sub quo militaverat, vel eum, cui quaestor fuerat, vel utrumque, si poterat. Addebat quosdam ex suffragatoribus : illi graviter et paucis loquebantur. Plus hoc, quam preces, proderat. Nonnun-

XX.

Pline à Maxime.

Vous avez lu souvent (vous devez vous en souvenir) quels troubles excita la loi qui créait le scrutin secret pour l'élection des magistrats, quels applaudissemens, quels reproches elle attira d'abord à son auteur [124]. Cependant le sénat vient de l'adopter sans contradiction, comme une mesure fort sage [125]. Le jour des comices, chacun a demandé le scrutin. Il faut avouer que la coutume de donner son suffrage à haute voix avait banni de nos assemblées toute bienséance. On ne savait plus ni parler à son rang, ni se taire à propos, ni se tenir en place. C'était partout un bruit confus de clameurs discordantes. Chacun courait de toute part avec les candidats qu'il protégeait. Des groupes tumultueux, formés en vingt endroits, présentaient la plus indécente image du désordre; tant nous nous étions éloignés des habitudes de nos pères, chez qui l'ordre, la modestie, la tranquillité répondaient si bien à la majesté du lieu, et au respect qu'il exige!

Plusieurs de nos vieillards m'ont souvent fait le tableau des anciennes comices. Celui qui se présentait pour une charge, était appelé à haute voix. Il se faisait un profond silence. Le candidat prenait la parole. Il rendait compte de sa conduite, et citait pour témoins et pour garans, ou celui sous les ordres de qui il avait porté les armes, ou celui dont il avait été questeur, ou, s'il le pouvait, l'un et l'autre ensemble. Il nommait quelques-uns de ses protecteurs. Ceux-ci parlaient en sa fa-

quam candidatus aut natales competitoris, aut annos, aut etiam mores arguebat. Audiebat senatus gravitate censoria : ita sæpius digni, quam gratiosi, prævalebant.

Quæ nunc immodico favore corrupta, ad tacita suffragia, quasi ad remedium, decucurrerunt : quod interim plane remedium fuit; erat enim novum et subitum. Sed vereor ne, procedente tempore, ex ipso remedio vitia nascantur. Est enim periculum ne tacitis suffragiis impudentia irrepat. Nam quotocuique eadem honestatis cura secreto, quæ palam? Multi famam, conscientiam pauci verentur. Sed nimis cito de futuris : interim beneficio tabellarum habebimus magistratus, qui maxime fieri debuerunt. Nam ut in recuperatoriis judiciis, sic nos in his comitiis, quasi repente apprehensi, sinceri judices fuimus.

Hæc tibi scripsi, primum ut aliquid novi scriberem; deinde, ut nonnunquam de republica loquerer, cujus materiæ nobis quanto rarior, quam veteribus, occasio, tanto minus omittenda est. Et hercule quousque illa vulgaria? « Eho, quid agis? ecquid commode vales? » Habeant nostræ quoque litteræ aliquid non humile, nec sordidum, nec privatis rebus inclusum. Sunt quidem cuncta sub unius arbitrio, qui pro utilitate com-

veur avec autorité et en peu de mots; ce témoignage était plus puissant que les prières. Quelquefois le candidat parlait sur la naissance, l'âge ou même les mœurs de son compétiteur. Le sénat écoutait avec une gravité austère; et, de cette manière, le mérite l'emportait presque toujours sur le crédit.

Ces louables coutumes, corrompues par la brigue, nous ont forcés de chercher un remède dans les suffrages secrets; et certainement il a eu son effet, parce qu'il était nouveau et imprévu. Mais je crains que, dans la suite, le remède même ne nous attire d'autres maux, et que le mystère du scrutin ne protége l'injustice. Combien se trouve-t-il de personnes sur qui la probité garde autant d'empire en secret qu'en public? Bien des gens craignent le déshonneur, très-peu leur conscience. Mais je m'alarme trop tôt sur l'avenir : en attendant, grâce au scrutin, nous avons pour magistrats ceux qui étaient les plus dignes de l'être. Il en a été, dans cette élection, comme dans cette espèce de procès où la nomination des juges ne précède le jugement que du temps nécessaire pour entendre les parties [126] : nous avons été pris au dépourvu, et nous avons été justes.

Je vous ai mandé tous ces détails, d'abord pour vous apprendre quelque chose de nouveau; en second lieu, pour m'entretenir avec vous des affaires de l'état : nous devons d'autant plus profiter des occasions qui s'offrent d'en parler, qu'elles sont beaucoup plus rares pour nous, qu'elles ne l'étaient pour les anciens. Franchement, je suis dégoûté de ces ennuyeuses phrases qui reviennent sans cesse : *A quoi passez-vous le temps? Vous portez-vous bien?* Donnons à notre correspondance un ton plus noble et plus élevé; ne la renfermons pas dans le

muni solus omnium curas laboresque suscepit : quidam tamen, salubri temperamento, ad nos quoque velut rivi ex illo benignissimo fonte decurrunt, quos et haurire ipsi, et absentibus amicis quasi ministrare epistolis possumus. Vale.

XXI.

Plinius Prisco suo s.

Audio Valerium Martialem decessisse, et moleste fero. Erat homo ingeniosus, acutus, acer, et qui plurimum in scribendo et salis haberet et fellis, nec candoris minus. Prosecutus eram viatico secedentem : dederam hoc amicitiæ, dederam etiam versiculis, quos de me composuit. Fuit moris antiqui, eos, qui vel singulorum laudes, vel urbium scripserant, aut honoribus aut pecunia ornare : nostris vero temporibus, ut alia speciosa et egregia, ita hoc in primis exolevit : nam, postquam desiimus facere laudanda, laudari quoque ineptum putamus. Quæris, qui sint versiculi, quibus gratiam retulerim? Remitterem te ad ipsum volumen, nisi quosdam tenerem : tu, si placuerint hi, ceteros in libro requires.

cercle de nos affaires domestiques. Il est vrai que tout l'empire se conduit à présent par la volonté d'un seul homme, qui prend sur lui tous les soins, tous les travaux dont il soulage les autres. Cependant, par une combinaison heureuse, de cette source toute puissante, il découle jusqu'à nous quelques ruisseaux, où nous pouvons puiser nous mêmes [127], et où nos lettres doivent aider nos amis à puiser à leur tour.

XXI.

Pline à Priscus.

J'apprends que Martial est mort, et j'en ai beaucoup de chagrin. C'était un homme d'un esprit agréable, délié, vif, dont le style était plein de sel et de mordant, sans qu'il en coûtât rien à la candeur de son caractère [128]. A son départ de Rome, je lui fournis les frais de son voyage. Je ne devais pas moins à son amitié, aux vers qu'il a faits pour moi. L'ancien usage était d'accorder des récompenses utiles, ou honorables, à ceux qui avaient écrit à la gloire des villes, ou de quelques particuliers. Aujourd'hui, la mode en est passée, avec tant d'autres qui n'avaient guère moins de grandeur et de noblesse. Depuis que nous cessons de faire des actions louables, nous méprisons la louange. Vous êtes curieux de savoir quels étaient donc les vers que je crus dignes de ma reconnaissance. Je vous renverrais au livre même, si je ne me souvenais de quelques-uns. S'ils vous plaisent, vous chercherez les autres

Alloquitur Musam; mandat, ut domum meam in Esquiliis quærat, adeat reverenter :

> Sed, ne tempore non tuo disertam
> Pulses ebria januam, videto.
> Totos dat tetricæ dies Minervæ,
> Dum centum studet auribus virorum,
> Hoc quod secula posterique possint
> Arpinis quoque comparare chartis.
> Seras tutior ibis ad lucernas;
> Hæc hora est tua, quum furit Lyæus,
> Quum regnat rosa, quum madent capilli :
> Tunc me vel rigidi legant Catones.

Meritone eum qui hæc de me scripsit, et tunc dimisi amicissime, et nunc, ut amicissimum, defunctum esse doleo? Dedit enim mihi quantum maximum potuit, daturus amplius, si potuisset. Tametsi quid homini potest dari majus, quam gloria, et laus, et æternitas? At non erunt æterna, quæ scripsit. Non erunt fortasse : ille tamen scripsit, tanquam essent futura. Vale.

dans le recueil. Le poète adresse la parole à sa Muse : il lui recommande d'aller à ma maison des Esquilies, et de m'aborder avec respect :

> Mais ne va pas dès le matin,
> Ivre de folie et de vin,
> Frapper brusquement à sa porte :
> Minerve, et sa sauvage escorte
> En gardent le seuil tout le jour,
> Tandis que prisonnier au fond de ce séjour,
> Il compose, médite, et par ses doctes veilles
> De l'orateur d'Arpine égale les merveilles.
> Choisis plutôt l'heure du soir :
> On daignera t'y recevoir :
> C'est l'heure du léger délire,
> L'heure de Bacchus et des fleurs,
> L'heure qui change les humeurs,
> L'heure, où, ne songeant plus qu'à rire,
> Caton même aurait pu me lire [129].

Ne croyez-vous pas que celui qui a écrit de moi dans ces termes, ait bien mérité de recevoir des marques de mon affection à son départ, et de ma douleur à sa mort? Tout ce qu'il avait de meilleur, il me l'a donné; il m'aurait donné davantage, s'il avait pu : cependant, quel don plus rare et plus précieux, que celui de la gloire et de l'immortalité? Mais les poésies de Martial seront-elles immortelles? Peut-être; mais au moins les a-t-il travaillées dans la pensée qu'elles le seraient. Adieu.

C. PLINII CÆCILII SECUNDI
EPISTOLÆ.
LIBER QUARTUS.

I.

Plinius Fabato prosocero suo s.

Cupis post longum tempus neptem tuam meque una videre. Gratum est utrique nostrum quod cupis; mutuo mehercule. Nam invicem nos incredibili quodam desiderio vestri tenemur, quod non ultra differemus. Atque adeo jam sarcinulas alligamus, festinaturi quantum itineris ratio permiserit. Erit una, sed brevis, mora: deflectemus in Tuscos, non ut agros remque familiarem oculis subjiciamus (id enim postponi potest), sed ut fungamur necessario officio.

Oppidum est prædiis nostris vicinum; nomen Tifernum Tiberinum; quod me pæne adhuc puerum patronum cooptavit, tanto majore studio, quanto minore judicio. Adventus meos celebrat, profectionibus angitur, honoribus gaudet. In hoc ego, ut referrem gratiam

LETTRES
DE PLINE LE JEUNE.
LIVRE QUATRIÈME.

I.

Pline à Fabatus[130].

Vous désirez depuis long-temps nous voir ensemble, votre petite fille et moi : ce désir nous flatte, et nous le partageons; nous ne sommes pas moins avides du plaisir d'être près de vous, et nous ne le différerons pas davantage. Nous faisons déjà nos préparatifs de voyage : nous hâterons notre marche, autant que les chemins le permettront : nous ne nous détournerons qu'une fois, et le détour ne sera pas long. Nous passerons par la Toscane, non pour voir l'état de nos biens en ce pays, car cela se peut remettre à notre retour, mais pour nous acquitter d'un devoir indispensable.

Près de mes terres est un bourg que l'on appelle Tiferne[131], sur le Tibre. Je sortais à peine de l'enfance, que ses habitans me choisirent pour leur protecteur[132] : il semblait que leur affection fût d'autant plus vive, qu'elle était plus aveugle. Depuis ce temps, ils fêtent toujours mon arrivée, s'affligent de mon départ, font des réjouissances

(nam vinci in amore turpissimum est.), templum mea pecunia exstruxi; cujus dedicationem, quum sit paratum, differre longius, irreligiosum est. Erimus ergo ibi dedicationis die, quem epulo celebrare constitui. Subsistemus fortasse et sequenti : sed tanto magis viam ipsam corripiemus. Contingat modo te filiamque tuam fortes invenire! nam hilares certum est, si nos incolumes receperitis. Vale.

II.

Plinius Clementi suo s.

REGULUS filium amisit; hoc uno malo indignus, quod nescio an malum putet. Erat puer acris ingenii, sed ambigui; qui tamen posset recta sectari, si patrem non referret. Hunc Regulus emancipavit, ut heres matris exsisteret. Mancipatum (ita vulgo ex moribus hominis loquebantur) foeda et insolita parentibus indulgentiae simulatione captabat. Incredibile est; sed Regulum cogita.

Amissum tamen luget insane. Habebat puer man-

publiques, toutes les fois que l'on m'élève à quelque nouvel honneur. Pour leur marquer ma reconnaissance (car il est honteux de se laisser vaincre en amitié), j'ai fait bâtir en ce lieu un temple à mes dépens. Comme il est achevé, je ne pourrais, sans impiété, en différer la dédicace. Nous y séjournerons donc le jour destiné à cette cérémonie, que j'ai résolu d'accompagner d'un grand repas. Peut-être demeurerons-nous encore le jour suivant; mais nous n'en ferons ensuite que plus de diligence. Je souhaite seulement de vous trouver en santé, vous et votre fille : pour de la joie, j'ose être certain que vous en aurez, si nous arrivons heureusement. Adieu.

II.

Pline à Clemens.

Regulus vient de perdre son fils; c'est la seule disgrâce qu'il pouvait n'avoir pas méritée, parce que je doute qu'il la sente. C'était un enfant d'un esprit pénétrant, mais équivoque : peut-être eût-il suivi la bonne route, s'il eût évité avec soin les traces de son père. Regulus l'émancipa, pour lui faire recueillir la succession de sa mère [133]. Après l'avoir acheté par ce bienfait (au moins, c'est ainsi que le caractère de l'homme en faisait parler), il briguait les bonnes grâces de son fils par une affectation d'indulgence, aussi rare que honteuse dans un père. Cela vous paraît incroyable; mais songez qu'il s'agit de Regulus.

Cependant il pleure son fils avec excès. Cet enfant

nulos multos et junctos et solutos : habebat canes majores minoresque : habebat luscinias, psittacos, merulas : omnes Regulus circa rogum trucidavit. Nec dolor erat ille, sed ostentatio doloris. Convenitur ad eum mira celebritate : cuncti detestantur, oderunt, et, quasi probent, quasi diligant, cursant, frequentant; utque breviter, quod sentio, enuntiem, in Regulo demerendo Regulum imitantur. Tenet se trans Tiberim in hortis, in quibus latissimum solum porticibus immensis, ripam statuis suis occupavit, ut est in summa avaritia sumptuosus, in summa infamia gloriosus. Vexat ergo civitatem insaluberrimo tempore : et, quod vexat, solatium putat. Dicit se velle ducere uxorem : hoc quoque, sicut alia, perverse. Audies brevi nuptias lugentis, nuptias senis; quorum alterum immaturum, alterum serum est. Unde hoc augurer, quæris? non quia affirmat ipse (quo mendacius nihil est), sed quia certum est, Regulum esse facturum, quidquid fieri non oportet. Vale.

avait de petits chevaux de main, et plusieurs attelages, des chiens de toute taille, des rossignols, des perroquets et des merles : Regulus a tout fait égorger sur le bûcher; et ce n'était pas douleur, c'était comédie. On court chez lui de tous les endroits de la ville : tout le monde le hait, tout le monde le déteste; et chacun s'empresse de lui rendre visite, comme s'il était l'admiration et les délices du genre humain; et, pour vous dire en un mot tout ce que je pense, chacun en s'empressant de faire la cour à Regulus, suit son exemple. Il s'est retiré dans ses jardins au delà du Tibre, où il a rempli d'immenses portiques une vaste étendue de terrain, et couvert le rivage de ses statues : car personne ne sait mieux associer la magnificence à l'avarice, la vanité à l'infamie. Il incommode toute la ville, qu'il force à l'aller trouver si loin, dans une saison si contraire; et, dans la peine qu'il cause, il trouve une consolation. Il dit qu'il veut se marier : nouvelle absurdité à joindre à tant d'autres [134]. Préparez-vous à apprendre au premier jour les noces d'un homme en deuil, les noces d'un vieillard, quoique ce soit se marier à la fois et trop tôt et trop tard. Demandez-vous pourquoi j'ajoute foi à cette folie? ce n'est point parce qu'il assure la chose très-affirmativement, car personne ne sait mieux mentir; mais c'est parce qu'il est infaillible que Regulus fera toujours ce que l'on ne doit pas faire. Adieu.

III.

Plinius Antonino suo s.

Quod semel atque iterum consul fuisti, similis antiquis; quod proconsul Asiæ, qualis ante te, qualis post te vix unus aut alter (non sinit enim me verecundia tua dicere, nemo); quod sanctitate, quod auctoritate, ætate quoque princeps civitatis, est quidem venerabile et pulchrum; ego tamen te vel magis in remissionibus miror. Nam severitatem istam pari jucunditate condire, summæque gravitati tantum comitatis adjungere, non minus difficile, quam magnum est. Id tu quum incredibili quadam suavitate sermonum, tum vel præcipue stilo assequeris. Nam et loquenti tibi illa Homerici senis mella profluere, et quæ scribis, complere apes floribus et innectere videntur.

Ita certe sum affectus ipse, quum græca epigrammata tua, quum iambos proxime legerem. Quantum ibi humanitatis, venustatis! quam dulcia illa! quam antiqua! quam arguta! quam recta! Callimachum me, vel Herodem, vel si quid his melius, tenere credebam; quorum tamen neuter utrumque aut absolvit aut attigit. Hominemne romanum tam græce loqui? Non, medius

III.

Pline à Antonin.

QUE vous ayez plusieurs fois rempli le consulat avec autant de gloire que les consuls de l'ancienne Rome; que vous vous soyez conduit dans le gouvernement d'Asie d'une manière qui n'a guère d'exemples, je dirais qui n'en a point, si votre modestie pouvait me le pardonner; enfin, que vous soyez le premier de Rome, par votre intégrité et par l'ascendant de vos vertus, non moins que par l'autorité de votre âge; tout cela, sans doute, mérite nos hommages et notre vénération. Cependant, je vous admire bien plus dans la liberté de la vie privée. Car il n'est pas moins rare que difficile de savoir tempérer l'austérité par la grâce, la gravité par l'enjouement; et c'est à quoi vous réussissez à merveille, soit dans vos entretiens, soit dans vos ouvrages. On ne peut vous entendre parler sans se représenter ce vieillard d'Homère [135], dont les paroles coulaient plus douces que le miel; ni vous lire, sans croire que les abeilles composent le tissu de vos ouvrages de la plus pure essence des fleurs.

C'est ce qui m'est arrivé, quand j'ai lu dernièrement vos épigrammes grecques et vos iambes. Que d'élégance! que d'agrément! que de douceur! Quel goût de l'antiquité! quelle finesse et quelle justesse à la fois! Je croyais lire Callimaque, Hérode, ou d'autres auteurs plus délicats encore, s'il y en a; car certainement ces deux poètes n'ont pas excellé dans ces deux sortes de poésies, et l'un même n'a composé que dans un seul. Est-il possible qu'un homme né à Rome parle si bien grec? En

fidius, ipsas Athenas tam atticas dixerim. Quid multa? invideo Graecis, quod illorum lingua scribere maluisti. Neque enim conjectura eget, quid sermone patrio exprimere possis, quum hoc insiticio et inducto tam praeclara opera perfeceris. Vale.

IV.

Plinius Sossio suo s.

CALVISIUM Nepotem validissime diligo, virum industrium, rectum, disertum, quod apud me vel potissimum est. Idem C. Calvisium, contubernalem meum, amicum tuum, arcta propinquitate complectitur : est enim filius sororis. Hunc rogo semestri tribunatu splendidiorem et sibi et avunculo suo facias. Obligabis me, obligabis Calvisium nostrum, obligabis ipsum, non minus idoneum debitorem, quam nos putas. Multa beneficia in multos contulisti : ausim contendere, nullum te melius, aeque bene vix unum aut alterum collocasse. Vale.

vérité[136], je ne crois pas que dans Athènes même on possède mieux l'atticisme. Vous dirai-je tout ce que je pense ? J'envie aux Grecs la préférence que vous avez accordée à leur langue sur la nôtre : car il n'est pas difficile de deviner ce que vous auriez pu faire dans votre propre langue, quand vous avez su trouver tant de beautés dans une langue étrangère. Adieu.

IV.

Pline à Sossius.

J'AI la plus tendre amitié pour Calvisius Nepos : c'est un homme plein d'habileté, de droiture, d'éloquence; qualités que je place en première ligne. Il est proche parent de C. Calvisius qui demeure dans la même maison que moi, et qui est votre intime ami : c'est le fils de sa sœur. Faites-lui obtenir, je vous prie, une charge de tribun pour six mois[137], et que cette dignité l'élève à ses propres yeux et à ceux de son oncle. Vous m'obligerez ; vous obligerez notre cher Calvisius ; vous obligerez Nepos lui-même, qui certainement, en fait de reconnaissance, n'est pas un débiteur moins solvable que nous-mêmes. Vous avez souvent accordé des grâces; mais j'ose vous assurer que vous n'en avez jamais mieux placé aucune, et à peine une ou deux aussi bien. Adieu.

V.

Plinius Sparso suo s.

Æschinem aiunt petentibus Rhodiis legisse orationem suam, deinde Demosthenis, summis utramque clamoribus. Quod tantorum virorum contigisse scriptis non miror, quum orationem meam proxime doctissimi homines hoc studio, hoc assensu, hoc etiam labore per biduum audierint : quamvis hanc intentionem eorum nulla hinc et inde collatio, nullum quasi certamen accenderet. Nam Rhodii quum ipsis orationum virtutibus, tum etiam comparationis aculeis excitabantur : nostra oratio sine æmulationis gratia probabatur. An merito, scies, quum legeris librum, cujus amplitudo non sinit me longiore epistola præloqui. Oportet enim nos in hac, certe, in qua possumus, breves esse, quo sit excusatius, quod librum ipsum, non tamen ultra causæ amplitudinem, extendimus. Vale.

V.

Pline à Sparsus.

On dit qu'un jour Eschine lut sa harangue et celle de Démosthènes aux Rhodiens qui l'en priaient, et que l'une et l'autre excitèrent de grandes acclamations. Les applaudissemens qu'ont reçus les ouvrages de ces illustres orateurs ne m'étonnent plus, depuis que, dernièrement, lisant un de mes écrits devant une réunion de gens instruits, j'ai trouvé le même empressement, la même approbation, la même constance pendant deux jours de suite. Cependant, pour exciter leur attention, je n'avais pas le charme secret qui se trouve dans le parallèle de deux ouvrages rivaux, dans l'espèce de combat qu'ils se livrent et qui captive l'auditeur. Outre le mérite des deux discours, les Rhodiens étaient encore animés par le plaisir de les comparer. Le mien a su plaire, quoique privé de ce dernier attrait. Est-ce avec justice? vous en jugerez, quand vous aurez lu cet ouvrage, dont la longueur ne souffre pas une plus longue préface. Il faut que ma lettre soit courte, puisque je puis la faire telle, pour mériter du moins que vous m'excusiez d'avoir donné à mon ouvrage une étendue, qu'exigeait au reste la nature du sujet. Adieu.

VI.

Plinius Nasoni suo s.

Tusci grandine excussi; in regione transpadana summa abundantia, sed par vilitas nuntiatur: solum mihi Laurentinum meum in reditu. Nihil quidem ibi possideo praeter tectum et hortum, statimque arenas: solum tamen mihi in reditu. Ibi enim plurimum scribo: nec agrum (quem non habeo), sed ipsum me studiis excolo, ac jam possum tibi, ut aliis in locis horreum plenum, sic ibi scrinium ostendere. Igitur tu quoque, si certa et fructuosa praedia concupiscis, aliquid in hoc litore para. Vale.

VII.

Plinius Lepido suo s.

Saepe tibi dico, inesse vim Regulo. Mirum est, quam efficiat, in quod incubuit. Placuit ei lugere filium: luget, ut nemo. Placuit statuas ejus et imagines quam plurimas facere: hoc omnibus officinis agit. Illum coloribus, illum cera, illum aere, illum argento, illum auro, ebore, marmore effingit.

VI.

Pline à Nason.

La grêle a tout détruit dans mes terres de Toscane. Celles qui sont situées au delà du Pô ont été plus heureuses : tout y abonde; mais aussi tout s'y donne pour rien. Je ne puis compter que sur le revenu de ma terre de Laurente. Il est vrai que je n'y possède qu'une maison et un jardin : le reste n'est que sable; et cependant, je le répète, c'est le seul bien sur le revenu duquel je puisse compter [138]. J'y écris beaucoup ; et, si je ne puis y cultiver des terres que je n'ai pas, j'y cultive au moins mon esprit. Ailleurs, je vous ferai voir des granges pleines; ici, des porte-feuilles bien remplis. Ainsi, voulez-vous un fonds de terre d'un produit riche et certain? venez acheter sur ce rivage. Adieu.

VII.

Pline à Lepidus.

Je vous le répète souvent; Regulus a de l'énergie : il réussit d'une manière surprenante à tout ce qu'il veut bien. Il s'est mis en tête de pleurer son fils : il le pleure mieux qu'homme du monde. Il lui a pris fantaisie d'en avoir nombre de statues et de portraits : vous ne voyez plus les sculpteurs et les peintres occupés d'autre chose. Couleurs, cire, cuivre, argent, or, ivoire, marbre, on met tout en œuvre pour nous représenter le fils de Regulus.

Ipse vero et nuper, adhibito ingenti auditorio, librum de vita ejus recitavit; de vita pueri recitavit: tamen eumdem librum, in exemplaria transcriptum mille, per totam Italiam provinciasque dimisit. Scripsit publice, ut a decurionibus eligeretur vocalissimus aliquis ex ipsis, qui legeret eum populo : factum est. Hanc ille vim (seu quo alio nomine vocanda est intentio, quidquid velis, obtinendi) si ad potiora vertisset, quantum boni efficere potuisset! quanquam minor vis bonis, quam malis, inest, ac sicut ἀμαθία μὲν θράσος, λογισμὸς δὲ ὄκνον φέρει, ita recta ingenia debilitat verecundia, perversa confirmat audacia. Exemplo est Regulus. Imbecillum latus, os confusum, hæsitans lingua, tardissima inventio, memoria nulla; nihil denique præter ingenium insanum : et tamen eo impudentia ipsoque illo furore pervenit, ut a plurimis orator habeatur. Itaque Herennius Senecio mirifice Catonis illud de oratore in hunc e contrario vertit : « Orator est vir malus, dicendi imperitus. » Non, mehercule, Cato ipse tam bene verum oratorem, quam hic Regulum expressit.

Habesne quo tali epistolæ parem gratiam referas? Habes, si scripseris, num aliquis in municipio vestro ex sodalibus meis, num etiam ipse tu hunc luctuosum Reguli librum, ut circulator, in foro legeris, ἐπάρας scilicet, ut ait Demosthenes, τὴν φωνὴν, καὶ γεγηθὼς, καὶ

Ces jours passés, devant une nombreuse assemblée, il lut la vie de son fils, la vie d'un enfant. Peu content d'en avoir répandu mille copies dans l'Italie et dans toutes les provinces de l'empire, il a, par une espèce de lettre circulaire, invité la plupart des villes à faire choisir par leurs décurions le lecteur le plus habile, pour lire ce livre au peuple : on l'a fait. Que ne pouvait-on pas attendre d'un tel homme, s'il eût tourné vers de dignes objets cette énergie, ou, si vous l'aimez mieux, cette ardeur opiniâtre pour tout ce qu'il désire? Au reste, les méchans ont toujours plus d'énergie que les bons : comme la hardiesse naît de l'ignorance, et la timidité, du savoir [139], aussi l'honnête homme perd de ses avantages par la modestie, tandis que le scélérat trouve de nouvelles forces dans son audace. Regulus en est un exemple. Il a la poitrine faible, l'air embarrassé, la langue épaisse, l'imagination paresseuse, une mémoire très-peu fidèle; enfin, il n'a pour tout mérite qu'un esprit extravagant. Cependant, sans autre secours que son extravagance et son effronterie, il s'est acquis auprès de bien des gens la réputation d'orateur. C'est donc très-heureusement qu'Herennius Sénécion, renversant la définition de l'orateur que Caton nous a laissée, l'applique à Regulus et dit : *L'orateur est un méchant homme, qui ignore l'art de parler.* En vérité, Caton n'a pas mieux défini son parfait orateur, que Sénécion n'a caractérisé Regulus.

Avez-vous de quoi payer cette lettre en même monnaie? Je vous tiendrai quitte, si vous me pouvez mander que cette complainte de Regulus a été lue dans votre ville par quelqu'un de mes amis, ou par vous-même, monté, comme un charlatan, sur deux tréteaux, dans la place publique; que vous avez fait cette lecture à haute voix,

λαρυγγίζων. Est enim tam ineptus, ut risum magis possit exprimere, quam gemitum. Credas non de puero scriptum, sed a puero. Vale.

VIII.

Plinius Arriano suo s.

GRATULARIS mihi quod acceperim auguratum : jure gratularis : primum, quod gravissimi principis judicium in minoribus etiam rebus consequi pulchrum est : deinde quod sacerdotium ipsum quum priscum et religiosum, tum hoc quoque sacrum plane et insigne est, quod non adimitur viventi. Nam alia, quanquam dignitate propemodum paria, ut tribuuntur, sic auferuntur : in hoc fortunæ hactenus licet, ut dari possit. Mihi vero etiam illud gratulatione dignum videtur, quod successi Julio Frontino, principi viro, qui me nominationis die per hos continuos annos inter sacerdotes nominabat, tanquam in locum suum cooptaret; quod nunc eventus ita comprobavit, ut non fortuitum videatur. Te quidem, ut scribis, ob hoc maxime delectat auguratus meus, quod Marcus Tullius augur fuit : lætaris enim, quod honoribus ejus insistam, quem æmulari in studiis cupio. Sed

et l'avez soutenue par un ton de confiance et d'autorité, pour parler le langage de Démosthènes [140]. Cette pièce est d'une telle ineptie qu'elle doit plutôt exciter le rire que les larmes : on croirait qu'elle a été composée, non pour un enfant, mais par un enfant. Adieu.

VIII.

Pline à Arrien.

Vous vous réjouissez avec moi de ma promotion à la dignité d'augure, et vous avez raison. D'abord, il est toujours glorieux d'obtenir, même dans les moindres choses, l'approbation d'un prince aussi sage que le nôtre. Ensuite, ce sacerdoce, respectable par sa sainteté et par l'ancienneté de son institution, est encore consacré par un autre caractère; c'est qu'il ne se perd qu'avec la vie. Il est d'autres sacerdoces, dont les prérogatives sont à peu près égales [141], mais qui peuvent s'ôter, comme ils se donnent : sur celui-ci, la fortune ne peut rien, que le donner. Ce qui me le rend encore plus agréable, c'est d'avoir succédé à Julius Frontinus [142], homme d'un rare mérite : à chaque élection, depuis plusieurs années, il me donnait son suffrage, et paraissait, par là, me désigner pour son successeur : l'événement a été si bien d'accord avec ses vœux, qu'il ne semble pas que le hasard s'en soit mêlé. Mais ce qui vous plaît davantage, si j'en crois votre lettre, c'est que Cicéron fut augure : vous me voyez avec joie marcher dans la carrière des honneurs, sur les traces d'un homme que je voudrais suivre dans

utinam, ut sacerdotium idem et consulatum, multo etiam junior quam ille, sum consecutus; ita senex saltem ingenium ejus aliqua ex parte assequi possim! Sed nimirum quæ sunt in manu hominum, et mihi et multis contigerunt : illud vero ut adipisci arduum, sic etiam sperare nimium est, quod dari nisi a diis non potest. Vale.

IX.

Plinius Urso suo s.

Causam per hos dies dixit Julius Bassus, homo laboriosus, et adversis suis clarus. Accusatus est sub Vespasiano a privatis duobus : ad senatum remissus, diu pependit; tandem absolutus vindicatusque est. Titum timuit, ut Domitiani amicus : a Domitiano relegatus est. Revocatus a Nerva, sortitusque Bithyniam, rediit reus. Accusatus non minus acriter, quam fideliter defensus, varias sententias habuit, plures tamen, quasi mitiores. Egit contra eum Pomponius Rufus, vir paratus et vehemens. Rufo successit Theophanes, unus ex legatis, fax accusationis et origo.

Respondi ego : nam mihi Bassus injunxerat, ut totius defensionis fundamenta jacerem; dicerem de ornamentis

celle des sciences. Plût au ciel qu'après être parvenu, beaucoup plus jeune que lui, au consulat et au sacerdoce, je pusse, au moins dans ma vieillesse, posséder une partie de ses talens! Mais les grâces dont les hommes disposent, peuvent bien venir jusqu'à moi et jusqu'à d'autres; celles qui dépendent des dieux, il est difficile de les acquérir, et il y a trop de présomption à se les promettre [143]. Adieu.

IX.

Pline à Ursus.

Ces jours passés, on a plaidé la cause de Junius Bassus, homme illustre par les traverses et par les disgrâces qu'il a souffertes. Il fut accusé par deux particuliers, du temps de Vespasien. Renvoyé au sénat pour se justifier, il y vit son sort long-temps incertain : enfin, il se justifia pleinement et fut absous. Ami de Domitien, il craignit Titus, et Domitien lui-même le bannit. Rappelé par Nerva, il obtint le gouvernement de Bithynie. A son retour, il a été accusé de malversation. Vivement pressé, fidèlement défendu, il n'a pas eu tous les juges en sa faveur : le plus grand nombre pourtant a été de l'avis le plus doux. Rufus parla le premier contre lui avec sa facilité et sa chaleur ordinaires; il fut secondé par Théophanes, l'un des députés, le chef et l'auteur de l'accusation.

Je répliquai : car Bassus m'avait chargé de jeter, pour ainsi dire, les fondemens de sa défense; de faire valoir

suis; quæ illi et ex generis claritate, et ex periculis ipsis magna erant; dicerem de conspiratione delatorum, quam in quæstu habebant; dicerem causas, quibus factiosissimum quemque, ut illum ipsum Theophanem, offendisset. Eumdem me voluerat occurrere crimini, quo maxime premebatur : in aliis enim, quamvis auditu gravioribus, non absolutionem modo, verum etiam laudem merebatur. Hoc illum onerabat, quod homo simplex et incautus quædam a provincialibus, ut amicis, acceperat : nam fuerat in provincia eadem quæstor. Hæc accusatores furta et rapinas, ipse munera vocabat : sed lex munera quoque accipi vetat. Hic ego quid agerem? Quod iter defensionis ingrederer? Negarem? verebar, ne plane furtum videretur, quod confiteri timerem. Præterea rem manifestam inficiari, augentis erat crimen, non diluentis; præsertim quum reus ipse nihil integrum advocatis reliquisset : multis enim, atque etiam principi dixerat, sola se munuscula, duntaxat natali suo, aut Saturnalibus, accepisse, et plerisque misisse. Veniam ergo peterem? jugulassem reum, quem ita deliquisse concederem, ut servari, nisi venia, non posset. Tanquam recte factum tuerer? non illi profuissem, sed ipse impudens exstitissem. In hac difficultate placuit medium quiddam tenere : videor tenuisse.

Actionem meam, ut prælia solet, nox diremit. Ege-

toute la considération que lui donnaient sa naissance et ses malheurs; de dévoiler la conspiration des délateurs, qui vivaient de cet indigne métier [144]; enfin, de mettre au jour les motifs qui le rendaient l'objet de la haine des factieux, et particulièrement de Théophanes. Bassus m'avait aussi recommandé de réfuter le chef d'accusation qui l'effrayait le plus : car sur les autres points, quoiqu'ils fussent plus graves en apparence, au lieu de châtiment, il méritait des éloges. Ce qu'il y avait donc de plus fort contre lui, c'était qu'avec sa simplicité, ennemie de toute précaution, il avait reçu des gens de la province quelques cadeaux, à titre d'ami [145] : car il avait déjà exercé la questure dans ce pays. Voilà ce que ses accusateurs appelaient des vols et des rapines : lui, il n'y voyait que des présens; mais les présens mêmes sont interdits par la loi. Que pouvais-je faire dans cet embarras? Quel système de défense adopter? Nier le fait? c'était reconnaître tacitement pour vol ce que l'on n'osait avouer; et puis, contester ce qui se trouvait manifestement prouvé, c'était agraver le crime, loin de le détruire. D'ailleurs, Bassus n'en avait pas laissé la liberté aux avocats : il avait dit à plusieurs personnes, et même au prince, qu'il avait reçu et envoyé quelques bagatelles, le jour de sa naissance seulement et aux Saturnales. Devais-je donc recourir à la clémence? J'enfonçais le poignard dans le sein de l'accusé : on est criminel dès que l'on a besoin de grâce. Fallait-il soutenir que son action était innocente? Sans le justifier, je me déshonorais. Je crus qu'il était nécessaire de chercher un milieu; et je m'imagine l'avoir trouvé.

La nuit, qui met fin aux combats, finit aussi mon

ram horis tribus et dimidia ; supererat sesquihora. Nam quum ex lege accusator sex horas, novem reus accepisset, ita diviserat tempus reus inter me, et eum, qui dicturus post erat, ut ego quinque horis, ille reliquis uteretur. Mihi successus actionis silentium finemque suadebat : temerarium est enim, secundis non esse contentum. Ad hoc verebar, ne mox corporis vires iterato labore desererent, quem difficilius est repetere quam jungere. Erat etiam periculum, ne reliqua actio mea et frigus, ut deposita, et tædium, ut resumpta, pateretur. Ut enim faces ignem assidua concussione custodiunt, dimissum ægerrime reparant, sic et dicentis calor et audientis intentio continuatione servatur, intercapedine et quasi remissione languescit. Sed Bassus multis precibus, pæne etiam lacrymis, obsecrabat, implerem meum tempus. Parui, utilitatemque ejus prætuli meæ. Bene cessit : inveni ita erectos animos senatus, ita recentes, ut priore actione incitati magis, quam satiati viderentur.

Successit mihi Lucius Albinus tam apte, ut orationes nostræ varietatem duarum, contextum unius habuisse credantur. Respondit Herennius. Pollio instanter et graviter : deinde Theophanes rursus. Fecit enim hoc quoque, ut cetera, impudentissime, quod post duos, et con-

discours. J'avais parlé pendant trois heures et demie : il me restait encore une heure et demie à remplir. Car, suivant la loi, l'accusateur avait six heures, et l'accusé neuf. Bassus avait partagé le temps entre moi et l'orateur qui devait me succéder : il m'avait donné cinq heures, et le reste à l'autre défenseur. Le succès de mon discours m'invitait au silence : car il y a de la témérité à ne se pas contenter de ce qui nous a réussi. J'avais encore à craindre, que, si je recommençais le jour suivant, les forces ne me manquassent : il est plus difficile de se remettre au travail, que de le continuer pendant que l'on est en haleine. Je courais même un autre risque : l'interruption pouvait rendre, ou languissant ce qui me restait à dire, ou ennuyeux ce qu'il fallait répéter. Un flambeau continuellement agité, conserve toute la vivacité de sa flamme; et, une fois éteint, il se rallume difficilement : il en est de même de la chaleur de l'avocat et de l'attention des juges ; elles se soutiennent par la continuité de l'action; elles languissent par l'interruption et le repos. Cependant Bassus me pressait avec instance, et presque les larmes aux yeux, d'employer en sa faveur ce qui me restait de temps. J'obéis; et je préférai son intérêt au mien. Je fus agréablement trompé : je trouvai dans les esprits une attention si neuve et si vive, qu'ils paraissaient bien plutôt excités, que rassasiés par le discours précédent.

Lucius Albinus prit la parole après moi, et avec tant d'adresse, que nos plaidoyers offraient la variété de deux morceaux différens, et semblaient n'en former qu'un par leur liaison. Herennius Pollio répliqua avec une énergie pressante; et, après lui, Théophanes prit la parole pour la seconde fois : car son impudence se montra

sulares et disertos, tempus sibi, et quidem laxius vindicavit : dixit in noctem, atque etiam nocte, illatis lucernis. Postero die egerunt pro Basso Titius Homullus et Fronto, mirifice : quartum diem probationes occupaverunt. Censuit Bæbius Macer, consul designatus, lege repetundarum Bassum teneri : Cæpio Hispo, salva dignitate, judices dandos : uterque recte. Qui fieri potest, inquit, quum tam diversa censuerint? quia scilicet et Macro, legem intuenti, consentaneum fuit damnare eum, qui contra legem munera acceperat: et Cæpio, quum putaret licere senatui, sicut licet, et mitigare leges et intendere, non sine ratione veniam dedit facto, vetito quidem, non tamen inusitato. Prævaluit sententia Cæpionis : quin immo consurgenti ei ad censendum acclamatum est, quod solet residentibus. Ex quo potes æstimare, quanto consensu sit exceptum, quum diceret, quod tam favorabile fuit, quum dicturus videretur.

Sunt tamen, ut in senatu, ita in civitate, in duas partes hominum judicia divisa; nam quibus sententia Cæpionis placuit, sententiam Macri, ut duram rigidamque, reprehendunt; quibus Macri, illam alteram dissolutam atque etiam incongruentem vocant. Negant enim congruens esse retinere in senatu, cui judices dederis.

en cela, comme en toutes choses; il voulut parler après deux hommes consulaires, après deux orateurs éloquens, et il parla longuement : il plaida non-seulement jusqu'à la nuit, mais bien avant dans la nuit, à la lueur des flambeaux. Le lendemain, Titius Homullus et Fronton parlèrent pour Bassus, et firent des prodiges. Le quatrième jour, les témoins furent entendus, et on opina. Bébius Macer, consul désigné, déclara Bassus convaincu de péculat. Cépion fut d'avis, que Bassus conservât son rang dans le sénat [146], et qu'on renvoyât l'affaire devant les juges ordinaires. Tous deux avaient raison. Comment cela peut-il être, dites-vous, dans une si grande contrariété de sentimens? c'est que Macer s'en tenait à la lettre de la loi; et que, suivant la rigueur de cette loi, on ne pouvait se dispenser de condamner celui qui l'avait violée en recevant des présens. Cépion, au contraire, persuadé que le sénat peut étendre ou modérer la rigueur des lois, comme effectivement il le peut, croyait avoir droit de pardonner une prévarication autorisée par l'usage. L'avis de Cépion l'emporta. Il fut même prévenu, dès qu'il se leva pour opiner, par ces acclamations, qui ne se font entendre ordinairement que lorsqu'on se rasseoit, après avoir opiné : jugez des applaudissemens qui suivirent son discours, par ceux qui le précédèrent.

Cependant sur cette affaire, Rome n'est pas moins partagée que le sénat. Les uns accusent Macer d'une sévérité mal entendue; les autres reprochent à Cépion une faiblesse qui choque toutes les bienséances. Comment comprendre, disent-ils, qu'un homme renvoyé devant des juges, puisse garder sa place dans le sénat!

Fuit et tertia sententia : Valerius Paullinus assensus Cæpioni, hoc amplius censuit, referendum de Theophane, quum legationem renuntiasset. Arguebatur enim multa in accusatione fecisse, quæ illa ipsa lege, qua Bassum accusaverat, tenerentur. Sed hanc sententiam consules (quanquam maximæ parti senatus mire probabatur) non sunt persecuti. Paullinus tamen et justitiæ famam et constantiæ tulit. Misso senatu, Bassus, magna hominum frequentia, magno clamore, magno gaudio exceptus est. Fecerat eum favorabilem renovata discriminum vetus fama, notumque periculis nomen, et in procero corpore mœsta et squalida senectus.

Habebis hanc interim epistolam ut πρόδρομον : exspectabis orationem plenam onustamque; exspectabis diu : neque enim leviter et cursim, ut de re tanta, retractanda est. Vale.

X.

Plinius Sabino suo s.

Scribis mihi, Sabinam, quæ nos reliquit heredes, Modestum servum suum nusquam liberum esse jussisse; eidem tamen sic ascripsisse legatum : « Modesto, quem

Valerius Paullinus ouvrit un troisième avis : ce fut d'ajouter à celui de Cépion, que l'on informerait contre Théophanes, après qu'il aurait accompli sa mission. Paullinus soutenait que cet homme, dans le cours de l'accusation, avait lui-même, en plusieurs chefs, contrevenu à la loi qu'il invoquait pour faire condamner Bassus. Mais quoique ce dernier avis plût fort à la plus grande partie du sénat, les consuls le laissèrent tomber. Paullinus n'en recueillit pas moins tout l'honneur que méritaient sa justice et sa fermeté. Le sénat s'étant séparé, Bassus se vit de toutes parts abordé, environné avec de grands cris, et avec toutes les démonstrations d'une joie extrême. Le souvenir de ses anciens périls rappelé par un péril nouveau, un nom fameux par ses disgrâces, enfin, avec une taille noble et élevée, les dehors d'une vieillesse triste et malheureuse, tout cela lui avait concilié l'intérêt général.

Cette lettre vous tiendra lieu de préface [147]. Quant au discours entier, vous attendrez, s'il vous plaît ; et vous attendrez long-temps : car vous comprenez qu'il ne suffit pas de retoucher légèrement et en courant un sujet de cette importance. Adieu.

X.

Pline à Sabinus.

Vous me marquez que Sabine, qui nous a fait ses héritiers, ne paraît, par aucune disposition de son testament, avoir affranchi Modestus son esclave, et que ce-

liberum esse jussi.» Quæris quid sentiam? Contuli cum prudentibus : convenit inter omnes nec libertatem deberi, quia non sit data; nec legatum, quia servo suo dederit. Sed mihi manifestus error videtur; ideoque puto nobis, quasi scripserit Sabina, faciendum, quod ipsa scripsisse se credidit. Confido accessurum te sententiæ meæ, quum religiosissime soleas custodire defunctorum voluntatem, quam bonis heredibus intellexisse pro jure est. Neque enim minus apud nos honestas, quam apud alios necessitas valet. Moretur ergo in libertate, sinentibus nobis; fruatur legato, quasi omnia diligentissime caverit : cavit enim, quæ heredes bene elegit. Vale.

XI.

Plinius Minuciano suo s.

AUDISTINE Valerium Licinianum in Sicilia profiteri? Nondum te puto audisse; est enim recens nuntius. Prætorius hic modo inter eloquentissimos causarum actores habebatur : nunc eo decidit, ut exsul de senatore, rhetor de oratore fieret. Itaque ipse in præfatione dixit dolen-

pendant elle lui laisse un legs [148] en ces termes : *Je lègue à Modestus, à qui j'ai déjà donné la liberté.* Vous me demandez mon avis. J'ai consulté des gens habiles. Tous prétendent que nous ne devons à cet esclave, ni la liberté, parce qu'elle ne lui a point été donnée, ni le legs qu'on lui a fait, parce qu'il est fait à un esclave. Mais moi, je ne doute pas que Sabine ne se soit trompée; et je suis persuadé que nous ne devons pas hésiter à faire ce que nous ferions, si elle avait écrit ce qu'elle croyait écrire. Je m'assure que vous serez de mon sentiment, vous qui faites profession d'être religieux observateur de la volonté des morts : elle tient lieu de toutes les lois du monde à de dignes héritiers, dès qu'ils la peuvent entrevoir. L'honneur n'a pas moins de pouvoir sur des personnes comme nous, que la nécessité sur les autres. Laissons donc Modestus jouir de la liberté; laissons-le jouir de son legs, comme s'il lui avait été assuré par les précautions que la loi exige. C'est les prendre toutes, que de bien choisir ses héritiers. Adieu.

XI.

Pline à Minucianus.

Avez-vous ouï dire que Valerius Licinien enseigne la rhétorique en Sicile? J'ai peine à croire que vous le sachiez; car la nouvelle vient d'arriver. Après avoir été préteur, il occupait, naguère encore, le premier rang au barreau. Quelle chute! de sénateur, le voilà exilé! d'avocat, le voilà rhéteur! Lui-même dans son discours

ter et graviter : « Quos tibi, fortuna, ludos facis! Facis enim ex professoribus senatores, ex senatoribus professores. » Cui sententiæ tantum bilis, tantum amaritudinis inest, ut mihi videatur ideo professus, ut hoc diceret. Idem, quum Græco pallio amictus intrasset (carent enim togæ jure, quibus aqua et igni interdictum est), postquam se composuit, circumspexitque habitum suum : « Latine, inquit, declamaturus sum. » Dices, tristia et miseranda; dignum tamen illum, qui hæc ipsa studia incesti scelere maculaverit! Confessus est quidem incestum; sed incertum, utrum quia verum erat, an quia graviora metuebat, si negasset. Fremebat enim Domitianus, æstuabatque ingenti invidia destitutus. Nam quum Corneliam Vestalium maximam defodere vivam concupisset, ut qui illustrari seculum suum ejusmodi exemplo arbitraretur, pontificis maximi jure, seu potius immanitate tyranni, licentia domini, reliquos pontifices non in regiam, sed in Albanam villam convocavit; nec minore scelere, quam quod ulcisci videbatur, absentem inauditamque damnavit incesti, quum ipse fratris filiam incesto non polluisset solum, verum etiam occidisset : nam vidua abortu periit. Missi statim pontifices, qui defodiendam necandamque curarent. Illa nunc ad Vestam, nunc ad ceteros deos manus tendens, multa, sed hoc frequentissime,

d'ouverture, en prit occasion de s'écrier d'un ton grave et triste : *Fortune! ce sont là de tes jeux! tu fais passer les professeurs de l'école au sénat, et, du sénat, tu renvoies les sénateurs à l'école*[149]. Il y a bien du dépit et de l'aigreur dans cette pensée, et je croirais volontiers qu'il n'a ouvert école que pour la débiter. Lorsqu'il entra couvert d'un manteau grec (car les bannis perdent le droit de porter la toge), après avoir composé son maintien et promené ses yeux sur l'habit qu'il portait : *C'est en latin*, dit-il, *que je vais parler.* Vous allez vous écrier : *Quel triste et déplorable sort! digne pourtant de celui qui a déshonoré tant de talens par un inceste*[150]! Il est vrai qu'il a avoué le crime; mais on n'est pas sûr encore si c'est la crainte ou la vérité qui lui arracha cet aveu. Domitien détesté de tous, frémissait de rage de n'avoir personne pour appuyer un de ses actes sanguinaires[151] : il s'était mis en tête de faire enterrer vive la plus ancienne des vestales, Cornélie Maximille, croyant illustrer son siècle par un tel exemple. Usant de son droit de souverain pontife, ou plutôt déployant toute la fureur d'un tyran, il convoque les autres pontifes, non dans son palais, mais dans sa maison d'Albe[152]. Là, sans aucune formalité, et par un crime plus grand que celui qu'il voulait punir, il déclare incestueuse cette malheureuse fille, sans la citer, sans l'entendre; lui qui, non content d'avoir commis un inceste avec sa nièce, avait encore causé sa mort : comme elle était veuve, elle voulut se faire avorter; il lui en coûta la vie. Aussitôt après cet arrêt barbare, les pontifes furent envoyés pour en ordonner l'exécution. Cornélie lève les mains au ciel, invoque tantôt Vesta, tantôt les autres dieux; et, entre plusieurs exclamations, répète souvent celle-ci : *Quoi! César me déclare inces-*

clamitabat : « Me Cæsar incestam putat; qua sacra faciente, vicit, triumphavit! » Blandiens hæc, an irridens, ex fiducia sui, an ex contemptu principis dixerit, dubium est. Dixit, donec ad supplicium, nescio an innocens, certe tanquam nocens, ducta est. Quin etiam, quum in illud subterraneum cubiculum demitteretur, hæsissetque descendenti stola, vertit se ac recollegit : quumque ei carnifex manum daret, aversata est, et resiluit, fœdumque contactum, quasi plane a casto puroque corpore, novissima sanctitate rejecit, omnibusque numeris pudoris, πολλὴν πρόνοιαν εἶχεν εὐσχήμως πεσεῖν. Præterea Celer, eques romanus, cui Cornelia objiciebatur, quum in comitio virgis cæderetur, in hac voce perstiterat : « Quid feci? nihil feci. »

Ardebat ergo Domitianus et crudelitatis et iniquitatis infamia. Arripit Licinianum, quod in agris suis occultasset Corneliæ libertam. Ille ab iis quibus erat curæ, præmonetur, si comitium et virgas pati nollet, ad confessionem confugeret, quasi ad veniam : fecit. Locutus est pro absente Herennius Senecio tale quiddam, quale est illud, Κεῖται Πάτροκλος. Ait enim : « Ex advocato nuntius factus sum : recessit Licinianus. » Gratum hoc Domitiano, adeo quidem ut gaudio proderetur, dice-

tueuse, moi dont les sacrifices l'ont fait vaincre, l'ont fait triompher! On ne sait pas, si, par ces paroles, elle voulut flatter ou insulter le prince, si le témoignage de sa conscience, ou son mépris pour l'empereur les lui suggérait ¹⁵³. Ce qu'il y a de certain, c'est qu'elle ne cessa de les répéter jusqu'au lieu du supplice, où elle fut conduite, innocente? je n'en sais rien, mais du moins comme une criminelle ¹⁵⁴. En descendant au caveau souterrain, où elle devait être enfermée, sa robe s'étant accrochée, elle se retourna, et la dégagea elle-même. Le bourreau lui présentait la main; elle recula avec horreur, comme si ce contact eût pu souiller la pureté de son corps : elle se souvint jusqu'à la fin de ce que l'austère bienséance exigeait d'elle;

Elle sut, en mourant, tomber avec décence ¹⁵⁵.

Ajoutez que lorsque Celer, chevalier romain, que l'on donnait pour complice à Cornélie, fut battu de verges dans la place publique où se tiennent les assemblées, il ne laissa échapper que ces paroles : *Qu'ai-je fait? je n'ai rien fait.*

L'on reprochait donc hautement à Domitien l'injustice et la cruauté de son arrêt. Il se rejette sur Licinien, et le fait poursuivre, sous prétexte que, dans une de ses terres, il avait caché une affranchie de Cornélie. Ceux qui prenaient intérêt à lui le firent avertir qu'un aveu seul pouvait le sauver et lui obtenir sa grâce : il s'y résigna. Sénécion porta la parole pour lui, en son absence, et son discours le disputait en brièveté au mot d'Homère, *Patrocle est mort* ¹⁵⁶ : car il ne dit autre chose, sinon : *D'avocat, je suis devenu courrier. Licinien s'est retiré.* Cette nouvelle causa tant de plaisir à Domitien, que sa joie le trahit, et

retque : « Absolvit nos Licinianus. » Adjecit etiam, « non esse verecundiæ ejus instandum : » ipsi vero permisit, si qua posset, ex rebus suis raperet, antequam bona publicarentur : exsilium molle, velut præmium, dedit. Ex quo tamen postea, clementia divi Nervæ, translatus est in Siciliam, ubi nunc profitetur, seque de fortuna præfationibus vindicat.

Vides, quam obsequenter paream tibi, qui non solum res urbanas, verum etiam peregrinas tam sedulo scribo, ut altius repetam. Et sane putabam te, quia tunc abfuisti, nihil aliud de Liciniano audisse, quam relegatum ob incestum. Summam enim rerum nuntiat fama, non ordinem. Mereor, ut vicissim, quid in oppido tuo, quid in finitimis agatur (solent enim notabilia quædam incidere) perscribas : denique quidquid voles, dummodo non minus longa epistola nunties. Ego non paginas tantum, sed etiam versus syllabasque numerabo. Vale.

XII.

Plinius Arriano suo s.

Amas Egnatium Marcellinum, atque etiam mihi sæpe commendas : amabis magis, commendabisque, si cogno-

lui fit dire dans ses transports : *Licinien nous a pleinement absous. Il ne faut pas*, ajouta-t-il, *pousser à bout sa discrétion*. Il lui permit d'emporter tout ce qu'il pourrait de ses biens, avant qu'ils fussent vendus à l'encan, et lui assigna, comme prix de sa complaisance, un lieu d'exil des plus commodes. La bonté de Nerva l'a depuis transféré en Sicile. Là, il tient école aujourd'hui, et se venge de la fortune dans les exordes de ses leçons.

Vous voyez quelle est ma soumission à vos ordres, avec quel soin je vous informe, et des nouvelles de Rome, et des nouvelles étrangères, en reprenant les faits à leur origine. Comme vous étiez absent quand cette affaire s'est passée, je me suis douté que vous auriez seulement entendu dire qu'on avait banni Licinien pour inceste. La renommée rapporte le fond des choses, mais elle néglige le détail. Je mérite bien, ce me semble, qu'à votre tour, vous preniez la peine de m'écrire ce qui se passe, soit dans votre ville, soit aux environs; car il ne laisse pas d'y arriver quelquefois des événemens remarquables. Enfin, écrivez tout ce qu'il vous plaira, pourvu que votre lettre soit aussi longue que la mienne. Je vous en avertis, je compterai, non-seulement les pages, mais encore les lignes et les syllabes. Adieu.

XII.

Pline à Arrien.

Vous aimez Egnatius Marcellin, et vous me le recommandez souvent : vous l'aimerez et vous me le recomman-

veris recens ejus factum. Quum in provinciam quæstor exisset, scribamque, qui sorte obtigerat, ante legitimum salarii tempus amisisset, quod acceperat scribæ daturus, intellexit et statuit subsidere apud se non oportere. Itaque reversus, Cæsarem, deinde, Cæsare auctore, senatum consuluit, quid fieri de salario vellet. Parva quæstio, sed tamen quæstio. Heredes scribæ sibi, præfecti ærarii populo, vindicabant. Acta causa est : dixit heredum advocatus, deinde populi : uterque percommode. Cæcilius Strabo ærario censuit inferendum : Bæbius Macer heredibus dandum. Obtinuit Strabo. Tu lauda Marcellinum, ut ego statim feci. Quamvis enim abunde sufficiat illi, quod est et a principe et a senatu probatus, gaudebit tamen testimonio tuo. Omnes enim, qui gloria famaque ducuntur, mirum in modum assensio et laus, a minoribus etiam profecta, delectat. Te vero Marcellinus ita reveretur, ut judicio tuo plurimum tribuat. Accedit his, quod, si cognoverit factum suum isto usque penetrasse, necesse est laudis suæ spatio et cursu et peregrinatione lætetur. Etenim, nescio quo pacto, vel magis homines juvat gloria lata, quam magna. Vale.

derez encore davantage, quand vous saurez ce qu'il vient de faire. Il était allé exercer la charge de questeur dans une province. Le secrétaire, que le sort lui avait donné, mourut avant que ses appointemens fussent échus. Marcellin sentit qu'il ne devait pas garder ce qui lui avait été donné pour ce secrétaire. A son retour, il supplie l'empereur, et ensuite, par ordre de l'empereur, le sénat, de lui indiquer l'emploi qu'il devait faire de ces fonds. La question était peu importante, mais c'était toujours une question. Les héritiers, d'une part, de l'autre, les préfets du trésor réclamaient la somme. La cause a été fort bien plaidée des deux côtés : Strabon a opiné pour le fisc; Bébius Macer, pour les héritiers. L'avis de Strabon a été suivi. Il ne vous reste qu'à donner à Marcellin les louanges qu'il mérite : moi, je me suis acquitté sur-le-champ. Quoique l'approbation publique du prince et du sénat ne lui laisse rien à désirer, je m'assure que la vôtre lui fera plaisir. C'est le caractère de tous ceux que possède l'amour de la véritable gloire : l'applaudissement, même des personnes les moins considérables, a pour eux des charmes. Jugez de l'impression que vos éloges feront sur Marcellin, qui n'a pas moins de vénération pour votre personne, que de confiance en votre discernement. Il ne pourra jamais apprendre que le bruit de son action ait pénétré jusque dans le pays où vous êtes, sans être ravi du chemin que sa réputation aura fait : car, je ne sais pourquoi, les hommes sont plus touchés de l'étendue que de la grandeur de la gloire. Adieu.

XIII.

Plinius Cornelio Tacito suo s.

Salvum te in urbem venisse gaudeo. Venisti autem, si quando alias, nunc maxime mihi desideratus. Ipse pauculis adhuc diebus in Tusculano commorabor, ut opusculum, quod est in manibus, absolvam. Vereor enim ne, si hanc intentionem jam in finem laxavero, ægre resumam. Interim, ne quid festinationi meæ pereat, quod sum præsens petiturus, hac quasi præcursoria epistola rogo. Sed prius accipe causas rogandi, deinde ipsum quod peto.

Proxime quum in patria mea fui, venit ad me salutandum municipis mei filius prætextatus. Huic ego : « Studes? » inquam. Respondit : « Etiam. » — Ubi? — Mediolani. — Cur non hic? » Et pater ejus (erat enim una, atque etiam ipse adduxerat puerum) : « Quia nullos hic præceptores habemus. — Quare nullos? Nam vehementer intererat vestra, qui patres estis (et opportune complures patres audiebant), liberos vestros hic potissimum discere. Ubi enim aut jucundius morarentur, quam in patria? aut pudicius continerentur, quam sub oculis parentum? aut minore sumptu, quam domi? Quantulum est ergo, collata pecunia, conducere præceptores! quod-

XIII.

Pline à Cornelius Tacite.

Je me réjouis que vous soyez de retour à Rome en bonne santé. Vous ne pouviez jamais arriver pour moi plus à propos. Je ne resterai que fort peu de jours encore [57] dans ma maison de Tusculum, pour achever un petit ouvrage que j'y ai commencé. Je crains que, si je l'interromps sur la fin, je n'aie beaucoup de peine à le reprendre. Cependant, afin que mon impatience n'y perde rien, je vous demande d'avance, par cette lettre, une grâce, que je me promets de vous demander bientôt de vive voix. Mais avant de vous exposer le sujet de ma demande, il faut vous dire ce qui m'engage à vous l'adresser.

Ces jours passés, comme j'étais à Côme, lieu de ma naissance, un jeune enfant, fils d'un de mes compatriotes, vint me saluer. *Vous étudiez,* lui dis-je? *Oui,* me répondit-il. — *En quel lieu? — A Milan. — Pourquoi pas ici?* Son père, qui l'accompagnait, et qui me l'avait présenté, prend la parole. *Parce qu'ici nous n'avons point de maîtres. — Et pourquoi n'en avez-vous point? Il était pourtant de l'intérêt de tous les pères* (cela venait à propos, car beaucoup m'écoutaient) *de faire instruire ici leurs enfans. Où leur trouver un séjour plus agréable que la patrie? où former leurs mœurs plus surement que sous les yeux de leurs parens? où les entretenir à moins de frais que chez vous? Le fonds nécessaire pour avoir ici des professeurs coûterait peu de chose à chacun de vous: à peine fau-*

que nunc in habitationes, in viatica, in ea quæ peregre emuntur (omnia autem peregre emuntur), impenditis, adjicere mercedibus? Atque adeo ego, qui nondum liberos habeo, paratus sum pro republica nostra, quasi pro filia vel parente, tertiam partem ejus, quod conferre vobis placebit, dare. Totum etiam pollicerer, nisi timerem, ne hoc munus meum quandoque ambitu corrumperetur, ut accidere multis in locis video, in quibus præceptores publice conducuntur. Huic vitio occurri uno remedio potest, si parentibus solis jus conducendi relinquatur, iisdemque religio recte judicandi necessitate collationis addatur. Nam qui fortasse de alieno negligentes, certe de suo diligentes erunt; dabuntque operam, ut a me pecuniam non nisi dignus accipiat, si accepturus et ab ipsis erit. Proinde consentite, conspirate, majoremque animum ex meo sumite, qui cupio esse quam plurimum, quod debeam conferre. Nihil honestius præstare liberis vestris, nihil gratius patriæ potestis. Edoceantur hic, qui hic nascuntur; statimque ab infantia natale solum amare, frequentare consuescant. Atque utinam tam claros præceptores inducatis, ut a finitimis oppidis studia hinc petantur, utque nunc liberi vestri aliena in loca, ita mox alieni in hunc locum confluant!»

drait-il ajouter à ce que vos enfans vous coûtent ailleurs, où il faut tout payer, voyage, nourriture, logement ; car tout s'achète, lorsqu'on n'est pas chez soi. Moi, qui n'ai point encore d'enfans, je suis tout prêt, en faveur de notre patrie commune, que j'aime avec la tendresse d'un fils ou d'un père, à donner le tiers de la somme que vous voudrez mettre à cet établissement. J'offrirais bien la somme entière, mais je craindrais que cette dépense, qui ne serait à charge à personne, ne rendît tout le monde moins circonspect dans le choix des maîtres ; que la brigue seule ne disposât des places ; et que chacun de vous ne perdît tout le fruit de ma libéralité : c'est ce que je vois en divers lieux où l'on a fondé des chaires de professeurs. Je ne sais qu'un moyen de prévenir ce désordre : c'est de ne confier qu'aux pères le soin d'engager les maîtres, et de les obliger à bien choisir, par la nécessité de la contribution. Car ceux qui peut-être ne seraient pas fort attentifs au bon usage du bien d'autrui, veilleront certainement à ce que leur propre bien ne soit pas mal employé [158] ; et ils n'oublieront rien pour mettre en bonnes mains le fonds que j'aurai fait, s'ils ont eux-mêmes contribué à le faire. Prenez donc une résolution commune ; unissez vos efforts, et réglez-les sur les miens. Je souhaite sincèrement que la part que je devrai fournir soit considérable. Vous ne pouvez rien faire de plus avantageux à vos enfans, rien de plus agréable à votre patrie. Que vos enfans reçoivent l'éducation [159] au lieu même où ils ont reçu la naissance. Accoutumez-les dès l'enfance à se plaire, à se fixer dans leur pays natal. Puissiez-vous choisir de si excellens maîtres, que leur réputation peuple vos écoles ; et que, par un heureux re-

Hæc putavi altius et quasi a fonte repetenda; quo magis scires quam gratum mihi foret, si susciperes quod injungo. Injungo autem, et pro rei magnitudine rogo, ut ex copia studiosorum, quæ ad te ex admiratione ingenii tui convenit, circumspicias præceptores, quos sollicitare possimus; sub ea tamen conditione, ne cui fidem meam obstringam. Omnia enim libera parentibus servo. Illi judicent, illi eligant : ego mihi curam tantum et impendium vindico. Proinde si quis fuerit repertus, qui ingenio suo fidat, eat illuc ea lege, ut hinc nihil aliud certum, quam fiduciam suam, ferat. Vale.

XIV.

Plinius Paterno suo s.

Tu fortasse orationem, ut soles, et flagitas et exspectas : at ego, quasi ex aliqua peregrina delicataque merce, lusus meos tibi prodo. Accipies cum hac epistola hendecasyllabos nostros : quibus nos in vehiculo, in balineo, inter coenam oblectamus otium temporis. His jocamur, ludimus, amamus, dolemus, querimur, irascimur : des-

tour, ceux qui voient venir vos enfans étudier chez eux, envoient à l'avenir les leurs étudier chez vous!

J'ai repris mon histoire d'un peu haut, pour vous mieux faire entendre combien je serais sensible au bon office que je vous demande. Je vous supplie donc, dans cette foule de savans qu'attire de toutes parts auprès de vous la réputation de votre esprit, cherchez-moi des professeurs habiles, sans toutefois m'engager envers eux. Mon intention est de laisser les pères maîtres absolus du choix. Je leur abandonne l'examen et la décision; je ne me réserve que la dépense et le soin de leur trouver des sujets. S'il s'en rencontre quelqu'un qui ait assez de confiance en ses talens, pour entreprendre ce voyage sans autre garantie, qu'il vienne : mais qu'il ne compte uniquement que sur son mérite. Adieu.

XIV.

Pline à Paternus.

Vous avez bien l'air de me demander, comme à votre ordinaire, et d'attendre quelque plaidoyer : moi, je vous envoie mes jeux d'esprit, comme si c'étaient des curiosités étrangères et rares. Vous recevrez avec cette lettre des *hendécasyllabes* [160], que j'ai faits en voiture, au bain, à table, pour remplir et charmer tous mes momens d'oisiveté : j'y exprime tour à tour la gaieté, la folie, l'amour,

cribimus aliquid modo pressius, modo elatius; atque ipsa varietate tentamus efficere, ut alia aliis, quædam fortasse omnibus placeant.

Ex quibus tamen si nonnulla tibi paullo petulantiora videbuntur, erit eruditionis tuæ cogitare, summos illos et gravissimos viros, qui talia scripserunt, non modo lascivia rerum, sed ne verbis quidem nudis, abstinuisse; quæ nos refugimus, non quia severiores (unde enim?), sed quia timidiores sumus. Scimus alioqui hujus opusculi illam esse verissimam legem, quam Catullus expressit :

> Nam castum esse decet pium poetam
> Ipsum, versiculos nihil necesse est;
> Qui tunc denique habent salem et leporem,
> Si sunt molliculi et parum pudici.

Ego quanti faciam judicium tuum, vel ex hoc potes æstimare, quod malui omnia a te pensitari, quam electa laudari. Et sane quæ sunt commodissima, desinunt videri, quum paria esse cœperunt. Præterea sapiens subtilisque lector non debet diversis conferre diversa, sed singula expendere, nec deterius alio putare, quod est in suo genere perfectum.

la douleur, la plainte, la colère : mes descriptions sont tantôt simples, tantôt nobles. Par cette variété, j'essaie de satisfaire les différens goûts, et peut-être même assurera-t-elle à certains morceaux l'approbation de tout le monde.

Si par hasard vous trouvez des endroits un peu libres, votre érudition voudra bien se rappeler que les maîtres les plus austères, qui ont écrit dans ce genre, n'ont pas été fort chastes dans le choix de leurs sujets, et qu'ils ont même, sans scrupule, appelé chaque chose par son nom. C'est une liberté que je ne me donne pas : non que je me pique d'être plus sage (et de quel droit?), mais parce que je suis plus timide. Il me semble d'ailleurs que la véritable règle, pour cette espèce de poésie, est renfermée dans ces petits vers de Catulle [161] :

> Le poète doit être sage :
> Pour ses vers, il importe peu :
> Ils n'auraient ni grâce ni feu,
> Sans un air de libertinage.

Voyez quel prix j'attache à votre opinion! j'ai préféré votre jugement sur l'ensemble à vos éloges sur quelques passages choisis. Je n'ignore pas cependant que des morceaux, assez agréables quand on les lit séparément, cessent de le paraître, quand on les lit après d'autres de même genre : il y a même un autre désavantage; c'est la nécessité qu'on impose au lecteur d'esprit et de goût, de ne pas comparer ensemble des poésies de caractères différens, mais d'examiner chaque chose en elle-même, et de ne pas juger l'une inférieure, à l'autre, si elle est parfaite dans son genre [162].

Sed quid ego plura? Nam longiore præfatione vel excusare, vel commendare ineptias, ineptissimum est. Unum illud prædicendum videtur, cogitare me has nugas meas ita inscribere, HENDECASYLLABI , qui titulus sola metri lege constringitur. Proinde sive epigrammata , sive idyllia , sive eclogas, sive (ut multi) poematia, seu quod aliud vocare malueris, licebit voces : ego tantum hendecasyllabos præsto. A simplicitate tua peto, quod de libello meo dicturus es aliis, mihi dicas : neque est difficile, quod postulo : nam si hoc opusculum nostrum , aut potissimum esset, aut solum, fortasse posset durum videri dicere : « Quære quod agas » : molle et humanum est : « Habes quod agas. » Vale.

XV.

Plinius Fundano suo s.

Si quid omnino, hoc certe judicio facio, quod Asinium Rufum singulariter amo. Est homo eximius, et bonorum amantissimus; cur enim non me quoque inter bonos numerem? Idem Cornelium Tacitum (scis quem virum) arcta familiaritate complexus est. Proinde si utrumque nostrum probas, de Rufo quoque necesse est

Mais pourquoi tant discourir? Vouloir par une longue préface, justifier ou faire valoir des niaiseries, c'est de toutes les niaiseries la plus ridicule. Je crois seulement vous devoir avertir, que je me propose d'intituler ces bagatelles, *Hendécasyllabes*, titre qui n'a de rapport qu'à la mesure des vers. Vous les pouvez donc appeler épigrammes, idylles, églogues, ou simplement, poésies, comme plusieurs l'ont fait; enfin, de tel autre nom qu'il vous plaira : je ne m'engage, moi, qu'à vous donner des hendécasyllabes. J'exige seulement de votre sincérité, que vous me disiez de mon livre, tout ce que vous en direz aux autres. Ce que je vous demande ne vous doit rien coûter : si ce petit ouvrage était le seul ou le plus important qui fût sorti de mes mains, il y aurait peut-être de la dureté à me dire, *Cherchez d'autres occupations;* mais vous pouvez, sans blesser la politesse, me dire, *Eh! vous avez tant d'autres occupations!* Adieu.

XV.

Pline à Fundanus.

Si j'ai quelque discernement, je le prouve à aimer de toute mon âme Asinius Rufus. C'est un homme rare, ami passionné des gens de bien comme moi : car pourquoi ne pas me mettre du nombre? Il est encore intimement lié avec Cornelius Tacite, dont vous connaissez tout le mérite. Ainsi, puisque c'est la ressemblance des mœurs qui serre le plus étroitement les liens de l'amitié,

idem sentias, quum sit ad connectendas amicitias vel tenacissimum vinculum, morum similitudo. Sunt ei liberi plures : nam in hoc quoque functus est optimi civis officio, quod fecunditate uxoris large frui voluit, eo seculo, quo plerisque etiam singulos filios orbitatis præmia graves faciunt : quibus ille despectis, avi quoque nomen assumpsit. Est enim avus, et quidem ex Saturio Firmo, quem diliges, ut ego, si, ut ego, propius inspexeris.

Hæc eo pertinent, ut scias, quam copiosam, quam numerosam domum uno beneficio sis obligaturus : ad quod petendum, voto primum, deinde bono quodam omine adducimur. Optamus enim tibi, ominamurque in proximum annum consulatum. Ita nos virtutes tuæ, ita judicia principis augurari volunt.

Concurrit autem, ut sit eodem anno quæstor, maximus ex liberis Rufi, Asinius Bassus, juvenis (nescio an dicam, quod me pater et sentire et dicere cupit, adolescentis verecundia vetat) ipso patre melior. Difficile est, ut mihi de absente credas, quanquam credere soles omnia, tantum in illo industriæ, probitatis eruditionis, ingenii, studii, memoriæ denique esse, quantum expertus invenies. Vellem tam ferax seculum bonis artibus haberemus, ut aliquos Basso præferre deberes : tum ego te primus hortarer moneremque, circumferres oculos,

si vous avez quelque estime pour Tacite et pour moi, vous ne pouvez en refuser à Rufus. Il a plusieurs enfans; car il a compté, parmi les obligations d'un bon citoyen, celle de donner des sujets à l'état; et cela, dans un siècle où il est si avantageux de n'avoir pas d'enfans, que l'on ne veut pas même un fils unique[163]. Ces honteux bénéfices l'ont peu tenté; jusque là, qu'il n'a pas craint le nom d'aïeul. Il a des petits-fils de Saturius Firmus, son gendre, homme que vous aimerez autant que je l'aime, quand vous le connaîtrez autant que je le connais.

Vous voyez quelle nombreuse famille vous obligerez à la fois par une seule grâce. Cette grâce, nous avons été conduits à vous la demander, d'abord par un vœu que nous formons, ensuite par je ne sais quel espoir de le voir accompli. Nous vous souhaitons, et nous espérons pour vous le consulat, la prochaine année. Nos augures, nos garans sont vos vertus, et le discernement du prince.

Les mêmes raisons vous donnent pour questeur Asinius Bassus, l'aîné des fils de Rufus. C'est un jeune homme.... je ne sais ce que je dois dire : le père veut que je dise et que je pense que son fils vaut mieux que lui; la modestie du fils me le défend. Quoique vous n'hésitiez jamais à me croire sur parole, vous lui croirez difficilement, sur ma seule assurance, l'habileté, la probité, l'érudition, l'esprit, l'application, la mémoire, que l'expérience vous fera découvrir en lui. Je voudrais que notre siècle fût assez fécond en vertus, pour qu'on pût trouver un jeune homme, digne d'être préféré à Bassus : je serais le premier à vous avertir, à vous presser d'y re-

ac diu pensitares, quem potissimum eligeres. Nunc vero.... sed nihil volo de amico meo arrogantius : hoc solum dico, dignum esse juvenem, quem more majorum in filii locum assumas. Debent autem sapientes viri, ut tu, tales quasi liberos a republica accipere, quales a natura solemus optare. Decorus erit tibi consuli quæstor patre prætorio, propinquis consularibus; quibus, judicio ipsorum, quanquam adolescentulus adhuc, jam tamen invicem ornamento est.

Proinde indulge precibus meis, obsequere consilio; et, ante omnia, si festinare videor, ignosce : primum, quia votis suis amor plerumque præcurrit; deinde, quod in ea civitate, in qua omnia quasi ab occupantibus aguntur, quæ legitimum tempus exspectant, non matura, sed sera sunt; deinde, quod rerum, quas assequi cupias, præsumptio ipsa jucunda est. Revereatur jam te Bassus, ut consulem : tu dilige eum, ut quæstorem : nos denique, utriusque vestrum amantissimi, duplici lætitia perfruamur. Etenim, quum sic te, sic Bassum diligamus, ut et illum cujuscumque, et tuum quemcumque quæstorem in petendis honoribus omni opera, labore, gratia simus juvaturi, perquam jucundum nobis erit, si in eumdem juvenem studium nostrum, et amicitiæ meæ et

garder plus d'une fois, et de peser long-temps, avant de faire pencher la balance. Par malheur, aujourd'hui.... Mais je ne veux pas vous vanter trop mon ami [164] : je le dirai seulement, il mériterait que vous l'adoptassiez pour fils, selon la coutume de nos ancêtres : ceux qui se distinguent, comme vous, par une haute sagesse, doivent se choisir dans le sein de la république des enfans, tels qu'ils voudraient en avoir reçu de la nature. Ne vous sera-t-il pas honorable, lorsque vous serez consul, d'avoir pour questeur le fils d'un homme qui a exercé la préture, et le proche parent de plusieurs consulaires, sur lesquels, tout jeune qu'il est, et de leur propre aveu, il répand autant d'éclat qu'il en reçoit d'eux ?

Ayez donc égard à mes prières, ne négligez pas mes avis, et surtout pardonnez à une sollicitation prématurée. L'amitié est impatiente, et court au devant du temps par ses désirs [165]. D'ailleurs, dans une ville, où il semble que tout soit fait pour le premier qui s'en empare, on trouve que le moment d'agir est passé, si l'on attend qu'il soit venu. Enfin, il est doux de jouir par avance des succès que l'on désire. Que déjà Bassus vous respecte comme son consul : vous, aimez-le comme votre questeur ; et moi, qui vous aime également l'un et l'autre, que je puisse goûter une double joie. Car, dans la tendre amitié qui m'attache à vous et à Bassus, je suis disposé à tout employer, mes soins [166], mes sollicitations, mon crédit, pour élever tout ensemble aux honneurs, et Bassus, quel que soit le consul dont il sera le questeur, et le questeur que vous aurez choisi, quel qu'il puisse être : jugez donc de ma satisfaction, si mon amitié pour Bassus, d'accord avec

consulatus tui ratio contulerit : si denique precibus meis tu potissimum adjutor accesseris, cujus senatus et suffragio libentissime indulgeat, et testimonio plurimum credat. Vale.

XVI.

Plinius Valerio Paullino suo s.

Gaude meo, gaude tuo, gaude etiam publico nomine. Adhuc honor studiis durat. Proxime, quum dicturus apud centumviros essem, adeundi mihi locus, nisi a tribunali, nisi per ipsos judices, non fuit : tanta stipatione cetera tenebantur. Ad hoc, quidam ornatus adolescens, scissis tunicis, ut in frequentia solet fieri, sola velatus toga perstitit, et quidem horis septem. Nam tamdiu dixi magno cum labore, sed majore cum fructu. Studeamus ergo, nec desidiæ nostræ prætendamus alienam. Sunt qui audiant, sunt qui legant : nos modo dignum aliquid auribus, dignum chartis elaboremus. Vale.

les intérêts de votre consulat, rassemblait tous mes vœux sur lui seul! si enfin vous me secondiez dans mes sollicitations, vous dont les avis sont d'une si grande autorité, et le témoignage d'un si grand poids dans le sénat! Adieu.

XVI.

Pline à Valerius Paullinus.

Réjouissez-vous pour vous, pour moi, pour notre siècle : les lettres sont encore en honneur. Ces jours derniers, je devais plaider devant les centumvirs ; la foule était immense, et je ne pus trouver passage, qu'à travers le tribunal et l'assemblée des juges. Un jeune homme, d'un rang distingué, eut sa tunique déchirée, ainsi qu'il arrive souvent dans la foule : il n'en resta pas moins, et durant sept heures entières, couvert seulement de sa toge [167]; car je parlai sept heures, avec beaucoup de fatigue, et plus de succès encore. Travaillons donc, et ne donnons plus pour excuse à notre paresse l'indifférence du public. Nous ne manquerons ni d'auditeurs ni de lecteurs : ayons soin, à notre tour, qu'ils ne manquent ni de bons discours à écouter, ni de bons livres à lire. Adieu.

XVII.

Plinius Gallo suo s.

Et admones, et rogas, ut suscipiam causam absentis Corelliæ contra C. Cæcilium, consulem designatum. Quod admones, gratias ago; quod rogas, queror. Admoneri enim debeo, ut sciam : rogari non debeo, ut faciam, quod mihi non facere turpissimum est. An ego tueri Corellii filiam dubitem? Est quidem mihi cum isto, contra quem me advocas, non plane familiaris, sed tamen amicitia. Accedit huc dignitas hominis, atque hic ipse, cui destinatus est, honor; cujus nobis hoc major habenda reverentia est, quod jam illo functi sumus. Naturale est enim ut ea, quæ quis adeptus est ipse, quam amplissima existimari velit. Sed mihi cogitanti affuturum me Corellii filiæ, omnia ista frigida et inania videntur.

Obversatur oculis ille vir, quo neminem ætas nostra graviorem, sanctiorem, subtiliorem denique tulit : quem ego, quum ex admiratione diligere cœpissem, quod evenire contra solet, magis admiratus sum, postquam penitus inspexi. Inspexi enim penitus : nihil a me ille secretum, non jo culare, non serium, non triste, non lætum. Adolescentulus eram, et jam mihi ab illo honor,

XVII.

Pline à Gallus.

Vous m'avertissez que C. Cécilius, consul désigné, poursuit en justice Corellia, absente en ce moment de cette ville; et vous me priez de la défendre. Je vous remercie de l'avis; mais je me plains de la prière. Je dois être averti, pour savoir ce qui se passe; mais on ne doit pas me prier de faire ce que je ne puis, sans déshonneur, me dispenser de faire. Balancerais-je à me déclarer pour la fille de Corellius? Il est vrai que je suis lié d'amitié avec son adversaire; non pas intimement lié, mais enfin lié d'amitié : il jouit, je le sais, d'une grande considération, et la dignité qui l'attend exige de moi d'autant plus d'égards, que j'en ai été revêtu moi-même : car il est naturel de vouloir élever, dans l'opinion publique, les honneurs que l'on a possédés. Mais toutes ces raisons s'évanouissent, quand je songe que je vais défendre la fille de Corellius.

J'ai sans cesse devant les yeux ce grand homme, qui ne le cédait à personne de son siècle en sagesse, en vertu, en finesse d'esprit. Mon attachement pour lui naquit de l'admiration qu'il m'avait inspirée; et il arriva, contre l'ordinaire, que je l'admirai bien plus encore, quand je vins à le mieux connaître. Je puis dire que je l'ai connu; car il n'avait pour moi aucune pensée secrète. Il partageait avec moi ses amusemens, ses affaires, sa joie, ses peines. J'étais encore tout jeune, et il avait pour moi,

atque etiam (audebo dicere) reverentia, ut æquali, habebatur. Ille meus in petendis honoribus suffragator et testis; ille in inchoandis deductor et comes; ille in gerendis consiliator et rector; ille denique in omnibus officiis nostris, quanquam et imbecillus et senior, quasi juvenis et validus, conspiciebatur.

Quantum ille famæ meæ domi, quantum in publico, quantum etiam apud principem astruxit! Nam, quum forte de bonis juvenibus apud Nervam imperatorem sermo incidisset, et plerique me laudibus ferrent, paullisper se intra silentium tenuit, quod illi plurimum auctoritatis addebat; deinde gravitate quam noras : « Necesse est, inquit, parcius laudem Secundum, quia nihil nisi ex consilio meo facit. » Qua voce tribuit mihi, quantum petere voto immodicum erat; nihil me facere non sapientissime, quum omnia ex consilio sapientissimi viri facerem. Quin etiam moriens, filiæ suæ (ut ipsa solet prædicare) : « Multos quidem amicos, inquit, tibi in longiore vita paravi, præcipuos tamen Secundum et Cornutum. »

Quod dum recordor, intelligo mihi laborandum, ne qua parte videar hanc de me fiduciam providentissimi viri destituisse. Quare ego vero Corelliæ adero promptissime; nec subire offensas recusabo : quanquam non

non-seulement les égards, mais, j'ose le dire, le respect qu'il aurait eu pour une personne de son âge. Je n'ai point sollicité de dignité, qu'il ne m'ait appuyé de sa voix et de son témoignage : je n'ai pris possession d'aucune charge, qu'il ne m'ait accompagné [168], qu'il ne se soit mêlé à mon cortége; je n'en ai point exercé, qu'il n'ait été mon conseiller et mon guide. En un mot, chaque fois qu'il s'est agi de mes intérêts, vieux et infirme, il semblait retrouver, pour les soutenir, sa jeunesse et sa vigueur.

Quel soin ne prenait-il pas, soit en particulier, soit en public, soit à la cour, pour établir ma réputation ! Un jour, chez l'empereur Nerva, la conversation tomba sur les jeunes gens d'un heureux naturel : la plupart me comblèrent d'éloges. Corellius, après avoir quelque temps gardé le silence, ce qui donnait encore du poids à ses paroles : *Pour moi*, dit-il de ce ton grave que vous lui connaissiez, *je suis obligé de louer Pline plus sobrement; car il ne fait rien que par mes conseils.* Par là, il m'accordait plus de gloire que je n'aurais osé le désirer : c'était proclamer la haute sagesse de toutes mes actions, que de les attribuer aux conseils du plus sage de tous les hommes. Enfin, en mourant, il dit à sa fille, qui souvent prend plaisir à le répéter : *Je vous ai fait beaucoup d'amis, dans le cours de ma longue vie; mais comptez particulièrement sur l'affection de Pline et de Cornutus.*

Je ne puis songer à ce mot, sans concevoir tout ce que je dois faire, pour n'être pas accusé de trahir sa confiance et de démentir son jugement. Corellia peut donc compter sur moi : je la défendrai, quand je devrais me faire un ennemi de son adversaire. Mais j'ose compter

solum veniam me, verum etiam laudem apud istum ipsum, a quo, ut ais, nova lis, fortasse ut feminæ, intenditur, arbitror consecuturum, si hæc eadem in actione, latius scilicet et uberius quam epistolarum angustiæ sinunt, contigerit mihi vel in excusationem, vel etiam in commendationem meam dicere. Vale.

XVIII.

Plinius Antonino suo s.

QUEMADMODUM magis approbare tibi possum, quantopere mirer epigrammata tua græca, quam quod quædam æmulari latine et exprimere tentavi? In deterius quidem. Accidit hoc, primum imbecillitate ingenii mei, deinde inopia, ac potius, ut Lucretius ait, egestate patrii sermonis. Quod si hæc, quæ sunt et latina, et mea, habere tibi aliquid venustatis videbuntur, quantum putas inesse eis gratiæ, quæ et a te, et græce proferuntur! Vale.

XIX.

Plinius Hispullæ suæ s.

QUUM sis pietatis exemplum, fratremque optimum, et amantissimum tui, pari caritate dilexeris, filiamque

sur le pardon et même sur les éloges de Cécilius (qui, dites-vous, hasarde ce procès dans l'espérance d'avoir affaire seulement à une femme), lorsque, pour justifier ma conduite, ou plutôt pour m'en faire honneur, j'aurai développé dans mon plaidoyer, avec la force et l'étendue que ne permet point une lettre, tout ce que je viens de vous exposer dans celle-ci. Adieu.

XVIII.

Pline à Antonin.

J'ai essayé de traduire en latin quelques-unes de vos épigrammes grecques : puis-je mieux vous prouver à quel point j'en suis charmé ? J'ai bien peur de les avoir gâtées ; et j'en accuse avant tout la faiblesse de mon génie, ensuite la stérilité, ou, pour parler comme Lucrèce, la pauvreté de notre langue. Si vous trouvez quelque agrément dans la traduction, qui est en latin et de ma façon, imaginez les grâces de l'original, qui est en grec et de votre main ! Adieu.

XIX.

Pline à Hispulla [169].

Je connais votre cœur : je sais que vous aimiez votre excellent frère, autant qu'il vous aimait lui-même; je

ejus, ut tuam, diligas, nec tantum amitæ ejus, verum etiam patris amissi affectum repræsentes, non dubito maximo tibi gaudio fore, quum cognoveris, dignam patre, dignam te, dignam avo evadere. Summum est acumen, summa frugalitas : amat me, quod castitatis indicium est. Accedit his studium litterarum, quod ex mei caritate concepit. Meos libellos habet, lectitat, ediscit etiam. Qua illa sollicitudine, quum videor acturus, quanto, quum egi, gaudio afficitur ! Disponit, qui nuntient sibi, quem assensum, quos clamores excitarim, quem eventum judicii tulerim. Eadem, si quando recito, in proximo, discreta velo, sedet, laudesque nostras avidissimis auribus excipit. Versus quidem meos cantat formatque cithara, non artifice aliquo decente, sed amore, qui magister est optimus. His ex causis in spem certissimam adducor, perpetuam nobis majoremque in dies futuram esse concordiam. Non enim ætatem meam, aut corpus, quæ paullatim occidunt ac senescunt, sed gloriam diligit.

Nec aliud decet tuis manibus educatam, tuis præceptis institutam; quæ nihil in contubernio tuo viderit, nisi sanctum honestumque : quæ denique amare me ex tua prædicatione consueverit. Nam, quum matrem meam parentis loco venerarere, me quoque a pueritia statim formare, laudare, talemque, qualis nunc uxori meæ videor, ominari solebas. Certatim ergo tibi gratias agimus;

sais que sa fille a trouvé en vous, non-seulement l'affection d'une tante, mais toute la tendresse du père qu'elle avait perdu. Vous apprendrez donc avec une extrême joie, qu'elle est toujours digne de son père, digne de son aïeul, digne de vous. Elle a beaucoup d'esprit, beaucoup de retenue : elle m'aime, et c'est un gage de sa vertu. Elle a du goût pour les lettres, et ce goût lui a été inspiré par l'envie de me plaire. Elle a continuellement mes ouvrages entre les mains; elle ne cesse de les lire; elle les apprend par cœur. Vous ne pouvez vous imaginer son inquiétude avant que je plaide, sa joie après que j'ai plaidé. Elle charge toujours quelqu'un de venir lui apprendre quels applaudissemens j'ai reçus, quel succès a eu la cause. S'il m'arrive de lire un ouvrage en public, elle sait se ménager une place[170], où, derrière un rideau, elle écoute avidement les louanges que l'on me donne. Instruite par l'amour seul, le plus habile de tous les maîtres, elle chante mes vers, en s'accompagnant avec sa lyre. J'ai donc raison de me promettre que le temps ne fera que cimenter de plus en plus notre union. Car elle aime en moi, non la jeunesse et la figure, dont chaque jour voit diminuer l'éclat, mais la gloire, qui ne périt jamais.

Eh! que pouvais-je attendre autre chose d'une personne élevée sous vos yeux, formée par vos leçons, qui n'a rien vu près de vous que des exemples de vertu et d'honneur, et qui, enfin, apprit à m'aimer en m'entendant louer de votre bouche? Vos sentimens pour ma mère, que vous respectez comme la vôtre, et la part que vous preniez à mon éducation, vous ont accoutumée à me vanter dès ma plus tendre enfance : ce que vous vous plaisiez dès lors à prédire que je serais un jour, il semble à ma femme

ego, quod illam mihi; illa, quod me sibi dederis, quasi invicem elegeris. Vale.

XX.

Plinius Maximo suo s.

Quid senserim de singulis libris tuis, notum tibi, ut quemque perlegeram, feci. Accipe nunc, quid de universis generaliter judicem. Est opus pulchrum, validum, acre, sublime, varium, elegans, purum, figuratum, spatiosum etiam, et cum magna tua laude diffusum. In quo tu ingenii simul dolorisque velis latissime vectus es, et horum utrumque invicem adjumento fuit. Nam dolori sublimitatem et magnificentiam ingenium, ingenio vim et amaritudinem dolor addidit. Vale.

XXI.

Plinius Velio Cereali suo s.

Tristem et acerbum casum Helvidiarum sororum! Utraque a partu, utraque filiam enixa decessit. Afficior

que je sois aujourd'hui. Ainsi, nous vous remercions à l'envi d'avoir uni, en nous donnant l'un à l'autre, deux personnes si bien faites pour s'aimer. Adieu.

XX.

Pline à Maxime.

JE vous ai mandé mon sentiment sur chacune des parties de votre ouvrage, à mesure que je les ai lues : il faut vous dire aujourd'hui ce que je pense de l'ouvrage entier. Il m'a semblé parfait, plein de vigueur, de véhémence, d'élévation, de variété, d'élégance, de pureté : les figures y sont heureusement choisies, et l'étendue de la composition ne fait qu'ajouter ici à la gloire de l'auteur. Votre esprit et votre douleur ont ensemble déployé toute leur force, et se sont réciproquement soutenus. L'esprit y donne de la magnificence et de la majesté à la douleur; et la douleur donne à l'esprit de la force et une sorte d'énergie amère. Adieu.

XXI.

Pline à Velius Cerealis.

QUE le sort des Helvidies est triste et funeste! Ces deux sœurs sont mortes en couches, toutes deux après

dolore, nec tamen supra modum doleo : ita mihi luctuosum videtur, quod puellas honestissimas in flore primo fecunditas abstulit. Angor infantium sorte, quæ sunt parentibus statim, et dum nascuntur, orbatæ. Angor optimorum maritorum, angor etiam meo nomine. Nam patrem illarum defunctum quoque perseverantissime diligo, ut actione mea, librisque testatum est, cui nunc unus ex tribus liberis superest, domumque, pluribus adminiculis paullo ante fundatam, desolatus fulcit ac sustinet. Magno tamen fomento dolor meus acquiescet, si hunc saltem fortem et incolumem, paremque illi patri, illi avo fortuna servaverit. Cujus ego pro salute, pro moribus, hoc sum magis anxius, quod unicus factus est. Nosti in amore mollitiem animi mei, nosti metus. Quo minus te mirari oportebit, quod plurimum timeam, de quo plurimum spero. Vale.

XXII.

Plinius Sempronio Rufo suo s.

INTERFUI principis optimi cognitioni, in consilium assumptus. Gymnicus agon apud Viennenses, ex cujusdam testamento, celebrabatur. Hunc Trebonius Rufinus, vir egregius nobisque amicus, in duumviratu suo tol-

avoir mis au monde une fille. Je suis pénétré de douleur ; et je crois ne pouvoir l'être trop : tant il me paraît cruel de perdre, par une malheureuse fécondité, ces deux aimables personnes dans la fleur de leur âge [171] ! Je plains de pauvres enfans, à qui le même moment donne le jour et enlève leur mère : je plains des maris excellens ; je me plains moi-même : car j'aime encore le père des Helvidies, tout mort qu'il est, avec cette vive tendresse dont mon plaidoyer et mes écrits sont de fidèles témoins [172]. Il ne lui reste plus qu'un seul de ses trois enfans : un seul soutient maintenant sa maison, si glorieuse naguère de ses trois appuis. Ce me sera pourtant une douce consolation, si la fortune nous conserve au moins ce fils, pour nous rendre en sa personne son aïeul et son père. Sa vie et ses mœurs me donnent d'autant plus d'inquiétude, qu'il est unique aujourd'hui. Vous qui connaissez ma faiblesse et mes alarmes pour les personnes que j'aime, vous ne serez pas surpris de me voir tant craindre pour un jeune homme, sur lequel reposent de si hautes espérances. Adieu.

XXII.

Pline à Sempronius Rufus.

J'AI été appelé au conseil de l'empereur, pour dire mon avis sur une question singulière. On célébrait à Vienne des jeux publics [173], fondés par le testament d'un particulier. Trebonius Rufinus, homme d'un rare mérite, et mon ami, les abolit pendant qu'il était duumvir [174].

lendum abolendumque curavit. Negabatur ex auctoritate publica fecisse. Egit ipse causam non minus feliciter, quam diserte. Commendabat actionem, quod tanquam homo romanus et bonus civis in negotio suo mature et graviter loquebatur. Quum sententiæ perrogarentur, dixit Junius Mauricus (quo viro nihil firmius, nihil verius), non esse restituendum Viennensibus agona; adjecit : « Vellem etiam Romæ tolli posset. »

Constanter, inquis, et fortiter. Quidni? Sed hoc Maurico novum non est. Idem apud Nervam imperatorem non minus fortiter. Cœnabat Nerva cum paucis. Veiento proximus, atque etiam in sinu recumbebat. Dixi omnia, quum hominem nominavi. Incidit sermo de Catullo Messalino, qui luminibus orbatus, ingenio sævo mala cæcitatis addiderat. Non verebatur, non erubescebat, non miserebatur : quo sæpius a Domitiano, non secus ac tela, quæ et ipsa cæca et improvida feruntur, in optimum quemque contorquebatur. De hujus nequitia sanguinariisque sententiis in commune omnes super cœnam loquebantur, quum ipse imperator : « Quid putamus passurum fuisse, si viveret? » Et Mauricus : « Nobiscum cœnaret. »

Longius abii, libens tamen. Placuit agona tolli, qui mores Viennensium infecerat, ut noster hic omnium. Nam Viennensium vitia intra ipsos resident, nostra late

L'on soutenait qu'il n'avait pu s'attribuer cette autorité. Il plaida lui-même avec autant de succès que d'éloquence. Ce qui ajouta à l'éclat de sa défense, c'est que, dans une question qui le touchait spécialement, il parla en Romain, en bon citoyen, avec sagesse et dignité. Lorsqu'on recueillit les avis, Junius Mauricus, dont rien n'égale la fermeté et la sincérité, ne se contenta pas de dire, qu'il ne fallait pas rétablir ces spectacles à Vienne; il ajouta : *Je voudrais même qu'on pût les supprimer à Rome.*

C'est, direz-vous, montrer beaucoup de hardiesse et de force ; mais cela n'est pas surprenant dans Mauricus[175]. Ce qu'il dit à la table de Nerva n'est pas moins hardi. Cet empereur soupait avec un petit nombre de ses amis. Veiento[176] était près de lui, et même penché sur son sein : vous nommer le personnage, c'est vous en dire assez. La conversation tomba sur Catullus Messalinus, qui, naturellement cruel, avait, en perdant la vue, achevé de perdre tout sentiment d'humanité[177]. Il ne connaissait plus ni respect, ni honte, ni pitié. Il était, entre les mains de Domitien, comme le trait qui part et frappe aveuglément, et cet empereur barbare le lançait le plus souvent contre les citoyens vertueux. Chacun, pendant le souper, s'entretenait de la scélératesse de Messalinus et de ses conseils sanguinaires. Alors Nerva prenant la parole : *Que pensez-vous*, dit-il, *qu'il lui fût arrivé, s'il vivait encore ? — Il souperait avec nous*, répondit hardiment Mauricus[178].

Je me suis écarté, mais non pas sans dessein. On prononça la suppression de ces jeux, qui n'avaient fait que corrompre les mœurs de Vienne, comme nos jeux corrompent les mœurs de l'univers. Car les vices des Vien-

vagantur : utque in corporibus, sic in imperio, gravissimus est morbus, qui a capite diffunditur. Vale.

XXIII.

Plinius Pomponio Basso suo s.

Magnam cepi voluptatem, quum ex communibus amicis cognovi, te, ut sapientia tua dignum est, et disponere otium, et ferre; habitare amœnissime, et nunc terra, nunc mari corpus agitare; multum disputare, multum audire, multum lectitare; quumque plurimum scias, quotidie tamen aliquid addiscere. Ita senescere oportet virum, qui magistratus amplissimos gesserit, exercitus rexerit, totumque se reipublicæ, quamdiu decebat, obtulerit. Nam et prima vitæ tempora et media patriæ, extrema nobis impertire debemus, ut ipsæ leges monent, quæ majorem annis LX otio reddunt. Quando mihi licebit? Quando per ætatem honestum erit imitari istud pulcherrimæ quietis exemplum? Quando secessus mei non desidiæ nomen, sed tranquillitatis accipient? Vale.

nois sont renfermés dans leurs murailles : les nôtres se répandent bien plus loin; et dans le corps politique, comme dans le corps humain, la plus dangereuse de toutes les maladies, c'est celle qui vient de la tête. Adieu.

XXIII.

Pline à Pomponius Bassus.

J'APPRENDS avec plaisir par nos amis communs, que vous jouissez et disposez de votre loisir d'une manière vraiment digne de votre sagesse; que vous habitez un séjour délicieux; que vous vous promenez souvent, soit sur terre, soit sur mer; que vous donnez beaucoup de temps aux discussions, aux conférences, à la lecture; et qu'il n'est point de jour que vous n'ajoutiez quelque nouvelle connaissance à cette vaste érudition que vous possédez déjà. C'est ainsi que doit vieillir un homme qui s'est distingué dans les plus hautes fonctions de la magistrature, qui a commandé des armés, et qui s'est dévoué au service de la république, tant que l'honneur l'a voulu. Nous devons à la patrie le premier et le second âge de notre vie; mais nous nous devons le dernier à nous-mêmes : les lois semblent nous le conseiller, lorsqu'à soixante ans elles nous rendent au repos. Quand jouirai-je de cette liberté? Quand l'âge me permettra-t-il ce délassement glorieux? Quand mon repos ne sera-t-il plus appelé paresse, mais sage tranquillité? Adieu.

XXIV.

Plinius Valenti suo s.

Proxime quum apud centumviros in quadruplici judicio dixissem, subiit recordatio, egisse me juvenem æque in quadruplici. Processit animus, ut solet, longius : cœpi reputare quos in hoc judicio, quos in illo socios laboris habuissem. Solus eram qui in utroque dixissem : tantas conversiones aut fragilitas mortalitatis, aut fortunæ mobilitas facit. Quidam ex iis, qui tunc egerant, decesserunt; exsulant alii; huic ætas et valetudo silentium suasit; hic sponte beatissimo otio fruitur; alius exercitum regit; illum civilibus officiis principis amicitia exemit. Circa nos ipsos quam multa mutata sunt! Studiis processimus; studiis periclitati sumus, rursusque processimus. Profuerunt nobis bonorum amicitiæ, et obfuerunt, iterumque prosunt. Si computes annos, exiguum tempus; si vices rerum, ævum putes. Quod potest esse documento, nihil desperare, nulli rei fidere, quum videamus tot varietates tam volubili orbe circumagi. Mihi autem familiare est omnes cogitationes meas tecum communicare, iisdemque te vel præceptis vel exemplis monere, quibus ipse me moneo : quæ ratio hujus epistolæ fuit. Vale.

XXIV.

Pline à Valens.

Ces jours passés, comme je plaidais devant les centumvirs, les quatre tribunaux assemblés, je me souvins que la même chose m'était arrivée dans ma jeunesse [179]. Ma pensée, comme à l'ordinaire, m'entraîna plus loin. Je commençai à rappeler dans ma mémoire ceux qui suivaient avec moi la carrière du barreau à l'une et à l'autre époque. Je m'aperçus que j'étais le seul qui se fût trouvé aux deux jugemens, tant les lois de la nature, tant les caprices de la fortune amènent de changemens! Les uns sont morts, les autres bannis. L'âge ou les infirmités ont condamné celui-ci au silence; la sagesse ménage à celui-là une heureuse tranquillité. L'un commande une armée; la faveur du prince dispense l'autre des emplois pénibles. Moi-même, quelles vicissitudes n'ai-je point éprouvées! Les belles-lettres m'ont élevé d'abord, abaissé ensuite, et enfin relevé. Mes liaisons avec les gens de bien m'ont été avantageuses, puis elles m'ont nui [180], et, de nouveau, elles me sont utiles aujourd'hui. Si vous comptez les années, le temps vous paraîtra court; si vous comptez les événemens, vous croirez parcourir un siècle. Tant de changemens, si rapidement amenés, sont bien propres à nous apprendre, qu'on ne doit désespérer de rien, ne compter sur rien. J'ai coutume de vous communiquer toutes mes pensées, de vous adresser les mêmes leçons, de vous proposer les mêmes exemples qu'à moi-même : ne cherchez pas d'autre intention dans cette lettre. Adieu.

XXV.

Plinius Messio Maximo suo s.

SCRIPSERAM tibi verendum esse, ne ex tacitis suffragiis vitium aliquod exsisteret : factum est. Proximis comitiis, in quibusdam tabellis multa jocularia, atque etiam foeda dictu; in una vero, pro candidatorum nominibus, suffragatorum nomina inventa sunt. Excanduit senatus, magnoque clamore ei, qui scripsisset, iratum principem est comprecatus. Ille tamen fefellit, et latuit, fortasse etiam inter indignantes fuit. Quid hunc putamus domi facere, qui in tanta re, tam serio tempore, tam scurriliter ludat? qui denique omnino in senatu dicax et urbanus et bellus est? Tantum licentiæ pravis ingeniis adjicit illa fiducia, « Quis enim sciet? » Poposcit tabellas, stilum accepit, demisit caput; neminem veretur, se contemnit. Inde ista ludibria, scena et pulpito digna. Quo te vertas? quæ remedia conquiras? Ubique vitia remedia fortiora : ἀλλὰ ταῦτα τῶν ὑπὲρ ἡμᾶς ἄλλῳ μελήσει, cui multum quotidie vigiliarum, multum laboris adjicit hæc nostra iners, sed tamen effrenata petulantia. Vale.

XXV.

Pline à Messius Maxime.

Je vous avais bien dit qu'il était à craindre que le scrutin secret n'amenât quelque désordre [181]. C'est ce qui vient d'arriver à la dernière élection des magistrats. Dans plusieurs billets, on a trouvé des plaisanteries; en quelques-uns, des impertinences grossières; dans un, entre autres, à la place du nom des candidats, le nom des protecteurs. Le sénat fit éclater son indignation, et appela à grands cris la colère du prince sur l'auteur de cette insolence. Mais il a échappé à tous ces ressentimens; il est demeuré ignoré, et peut-être était-il un de ceux qui criaient le plus haut. Que ne doit-il pas oser chez lui, l'homme qui dans une affaire si sérieuse, dans une occasion si importante, se permet des bouffonneries de ce genre, l'homme qui, en plein sénat, fait le railleur, le spirituel, l'agréable? Pour produire cet excès d'audace dans une âme basse, il ne faut que cette réflexion : *Qui le saura?* Demander du papier, prendre la plume, baisser la tête pour écrire, ne craindre point le témoignage des autres, mépriser le sien propre, voilà tout ce qu'il faut pour produire ces bons mots dignes du théâtre et de la scène. De quel côté se tourner? Quelque remède que l'on emploie, le mal est plus fort que le remède. Mais ce soin regarde quelqu'autre puissance [182], au zèle et aux travaux de laquelle notre mollesse et notre licence préparent de jour en jour de nouveaux sujets de réforme. Adieu.

XXVI.

Plinius Nepoti suo s.

Petis, ut libellos meos, quos studiosissime comparasti, legendos recognoscendosque curem : faciam. Quid enim suscipere libentius debeo, te præsertim exigente? nam quum vir gravissimus, doctissimus, disertissimus, super hæc occupatissimus, maximæ provinciæ præfuturus, tanti putes scripta nostra circumferre tecum, quanto opere mihi providendum est, ne te hæc pars sarcinarum, tanquam supervacua, offendat? Annitar ergo primum, ut comites istos quam commodissimos habeas; deinde, ut reversus invenias, quos istis addere velis. Neque enim mediocriter me ad nova opera tu lector hortaris. Vale.

XXVII.

Plinius Falconi suo s.

Tertius dies est, quod audivi recitantem Sentium Augurinum cum summa mea voluptate, immo etiam admiratione : poematia appellat : multa tenuiter, multa sublimiter, multa venuste, multa tenere, multa dulciter,

XXVI.

Pline à Nepos.

Vous voulez que je charge quelqu'un de relire et de corriger avec exactitude l'exemplaire de mes ouvrages, que vous avez acheté : je le ferai. De quel soin plus agréable pourrais-je me charger, puisque je m'en charge à votre prière? Lorsqu'un homme aussi grave, aussi savant, aussi éclairé, et, par dessus tout, aussi occupé que vous, croit devoir, en partant pour le gouvernement d'une grande province, emporter mes ouvrages avec lui, ne dois-je pas veiller de tout mon zèle à ce que cette partie de son bagage ne l'embarasse pas comme un fardeau inutile? Je chercherai donc à vous rendre vos compagnons de route le plus agréables que je pourrai, et je tâcherai, pour votre retour, d'en préparer d'autres que vous désiriez joindre aux anciens; car rien ne peut mieux m'engager à composer de nouveaux ouvrages, que l'attrait d'avoir un lecteur tel que vous. Adieu.

XXVII.

Pline à Falcon.

Il y a trois jours que j'entendis avec beaucoup de plaisir, et même avec admiration, la lecture des ouvrages de Sentius Augurinus : il les appelle petites poésies. Il y en a de délicates, de simples, de nobles, de galantes, de tendres, de douces, de piquantes. Il n'a rien

multa cum bile. Aliquot annis puto nihil generis ejusdem absolutius scriptum, nisi forte me fallit aut amor ejus, aut quod me ipsum laudibus vexit : nam lemma sibi sumpsit, quod ego interdum versibus ludo. Atque adeo judicii mei te judicem faciam, si mihi ex hoc ipso lemmate secundus versus occurrerit; nam ceteros teneo: et jam explicui :

>Canto carmina versibus minutis,
>His, olim quibus et meus Catullus,
>Et Calvus, veteresque. Sed quid ad me?
>* Unus Plinius est mihi priores.
>Mavult versiculos, foro relicto;
>Et quærit quod amet, putatque amari,
>Ille o Plinius, ille! quid Catones?
>I nunc, quisquis amas, amare noli.

Vides quam acuta omnia, quam apta, quam expressa! Ad hunc gustum totum librum repromitto; quem tibi, ut primum publicaverit, exhibebo. Interim ama juvenem, et temporibus nostris gratulare pro ingenio tali, quod ille moribus adornat. Vivit cum Spurinna, vivit cum Antonino; quorum alteri affinis, utrique contubernalis est. Possis ex hoc facere conjecturam, quam sit emendatus adolescens, qui a gravissimis senibus sic amatur. Est enim illud verissimum :

> . . . . γιγνώσκων, ὅτι
> Τοιοῦτός ἐσθ', οἷοις περ ἥδεται ξυνών.

Vale.

paru de plus achevé dans ce genre, depuis quelques années, si je ne suis point ébloui par l'amitié que je lui porte, ou par les louanges qu'il me donne dans une de ses pièces : elle roule sur le caprice que j'ai quelquefois de faire des vers légers. Vous allez vous-même juger de mon jugement, si le second vers de cette pièce me revient; car je tiens les autres. Bon! le voilà revenu.

> Ma muse enjouée et badine
> Imite Catulle et Calvus[183] ;
> Mais je veux n'imiter que Pline :
> Lui seul les vaut tous deux, s'il ne vaut encor plus.
> Qui sait mieux, dans un tendre ouvrage,
> Parler un amoureux langage ?
> Quoi! ce Pline si sérieux
> Et si grave?... Oui, ce Pline, épris de deux beaux yeux,
> Fait quelquefois des vers où règne la tendresse.
> Il célèbre l'amour : Caton en fit autant.
> Vous qui vous piquez de sagesse,
> Refusez d'aimer maintenant[184].

Vous voyez quelle finesse, quelle justesse, quelle vivacité. Le livre entier est écrit dans ce goût. Je vous en promets un exemplaire dès qu'il aura vu le jour. Aimez toujours ce jeune homme par avance. Réjouissez-vous pour notre siècle, illustré par un esprit si rare, qu'accompagnent d'ailleurs toutes les vertus. Il passe sa vie tantôt auprès de Spurinna, tantôt auprès d'Antonin, allié de l'un, intime ami de tous les deux. Jugez par là du mérite d'un jeune homme, qui est tant aimé de vieillards si vénérables. Car rien de plus vrai que la maxime du poète :

> On ressemble toujours à ceux que l'on fréquente[185].

Adieu.

XXVIII.

Plinius Severo suo s.

HERENNIUS Severus, vir doctissimus, magni æstimat in bibliotheca sua ponere imagines municipum tuorum, Cornelii Nepotis et Titi Cassii; petitque, si sunt istic, ut esse credibile est, exscribendas pingendasque delegem. Quam curam tibi potissimum injungo: primum, quia desideriis meis amicissime obsequeris: deinde, quia tibi studiorum summa reverentia, summus amor studiosorum: postremo, quod patriam tuam, omnesque qui nomen ejus auxerunt, ut patriam ipsam, veneraris et diligis. Peto autem, ut pictorem quam diligentissimum assumas. Nam quum est arduum similitudinem effingere ex vero, tum longe difficillima est imitationis imitatio. A qua, rogo ut artificem, quem elegeris, ne in melius quidem, sinas aberrare. Vale.

XXIX.

Plinius Romano suo s.

EIA tu, quum proxime res agentur, quoquo modo ad judicandum veni. Nihil est quod in dexteram aurem

XXVIII.

Pline à Sévère [186].

Herennius Severus, homme très-savant, tient beaucoup à placer dans sa bibliothèque les portraits de deux de vos compatriotes, Cornelius Nepos et Titus Cassius. Si vous avez ces portraits dans votre ville, comme cela est vraisemblable, il me prie de lui en faire faire des copies. En vous chargeant spécialement de ce soin, j'ai considéré, d'abord, votre amitié, qui se prête avec une extrême obligeance à tous mes désirs; ensuite votre passion pour les belles-lettres, et votre amour pour ceux qui les cultivent; enfin, le respect et la tendresse que vous inspirent tous ceux qui ont fait honneur à la patrie, non moins que la patrie elle-même. Je vous supplie donc de choisir le peintre le plus habile : car s'il est difficile de saisir la ressemblance d'après un original, combien ne l'est-il pas davantage d'après une copie? Tâchez, je vous prie, que l'artiste ne sacrifie pas la vérité, même pour l'embellir. Adieu.

XXIX.

Pline à Romanus.

Allons, paresseux, ne manquez pas, à la première audience qui se tiendra, de venir exercer vos fonctions de juge. Ne comptez pas que vous puissiez vous en reposer

fiducia mei dormias : non impune cessatur. Ecce Licinius Nepos, prætor, acer et fortis vir, multam dixit etiam senatori. Egit ille in senatu causam suam; egit autem sic, ut deprecaretur. Remissa est multa; sed timuit, sed rogavit, sed opus venia fuit. Dices : « Non omnes prætores tam severi.» Falleris ; nam vel instituere, vel reducere ejusmodi exemplum, non nisi severi; institutum, reductumve exercere, etiam lenissimi possunt. Vale.

XXX.

Plinius Licinio suo s.

ATTULI tibi ex patria mea pro munusculo quæstionem, altissima ista eruditione dignissimam. Fons oritur in monte, per saxa decurrit, excipitur cœnatiuncula manu facta : ibi paullulum retentus in Larium lacum decidit. Hujus mira natura : ter in die, statis auctibus ac diminutionibus, crescit decrescitque. Cernitur id palam, et cum summa voluptate deprehenditur. Juxta recumbis et vesceris; atque etiam ex ipso fonte (nam est frigidissimus) potas : interim ille certis dimensisque momentis vel subtrahitur, vel assurgit. Annulum, seu quid aliud,

sur moi : on ne s'en dispense pas impunément. Licinius Nepos, préteur, homme ferme et sévère, vient de condamner à l'amende un sénateur même. Le sénateur a plaidé sa cause dans le sénat; mais il a plaidé en homme qui demande grâce. L'amende lui a été remise; mais il en a eu la peur, mais il a prié, mais il a eu besoin de pardon. Tous les préteurs, dites-vous, ne sont pas si sévères. Vous vous trompez : il faut de la sévérité pour établir, ou pour ramener de tels exemples; mais quand ils sont une fois établis ou ramenés, les plus indulgens peuvent fort bien les imiter. Adieu.

XXX.

Pline à Licinius.

JE vous ai rapporté de mon pays, pour présent, une question digne d'exercer cette vaste érudition, à laquelle rien n'échappe. Une fontaine prend sa source dans une montagne, coule entre des rochers, passe dans une petite salle à manger faite exprès de main d'homme, s'arrête quelque temps, et enfin tombe dans le lac de Côme. Voici le merveilleux : trois fois le jour, elle s'élève et s'abaisse, par un flux et un reflux réguliers. L'œil peut juger de ce prodige, et il y a un plaisir extrême à en observer les effets. On s'asseoit sur le bord, on y mange, on boit même de l'eau de la fontaine; car elle est très-fraîche; et on la voit, pendant ce temps, ou monter ou se retirer graduellement. Vous placez un anneau ou tout

ponis in sicco; alluitur sensim, ac novissime operitur: detegitur rursus, paullatimque deseritur : si diutius observes, utrumque iterum ac tertio videas.

Spiritusne aliquis occultior os fontis et fauces modo laxat, modo includit, prout illatus occurrit, aut decessit expulsus? Quod in ampullis ceterisque generis ejusdem videmus accidere, quibus non hians, nec statim patens exitus. Nam illa quoque, quanquam prona et vergentia, per quasdam obluctantis animæ moras crebris quasi singultibus sistunt, quod effundunt. An quæ Oceano natura, fonti quoque? quaque ille ratione aut impellitur, aut resorbetur, hac modicus hic humor vicibus alternis supprimitur, vel egeritur? An, ut flumina, quæ in mare deferuntur, adversantibus ventis, obvioque æstu retorquentur, ita est aliquid, quod hujus fontis excursum per momenta repercutiat? An latentibus venis certa mensura, quæ dum colligit quod exhauserat, minor rivus et pigrior; quum collegit, agilior majorque profertur? An, nescio quod, libramentum abditum et cæcum, quod quum exinanitum est, suscitat et elicit fontem : quum repletum, moratur et strangulat?

autre objet, à sec, sur le bord : l'eau le mouille peu-à-peu, et enfin le couvre tout-à-fait. Bientôt, il reparaît, et l'eau l'abandonne insensiblement. Regardez assez long-temps, et vous verrez, dans le jour, la même chose se répéter jusqu'à deux et trois fois.

Quelque vent souterrain ouvrirait-il ou fermerait-il quelquefois la source de cette fontaine, selon qu'il entre, ou se retire avec force? C'est ce qui arrive dans une bouteille, dont l'ouverture est un peu étroite : l'eau n'en sort pas tout à coup, et retenue, dans la bouteille renversée, par l'effort de l'air qui veut pénétrer, elle ne s'échappe que par élans. Cette fontaine obéit-elle aux mêmes influences que l'Océan? la même cause qui étend ou resserre les flots de la mer, fait-elle aussi croître ou décroître ce mince filet d'eau [187]? Ou bien, comme les fleuves, qui portent leurs eaux à la mer, sont refoulés par les vents contraires ou par le reflux, y aurait-il de même quelque obstacle interne qui repousse les eaux de cette fontaine [188]? Peut-être encore, les veines qui l'alimentent ont-elles une capacité déterminée : tandis qu'elles rassemblent de nouveau la quantité d'eau qu'elles viennent d'épancher, le ruisseau s'abaisse et coule plus lentement; au lieu qu'il s'enfle et se précipite, lorsque ces veines sont remplies. Enfin, existerait-il quelque balancement secret dans le bassin qui renferme ces eaux, de telle sorte que l'épanchement fût plus libre, lorsque les eaux sont moins abondantes; et qu'au contraire, lorsqu'elles affluent, l'épanchement arrêté ne se fît que par bouillons [189]?

Scrutare tu causas (potes enim), quæ tantum miraculum efficiunt. Mihi abunde est, si satis expressi quod efficitur. Vale.

C'est à vous à découvrir les causes de ce prodige : personne ne le peut mieux que vous? Pour moi, je suis content si j'ai bien exposé le fait[190]. Adieu.

C. PLINII CÆCILII SECUNDI
EPISTOLÆ.
LIBER QUINTUS.

I.

Plinius Severo suo s.

Legatum mihi obvenit modicum, sed amplissimo gratius. Cur amplissimo gratius? Pomponia Gratilla, exheredato filio Assudio Curiano, heredem reliquerat me: dederat coheredes Sertorium Severum, prætorium virum, aliosque equites romanos splendidos. Curianus orabat, ut sibi donarem portionem meam, seque præjudicio juvarem: eamdem tacita conventione salvam mihi pollicebatur. Respondebam, non convenire moribus meis aliud palam, aliud agere secreto: præterea non esse satis honestum donare et locupleti et orbo: in summa, non profuturum ei, si donassem; profuturum, si cessissem: esse autem me paratum cedere, si inique exheredatum mihi liqueret. Ad hoc ille, « Rogo cognoscas. » Cunctatus paullum : « Faciam, inquam : neque enim video, cur

LETTRES
DE PLINE LE JEUNE.
LIVRE CINQUIÈME.

I.

Pline à Sévère.

On vient de me faire un petit legs, que j'estime plus qu'un legs considérable. Vous demandez pourquoi ? Le voici. Pomponia Gratilla ayant déshérité son fils Assudius Curianus, m'institua héritier avec Sertorius Severus, l'ancien préteur, et avec quelques chevaliers romains, distingués dans leur ordre. Curianus me pressa de vouloir bien lui donner ma part dans la succession, et d'établir par-là un préjugé en sa faveur contre mes cohéritiers ; mais en même temps il m'offrait de me laisser, par une stipulation particulière, cette même portion que je lui donnerais. Je lui répondis qu'il ne convenait pas à mon caractère de feindre publiquement une chose, et d'en faire une autre en secret ; que d'ailleurs je ne croyais pas qu'il fût honorable de faire une donation à un homme riche et sans enfans ; qu'enfin cette donation serait inutile à ses desseins ; qu'au contraire, un désistement de mon droit les favoriserait beaucoup, et que

ipse me minorem putem, quam tibi videor. Sed jam nunc memento, non defuturam mihi constantiam, si ita fides duxerit, secundum matrem tuam pronuntiandi. Ut voles, ait : voles enim, quod æquissimum. » Adhibui in consilium duos, quos tunc civitas nostra spectatissimos habuit, Corellium et Frontinum. His circumdatus, in cubiculo meo sedi. Dixit Curianus quæ pro se putabat. Respondi paucis ego (neque enim aderat alius qui defunctæ pudorem tueretur); deinde secessi, et ex consilii sententia : « Videtur, inquam, Curiane, mater tua justas habuisse causas irascendi tibi. »

Post hoc ille cum ceteris subscripsit centumvirale judicium, mecum non subscripsit. Appetebat judicii dies: coheredes mei componere et transigere cupiebant, non diffidentia causæ, sed metu temporum. Verebantur, quod videbant multis accidisse, ne ex centumvirali judicio capitis rei exirent. Et erant quidam in illis, quibus objici et Gratillæ amicitia et Rustici posset. Rogant me ut cum Curiano loquar. Convenimus in ædem Concordiæ. Ibi ego : « Si mater, inquam, te ex parte quarta scripsisset heredem, num queri posses ? Quid si heredem quidem in-

j'étais près de me désister, s'il me pouvait prouver qu'il eût été déshérité injustement. *J'y consens*, reprit-il, *et je ne veux point d'autre juge que vous.* Après avoir hésité un moment : *Je le veux bien*, lui dis-je; *car je ne vois pas pourquoi j'aurais de moi moins bonne opinion que vous-même : mais souvenez-vous que rien ne m'ébranlera, si la justice m'engage à décider pour votre mère.—Comme vous voudrez*, répondit-il; *car vous ne voudrez jamais que ce qui sera juste.* Je choisis donc, pour prononcer avec moi, deux des hommes qui jouissaient alors dans Rome de la plus haute estime, Corellius et Frontinus. Assis au milieu d'eux, je donnai audience à Curianus dans une chambre. Il dit tout ce qu'il crut pouvoir établir la justice de ses plaintes. Je répliquai en peu de mots; car personne n'était là pour défendre l'honneur de la testatrice. Après cela, je m'éloignai de lui pour délibérer; et ensuite, de l'avis de mon conseil, je lui dis : *Il paraît, Curianus, que le ressentiment de votre mère était juste.*

Quelque temps après, il fait assigner mes cohéritiers devant les centumvirs; il n'excepte que moi. Le jour du jugement approchait. Tous mes cohéritiers souhaitaient une transaction; non qu'ils se défiassent de leur cause, mais les circonstances leur faisaient peur. Ils appréhendaient (ce qu'ils avaient vu plus d'une fois arriver à d'autres), qu'au sortir d'un procès civil devant les centumvirs, ils ne tombassent dans un procès criminel et capital. Il en était plusieurs, contre qui l'amitié de Gratilla et de Rusticus pouvait fournir un prétexte d'accusation[192]. Ils me prient de pressentir Curianus. Je prends rendez-vous avec lui dans le temple de la Concorde. Là je lui dis : *Si votre mère vous eût institué héritier pour*

stituisset ex asse, sed legatis ita exhausisset, ut non amplius apud te, quam quarta, remaneret? Igitur sufficere tibi debet, si, exheredatus a matre, quartam partem ab heredibus ejus accipias, quam tamen ego augebo. Scis te non subscripsisse mecum, et jam biennium transisse, omniaque me usucepisse. Sed ut te coheredes mei tractabiliorem experiantur, utque tibi nihil abstulerit reverentia mei, offero pro mea parte tantumdem.» Tuli fructum non conscientiæ modo, verum etiam famæ. Ille ergo Curianus legatum mihi reliquit, et factum meum, nisi forte blandior mihi, antiquum, nobili honore signavit.

Hæc tibi scripsi, quia de omnibus, quæ me vel delectant vel angunt, non aliter tecum, quam mecum, loqui soleo : deinde, quod durum existimabam, te amantissimum mei fraudare voluptate, quam ipse capiebam. Neque enim sum tam sapiens, ut nihil mea intersit, an iis, quæ honeste fecisse me credo, testificatio quædam, et quasi præmium accedat. Vale.

un quart de son bien, ou si même elle vous eût fait son unique héritier, mais que par des legs elle eût si fort chargé sa succession, qu'il ne vous en restât que le quart, auriez-vous droit de vous plaindre[193]? Vous devez donc être content, si, étant déshérité, ses héritiers vous abandonnent la quatrième partie de ce qu'ils recevront. J'y veux pourtant encore ajouter du mien. Vous savez que vous ne m'avez point assigné : ainsi la prescription qui m'est acquise par une possession publique et paisible de deux années, met ma portion d'héritage à couvert de vos prétentions. Cependant, pour vous déterminer à faire meilleure composition à mes cohéritiers[194], et afin que votre considération pour moi ne vous coûte rien, je vous en offre autant pour ma part. Le témoignage secret de ma conscience ne fut pas le seul fruit que je recueillis de cette action; elle me fit honneur. C'est donc ce même Curianus, qui m'a laissé un legs, pour rendre un éclatant hommage à mon désintéressement, qui, si je ne me flatte point trop, est digne de la vertu de nos ancêtres[195].

Je vous écris ce détail, parce que j'ai coutume de m'entretenir avec vous, aussi naïvement qu'avec moi-même, de tout ce qui me cause de la peine ou du plaisir: je crois, d'ailleurs, qu'il serait injuste de garder pour moi seul toute ma joie, et de l'envier à mon ami. Car enfin, ma sagesse ne va point jusqu'à ne compter pour rien cette espèce de récompense, que la vertu trouve dans l'approbation de ceux qui l'estiment. Adieu.

II.

Plinius Flacco suo s.

Accepi pulcherrimos turdos, cum quibus parem calculum ponere, nec ullis copiis ex Laurentino, nec maris tam turbidis tempestatibus possum. Recipies ergo epistolas steriles, et simpliciter ingratas, ac ne illam quidem solertiam Diomedis in permutando munere imitantes. Sed, quæ facilitas tua, hoc magis dabis veniam, quod se non mereri fatentur. Vale.

III.

Plinius Aristoni suo s.

Quum plurima officia tua mihi grata et jucunda sunt, tum vel maxime, quod me celandum non putasti, fuisse apud te de versiculis meis multum copiosumque sermonem, eumque diversitate judiciorum longius processisse: exstitisse etiam quosdam, qui scripta quidem ipsa non improbarent, me tamen amice simpliciterque reprehenderent, quod hæc scriberem recitaremque. Quibus ego, ut augeam meam culpam, ita respondeo: Facio nonnunquam versiculos, severos parum; facio comœdias, et audio; et specto mimos, et lyricos lego, et Sotadicos

II.

Pline à Flaccus.

Les grives[196] que vous m'avez envoyées sont si belles, que je ne puis, ni sur terre, ni sur mer, par ce temps orageux, trouver à ma maison de Laurente, de quoi vous rendre votre cadeau. Attendez-vous donc à une lettre stérile, et franchement ingrate. Je ne veux pas même imiter l'adresse de Diomède à échanger des présens[197]. Mais je connais votre indulgence: vous me pardonnerez d'autant plus facilement, que je me reconnais moins digne de pardon. Adieu.

III.

Pline à Ariston.

Entre une infinité d'obligations que je vous ai, je compte pour une des plus grandes, que vous ayez bien voulu m'apprendre avec tant de franchise la longue discussion qui s'est élevée chez vous sur mes vers, et les différens jugemens que l'on en porte. J'apprends que plusieurs personnes, sans trouver mes vers mauvais, me blâment, en amis vrais et sincères, d'en composer et de les lire. Ma réponse me rendra encore bien plus coupable à leurs yeux. Je fais quelquefois des vers légers; je compose des comédies, et je vais en écouter au théâtre; j'assiste au spectacle des mimes[198]; je lis volontiers les poètes lyriques; je m'amuse même des

intelligo : aliquando præterea rideo, jocor, ludo; utque omnia innoxiæ remissionis genera breviter amplectar, homo sum.

Nec vero moleste fero, hanc esse de moribus meis existimationem, ut, qui nesciunt, talia doctissimos, gravissimos, sanctissimos homines scriptitasse, me scribere mirentur. Ab illis autem, quibus notum est, quos quantosque auctores sequar, facile impetrari posse confido, ut errare me, sed cum illis, sinant, quorum non seria modo, verum etiam lusus exprimere, laudabile est. An ego verear (neminem viventium, ne quam in speciem adulationis incidam, nominabo), sed ego verear, ne me non satis deceat, quod decuit M. Tullium, C. Calvum, Asinium Pollionem, M. Messallam, Q. Hortensium, M. Brutum, L. Sullam, Q. Catulum, Q. Scævolam, Ser. Sulpicium, Varronem, Torquatum (immo Torquatos), C. Memmium, Lentulum, Gætulicum, Annæum Senecam, et proxime Virginium Rufum; et si non sufficiunt exempla privata, divum Julium, divum Augustum, divum Nervam, T. Cæsarem? Neronem enim transeo, quamvis sciam non corrumpi in deterius, quæ aliquando etiam a malis; sed honesta manere, quæ sæpius a bonis fiunt. Inter quos vel præcipue numerandus est P. Virgilius, Cornelius Nepos, et prius Ennius, Acciusque. Non quidem hi senatores : sed sanctitas morum non distat ordinibus.

vers *sotadiques* 199 : enfin, il m'arrive quelquefois de rire, de plaisanter, de badiner; et, pour exprimer en un mot tous les plaisirs innocens auxquels je me livre, je suis homme.

Ceux qui ne savent pas que les personnages les plus savans, les plus sages, les plus irréprochables ont composé de ces bagatelles, me font honneur, quand ils sont surpris de m'y voir donner quelques heures; mais j'ose me flatter que ceux qui connaissent mes garans et mes guides, me pardonneront aisément, si je m'égare sur leurs pas : ce sont des hommes illustres, qu'il n'est pas moins glorieux d'imiter dans leurs amusemens que dans leurs occupations. Je ne veux nommer personne entre les vivans, pour ne pas me rendre suspect de flatterie : mais dois-je rougir de faire ce qu'ont fait Cicéron, Calvus, Asinius, Messala, Hortensius, Brutus, Sylla, Catulus, Scévola, Sulpicius, Varron, Torquatus, ou plutôt les Torquatus, Memmius, Lentulus, Getulicus, Sénèque, et, de nos jours encore, Virginius Rufus 200 ? Les exemples des particuliers ne suffisent-ils pas, je citerai Jules-César, Auguste, Nerva, Titus. Je ne parle point de Néron; et cependant un goût ne cesse pas d'être légitime, pour être quelquefois celui des hommes méchans, tandis qu'une chose reste honorable, par cela seul que les gens de bien en ont souvent donné l'exemple. Entre ceux-ci, on doit compter Virgile, Cornelius Nepos, et avant eux Ennius et Accius. Il est vrai qu'ils n'étaient pas sénateurs : mais la vertu n'admet ni distinction ni rang.

Recito tamen; quod illi an fecerint, nescio. Etiam. Sed illi judicio suo poterant esse contenti : mihi modestior conscientia est, quam ut satis absolutum putem, quod a me probetur. Itaque has recitandi causas sequor : primum, quod ipse, qui recitat, aliquanto acrius scriptis suis, auditorum reverentia, intendit : deinde, quod, de quibus dubitat, quasi ex consilii sententia statuit. Multa etiam a multis admonetur : et, si non admoneatur, quid quisque sentiat, perspicit ex vultu, oculis, nutu, manu, murmure, silentio; quæ satis apertis notis judicium ab humanitate discernunt. Atque adeo, si cui forte eorum, qui interfuerunt, curæ fuerit eadem illa legere, intelliget me quædam aut commutasse, aut præterisse, fortasse etiam ex suo judicio, quamvis ipse nihil dixerit mihi. Atque hæc ita disputo, quasi populum in auditorium, non in cubiculum amicos advocarim, quos plures habere, multis gloriosum, reprehensioni nemini fuit. Vale.

IV.

Plinius Valeriano suo s.

Res parva, sed initium non parvæ. Vir prætorius Solers a senatu petiit, ut sibi instituere in agris suis nundinas permitteretur : contradixerunt Vicentinorum

Mais je lis publiquement mes ouvrages, et peut-être n'ont-ils pas lu les leurs..... J'en conviens ; c'est qu'ils pouvaient, eux, s'en rapporter à leur propre jugement : moi, j'ai une conscience trop modeste, pour croire parfait ce qui me paraît tel. Je lis donc à mes amis, et j'y trouve plus d'un avantage. Par respect pour l'auditoire qui l'écoutera, un auteur apporte plus de soin à ses écrits. D'ailleurs, s'il a des doutes sur son ouvrage, il les résout, comme à la pluralité des voix. Enfin, il reçoit différens avis de différentes personnes ; et, si l'on ne lui en donne point, les yeux, l'air, un geste, un signe, un bruit sourd, le silence même, parlent assez clairement à qui ne les confond pas avec le langage de la politesse. C'est au point que si quelqu'un de ceux qui m'ont écouté, voulait prendre la peine de lire ce qu'il a entendu, il trouverait que j'ai changé ou retranché des endroits d'après son avis même, quoiqu'il ne m'en ait pas dit un mot. Et notez que je me défends comme si j'avais rassemblé le peuple dans une salle publique, et non pas mes amis dans ma chambre : avoir beaucoup d'amis a souvent fait honneur, et n'a jamais attiré de reproche. Adieu.

IV.

Pline à Valerianus.

Je vais vous conter une chose peu importante en elle-même, mais dont les suites le seront beaucoup[201]. Solers, ancien préteur[202], a demandé au sénat la permis-

legati : affuit Tuscilius Nominatus : dilata causa est. Alio senatu Vicentini sine advocato intraverunt : dixerunt, se deceptos; lapsine verbo, an quia ita sentiebant? Interrogati a Nepote praetore, quem docuissent, responderunt, quem prius. Interrogati an tunc gratis affuisset, responderunt, sex millibus nummum : an rursus aliquid dedissent, dixerunt, mille denarios. Nepos postulavit, ut Nominatus induceretur. Hactenus illo die. Sed, quantum auguror, longius res procedet. Nam pleraque tacta tantum et omnino commota, latissime serpunt. Erexi aures tuas. Quam diu nunc oportet, quam blande roges, ut reliqua cognoscas! si tamen non ante ob haec ipsa veneris Romam, spectatorque malueris esse, quam lector. Vale.

V.

Plinius Maximo suo s.

NUNTIATUM mihi est, C. Fannium decessisse : qui nuntius me gravi dolore confudit; primum, quod amavi hominem elegantem et disertum; deinde, quod judicio ejus uti solebam. Erat enim natura acutus, usu exerci-

sion d'établir des marchés sur ses terres. Les députés de Vicente [203] s'y sont opposés; et Tuscilius Nominatus s'est présenté pour les défendre. L'affaire fut remise. Les Vicentins revinrent au sénat un autre jour, mais sans avocat. Ils se plaignirent d'avoir été trompés, soit qu'ils le crussent ainsi, soit que ce mot leur eût échappé. Le préteur Nepos leur demanda quel avocat ils avaient chargé de leur cause..... ils répondirent que c'était le même qui les avait accompagnés la première fois : ce qu'ils lui avaient donné... ils dirent qu'il avait reçu d'eux six mille sesterces : s'ils ne lui avaient rien donné depuis... ils déclarèrent qu'ils lui avaient encore payé mille deniers. Nepos a requis que Nominatus fût mandé. C'est tout ce qui se passa ce jour-là. Mais, si je ne me trompe, cette affaire ira plus loin : car il est bien des choses qu'il suffit de remuer, ou de toucher légèrement, pour qu'elles éclatent [204]. J'ai éveillé votre curiosité; mais que de temps, que de prières ne faudra-t-il pas, pour que je vous apprenne le reste! si cependant, pour le savoir, vous n'aimez mieux venir à Rome, et être spectateur plutôt que lecteur. Adieu.

V.

Pline à Maximus.

On me mande que C. Fannius est mort. Cette nouvelle m'afflige beaucoup. J'aimais sa politesse et son éloquence, et je prenais volontiers ses avis. Il était naturellement pénétrant, consommé dans les affaires par une longue expérience, et fertile en expédiens. Ce qui

tatus, varietate promptissimus. Angit me, super ista, casus ipsius. Decessit veteri testamento : omisit, quos maxime diligebat; prosecutus est, quibus offensior erat. Sed hoc utcumque tolerabile : gravius illud, quod pulcherrimum opus imperfectum reliquit. Quamvis enim agendis causis distringeretur, scribebat tamen exitus occisorum aut relegatorum a Nerone; et jam tres libros absolverat, subtiles, et diligentes, et latinos, atque inter sermonem historiamque medios. Ac tanto magis reliquos perficere cupiebat, quanto frequentius hi lectitabantur.

Mihi autem videtur acerba semper et immatura mors eorum, qui immortale aliquid parant. Nam qui voluptatibus dediti quasi in diem vivunt, vivendi causas quotidie finiunt : qui vero posteros cogitant, et memoriam sui extendunt, his nulla mors non repentina est, ut quæ semper inchoatum aliquid abrumpat.

Caius quidem Fannius, quod accidit, multo ante præsensit. Visus est sibi per nocturnam quietem jacere in lectulo suo compositus in habitu studentis, habere ante se scrinium; ita solebat : mox imaginatus est venisse Neronem, in toro resedisse, prompsisse primum librum, quem de sceleribus ejus ediderat, eumque ad extremum

ajoute à mes regrets, c'est son propre malheur : il est mort, laissant un ancien testament, dans lequel il oublie ses meilleurs amis, et comble de biens ses ennemis les plus déclarés. Mais c'est chose encore dont on peut se consoler : ce qui est bien plus fâcheux, c'est qu'il n'a pu achever, avant de mourir, l'excellent ouvrage auquel il travaillait. Quoique le barreau l'occupât beaucoup, il écrivait pourtant les tristes aventures de ceux que Néron avait bannis, ou fait périr. Déjà trois livres de cet ouvrage étaient achevés, et l'on y admirait la délicatesse des idées, l'exactitude des faits, la pureté du style : le ton tenait le milieu entre celui de la simple relation et celui de l'histoire. L'empressement qu'on témoignait à lire ces premiers livres, ajoutait au désir qu'il avait de finir les autres.

Il me semble que la mort de ces grands hommes qui consacrent leurs veilles à des œuvres immortelles, est toujours précoce et prématurée. Car, pour celui qui, livré aux plaisirs, vit au jour la journée, chaque soir, en les terminant, met fin aux motifs qu'il a de vivre[205]. Mais ceux qui songent à la postérité, et qui veulent éterniser leur mémoire, sont toujours surpris par la mort, puisqu'elle interrompt toujours quelque travail commencé.

Il est vrai que C. Fannius eut, long-temps avant, un pressentiment de ce qui lui devait arriver. Il crut se voir, en songe, couché dans son lit, et dans l'attitude d'un homme qui étudie : il avait, selon l'usage, son portefeuille devant lui. Il s'imagina bientôt voir entrer Néron, qui s'assit sur son lit, prit le premier livre, déjà publié, où ses forfaits étaient tracés, le lut d'un bout à l'autre, prit ensuite et lut de même le second, le troi-

revolvisse, idem in secundo ac tertio fecisse, tunc abiisse. Expavit; et sic interpretatus est, tanquam idem sibi futurus esset scribendi finis, qui fuisset illi legendi : et fuit idem.

Quod me recordantem miseratio subit, quantum vigiliarum, quantum laboris exhauserit frustra. Occursant animo mea mortalitas, mea scripta. Nec dubito, te quoque eadem cogitatione terreri pro istis, quæ inter manus habes. Proinde, dum suppetit vita, enitamur, ut mors quam paucissima, quæ abolere possit, inveniat. Vale.

VI.

Plinius Apollinari suo s.

Amavi curam et sollicitudinem tuam, quod, quum audisses me æstate Tuscos meos petiturum, ne facerem suasisti, dum putas insalubres. Et sane gravis et pestilens ora Tuscorum, quæ per litus extenditur. Sed hi procul a mari recesserunt : quin etiam Apennino, saluberrimo montium, subjacent. Atque adeo, ut omnem pro me metum ponas, accipe temperiem cœli, regionis situm, villæ amœnitatem : quæ et tibi auditu, et mihi relatu jucunda erunt.

sième, et se retira. Fannius, saisi de frayeur, se persuada, en interprétant ce songe, qu'il n'en écrirait pas plus que Néron n'en avait lu : et son pressentiment s'est réalisé.

Je ne puis y penser, sans le plaindre d'avoir perdu tant de veilles et tant de travaux. Mon esprit se trouve naturellement ramené à l'idée de ma mort, et à celle de mes écrits : je ne doute pas que cette réflexion ne vous inspire mêmes alarmes pour ceux auxquels vous travaillez encore. Ainsi, pendant que nous jouissons de la vie, travaillons à dérober à la mort le plus d'ouvrages que nous pourrons. Adieu.

VI.

Pline à Apollinaire.

J'AI été sensible à votre attention pour moi et à votre inquiétude, lorsqu'informé que je devais aller cet été à ma terre de Toscane, vous avez essayé de m'en détourner, parce que vous ne croyez pas que l'air en soit bon. Il est vrai que le canton de Toscane [206], qui s'étend le long de la mer, est malsain et dangereux; mais ma terre en est fort éloignée. Elle est au pied de l'Apennin, dont l'air est plus pur que celui d'aucune autre montagne. Et afin que vous soyez bien guéri de votre peur, voici quelle est la température du climat, la situation du pays, la beauté de la maison. Vous aurez autant de plaisir à lire ma description, que moi à vous la faire [207].

Cœlum est hieme frigidum et gelidum; myrtos, oleas, quæque alia assiduo tepore lætantur, aspernatur ac respuit : laurum tamen patitur, atque etiam nitidissimam profert; interdum, sed non sæpius quam sub urbe nostra, necat. Æstatis mira clementia. Semper aer spiritu aliquo movetur : frequentius tamen auras, quam ventos habet. Hinc senes multos videas, avos proavosque jam juvenum; audias fabulas veteres, sermonesque majorum; quumque veneris illo, putes alio te seculo natum.

Regionis forma pulcherrima. Imaginare amphitheatrum aliquod immensum, et quale sola rerum natura possit effingere. Lata et diffusa planities montibus cingitur; montes summa sui parte procera nemora et antiqua habent. Frequens ibi et varia venatio. Inde cæduæ silvæ cum ipso monte descendunt ; has inter pingues terrenique colles (neque enim facile usquam saxum, etiam si quæratur, occurrit) planissimis campis fertilitate non cedunt, opimamque messem serius tantum, sed non minus percoquunt. Sub his per latus omne vineæ porriguntur, unamque faciem longe lateque contexunt; quarum a fine imoque quasi margine arbusta nascuntur. Prata inde, campique; campi, quos nonnisi ingentes boves et fortissima aratra perfringunt. Tantis

En hiver, l'air y est froid et glacé ; le climat ne convient ni aux myrtes, ni aux oliviers, ni aux autres espèces d'arbres qui ont besoin d'une chaleur continuelle. Cependant il y vient des lauriers, dont l'éclat même se conserve long-temps : s'ils meurent quelquefois, ce n'est pas plus souvent qu'aux environs de Rome. L'été y est d'une douceur merveilleuse : un souffle rafraîchissant ne cesse d'agiter l'air; mais, presque toujours, c'est moins du vent qu'une haleine bienfaisante. Aussi les vieillards y sont-ils nombreux : là, on voit les aïeuls et les bisaïeuls de jeunes gens déjà formés : là, on entend raconter de vieilles histoires, et on retrouve les conversations d'autrefois [208]. Quand vous êtes dans ce lieu, vous vous croyez d'un autre siècle.

La disposition du terrain est on ne peut plus belle. Imaginez-vous un amphithéâtre immense, tel que la nature seule peut le faire, une vaste plaine, environnée de montagnes chargées sur leurs cîmes de bois très-hauts et très-anciens : le gibier de toute espèce y abonde. Des taillis couvrent la pente des montagnes. Entre ces taillis sont des collines, d'un terroir si bon et si gras, qu'il serait difficile d'y trouver une pierre, quand même on l'y chercherait. Leur fertilité ne le cède point à celle de la plaine; et si les moissons y sont plus tardives, elles n'y mûrissent pas moins. Au pied de ces montagnes, le long du coteau, se prolongent des pièces de vignes, qui semblent se toucher et n'en former qu'une seule. Ces vignes sont bordées par quantité d'arbrisseaux. Ensuite sont des prairies et des terres labourables, si fortes, que les meilleures charrues et les bœufs les plus vigoureux ont peine à en ouvrir le sol. Comme la terre est très-compacte, le fer ne peut

glebis tenacissimum solum, quum primum prosecatur, assurgit, ut nono demum sulco perdometur.

Prata florida et gemmea, trifolium, aliasque herbas, teneras semper et molles, et quasi novas alunt. Cuncta enim perennibus rivis nutriuntur. Sed ubi aquæ plurimum, palus nulla, quia devexa terra, quidquid liquoris accepit, nec absorbuit, effundit in Tiberim. Medios ille agros secat, navium patiens, omnesque fruges devehit in urbem, hieme duntaxat et vere; æstate submittitur, immensique fluminis nomen arenti alveo deserit, autumno resumit. Magnam capies voluptatem, si hunc regionis situm ex monte prospexeris. Neque enim terras tibi, sed formam aliquam, ad eximiam pulchritudinem pictam, videberis cernere. Ea varietate, ea descriptione, quocumque inciderint, oculi reficiuntur.

Villa in colle imo sita prospicit quasi ex summo : ita leniter et sensim, clivo fallente, consurgit, ut, quum ascendere te non putes, sentias ascendisse. A tergo Apenninum, sed longius habet. Accipit ab hoc auras quamlibet sereno et placido die, non tamen acres et immodicas, sed spatio ipso lassas et infractas. Magna sui parte meridiem spectat, æstivumque solem ab hora sexta, hibernum aliquanto maturius, quasi invitat in porticum latam, et pro modo longam.

la fendre sans qu'elle se charge de glèbes énormes, et, pour les briser, il faut repasser le soc jusqu'à neuf fois.

Les prés, émaillés de fleurs, y fournissent du trèfle et d'autres sortes d'herbes, toujours aussi tendres et aussi pleines de suc que si elles venaient de naître. Ils tirent cette fertilité des ruisseaux qui les arrosent, et qui ne tarissent jamais. Cependant, en des lieux où l'on trouve tant d'eaux, l'on ne voit point de marécages, parce que la terre, disposée en pente, laisse couler dans le Tibre le reste de celles dont elle ne s'est point abreuvée. Ce fleuve, qui passe au milieu des champs, est navigable, et sert dans l'hiver et au printemps à transporter toutes les provisions à Rome. En été, il baisse si fort, que son lit est presque à sec : il faut attendre l'automne pour qu'il reprenne son nom de grand fleuve. Il y a un plaisir extrême à contempler le pays du haut d'une montagne. L'on croit voir, non une campagne ordinaire, mais un paysage dessiné d'après un modèle idéal; tant les yeux, de quelque côté qu'ils se tournent, sont charmés par l'arrangement et par la variété des objets!

La maison, quoique située au bas de la colline, a la même vue que si elle était placée au sommet. Cette colline s'élève par une pente si douce, que l'on s'aperçoit que l'on est monté, sans avoir senti que l'on montait. Derrière la maison, mais assez loin d'elle, est l'Apennin. Dans les jours même les plus calmes et les plus sereins, elle en reçoit de fraîches haleines, qui n'ont plus rien de violent et d'impétueux : leur force s'est brisée en chemin. Son exposition est presque entièrement au midi, et semble inviter le soleil, en été vers le milieu du jour, en hiver un peu plus tôt, à venir dans une galerie fort large, et longue à proportion [209].

Multa in hac membra; atrium etiam ex more veterum. Ante porticum xystus concisus in plurimas species, distinctusque buxo; demissus inde pronusque pulvinus, cui bestiarum effigies invicem adversas buxus inscripsit. Acanthus in plano mollis, et pæne dixerim, liquidus. Ambit hunc ambulatio pressis varieque tonsis viridibus inclusa : ab his gestatio in modum circi, quæ buxum multiformem, humilesque et retentas manu arbusculas circumit. Omnia maceria muniuntur : hanc gradata buxus operit et subtrahit. Pratum inde non minus natura, quam superiora illa arte, visendum : campi deinde porro, multaque alia prata et arbusta.

A capite porticus triclinium excurrit; valvis xystum desinentem, et protinus pratum, multumque ruris videt fenestris. Hac latus xysti, et quod prosilit villæ, hac adjacentis hypodromi nemus comasque prospectat. Contra mediam fere porticum diæta paullum recedit; cingit areolam, quæ quatuor platanis inumbratur. Inter has marmoreo labro aqua exundat, circumjectasque platanos, et subjecta platanis leni aspergine fovet. Est in hac diæta dormitorium cubiculum, quod diem, clamorem sonumque excludit; junctaque quotidiana amicorum cœnatio. Areolam illam porticus alia, eademque

La maison est composée de plusieurs ailes. L'entrée même est dans le goût antique. Devant le portique, on voit un parterre, dont les différentes figures sont tracées avec du buis. Ensuite est un lit de gazon peu élevé, et autour duquel le buis représente plusieurs animaux qui se regardent. Plus bas est une pelouse toute couverte d'acanthes, si tendres sous les pieds, qu'on les sent à peine [210]. Cette pelouse est environnée d'une allée d'arbres pressés les uns contre les autres, et diversement taillés. Auprès est une promenade tournante, en forme de cirque, au dedans de laquelle on trouve du buis taillé de différentes façons, et des arbres dont on arrête soigneusement la croissance. Tout cela est enclos de murailles, qu'un buis étagé couvre et dérobe à la vue. De l'autre côté est une prairie, aussi remarquable par sa beauté naturelle, que les objets précédens par les efforts de l'art. Ensuite sont des champs, des prés et des arbrisseaux.

Au bout du portique est une salle à manger, dont la porte donne sur l'extrémité du parterre, et les fenêtres sur les prairies et sur une grande étendue de campagne. Par ces fenêtres on voit de côté le parterre, la partie de la maison qui s'avance en saillie, et le haut des arbres du manége. De l'un des côtés de la galerie et vers le milieu, on entre dans un appartement qui environne une petite cour ombragée de quatre platanes : au milieu de la cour est un bassin de marbre, d'où l'eau, qui s'échappe, entretient doucement la fraîcheur des platanes et des arbustes qui sont au dessous. Dans cet appartement est une chambre à coucher; la voix, le bruit, ni le jour n'y pénètrent point : elle est accompagnée d'une salle à manger, où l'on traite ordinairement les intimes

omnia, quæ porticus, aspicit. Est et aliud cubiculum a proxima platano viride et umbrosum, marmore excultum podio tenus : nec cedit gratiæ marmoris, ramos, insidentesque ramis aves imitata pictura. Cui subest fonticulus : in hoc fonte crater, circa siphunculi plures miscent jucundissimum murmur.

In cornu porticus amplissimum cubiculum a triclinio occurrit; aliis fenestris xystum, aliis despicit pratum, sed ante piscinam, quæ fenestris servit ac subjacet, strepitu visuque jucunda. Nam ex edito desiliens aqua, suscepta marmore, albescit. Idem cubiculum hieme tepidissimum, quia plurimo sole perfunditur. Cohæret hypocauston, et, si dies nubilus, immisso vapore, solis vicem supplet. Inde apodyterium balinei laxum et hilare excipit cella frigidaria, in qua baptisterium amplum atque opacum. Si natare latius aut tepidius velis, in area piscina est, in proximo puteus, ex quo possis rursus astringi, si pœniteat teporis. Frigidariæ cellæ connectitur media, cui sol benignissime præsto est : caldariæ magis; prominet enim. In hac tres descensiones : duæ in sole, tertia a sole longius, a luce non longius. Apodyterio superpositum est sphæristerium, quod plura genera exercitationis, pluresque circulos capit.

amis. Une autre galerie donne sur cette petite cour, et jouit de toutes les vues que je viens de décrire. Il y a encore une chambre, où l'un des platanes qui l'avoisinent répand son ombrage et les reflets de sa verdure : elle est revêtue de marbre, jusqu'à hauteur d'appui; et, ce qui ne le cède point à la beauté du marbre, c'est une peinture qui représente un feuillage et des oiseaux sur les branches. Au dessous est une petite fontaine, et un bassin, où l'eau, en s'échappant par plusieurs tuyaux, produit un agréable murmure.

D'un coin de la galerie, on passe dans une grande chambre, qui est vis-à-vis la salle à manger : elle a ses fenêtres, d'un côté sur le parterre, de l'autre sur la prairie; et immédiatement au dessous de ses fenêtres est une pièce d'eau qui réjouit également les yeux et les oreilles; car l'eau tombe de haut dans un bassin de marbre, blanchissante d'écume. Cette chambre est fort chaude en hiver, parce que le soleil y donne de toutes parts. Auprès est un poêle, qui, lorsque le temps est couvert, supplée par sa chaleur aux rayons du soleil. De l'autre côté est une salle vaste et gaie, où l'on se déshabille pour prendre le bain, et ensuite la salle du bain d'eau froide, où est une baignoire spacieuse et sombre. Si vous voulez un bain plus large ou plus chaud, vous le trouvez dans la cour, et, tout auprès, un puits, qui fournit de l'eau froide quand la chaleur incommode. A côté de la salle du bain froid est celle du bain tiède, échauffée par le soleil, mais moins que celle du bain chaud, parce que celle-ci est en saillie. On descend dans cette dernière par trois escaliers, dont deux sont exposés au soleil; le troisième l'est beaucoup moins, sans être pour cela plus obscur. Au

Nec procul a balineo scalæ, quæ in cryptoporticum ferunt, prius ad diætas tres: harum alia areolæ illi, in qua platani quatuor, alia prato, alia vineis imminet, diversasque cœli partes, ut prospectus, habet. In summa cryptoporticu cubiculum, ex ipsa cryptoporticu excisum, quod hippodromum, vineas, montes intuetur. Jungitur cubiculum obvium soli, maxime hiberno. Hinc oritur diæta, quæ villæ hippodromum annectit. Hæc facies, hic visus a fronte. A latere æstiva cryptoporticus in edito posita; quæ non aspicere vineas, sed tangere videtur. In media triclinium saluberrimum afflatum ex Apennini vallibus recipit: post latissimis fenestris vineas, valvis æque vineas, sed per cryptoporticum, quasi admittit. A latere triclinii, quod fenestris caret, scalæ convivio utilia secretiore ambitu suggerunt. In fine cubiculum, cui non minus jucundum prospectum cryptoporticus ipsa, quam vineæ præbent. Subest cryptoporticus, subterraneæ similis; æstate incluso frigore riget, contentaque aere suo, nec desiderat auras, nec admittit. Post utramque cryptoporticum, unde triclinium desinit, incipit porticus; ante medium diem hiberna, inclinato die æstiva. Hac adeuntur diætæ duæ, quarum in altera

dessus de la chambre, où l'on quitte ses habits pour le bain, est un jeu de paume, divisé en plusieurs parties, pour différentes sortes d'exercices.

Non loin du bain est un escalier qui conduit dans une galerie fermée, et, auparavant, dans trois appartemens, dont l'un a vue sur la petite cour ombragée de platanes, l'autre sur la prairie : le troisième, qui donne sur des vignes, a autant de points de vue que d'ouvertures différentes. A l'extrémité de la galerie fermée est une chambre prise dans la galerie même, et qui regarde le manége, les vignes, les montagnes. Près de cette chambre en est une autre, exposée au soleil, surtout pendant l'hiver. De là, on entre dans un appartement, qui joint le manége à la maison : tel est l'aspect qu'il présente de face. A l'un des côtés s'élève une galerie fermée, tournée vers le midi, et où l'on voit les vignes de si près, que l'on croit y toucher. Au milieu de cette galerie on trouve une salle à manger, qui reçoit des vallées de l'Apennin un souffle salutaire. La vue s'étend de là sur des vignes, par de très-grandes fenêtres, et même par les portes, en traversant l'étendue de la galerie. Du côté où cette salle n'a point de fenêtres est un escalier dérobé, destiné au service de la table. A l'extrémité est une chambre, pour laquelle le coup d'œil de la galerie n'est pas moins agréable que celui des vignes. Au dessous est une galerie presque souterraine, et si froide en été, que sa température naturelle lui suffit, et qu'elle ne reçoit ni ne laisse désirer aucun souffle rafraîchissant. Après ces deux galeries fermées est une salle à manger, suivie d'une galerie ouverte, froide avant midi, chaude quelques heures après. Elle conduit à deux appartemens : l'un est composé de

cubicula quatuor, altera tria, ut circuit sol, aut sole utuntur, aut umbra.

Hanc dispositionem amœnitatemque tectorum longe lateque præcedit hippodromus : medius patescit, statimque intrantium oculis totus offertur. Platanis circumitur; illæ hedera vestiuntur, utque summæ suis, ita imæ alienis frondibus virent. Hedera truncum et ramos pererrat, vicinasque platanos transitu suo copulat : has buxus interjacet. Exteriores buxos circumvenit laurus, umbræque platanorum suam confert. Rectus hic hippodromi limes in extrema parte hemicyclo frangitur, mutatque faciem : cupressis ambitur et tegitur, densiore umbra opacior nigriorque ; interioribus circulis (sunt enim plures) purissimum diem recipit. Inde etiam rosas effert, umbrarumque frigus non ingrato sole distinguit. Finito vario illo multiplicique curvamine, recto limiti redditur, nec huic uni. Nam viæ plures, intercedentibus buxis, dividuntur. Alibi pratulum, alibi ipsa buxus intervenit in formas mille descripta, litteris interdum, quæ modo nomen domini dicunt, modo artificis : alternis metulæ surgunt, alternis inserta sunt poma ; et in opere urbanissimo subita velut illati ruris imitatio. Medium spatium brevioribus utrinque platanis adornatur.

Post has acanthus hinc inde lubricus et flexuosus, deinde plures figuræ, pluraque nomina. In capite stiba-

quatre chambres; l'autre de trois, que le soleil, en tournant, échauffe de ses rayons, ou laisse dans l'ombre.

Devant ces bâtimens, si agréables et si bien disposés, est un vaste manége [211]; il est ouvert par le milieu, et s'offre d'abord tout entier à la vue de ceux qui entrent. Il est entouré de platanes; et ces platanes sont revêtus de lierre : ainsi le haut de ces arbres est vert de son propre feuillage; le bas est vert d'un feuillage étranger. Ce lierre court autour du tronc et des branches, et s'étendant d'un platane à l'autre, les lie ensemble. Entre ces platanes sont des buis; et ces buis sont par dehors environnés de lauriers, qui mêlent leur ombrage à celui des platanes. L'allée du manége est droite; mais à son extrémité elle change de figure, et se termine en demi-cercle. Ce manége est entouré et couvert de cyprès, qui en rendent l'ombre et plus épaisse et plus noire. Les allées circulaires, qui sont en grand nombre dans l'intérieur, sont au contraire éclairées du jour le plus vif. Les roses y naissent de tous côtés, et les rayons du soleil s'y mêlent agréablement à la fraîcheur de l'ombre. Après plusieurs détours, on rentre dans l'allée droite, qui, des deux côtés, en a beaucoup d'autres séparées par des buis. Là, est une petite prairie; ici, le buis même est taillé en mille figures différentes, quelquefois en lettres, qui expriment le nom du maître, ou celui de l'ouvrier. Entre ces buis, vous voyez s'élever tantôt de petites pyramides, tantôt des arbres chargés de fruits : à l'ouvrage de l'art se mêle tout à coup l'imitation de la nature simple et rustique. Un double rang de platanes peu élevés occupe le milieu.

Aux platanes succède l'acanthe flexible, serpentant de tous côtés, et ensuite un plus grand nombre de figures

dium, candido marmore, vite protegitur. Vitem quatuor columellæ Carystiæ subeunt. E stibadio aqua, velut expressa cubantium pondere, siphunculis effluit; cavato lapide suscipitur, gracili marmore continetur, atque ita occulte temperatur, ut impleat, nec redundet. Gustatorium, graviorque cœnatio, margini imponitur; levior navicularum et avium figuris innatans circumit. Contra fons egerit aquam et recipit : nam expulsa in altum in se cadit, junctisque hiatibus et absorbetur et tollitur.

E regione stibadii adversum cubiculum tantum stibadio reddit ornatus, quantum accipit ab illo. Marmore splendet, valvis in viridia prominet et exit : alia viridia superioribus inferioribusque fenestris suspicit despicitque. Mox zothecula refugit quasi in cubiculum idem atque aliud. Lectus hic, et undique fenestræ, et tamen lumen obscurum, umbra premente. Nam lætissima vitis per omne tectum in culmen nititur et ascendit. Non secus ibi, quam in nemore, jaceas : imbrem tantum, tanquam in nemore, non sentias. Hic quoque fons nascitur, simulque subducitur. Sunt locis pluribus disposita sedilia e marmore, quæ ambulatione fessos, ut cubiculum

et de noms tracés en verdure[212]. A l'extrémité est un lit de repos de marbre blanc, couvert d'une treille, soutenue par quatre colonnes de marbre de Caryste. On voit l'eau s'échapper du lit de repos, comme si le poids de celui qui s'y couche la faisait jaillir. De petits tuyaux la conduisent dans une pierre creusée exprès; et de là, elle est reçue dans un bassin de marbre, d'où elle s'écoule par des conduits cachés, ménagés si adroitement, qu'il est toujours plein, et pourtant ne déborde jamais. Si l'on veut prendre un repas en ce lieu, on range les mets les plus solides sur les bords du bassin, et les plus légers flottent dans des corbeilles façonnées en navires et en oiseaux. A l'un des côtés est une fontaine jaillissante, qui donne et reçoit l'eau en même temps : car l'eau, après s'être élancée, retombe sur elle-même; et, par deux ouvertures qui se joignent, elle descend et remonte sans cesse.

Vis-à-vis du lit de repos est une chambre, qui lui donne autant d'agrément qu'elle en reçoit. Elle est toute brillante de marbre; ses portes sont entourées et comme bordées de verdure. Au dessus et au dessous des fenêtres[213], on ne voit aussi que verdure de toutes parts. Auprès, est un petit cabinet, qui semble comme s'enfoncer dans la même chambre, et qui en est pourtant séparé. On y trouve un lit; et, malgré les fenêtres qui l'éclairent de tous côtés, l'ombrage qui l'environne, le rend sombre : en effet, une vigne agréable l'embrasse de son feuillage, et monte jusqu'au faîte. A la pluie près, que vous n'y sentez point, vous croyez être couché dans un bois. On y trouve aussi une fontaine, qui se perd dans le lieu même de sa source. En différens endroits sont placés des siéges de marbre, qui

ipsum, juvant. Fonticuli sedilibus adjacent; per totum hippodromum inductis fistulis strepunt rivi, et, qua manus duxit, sequuntur. His nunc illa viridia, nunc hæc, interdum simul omnia lavantur.

Vitassem jamdudum, ne viderer argutior, nisi proposuissem omnes angulos tecum epistola circumire. Neque enim verebar, ne laboriosum esset legenti tibi, quod visenti non fuisset; præsertim quum interquiescere, si liberet, depositaque epistola, quasi residere, sæpius posses. Præterea indulsi amori meo. Amo enim, quæ maxima ex parte ipse inchoavi, aut inchoata percolui. In summa (cur enim non aperiam tibi vel judicium meum vel errorem?), primum ego officium scriptoris existimo, ut titulum suum legat, atque identidem interroget se, quid cœperit scribere; sciatque, si materiæ immoratur, non esse longum; longissimum, si aliquid arcessit atque attrahit. Vides, quot versibus Homerus, quot Virgilius arma, hic Æneæ, Achillis ille, describat : brevis tamen uterque est, quia facit quod instituit. Vides ut Aratus minutissima etiam sidera consectetur et colligat; modum tamen servat. Non enim excursus hic ejus, sed opus ipsum est. Similiter nos, ut parva magnis, quum totam villam oculis tuis subjicere conamur, si nihil inductum,

reçoivent, ainsi que la chambre, ceux qui sont fatigués de la promenade. Près de ces siéges, sont de petites fontaines; et dans tout le manége vous entendez le doux murmure des ruisseaux qui, dociles à la main de l'ouvrier, suivent par de petits canaux le cours qu'il lui plaît de leur donner. Ainsi on arrose tantôt certaines plantes, tantôt d'autres, quelquefois toutes en même temps.

J'aurais abrégé depuis long-temps ces détails, qui vous paraîtront minutieux, si je n'eusse résolu de parcourir avec vous, dans cette lettre, tous les coins et recoins de ma maison. J'ai pensé que vous deviez lire sans ennui la description d'un lieu que vous auriez du plaisir à voir; étant libre surtout d'interrompre votre lecture, de laisser là ma lettre, de vous reposer à loisir. D'ailleurs, j'ai cédé à mon penchant ; et j'avoue que j'en ai beaucoup pour tous mes ouvrages commencés ou achevés. En un mot (car pourquoi ne pas vous découvrir mon goût, ou, si vous voulez, mon entêtement?), je crois que la première obligation de tout homme qui écrit, c'est de songer à son titre : il doit plus d'une fois se demander, quel est le sujet qu'il traite, et savoir que, s'il n'en sort point, il n'est jamais long; mais qu'il est toujours très-long, s'il s'en écarte. Voyez combien de vers Homère et Virgile emploient à décrire, l'un les armes d'Achille, l'autre celles d'Enée. Ils sont courts pourtant, parce qu'ils ne font que ce qu'ils s'étaient proposé de faire. Voyez Aratus rechercher et rassembler les plus petites étoiles : cependant il ne s'étend point trop; car ce n'est point une digression de son ouvrage; c'est son sujet même. Ainsi, du petit au grand, dans la description que je vous fais de ma maison, si je ne m'égare point en

et quasi devium, loquimur, non epistola, quæ describit, sed villa, quæ describitur, magna est.

Verum illuc, unde cœpi; ne secundum legem meam jure reprehendar, si longior fuero in hoc, in quod excessi. Habes causas, cur ego Tuscos meos Tusculanis, Tiburtinis, Prænestinisque meis præponam. Nam super illa, quæ retuli, altius ibi otium et pinguius, eoque securius: nulla necessitas togæ, nemo arcessitor ex proximo. Placida omnia et quiescentia; quod ipsum salubritati regionis, ut purius cœlum, ut aer liquidior, accedit. Ibi animo, ibi corpore maxime valeo. Nam studiis animum, venatu corpus exerceo. Mei quoque nusquam salubrius degunt: usque adhuc certe neminem ex iis, quos eduxeram mecum, venia sit dicto, ibi amisi. Dii modo in posterum hoc mihi gaudium, hanc gloriam loco servent! Vale.

VII.

Plinius Calvisio suo s.

Nec heredem institui, nec præcipere posse rempublicam, constat: Saturninus autem, qui nos reliquit heredes, quadrantem reipublicæ nostræ, deinde pro quadrante præceptionem quadringentorum millium dedit. Hoc, si jus aspicias, irritum; si defuncti voluntatem,

récits étrangers, ce n'est pas ma lettre, c'est la maison elle-même qui est grande.

Je reviens à mon sujet, pour ne pas être condamné par mes propres règles, en faisant une digression trop longue. Vous voilà instruit des raisons que j'ai de préférer ma terre de Toscane à celles que j'ai à Tusculum, à Tibur, à Préneste. Outre tous les autres avantages dont je vous ai parlé, le loisir y est plus complet, plus sûr, et par conséquent plus doux [214] : point de cérémonial à observer [215] : les fâcheux ne sont point à votre porte : tout y est calme et paisible ; et ce profond repos ajoute encore à la salubrité du climat, à la sérénité du ciel, à la pureté de l'air [216]. Là, se fortifient à la fois mon corps et mon esprit : j'exerce l'un par la chasse, l'autre par l'étude. Mes gens aussi jouissent dans ce lieu d'une santé parfaite, et, grâce au ciel, je n'ai jusqu'ici perdu aucun de ceux que j'ai amenés avec moi. Puissent les dieux me continuer toujours la même faveur, et conserver toujours à ce lieu les mêmes priviléges ! Adieu.

VII.

Pline à Calvisius.

Il est certain que l'on ne peut, ni instituer l'état héritier, ni rien lui léguer [217]. Cependant Saturninus qui m'a fait son héritier, lègue à notre patrie un quart de sa succession, et ensuite fixe ce quart à une somme de quatre cent mille sesterces. Si l'on consulte la loi, le legs est nul. Si l'on s'en tient à la volonté du testateur,

ratum et firmum est. Mihi autem defuncti voluntas (vereor quam in partem jurisconsulti, quod sum dicturus, accipiant) antiquior jure est; utique in eo, quod ad communem patriam voluit pervenire. An, cui de meo sestertium undecies contuli, huic quadringentorum millium paullo amplius tertiam partem ex adventitio denegem? Scio te quoque a judicio meo non abhorrere, quum eamdem rempublicam, ut civis optimus, diligas. Velim ergo, quum proxime decuriones contrahentur, quid sit juris indices, parce tamen et modeste : deinde subjungas nos quadringenta millia offerre, sicut præcepit Saturninus. Illius hoc munus, illius liberalitas; nostrum tantum obsequium vocetur.

Hæc ego scribere publice supersedi; primum, quod memineram, pro necessitudine amicitiæ nostræ, pro facultate prudentiæ tuæ, et debere te et posse perinde meis ac tuis partibus fungi : deinde, quia verebar, ne modum, quem tibi in sermone custodire facile est, tenuisse in epistola non viderer. Nam sermonem vultus, gestus, vox ipsa moderatur; epistola, omnibus commendationibus destituta, malignitati interpretantium exponitur. Vale.

le legs est valable : et la volonté du testateur (je ne sais comment les jurisconsultes prendront ceci) est pour moi plus sacrée que la loi, surtout lorsqu'il s'agit de conserver à notre patrie le bien qu'on lui a fait. Quelle apparence qu'après lui avoir donné onze cent mille sesterces de mon propre bien, je voulusse lui disputer un legs étranger, qui n'est guère plus du tiers de cette somme ? Je ne doute pas que vous n'approuviez ma décision, vous qui aimez notre patrie en bon citoyen. Je vous supplie donc de vouloir bien, à la première assemblée des décurions, expliquer la disposition du droit, mais en peu de mots et avec simplicité : vous ajouterez ensuite, que je suis prêt à payer les quatre cent mille sesterces que Saturninus a légués. Rendons à sa libéralité tout l'honneur qui lui est dû : ne nous réservons que le mérite de l'obéissance.

Je n'ai pas voulu en écrire directement à l'assemblée. Ma confiance en votre amitié et en vos talens m'a fait penser que vous deviez et que vous pouviez, en cette occasion, parler pour moi comme pour vous-même. J'ai même appréhendé que ma lettre ne parût s'écarter de cette sage mesure qu'il vous sera aisé de garder dans le discours. L'air de la personne, le geste, le ton, fixent et déterminent le sens de ce qu'elle dit ; mais la lettre, privée de tous ces secours, n'a rien qui la défende contre les malignes interprétations. Adieu.

VIII.

Plinius Capitoni suo s.

Suades, ut historiam scribam, et suades non solus: multi hoc me saepe monuerunt, et ego volo; non quia commode facturum esse confidam (id enim temere credas, nisi expertus), sed quia mihi pulchrum in primis videtur, non pati occidere, quibus aeternitas debeatur, aliorumque famam cum sua extendere. Me autem nihil aeque ac diuturnitatis amor et cupido sollicitat; res homine dignissima, praesertim qui nullius sibi conscius culpae, posteritatis memoriam non reformidet. Itaque diebus ac noctibus cogito, si qua me quoque possim «Tollere humo» (id enim voto meo sufficit) : illud supra votum, « victorque virum volitare per ora. »... « Quanquam o!» Sed hoc satis est, quod prope sola historia polliceri videtur. Orationi enim et carmini parva gratia, nisi eloquentia est summa; historia quoquo modo scripta delectat. Sunt enim homines natura curiosi, et quamlibet nuda rerum cognitione capiuntur, ut qui sermunculis etiam fabellisque ducantur.

IX.

Pline à Saturnin.

Votre lettre a fait sur moi des impressions fort diverses ; car elle m'annonçait tout à la fois d'agréables et de fâcheuses nouvelles.

Les nouvelles agréables sont que vous restez à Rome. Vous en êtes fâché, dites-vous ; mais moi, j'en suis ravi. Vous m'annoncez encore que vous attendez mon retour pour faire une lecture de vos ouvrages [223], et je vous rends mille grâces de vouloir bien m'attendre.

Les nouvelles fâcheuses sont, que Julius Valens est fort malade : encore, à ne consulter que son intérêt, doit-on le plaindre ? il ne peut rien lui arriver de plus heureux que d'être au plus tôt délivré d'un mal incurable. Mais ce qui est vraiment triste, ce qui est déplorable, c'est la mort de Julius Avitus, au moment où il revenait de sa questure ; il a expiré dans le vaisseau même, loin d'un frère qui l'aimait tendrement, loin de sa mère et de ses sœurs. Toutes ces circonstances ne sont plus rien pour lui, maintenant qu'il est mort ; mais qu'elles lui ont été cruelles, dans ses derniers momens ! qu'elles le sont encore à ceux qui lui survivent ! Quel chagrin de voir enlever, dans la fleur de l'âge, un jeune homme d'une si belle espérance, et que ses vertus auraient élevé au plus haut rang, si elles eussent eu le temps de mûrir ! Quel amour n'avait-il point pour les lettres ! que n'a-t-il point lu ! combien n'a-t-il point écrit ! que de biens perdus avec lui pour la postérité ! Mais pourquoi me laisser aller à la douleur ? quand on s'y livre sans réserve, il n'est point

est. Finem epistolæ faciam, ut facere possim etiam lacrimis, quas epistola expressit. Vale.

X.

Plinius Antonino suo s.

Quum versus tuos æmulor, tum maxime, quam sint boni, experior. Ut enim pictores pulchram absolutamque faciem raro, nisi in pejus, effingunt; ita ego ab hoc archetypo labor et decido. Quo magis hortor, ut quam plurima proferas, quæ imitari omnes concupiscant, nemo, aut paucissimi, possint. Vale.

XI.

Plinius Tranquillo suo s.

Libera tandem hendecasyllaborum meorum fidem, qui scripta tua communibus amicis spoponderunt. Appellantur quotidie et flagitantur; ac jam periculum est, ne cogantur ad exhibendum formulam accipere. Sum et ipse in edendo hæsitator; tu mora tamen meam quoque cunctationem tarditatemque vicisti. Proinde aut rumpe

pour elle de sujet léger. Il faut finir ma lettre, si je veux arrêter le cours des larmes qu'elle me fait répandre. Adieu.

X.

Pline à Antonin.

Je ne sens jamais mieux toute la supériorité de vos vers, que quand j'essaie de les imiter. Le peintre qui veut représenter une figure d'une beauté achevée, sait rarement en conserver toutes les grâces : comme lui, je reste, malgré mes efforts, au dessous de mon modèle. Je vous en prie plus que jamais, donnez-nous beaucoup de semblables ouvrages, que tout le monde veuille imiter, et dont personne ou presque personne ne puisse approcher. Adieu.

XI.

Pline à Tranquille.

Acquittez enfin la promesse de mes vers, qui ont annoncé vos ouvrages à nos amis communs. On les souhaite, on les demande tous les jours avec tant d'empressement, que je crains qu'à la fin ils ne soient cités à comparaître. Vous savez que j'hésite autant qu'un autre, quand il s'agit de publier : mais ma lenteur n'est point comparable à la vôtre [224]. Ne différez donc plus à nous

jam moras, aut cave, ne eosdem illos libellos, quos tibi hendecasyllabi nostri blanditiis elicere non possunt, convicio scazontes extorqueant. Perfectum opus absolutumque est, nec jam splendescit lima, sed atteritur. Patere me videre titulum tuum; patere audire, describi, legi, væ-nire volumina Tranquilli mei. Æquum est, nos in amore tam mutuo eamdem percipere ex te voluptatem, qua tu perfrueris ex nobis. Vale.

XII.

Plinius Fabato prosocero suo s.

Recepi litteras tuas, ex quibus cognovi speciosissimam te porticum sub tuo filiique tui nomine dedicasse; sequenti die in portarum ornatum pecuniam promisisse, ut initium novæ liberalitatis esset consummatio prioris. Gaudeo primum tua gloria, cujus ad me pars aliqua pro necessitudine nostra redundat; deinde, quod memoriam soceri mei pulcherrimis operibus video proferri; postremo, quod patria nostra florescit, quam mihi a quocumque excoli jucundum, a te vero lætissimum est.

satisfaire; ou craignez que je n'arrache par des vers aigres et piquans [225], ce que des vers doux et flatteurs n'ont pu obtenir. Votre ouvrage est arrivé à son point de perfection; la lime, au lieu de le polir, ne pourrait plus que le gâter. Donnez-moi le plaisir de voir votre nom à la tête d'un livre; d'entendre dire [226] que l'on copie, qu'on lit, qu'on achète les œuvres de mon cher Suétone. Il est bien juste, dans notre mutuelle amitié, que vous me rendiez la joie que je vous ai donnée. Adieu.

XII.

Pline à Fabatus, aïeul de sa femme [227].

J'ai reçu votre lettre qui m'apprend que vous avez embelli notre ville d'un somptueux portique, sur lequel vous avez fait graver votre nom et celui de votre fils; que le lendemain de la fête célébrée à cette occasion, vous avez promis un fonds pour l'embellissement des portes; qu'ainsi la fin d'un bienfait a été le commencement d'un autre. Je me réjouis premièrement de votre gloire, dont une partie rejaillit sur moi, par notre alliance; ensuite, de ce que la mémoire de mon beau-père soit assurée par de si magnifiques monumens; enfin, de ce que notre patrie devienne chaque jour plus florissante : je vois avec plaisir tous les nouveaux ornemens qu'elle reçoit, de quelque main qu'ils viennent; mais qu'elle les doive à Fabatus, c'est pour moi le comble de la joie.

Quod superest, deos precor, ut animum istum tibi, animo isti tempus quam longissimum tribuant. Nam liquet mihi futurum, ut peracto, quod proxime promisisti, inchoes aliud. Nescit enim semel incitata liberalitas stare, cujus pulchritudinem usus ipse commendat. Vale.

XIII.

Plinius Scauro suo s.

Recitaturus oratiunculam, quam publicare cogito, advocavi aliquos, ut vererer; paucos, ut verum audirem. Nam mihi duplex ratio recitandi : una, ut sollicitudine intendar; altera, ut admonear, si quid forte me, ut meum, fallit. Tuli quod petebam : inveni, qui mihi copiam consilii sui facerent : ipse præterea quædam emendanda annotavi. Emendavi librum quem misi tibi. Materiam ex titulo cognosces; cetera liber explicabit : quem jam nunc oportet ita consuescere, ut sine præfatione intelligatur. Tu velim, quid de universo, quid de partibus sentias, scribas mihi. Ero enim vel cautior in continendo, vel constantior in edendo, si huc vel illuc auctoritas tua accesserit. Vale.

Il ne me reste qu'à prier les dieux de vous conserver dans cette disposition, et de ménager à cette disposition de longues années. Car je ne puis douter qu'après avoir fini l'ouvrage que vous venez de promettre, vous n'en commenciez un autre : la libéralité ne sait point s'arrêter, quand une fois elle a pris son cours ; et plus elle se répand, plus elle s'embellit. Adieu.

XIII.

Pline à Scaurus.

Dans le dessein de lire un petit discours que je songe à publier, j'ai rassemblé quelques amis : ils étaient assez pour me donner lieu de craindre leur jugement, et assez peu pour me pouvoir flatter qu'il serait sincère. Car j'avais deux vues dans cette lecture : la première, de redoubler mon attention par le désir de plaire ; la seconde, de profiter de celle des autres, pour découvrir des défauts que ma prévention en ma faveur pouvait m'avoir cachés. Mon but a été rempli : l'on m'a donné des avis ; et moi-même j'ai marqué quelques endroits à retoucher. J'ai donc corrigé l'ouvrage que je vous envoie : le titre vous en apprendra le sujet, et la pièce même vous expliquera le reste. Il est bon de l'accoutumer, dès aujourd'hui, à se passer de préface pour être entendue. Mandez-moi, je vous en supplie, ce que vous pensez, et de l'ensemble de l'ouvrage, et de chacune de ses parties. Je serai ou plus disposé à le garder, ou plus déterminé à le faire paraître, selon le parti que vous aurez appuyé de l'autorité de votre sentiment. Adieu.

XIV.

Plinius Valeriano suo s.

Et tu rogas, et ego promisi, si rogasses, scripturum me tibi, quem habuisset eventum postulatio Nepotis circa Tuscilium Nominatum.

Inductus est Nominatus; egit ipse pro se, nullo accusante. Etenim legati Vicentinorum non modo non presserunt eum, verum etiam sublevaverunt. Summa defensionis, « non fidem sibi in advocatione, sed constantiam defuisse; descendisse ut acturum, atque etiam in curia visum; deinde sermonibus amicorum deterritum recessisse; monitum enim, ne desiderio senatoris, non jam quasi de nundinis, sed quasi de gratia, fama, dignitate certantis, tam pertinaciter, praesertim in senatu, repugnaret, alioqui majorem invidiam, quam proxime, passurus. » Erat sane prius, a paucis tamen, acclamatum exeunti. Inde subjunxit preces multumque lacrimarum: quin etiam tota actione homo in dicendo exercitatus operam dedit, ut deprecari magis (id enim et favorabilius et tutius), quam defendi videretur.

Absolutus est sententia designati consulis Afranii Dextri, cujus haec summa : « Melius quidem Nominatum

XIV.

Pline à Valerianus.

Vous me priez (et je me suis engagé à me rendre là-dessus à vos prières) de vous mander quel succès avait eu l'accusation intentée par Nepos contre Tuscilius Nominatus.

On fit entrer Nominatus : il plaida lui-même sa cause, et personne ne parla contre lui ; car les députés des Vicentins non-seulement ne le chargèrent point, mais l'aidèrent même à sortir d'embarras. Le précis de sa défense fut, *qu'il avait manqué de courage plutôt que de fidélité : qu'il était sorti de chez lui, résolu de plaider : qu'il avait même paru à l'audience ; mais qu'il s'était retiré, effrayé par les discours de ses amis ; qu'on lui avait conseillé de ne pas s'opposer au dessein d'un sénateur, qui ne voyait plus dans l'affaire un simple établissement de marchés, mais une question qui touchait son crédit, son honneur et sa dignité : que s'il négligeait cet avis, il devait s'attendre à un ressentiment implacable.* En effet, lorsqu'il s'était retiré, quelques personnes, mais en très-petit nombre, avaient hautement applaudi à sa détermination [228]. Il termina sa défense [229] par des excuses et des supplications, qu'il accompagna de beaucoup de larmes ; et même, avec son habileté ordinaire [230], il avait tourné tout son discours de manière à paraître plutôt demander grâce que justice : c'était en effet le parti le plus adroit et le plus sûr.

Afranius Dexter, consul, fut d'avis de l'absoudre. Il avoua *que Nominatus eût mieux fait de soutenir la*

fuisse facturum, si causam Vicentinorum eodem animo, quo susceperat, pertulisset : quia tamen in hoc genus culpæ non fraude incidisset, nihilque dignum animadversione admisisse convinceretur, liberandum, ita tamen, ut Vicentinis, quod acceperat, redderet. »

Assenserunt omnes, præter Flavium Aprum. Is, interdicendum ei advocationibus in quinquennium, censuit; et quamvis neminem auctoritate traxisset, constanter in sententia mansit : quin etiam Dextrum, qui primus diversum censuerat, prolata lege de senatu habendo, jurare coegit e republica esse, quod censuisset. Cui quanquam legitimæ postulationi, a quibusdam reclamatum est. Exprobrare enim censenti ambitionem videbatur. Sed priusquam sententiæ dicerentur, Nigrinus, tribunus plebis, recitavit libellum disertum et gravem, quo questus est venire advocationes, venire etiam prævaricationes; in lites coiri; et gloriæ loco poni ex spoliis civium magnos et statos reditus. Recitavit capita legum, admonuit senatusconsultorum : in fine dixit, petendum ab optimo principe, ut, quia leges, quia senatusconsulta contemnerentur, ipse tantis vitiis mederetur. Pauci dies, et liber principis severus, et tamen moderatus. Leges ipsum; est in publicis actis.

cause des Vicentins avec le même courage qu'il s'en était chargé; mais il prétendit *que puisqu'il n'était entré aucun artifice coupable dans la faute de Nominatus, que d'ailleurs il n'était convaincu d'aucune action punissable, il devait être renvoyé absous, sans autre condition que de rendre aux Vicentins ce qu'il en avait reçu.*

Tout le monde fut de cette opinion, excepté Flavius Aper : son opinion fut de suspendre Nominatus, pendant cinq ans, des fonctions d'avocat; et, quoique son autorité n'eût pu entraîner personne, il demeura inébranlable dans son sentiment; il alla même, en invoquant un réglement du sénat [231], jusqu'à faire jurer à Afranius Dexter (le premier qui avait opiné pour l'absolution), qu'il croyait cet avis salutaire à la république. Plusieurs se récrièrent contre cette proposition, toute juste qu'elle était, parce qu'elle semblait taxer de corruption celui qui avait opiné. Mais avant que l'on recueillît les voix, Nigrinus, tribun du peuple, lut une remontrance pleine d'éloquence et de force, où il se plaignait que les avocats vendissent leur ministère; qu'ils vendissent même leur prévarication; que l'on trafiquât des causes; et qu'à la noble récompense de la gloire, on substituât le revenu assuré que l'on tirait de la riche dépouille des citoyens. Il cita sommairement les lois faites sur ce sujet; il rappela les décrets du sénat [232], et il conclut que, puisque les lois et les décrets méprisés ne pouvaient arrêter le mal, il fallait supplier l'empereur de vouloir bien y remédier lui-même. Peu de jours après, le prince a fait publier un édit sévère et modéré tout ensemble. Vous le lirez : il est dans les archives publiques.

Quam me juvat, quod in causis agendis non modo pactione, dono, munere, verum etiam xeniis semper abstinui! Oportet quidem quæ sunt inhonesta, non quasi illicita, sed quasi pudenda, vitare : jucundum tamen, si prohiberi publice videas, quod nunquam tibi ipse permiseris. Erit fortasse, immo non dubie, hujus propositi mei et minor laus, et obscurior fama, quum omnes ex necessitate facient, quod ego sponte faciebam. Interim fruor voluptate, quum alii divinum me, alii meis rapinis, meæ avaritiæ occursum, per ludum ac jocum dictitant. Vale.

XV.

Plinius Pontio suo s.

Secesseram in municipium, quum mihi nuntiatum est, Cornutum Tertullum accepisse Æmiliæ viæ curam. Exprimere non possum, quanto sim gaudio affectus et ipsius et meo nomine. Ipsius, quod, sit licet, sicut est, ab omni ambitione longe remotus, debet tamen ei jucundus esse honor ultro datus; meo, quod aliquanto magis me delectat mandatum mihi officium, postquam par Cornuto datum video. Neque enim augeri dignitate, quam æquari bonis, gratius. Cornuto autem quid me-

Combien je me félicite de n'avoir jamais fait aucune convention pécuniaire pour mes plaidoyers, et d'avoir refusé toute espèce de présens, même les plus légers! Il est vrai qu'on doit éviter le mal, non parce qu'il est défendu, mais par cela seul qu'il est mal. On trouve pourtant je ne sais quelle satisfaction, à voir défendre publiquement ce que l'on ne s'est jamais permis. Il y aura peut-être (et il n'en faut même pas douter), il y aura moins d'honneur et moins de gloire dans mon procédé, lorsque tout le monde sera forcé d'imiter mon désintéressement volontaire : en attendant, je jouis du plaisir d'entendre les uns m'appeler devin [233], les autres me dire, en plaisantant, qu'on a voulu réprimer mon avarice et mes rapines. Adieu.

XV.

Pline à Pontius.

J'étais à Côme, quand j'ai appris que Cornutus avait reçu la mission de surveiller les travaux de la voie Émilienne [234]. Je ne puis vous exprimer combien j'en suis satisfait, tant pour lui que pour moi : pour lui, parce que, malgré sa modestie qui fuit les honneurs, il doit cependant être flatté d'une distinction qui est venue le chercher; pour moi, parce que la gloire d'avoir été chargé des mêmes fonctions que Cornutus en double le prix à mes yeux. Car, s'il est flatteur d'être élevé en dignité, il ne l'est pas moins d'être égalé aux gens de bien; et où trouver un homme meilleur, plus vertueux que Cornu-

lius? quid sanctius? quid in omni genere laudis ad exemplar antiquitatis expressius? Quod mihi cognitum est non fama, qua alioqui optima et meritissima fruitur, sed longis magnisque experimentis. Una diligimus, una dileximus omnes fere, quos ætas nostra in utroque sexu æmulandos tulit : quæ societas amicitiarum arctissima nos familiaritate conjunxit. Accessit vinculum necessitudinis publicæ. Idem enim mihi, ut scis, collega, quasi voto petitus, in præfectura ærarii fuit : fuit et in consulatu. Tum ego, qui vir, et quantus esset, altissime inspexi, quum sequerer ut magistrum, ut parentem vererer : quod non tam ætatis maturitate, quam vitæ, merebatur. His ex causis ut illi, sic mihi gratulor; nec privatim magis, quam publice, quod tandem homines non ad pericula, ut prius, verum ad honores virtute perveniunt.

In infinitum epistolam extendam, si gaudio meo indulgeam. Prævertor ad ea, quæ me agentem hic nuntius deprehendit. Eram cum prosocero meo, eram cum amita uxoris, eram cum amicis diu desideratis : circumibam agellos; audiebam multum rusticarum querelarum : rationes legebam invitus et cursim (aliis enim chartis, aliis sum litteris initiatus), cœperam etiam itineri me præparare. Nam includor angustiis commeatus, eoque ipso, quod delegatum Cornuto audio officium,

tus? où trouver un plus parfait modèle de toutes les vertus antiques? Et ces hautes qualités, je ne les connais pas seulement par sa réputation, qui, du reste, est aussi grande que méritée : j'en parle sur la foi d'une très-longue expérience. Nous avons toujours eu, nous avons encore pour amis communs, dans l'un et l'autre sexe, presque toutes les personnes distinguées de notre temps. Cette société d'amitié nous a très-étroitement unis. Les charges publiques ont encore resserré nos nœuds : vous savez, en effet, que le sort, comme s'il eût entendu mes vœux, me l'a donné pour collègue dans la charge de préfet du trésor et dans le consulat. C'est alors que j'ai connu dans tout leur éclat ses vertus et ses talens. Je l'écoutais comme un maître, je le respectais comme un père; et en cela, j'accordais bien moins à son âge qu'à sa sagesse. Voilà ce qui m'engage à me réjouir, autant pour moi que pour lui, autant en public qu'en particulier, de ce qu'enfin la vertu ne conduit plus comme autrefois aux dangers, mais aux honneurs.

Je ne finirais point, si je m'abandonnais à ma joie; je veux plutôt vous dire dans quelles occupations votre lettre m'a trouvé. J'étais avec l'aïeul, avec la tante paternelle de ma femme, et avec des amis que je n'avais point vus depuis long-temps; je visitais mes terres; je recevais les plaintes des paysans; je lisais leurs mémoires et leurs comptes, en courant, et bien malgré moi, car je suis habitué à d'autres lectures, à d'autres écrits. Je commençais même à me disposer au retour: car mon congé est près d'expirer, et la nouvelle même de la charge accordée à Cornutus, me rappelle aux de-

mei admoneor. Cupio te quoque sub idem tempus Campania tua remittat, ne quis, quum in urbem rediero, contubernio nostro dies pereat. Vale.

XVI.

Plinius Marcellino suo s.

TRISTISSIMUS hæc tibi scribo. Fundani nostri filia minor est defuncta; qua puella nihil unquam festivius, amabilius, nec modo longiore vita, sed prope immortalitate, dignius vidi. Nondum annos quatuordecim impleverat, et jam illi anilis prudentia, matronalis gravitas erat; et tamen suavitas puellaris cum virginali verecundia. Ut illa patris cervicibus inhærebat! ut nos amicos paternos et amanter et modeste complectebatur! ut nutrices et pædagogos, ut præceptores, pro suo quemque officio, diligebat! Quam studiose, quam intelligenter lectitabat! Ut parce custoditeque ludebat! Qua illa temperantia, qua patientia, qua etiam constantia novissimam valetudinem tulit! Medicis obsequebatur: sororem, patrem adhortabatur, ipsamque se destitutam corporis viribus, vigore animi sustinebat. Duravit hic illi usque ad extremum, nec aut spatio valetudinis, aut metu mortis

voirs de la mienne. Je souhaite fort que vous quittiez votre Campanie dans le même temps, afin qu'après mon retour à Rome, il n'y ait aucun jour de perdu pour notre intimité. Adieu.

XVI.

Pline à Marcellin.

Je vous écris accablé de tristesse. La plus jeune des filles de notre ami Fundanus vient de mourir[235]. Je n'ai jamais vu une personne plus enjouée, plus aimable, plus digne de vivre long-temps, plus digne de vivre toujours. Elle n'avait pas encore quatorze ans, et déjà elle montrait toute la prudence de la vieillesse, toute la gravité d'une femme accomplie, sans rien perdre de cette innocente pudeur, de ces grâces naïves, qui prêtent tant de charme au premier âge. Avec quelle tendresse elle se jetait dans les bras de son père! avec quelle douceur et avec quelle modestie ne recevait-elle pas ceux qu'il aimait! avec quelle équité elle partageait son attachement entre ses nourrices et les maîtres qui avaient cultivé ou ses mœurs ou son esprit! Que de zèle et de goût dans ses lectures! quelle sage réserve dans ses jeux! Vous ne sauriez vous imaginer sa retenue, sa patience, sa fermeté même dans sa dernière maladie. Docile aux médecins, attentive à consoler son père et sa sœur, lors même que toutes ses forces l'eurent abandonnée, elle se soutenait encore par son seul courage. Il l'a accompagnée jusqu'à

infractus est; quo plures gravioresque nobis causas relinqueret et desiderii et doloris.

O triste plane acerbumque funus! o morte ipsa mortis tempus indignius! Jam destinata erat egregio juveni, jam electus nuptiarum dies, jam nos vocati. Quod gaudium quo mœrore mutatum est! Non possum exprimere verbis, quantum animo vulnus acceperim, quum audivi Fundanum ipsum (ut multa luctuosa dolor invenit) præcipientem, quod in vestes, margarita, gemmas fuerat erogaturus, hoc in thura et unguenta et odores impenderetur. Est quidem ille eruditus et sapiens, ut qui se ab ineunte ætate altioribus studiis artibusque dediderit; sed nunc omnia, quæ audiit, sæpeque dixit, aspernatur; expulsisque virtutibus aliis, pietatis est totus.

Ignosces, laudabis etiam, si cogitaveris quid amiserit. Amisit enim filiam, quæ non minus mores ejus, quam os vultumque referebat, totumque patrem similitudine exscripserat. Proinde si quas ad eum de dolore tam justo litteras mittes, memento adhibere solatium, non quasi castigatorium et nimis forte, sed molle et humanum. Quod ut facilius admittat, multum faciet medii temporis spatium. Ut enim crudum adhuc vulnus medentium manus reformidat, deinde patitur, atque ultro requirit; sic

la dernière extrémité, sans que ni la longueur de la maladie, ni la crainte de la mort aient pu l'abattre, comme pour augmenter encore et notre douleur et nos regrets.

O mort vraiment funeste et déplorable! ô circonstance plus funeste et plus cruelle que la mort encore! Elle allait épouser un jeune homme distingué : le jour des noces était fixé; nous y étions déjà invités. Hélas! quel changement! quelle horreur succède à tant de joie! Je ne puis vous exprimer de quelle tristesse je me suis senti pénétré, quand j'ai appris que Fundanus, inspiré par la douleur toujours féconde en tristes inventions, a donné ordre lui-même, que tout l'argent qui devait être dépensé en parures, en perles, en diamans, fût employé en encens [236], en baumes, et en parfums. C'est un homme savant et sage, dont la raison s'est formée de bonne heure par les études les plus profondes; mais aujourd'hui il méprise tout ce qu'il a entendu dire, tout ce que souvent il a dit lui-même; il oublie toutes ses vertus, pour ne plus se souvenir que de sa tendresse.

Vous lui pardonnerez, vous l'approuverez même, quand vous songerez à la perte qu'il a faite : il a perdu une fille qui, par son âme, autant que par les traits de son visage, était le vivant portrait de son père [237]. Si donc vous lui écrivez sur la cause d'une douleur si légitime, souvenez-vous de mettre moins de raison et de force, que de douceur et de sensibilité dans vos consolations. Le temps contribuera beaucoup à les lui faire goûter : une blessure, encore vive, redoute la main qui la soigne; ensuite elle la supporte, et enfin elle la désire : ainsi, une affliction nouvelle se révolte d'abord contre les con-

recens animi dolor consolationes rejicit ac refugit; mox desiderat, et clementer admotis acquiescit. Vale.

XVII.

Plinius Spurinnæ suo s.

Scio, quantopere bonis artibus faveas, quantum gaudium capias, si nobiles juvenes dignum aliquid majoribus suis faciant : quo festinantius nuntio tibi fuisse me hodie in auditorio Calpurnii Pisonis. Recitabat καταστερισμῶν, eruditam sane luculentamque materiam. Scripta elegis erat fluentibus, et teneris, et enodibus, sublimibus etiam, ut poposcit locus. Apte enim et varie nunc attollebatur, nunc residebat : excelsa depressis, exilia plenis, severis jucunda mutabat; omnia ingenio pari. Commendabat hæc voce suavissima, vocem verecundia : multum sanguinis, multum sollicitudinis in ore, magna ornamenta recitantis. Etenim, nescio quo pacto, magis in studiis homines timor, quam fiducia, decet.

Ne plura (quanquam libet plura, quo sunt pulchriora de juvene, rariora de nobili), recitatione finita, multum ac diu exosculatus adolescentem, qui est acerrimus sti-

solations, et les repousse; bientôt elle les cherche, et s'y complait, lorsqu'elles sont adroitement ménagées. Adieu.

XVII.

Pline à Spurinna.

Je sais combien vous vous intéressez à la prospérité des belles-lettres, et avec quelle joie vous apprenez que des jeunes gens d'une naissance illustre marchent dignement sur les traces de leurs ancêtres. Je m'empresse donc de vous dire que je suis allé hier entendre Calpurnius Pison. Le poème qu'il a lu avait pour titre *les Métamorphoses en astres* [238], sujet vaste et brillant. Il l'a traité en vers élégiaques, d'un tour coulant, aimable et facile, mais plein de majesté, quand l'occasion le demande. Son style, par une agréable variété, tantôt s'élève et tantôt s'abaisse : il sait mêler, avec un talent qui ne se dément jamais, la noblesse et la simplicité, la légèreté et la grandeur, la sévérité et l'agrément. La douceur de son accent faisait valoir son ouvrage; et sa modestie faisait valoir le charme de sa voix. Il rougissait, et l'on voyait sur son visage cette crainte qui recommande si bien un lecteur : la timidité a, dans l'homme de lettres, je ne sais quelle grâce, que n'a pas la confiance.

Je pourrais ajouter beaucoup d'autres particularités, qui ne sont ni moins remarquables dans un homme de cet âge, ni moins rares dans un homme de cette condi-

mulus monendi, laudibus incitavi, « pergeret, qua cœpisset, lumenque quod sibi majores sui prætulissent, posteris ipse præferret. » Gratulatus sum optimæ matri, gratulatus et fratri, qui ex auditorio illo non minorem pietatis gloriam, quam ille alter eloquentiæ tulit : tam notabiliter pro fratre recitante primum metus ejus, mox gaudium eminuit! Dii faciant, ut talia tibi sæpius nuntiem! faveo enim seculo, ne sit sterile et effetum, mireque cupio, ne nobiles nostri nihil in domibus suis pulchrum, nisi imagines habeant : quæ nunc mihi hos adolescentes tacite laudare, adhortari, et, quod amborum gloriæ satis magnum est, agnoscere videntur. Vale.

XVIII.

Plinius Macro suo s.

BENE est mihi, quia tibi bene est. Habes uxorem tecum, habes filium. Frueris mari, fontibus, viridibus, agro, villa amœnissima. Neque enim dubito esse amœnissimam, in qua se composuerat homo, felicior ante, quam felicissimus fieret. Ego in Tuscis et venor et studeo; quæ interdum alternis, interdum simul facio : nec ta-

tion; mais il faut abréger. La lecture finie, j'embrassai Pison à plusieurs reprises; et persuadé qu'il n'y a point de plus puissant aiguillon que la louange, je l'engageai à continuer comme il avait commencé, et à illustrer ses descendans, comme il avait été illustré par ses aïeux. Je félicitai son excellente mère; je félicitai son frère qui, dans cette occasion, ne se fit pas moins remarquer par sa tendresse fraternelle, que Calpurnius par son esprit: tant son inquiétude et ensuite sa joie se manifestèrent vivement pendant la lecture! Fasse le ciel que j'aie souvent de semblables nouvelles à vous mander! J'aime assez mon siècle, pour souhaiter qu'il soit riche en talens, et que nos patriciens n'attachent pas toute leur noblesse aux images de leurs ancêtres. Quant aux Pisons, nul doute que les images muettes de leurs pères n'applaudissent à leurs vertus, n'encouragent leurs efforts, et (ce qui suffit à la gloire des deux frères) ne les avouent pour leur sang. Adieu.

XVIII.

Pline à Macer.

Je n'ai rien à désirer, puisque vous êtes content. Vous avez avec vous votre femme et votre fils; vous jouissez de la mer, de la fraîcheur de vos fontaines, de la beauté de vos campagnes, des agrémens d'une maison délicieuse; délicieuse sans doute, puisqu'elle a été la retraite d'un homme, plus heureux alors, que lorsqu'il fut parvenu au comble du bonheur [239]. Pour moi, dans ma maison de

men adhuc possum pronuntiare, utrum sit difficilius capere aliquid, an scribere. Vale.

XIX.

Plinius Paullino suo s.

VIDEO quam molliter tuos habeas : quo simplicius tibi confitebor, qua indulgentia meos tractem. Est mihi semper in animo et Homericum illud, πατὴρ δ' ὡς ἤπιος ἤεν, et hoc nostrum, « paterfamilias. » Quod si essem natura asperior et durior, frangeret me tamen infirmitas liberti mei Zosimi, cui tanto major humanitas exhibenda est, quanto nunc illa magis eget. Est homo probus, officiosus, litteratus : et ars quidem ejus, et quasi inscriptio, comœdus, in qua plurimum facit. Nam pronuntiat acriter, sapienter, apte, decenter etiam; utitur et cithara perite, ultra quam comœdo necesse est. Idem tam commode orationes et historias et carmina legit, ut hoc solum didicisse videatur.

Toscane, la chasse et l'étude m'occupent tour à tour, et quelquefois l'une et l'autre en même temps. Cependant je serais encore fort embarrassé de décider lequel est le plus difficile à faire, d'une bonne chasse, ou d'un bon ouvrage. Adieu.

XIX.

Pline à Paullinus.

Je vous avouerai ma douceur pour mes gens, d'autant plus franchement, que je sais avec quelle bonté vous traitez les vôtres. J'ai constamment dans l'esprit ce vers d'Homère :

Il eut toujours pour eux le cœur d'un tendre père[240];

et je n'oublie point le nom de *père de famille*, que parmi nous on donne aux maîtres. Mais quand je serais naturellement plus insensible et plus dur, je serais encore touché du triste état où se trouve mon affranchi Zosime : je lui dois d'autant plus d'égards, qu'ils lui sont plus nécessaires. Il est fidèle[241], complaisant, instruit : son talent principal, et son titre, pour ainsi dire, c'est celui de comédien. Il déclame avec force, avec goût, avec justesse, même avec grâce, et il sait jouer de la lyre, mieux qu'un comédien n'a besoin de le savoir[242]. Ce n'est pas tout : il lit des harangues, des histoires et des vers, comme s'il n'avait jamais fait autre chose.

Haec tibi sedulo exposui, quo magis scires, quam multa unus mihi et quam jucunda ministeria praestaret. Accedit longa jam caritas hominis, quam ipsa pericula auxerunt. Est enim ita natura comparatum, ut nihil aeque amorem incitet et accendat, quam carendi metus, quem ego pro hoc non semel patior. Nam ante aliquot annos, dum intente instanterque pronuntiat, sanguinem rejecit, atque ob hoc in Ægyptum missus a me, post longam peregrinationem confirmatus rediit nuper : deinde dum per continuos dies nimis imperat voci, veteris infirmitatis tussicula admonitus, rursus sanguinem reddidit. Qua ex causa destinavi eum mittere in praedia tua, quae Forojulii possides. Audivi enim te saepe referentem, esse ibi et aerem salubrem, et lac ejusmodi curationibus accommodatissimum. Rogo ergo, scribas tuis, ut illi villa, ut domus pateat; offerant etiam sumptibus ejus, si quid opus erit; erit autem opus modico. Est enim tam parcus et continens, ut non solum delicias, verum etiam necessitates valetudinis, frugalitate restringat. Ego proficiscenti tantum viatici dabo, quantum sufficiat eunti in tua. Vale.

Je suis entré dans tout ce détail, pour vous apprendre combien cet homme seul me rend de services, et de services agréables. Ajoutez-y l'affection que j'ai pour lui depuis long-temps, et que son danger a redoublée : car nous sommes faits ainsi; rien ne donne plus d'ardeur et de vivacité à notre tendresse, que la crainte de perdre ce que nous aimons. Et ce n'est pas la première fois que je crains pour sa vie. Il y a quelques années que, déclamant avec force et avec véhémence, il vint tout à coup à cracher le sang. Je l'envoyai en Égypte pour se rétablir; et après y avoir fait un long séjour, il en est revenu depuis peu en assez bon état. Mais ayant voulu forcer sa voix plusieurs jours de suite, une petite toux le menaça d'une rechute; et bientôt après, son crachement de sang le reprit. Pour essayer de le guérir, j'ai résolu de l'envoyer à votre terre de Frioul. Je me souviens de vous avoir souvent ouï dire que l'air y est fort sain [243], et le lait très-bon pour ces sortes de maladies. Je vous supplie donc de vouloir bien écrire à vos gens de le recevoir dans votre maison, et de lui donner tous les secours qui lui seront nécessaires. Il n'abusera pas de vos bontés : car il est si sobre et si modéré, qu'il refuse, non-seulement les douceurs que peut demander l'état d'un malade, mais les choses même que cet état semble exiger. Je lui donnerai pour son voyage ce qu'il faut à un homme qui va chez vous. Adieu.

XX.

Plinius Urso suo s.

ITERUM Bithyni, post breve tempus a Julio Basso, etiam Rufum Varenum proconsulem detulerunt; Varenum, quem nuper adversus Bassum advocatum et postularant et acceperant. Inducti in senatum, inquisitionem postulaverunt : tum Varenus petiit, ut sibi quoque defensionis causa evocare testes liceret : recusantibus Bithynis, cognitio suscepta est. Egi pro Vareno, non sine eventu : nam bene an male, liber indicabit. In actionibus enim utramque in partem fortuna dominatur : multum commendationis et detrahit et affert memoria, vox, gestus, tempus ipsum; postremo vel amor vel odium rei. Liber offensis, liber gratia, liber et secundis casibus, et adversis caret. Respondit mihi Fonteius Magnus, unus ex Bithynis, plurimis verbis, paucissimis rebus. Est plerisque Græcorum, ut illi, pro copia volubilitas : tam longas, tamque frigidas periodos uno spiritu, quasi torrente, contorquent. Itaque Julius Candidus non invenuste solet dicere : « Aliud esse eloquentiam, aliud loquentiam. » Nam eloquentia vix uni aut alteri, immo, si M. Antonio credimus, nemini; hæc

XX.

Pline à Ursus.

Peu de temps après le jugement de Julius Bassus [244], les Bithyniens formèrent une nouvelle accusation contre Varenus, leur proconsul, celui-là même qui, à leur prière, leur avait été donné pour avocat contre Bassus. Lorsqu'ils eurent été introduits dans le sénat, ils demandèrent l'information : Varenus, de son côté, réclama la faculté de faire entendre les témoins qui pouvaient servir à sa justification. Les Bithyniens s'y étant opposés, il fallut plaider. Je parlai pour lui avec succès; si je parlai bien ou mal, c'est au plaidoyer même à vous l'apprendre. La fortune a toujours sur l'événement d'une cause une influence heureuse ou funeste. La mémoire, le débit, le geste, la conjoncture même, enfin les préventions favorables ou contraires à l'accusé, donnent ou enlèvent à l'orateur beaucoup d'avantages; au lieu que le plaidoyer, à la lecture, ne se ressent ni des affections ni des haines; il n'y a pour lui ni hasard heureux ni circonstance défavorable.

Fonteius Magnus, l'un des Bithyniens, me répliqua, et dit très-peu de choses en beaucoup de paroles. C'est la coutume de la plupart des Grecs : la volubilité leur tient lieu d'abondance. Ils prononcent tout d'une haleine et lancent avec la rapidité d'un torrent les plus longues et les plus froides périodes. Cependant, comme dit agréablement Julius Candidus, *loquacité n'est pas éloquence*. L'éloquence n'a été donnée en partage qu'à un homme ou

vero, quam Candidus loquentiam appellat, multis atque etiam impudentissimo cuique maxime contingit.

Postero die dixit pro Vareno Homullus callide, acriter, culte; contra Nigrinus presse, graviter, ornate. Censuit Acilius Rufus, consul designatus, inquisitionem Bithynis dandam, postulationem Vareni silentio præteriit. Hæc forma negandi fuit. Cornelius Priscus consularis, et accusatoribus quæ petebant, et reo tribuit, vicitque numero.

Impetravimus rem nec lege comprehensam, nec satis usitatam, justam tamen. Quare justam, non sum epistola exsecuturus, ut desideres actionem. Nam si verum est Homericum illud,

> Τὴν γὰρ ἀοιδὴν μᾶλλον ἐπικλείουσ' ἄνθρωποι,
> Ἥπερ ἀκουόντεσσι νεωτάτη ἀμφιπέληται.

Apud te providendum est mihi ne gratiam novitatis et florem, quæ oratiunculam illam vel maxime commendat, epistolæ loquacitate præcerpam. Vale.

deux au plus, et même à personne, si nous en voulons croire Marc Antoine. Mais cette facilité de discourir, dont parle Candidus, est le talent de beaucoup de gens, et particulièrement celui des effrontés.

Le jour suivant, Homullus plaida pour Varenus avec beaucoup d'adresse, de force, d'élégance. Nigrinus répondit d'une manière serrée, pressante et fleurie. Acilius Rufus, consul désigné, fut d'avis de permettre aux Bithyniens d'informer. Il garda le silence sur la demande de Varenus : c'était assez clairement s'y opposer. Cornelius Priscus, personnage consulaire, voulait qu'on accordât également aux accusateurs et à l'accusé ce qu'ils demandaient ; et le plus grand nombre adopta son avis.

Nous avons ainsi obtenu une décision, qui n'avait pour elle ni la loi ni l'usage, et qui pourtant était juste. Pourquoi juste ? je ne vous le dirai pas dans cette lettre, pour vous faire désirer mon plaidoyer ; car, si nous en croyons Homère,

Les chants les plus nouveaux sont les plus agréables[245];

et je ne puis permettre qu'une lettre indiscrète dérobe à mon discours cette grâce et cette fleur de nouveauté, qui n'en font pas le moindre mérite. Adieu.

XXI.

Plinius Rufo suo s.

Descenderam in basilicam Juliam, auditurus quibus proxima comperendinatione respondere debebam. Sedebant judices, decemviri venerant, obversabantur advocati; silentium longum, tandem a prætore nuntius. Dimittuntur centumviri : eximitur dies, me gaudente, qui nunquam ita paratus sum, ut non mora læter. Causa dilationis, Nepos prætor, qui legibus quærit. Proposuerat breve edictum ; admonebat accusatores, admonebat reos, exsecuturum se, quæ senatusconsulto continerentur. Suberat edicto senatusconsultum, « hoc omnes, quidquid negotii haberent, jurare prius, quam agerent, jubebantur, nihil se ob advocationem cuiquam dedisse, promisisse, cavisse. » His enim verbis, ac mille præterea, et vænire advocationes et emi vetabantur. Peractis tamen negotiis, permittebatur pecuniam duntaxat decem millium dare. Hoc facto Nepotis commotus prætor, qui centumviralibus præsidet, deliberaturus an sequeretur exemplum, inopinatum nobis otium dedit. Interim tota civitate Nepotis edictum carpitur, laudatur. Multi : « Invenimus, qui curva corrigeret. Quid? ante hunc prætores non fuerunt? Quis autem hic est, qui

XXI.

Pline à Rufus.

Je m'étais rendu dans la basilique Julienne [246], pour entendre les avocats à qui je devais répondre dans l'audience suivante. Les juges avaient pris place, les décemvirs [247] étaient arrivés, les avocats étaient prêts, le silence régnait depuis long-temps [248]...... enfin, un envoyé du préteur se présente. On congédie les centumvirs; l'affaire est ajournée, à ma grande satisfaction; car je ne suis jamais si bien préparé, qu'un délai ne me fasse plaisir. La cause de cette remise est le préteur Nepos, qui fait revivre les lois du barreau. Il venait de publier un édit fort court, par lequel il avertissait et les accusateurs et les accusés, qu'il exécuterait à la lettre le décret du sénat, transcrit à la suite de son édit. Par ce décret, *il était ordonné à tous ceux qui avaient un procès, de quelque nature qu'il fût* [249], *de prêter serment, avant de plaider, qu'ils n'avaient fait, pour le plaidoyer, ni don ni promesse, et qu'ils n'avaient exigé aucune garantie.* Par ces termes, et par beaucoup d'autres, il était défendu aux avocats de vendre leur ministère, et aux parties de l'acheter. Toutefois on permettait, après le procès terminé, de donner jusqu'à la concurrence de dix milles sesterces. Le préteur, qui préside [250] aux centumvirs, embarrassé par cette action de Nepos, et voulant songer à loisir s'il devait suivre son exemple, nous a donné ce repos imprévu. Cependant l'édit de Nepos est devenu le sujet du blâme ou des éloges de toute la ville. Les uns s'écrient : *Nous avons donc trouvé un réforma-*

emendet publicos mores? » Alii contra : « Rectissime fecit initurus magistratum : jura recognovit : senatus-consulta legit : reprimit fœdissimas pactiones : rem pulcherrimam turpissime vænire non patitur. » Tales ubique sermones; qui tamen alterutram in partem ex eventu prævalebunt. Est omnino iniquum, sed usu receptum, quod honesta consilia vel turpia, prout male aut prospere cedunt, ita vel probantur vel reprehenduntur. Inde plerumque eadem facta, modo diligentiæ, modo vanitatis, modo libertatis, modo furoris nomen accipiunt. Vale.

teur! eh quoi! n'avions-nous point de préteurs avant lui? Quel est cet homme, qui se mêle de corriger les mœurs publiques? Les autres disent : *Que pouvait-il faire de plus sage, en entrant en charge? il a consulté la loi : il a lu les décrets du sénat; il a aboli un trafic honteux, et ne peut souffrir que la chose du monde la plus glorieuse soit vénale.* Voilà les opinions qui se discutent dans les deux partis, et dont l'événement décidera. Rien de moins raisonnable, mais rien de plus commun, que de voir les entreprises honorables ou honteuses obtenir, suivant le succès, le blâme ou l'approbation. Aussi la même action est-elle qualifiée tour à tour de zèle ou de vanité, de liberté ou de folie. Adieu.

NOTES.

Les notes, en petit nombre, suivies des lettres D. S. sont de De Sacy, ou ont été empruntées du moins aux précédentes éditions de sa traduction. Toutes les autres sont nouvelles et appartiennent à l'édition que nous publions.

LIVRE I.

1. *Septicius.* C. Septicius Clarus, son frère Erucius Clarus, et son neveu Sextus Erucius avaient un égal attachement pour Pline (*Voyez* l. II, 9). On croit que ce Septicius est celui qu'Adrien créa préfet du prétoire, et qu'il dépouilla bientôt après de cette dignité.

2. *Arrien.* Les manuscrits ne sont pas d'accord sur ce nom : quelques-uns portent *Adriano;* d'autres, *Arrio,* ou *Arrinio.* Il est probable que c'est ce même Arrien dont Pline fait un si bel éloge (l. III, 2).

3. *Je crois n'avoir jamais fait tant d'efforts, pour lutter avec les grands modèles.* J'ai préféré ici la leçon qui dit ζήλῳ, à celle qui porte *stilo,* comme plus liée à ce qui suit.　　　　　　　D. S.

(Il est difficile en effet d'imaginer qu'un copiste ait changé *stilo* en ζήλῳ, et il est très-naturel, au contraire, de croire que *stilo* se sera glissé dans le manuscrit comme interprétation ou comme glose du mot grec. On ne s'étonnera pas de trouver souvent des mots grecs dans les Lettres de Pline. La langue grecque, cultivée depuis quelque temps à Rome, jouit surtout d'une faveur particulière du temps de notre auteur. Elle était devenue presque aussi populaire que le latin l'est chez nous, et les Romains s'en servaient avec enjouement dans leurs lettres, comme nous nous servons des citations et des formules latines. Ce mélange des deux langues ne fut pas tout au profit de la langue latine : c'est à cette époque que s'introduisirent dans celle-ci les grécismes, qui altérèrent peu à peu sa pureté et son génie.)

4. *Calvus.* C. Licinius Calvus, fils de l'historien C. Licinius Macer, était un orateur et un poète célèbre, contemporain de Cicéron. Un jour Vatinius, contre lequel il plaidait, craignant d'être condamné, l'interrompit, avant la fin de son plaidoyer, en disant aux juges : *Eh! quoi, serai-je condamné comme coupable, parce que mon accusateur est éloquent!* (*Voyez* dans le 31ᵉ vol. des Mémoires de l'Académie des Inscriptions une notice sur cet écrivain, par M. de Burigny, où se trouve réuni tout ce que les anciens disent de C. Licinius Calvus.) Il a plu à quelques critiques de rejetter le nom de Calvus, et de lire : *Tentavi enim imitari Demosthenem, semper tuum, nuper meum.* Gesner observe très-bien qu'on ne se serait pas avisé d'introduire le nom de Calvus (cité d'ailleurs encore par Pline, liv. IV, 27, et liv. V, 3), s'il n'avait pas été dans les anciens textes. J'ajoute que *tantorum virorum*, qui vient après, semble demander un autre nom d'écrivain, après celui de Démosthène.

5. *Réservé,* etc. Il convenait de traduire par un vers la citation empruntée à Virgile (*Æn.*, VI, 129).

6. *Les fleurs de style de notre Cicéron.* Cicéron lui-même, dans ses lettres à Atticus, I, 14, a employé le mot grec, dont Pline se sert ici : *Totum hunc locum, quem ego varie meis orationibus soleo pingere, de flamma, de ferro (nosti illas* ληκύθους) *valde graviter pertexuit.*

7. *Quant aux motifs,* etc. De Sacy n'avait pas entendu la phrase, en traduisant *mais pourquoi se faire auteur?* Pline l'était déjà depuis long-temps, et, dans la phrase qui suit immédiatement, il parle des ouvrages qu'il a publiés, et qui sont encore entre les mains de tout le monde, quoiqu'ils *aient perdu le charme de la nouveauté.*

8. *Que devient Côme.* Autre contresens de De Sacy, qui traduit, *que fait-on à Côme?* Pline personnifie des objets inanimés; il leur prête une action : *Quid agunt........? possidentne te et per vices partiuntur?* On trouve la même figure, liv. II, 11 : *Quid arbusculæ, quid vineæ, quid segetes agunt?* A cette formule latine, correspond la formule française, *que devient?*

9. *Cette promenade*, etc. On l'appelait *gestatio*, parce qu'on s'y faisait porter en litière (*voyez* Sénèque, ep. 55) : cet exercice était une partie importante du régime des Romains (Celse, liv. II, 15). Pour le prendre à leur aise, ils ajoutaient à leurs jardins des allées, dont le sol, composé de sable et de chaux, rendait plus facile et plus sûr le service de ceux qui portaient la litière. (*Voyez* Vitruve, VI, 10.)

10. *Quelle douce abondance dans vos maisons*, etc. De Sacy avait traduit sur un texte ainsi ponctué : *Quantum copiarum in Ocriculano, in Narniensi, in Carsulano, in Perusino tuo, in Narniensi vero etiam balineum, ex epistolis meis..... una illa brevis et vetus sufficit.* Cette phrase est évidemment incomplète. En adoptant la ponctuation d'Ernesti, approuvée par Schæfer, je ne me suis pas dissimulé qu'il restait encore quelque difficulté : mais je crois le passage moins incorrect de cette manière qu'avec l'ancienne leçon. Ceux qui sont disposés à adopter les leçons hardies, fondées seulement sur des conjectures, peuvent recourir à la correction de Gierig : il lit : *Quum me copiæ tuæ in Ocriculano.... delectent, in Narniensi vero etiam balineum, ex epistolis meis intellexisti, quanquam pluribus opus non est, sed una illa brevis et vetus sufficit.*

11. *Regulus.* Méchant homme et mauvais avocat (*voy.* liv. IV, 7). Il avait exercé le métier de délateur sous Néron et sous Domitien.

12. *Rusticus Arulenus.* Homme de bien qui avait guidé la jeunesse de Pline : Domitien le fit mourir pour avoir loué Thraseas (Tacit., *Agric.*, 2). Il avait reçu une blessure sous les murs de Rome, dans les dernières mêlées qui précédèrent la chute de Vitellius. Regulus lui reprochait cette blessure, et en comparait l'honorable cicatrice aux stigmates de l'esclavage.

SUR LE LIVRE I.

13. *Herennius Sénécion.* Domitien l'avait fait mourir, sur l'accusation de Metius Carus (liv. VII, 19).

14. *De Crassus ou de Camerinus.* Accusés par Regulus, et condamnés (TACITE, *Hist.*, I, 48; *Ann.*, XIII, 52).

15. *Devant les centumvirs.* Le tribunal des centumvirs avait d'abord été composé de cent juges : dans la suite on en ajouta cinq, et les empereurs en portèrent même le nombre à cent quatre-vingt.

16. *Les dieux seuls purent m'inspirer*, etc. Le traducteur avait rendu avec une inexactitude qui approchait du contresens : *Je ne puis dire autre chose, sinon que les dieux m'inspirèrent dans cette occasion.*

17. *Il joint ses instances*, etc. De Sacy avait fait ici un contresens : il traduit : *Il me prie, il me presse, m'en fait des excuses.* Il semble que Spurinna, dans l'excès de son zèle, s'emporte et s'oublie : le latin exprime, au contraire, la retenue d'un homme, qui veut s'acquitter d'un devoir, mais qui s'observe et craint d'aller trop loin.

18. *Mes pages pleines.* Il y a dans le latin *ceras*, que De Sacy avait traduit par *feuilles*.

19. *Autant de pouvoir qu'Homère en accorde*, etc. (*Iliade*, XVI, 250). De Sacy s'est imaginé que c'était Rufus qui avait cité à Pline le vers d'Homère : c'est un contresens, dont la fin de la lettre aurait dû l'avertir : car pour accorder cette phrase, *cur enim non usquequaque*, etc., avec la première de la lettre, il a été obligé de traduire *usquequaque* par *aussi*.

20. *Il dit*, etc. HOMER., *Iliad.* I, 528.

21. *La preuve que je dois*, etc. De Sacy a traduit sur un texte ainsi ponctué..... *an et aliis debeamus, ut nobis. Admonet illud*, etc. C'est l'ancienne leçon, et elle me semble peu favorable à la liaison des idées. *Plein de ces pensées*, dit De Sacy, *je me demande souvent, si j'ai prétendu, par ma harangue, travailler pour le public ou seulement*, etc. Cette phrase suppose évidemment une réponse, et voici cependant la phrase suivante, dans l'ancienne version du traduc-

teur : *Je sens bien même que les accompagnemens les plus nécessaires à une action d'éclat*, etc. Cela s'enchaîne mal, et plus mal encore avec l'idée suivante. Barthius a proposé une ponctuation qui éclaircit très-heureusement toutes ces idées. Pline s'interroge : « Est-ce pour moi; est-ce pour le public, que je dois avoir composé mon discours ? » *Nobisne tantum, quidquid illud est, composuisse, an et aliis debeamus ?* Il se répond ensuite : « La preuve que c'est pour moi, c'est que, etc. » *Ut nobis* (sous-entendu *composuisse debeamus*), *admonet istud, quod*, etc. Rien de plus satisfaisant que cette correction, sous le double rapport du sens et de la latinité. Aussi Gesner, Heusinger et Schæfer l'ont-ils adoptée.

22. *Qui assurassent*, etc. Pline suivait l'exemple de Trajan, qui, le premier, institua des pensions destinées à l'éducation de jeunes gens pauvres, mais de bonne famille.

23. *Assez de patience*, etc. Quelques commentateurs donnent à cette phrase un sens différent : l'interprétation de De Sacy m'a semblé moins pénible et plus conforme à l'esprit de la phrase entière.

24. *En exposant le but et les avantages*, etc. L'édition de Schæfer, telle que l'a réimprimée M. Lemaire, porte *intentionem affectumque*, ce qui est sans doute une faute de typographie; car dans les notes citées, Schæfer dit positivement que *effectum* est la leçon de tous les manuscrits.

25. *Que ce qui l'a méritée.* L'édition que je viens de citer porte encore à tort *quod gloriam non meruit*. Le texte romain d'Heusinger et les meilleurs manuscrits ont *quod gloriam meruit*. Schæfer est d'avis, d'après ces autorités, de supprimer la négation.

26. *Les murs du sénat.* Les sénateurs de Côme et des villes de même ordre (*coloniæ*) s'appelaient *decuriones*, et le lieu où ils s'assemblaient, *curia*.

27. *Pline à Minutius Fundanus.* On peut consulter sur cette lettre les remarques de Rollin.

28. *Celui-ci m'a chargé de sa cause.* Selon Rollin, *ille me in advocationem rogavit* signifierait, non pas, *il m'a chargé de sa cause;* mais, *il m'a prié de l'aider de mes conseils et de mon crédit, en*

assistant à sa cause. Voyez ses motifs, qui seraient plausibles, si le sens de *rogare in advocationem* n'était pas fixé par l'usage et confirmé par mille exemples.

29. *N'ose se permettre*, etc. De Sacy avait fait ici un contresens, signalé par Rollin : il traduisait : *Personne ne m'y fait d'ennemis par de mauvais discours.*

30. *Si ce n'est moi-même.* Dans l'édition jointe à la traduction de De Sacy, au lieu de *nisi unum me*, il y a *nisi tamen me*. J'ai suivi l'édition de Schæfer. Au reste, ce changement est peu important.

31. *O l'agréable, ô l'innocente vie!* J'ai suivi le texte de l'édition romaine d'Heusinger.

32. *Et préférable même*, etc. Rollin fait remarquer que le latin n'est pas si décisif : il y a *presque préférable*. « En effet, ajoute « Rollin, est-il bien vrai que la douceur du repos soit toujours pré- « férable aux emplois publics qui sont extrêmement pénibles et « laborieux? Si cette maxime avait lieu, que deviendrait l'état? »

33. *Dans ma jeunesse*, etc. Pline avait à peu près vingt ans : il était tribun de la troisième légion gauloise, que Vespasien avait envoyée en Syrie.

34. *D'un emploi*, etc. L'emploi de garde du trésor, que Pline exerça à l'âge de trente-six ans.

35. *A répondre à des requêtes.* Il y a dans le latin *subnoto libellos*, ce qui ne signifie pas *signer des requêtes*, mais répondre au nom du prince à des requêtes qui lui sont adressées : « *Libellos signare sive subnotare dicuntur*, dit Forcellini, *qui libellis supplicibus principum nomine respondent.* »

36. *Vous formez*, etc. Il serait difficile de deviner comment De Sacy avait traduit cette phrase : *illi te expoliendum limandumque permittas.* « Hâtez-vous, disait-il, de mettre votre esprit sous une si douce lime. »

37. *Une perte cruelle.* L'idée exprimée par *jactura* n'est pas assez grave, assez triste, au gré de Pline, pour rendre tout ce qu'il y a d'affligeant dans la mort de Corellius. Je ne sais pourquoi les savans

se sont épuisés en commentaires pour arriver à cette conclusion, qui se présente d'abord. Quelques-uns se sont tellement embarrassés dans leurs recherches, qu'ils ont fini par déclarer que la phrase de Pline n'avait aucun sens.

38. *La nature ni la fatalité.* Il faut entendre ici la *nature* et la *fatalité* dans le même sens. *Mors ex natura* est une mort naturelle, et la même idée s'exprime souvent en latin par *mors fatalis.* Germanicus mourant dit dans Tacite (*Ann.* II, 71), *si fato concederem*, en l'opposant à *scelere interceptus.*

39. *Dans cette inévitable nécessité,* etc. Ce n'est pas la nécessité de la mort, comme conséquence inévitable d'une grave maladie : c'est la nécessité de mourir, entendue dans son sens le plus général, la nécessité attachée à notre condition d'homme. *Necessitas* correspond à *ex natura* et à *fatalis.*

40. *Se furent accrues,* etc. J'ai lu avec Schæfer et la plupart des éditeurs *cum senectute ingravescentem*, au lieu de *eum senectute ingravescentem*, qui se trouvait dans l'édition jointe à la traduction de De Sacy.

41. *Et j'en aurais eu le plaisir,* etc. De Sacy a réuni la phrase : *dedisses huic,* etc., au discours de Corellius. J'ai suivi son sentiment, malgré l'opinion de Gesner, de Lallemand, et de Schæfer, qui mettent cette phrase dans la bouche de Pline. Comment, avec leur interprétation, entendre la phrase suivante : *Affuit tamen voto deus?* On sait d'ailleurs que Corellius vivait encore sous Nerva (*voyez* liv. IV, 17). Pline ne peut donc pas dire qu'avec un corps plus robuste, Corellius aurait survécu au tyran : c'est Corellius qui peut le dire, persuadé qu'il va mourir avant Domitien.

42. *Je le regrette, comme s'il m'eût été ravi,* etc. J'ai trouvé dans l'édition jointe à la traduction, *tanquam et juvenis et firmissimi morte doleo*, et dans l'édition de Schæfer, *tanquam et juvenis et fortissimi morte doleo.* J'ai adopté, d'après Heusinger et son édition romaine, *mortem doleo*, qui est d'une latinité plus exacte. Quant à *fortissimi,* j'ignore d'après quelle autorité Schæfer l'a introduit dans son texte.

43. *Je crains bien*, etc. De Sacy traduisait : *Je crains bien que cette mort ne me coûte quelque relâchement.*

44. *Nonianus.* Servilius Nonianus, historien célèbre, dont parle Quintilien.

45. *Il n'y a peut-être pas un ami*, etc. De Sacy traduit ainsi : *c'est tout un, d'aimer les belles-lettres, ou d'aimer Pline.* Notre auteur était trop spirituel et trop modeste pour parler ainsi de lui-même.

46. *Vespasien lui offrit*, etc. Suivant le sentiment d'Heusinger et de Schæfer, j'ai rétabli *enim*, supprimé par Gesner et Gierig.

47. *Sa laitue.* C'était toujours par les laitues que commençait le souper, suivant cette maxime :

Nil nisi lene decet vacuis committere venis.

48. *Trois escargots.* Les Romains estimaient surtout ceux d'Illyrie et d'Afrique.

49. *Des bettes.* De Sacy avait traduit *des olives d'Andalousie*, parce que son texte portait sans doute *olivæ Bœticæ* : l'éditeur de la traduction, sans rien changer à l'interprétation de De Sacy, n'en avait pas moins admis dans le latin qu'il plaçait en regard, *olivæ, betacei.* J'ai admis cette dernière leçon avec plusieurs critiques, parce que les olives de Bétique étaient fort recherchées, et qu'elles ne peuvent avoir place dans cette énumération de mets simples et communs.

50. *Des danseuses espagnoles.* Dans De Sacy, il y avait *danses* au lieu de *danseuses*, quoique le texte porte *Gaditanas.* Ce qui justifierait sa traduction, c'est la leçon *Gaditana* (sous-entendu *cantica*), adoptée par quelques commentateurs. Il me semble plus naturel que Pline oppose les danseuses au comédien et au lecteur.

51. *Du mordant.* C'est le sens d'*amaritudinis*, que De Sacy a rendu par *sel* : il s'agit de la qualité propre au style satirique.

52. *Qu'il disait*, etc. Quelques commentateurs, devant *uxoris esse dicebat*, ont placé *quas*, qui ne se trouve pas dans les manuscrits.

53. *Vient d'obtenir de l'empereur.* Caligula avait défendu d'élever

des statues à un particulier, sans la permission de l'empereur. Cette loi fut maintenue même sous Trajan.

54. *Ne pouvant les voir ailleurs.* C'eût été un crime de lèse-majesté que d'exposer en public les images de Brutus, de Cassius ou de Caton : sous les empereurs, ce n'étaient plus que des meurtriers. On sait que, pour avoir loué Brutus et Cassius, Cremutius Cordus fut accusé et condamné, sous Tibère (TACIT., *Ann.* IV, 34).

55. *Vous m'écrivez,* etc. Cette lettre est un monument de l'esprit superstitieux, qui se conserva chez les Romains, même sous les empereurs, au sein de la civilisation et des lumières. Corneille, dans Polyeucte, a donc pu dire avec vérité :

> Un songe en notre esprit passe pour ridicule :
> Il ne nous laisse espoir, ni crainte, ni scrupule ;
> Mais il passe dans Rome avec autorité
> Pour fidèle miroir de la fatalité.

56. *Un songe assez souvent,* etc. HOMER., *Iliad.* I, 63.

57. *Devant les quatre tribunaux assemblés.* Les centumvirs étaient divisés en quatre conseils : quelquefois ils se séparaient seulement en deux sections, et même ils se réunissaient tous ensemble pour juger les causes importantes (ADAM, *Antiq. rom.*). J'ai pensé qu'il ne pouvait être ici question que de ce dernier mode de jugement : car Pline veut faire entendre que c'était une circonstance extraordinaire, propre à l'intimider. (*Voyez* liv. IV, 24.)

58. *Défendre sa patrie,* etc. HOMER., *Iliad.* XII, 243.

59. *L'abondance des paroles.* J'ai laissé *tractatu*, qui s'explique facilement : la plupart des textes portent cependant *tractu*.

60. *Qu'il a supprimées en écrivant.* Pour l'intelligence de ce passage et de plusieurs autres, il faut se rappeler que les orateurs anciens n'écrivaient presque jamais leurs plaidoyers, qu'après les avoir prononcés. Cicéron le dit lui-même dans ses Tusculanes, IV, 25 : *Jam rebus transactis et præteritis, orationes scribimus.*

61. *Je saisis tout ce qui se présente,* etc. Il y a dans le texte πάντα λίθον κινῶ, *je remue toute pierre* : c'est un proverbe grec, dont on rapporte diversement l'origine. *Voyez* les Proverbes d'Érasme, à l'article *omnem lapidem movere.*

62. *La douce persuasion*, etc. Cicéron rappelle ces vers d'Eupolis dans son Brutus, c. 9 : *Non (quemadmodum de Pericle scripsit Eupolis) cum delectatione aculeos etiam relinqueret in animis eorum, a quibus esset auditus.* Il ajoute, c. 15 : Πειθὼ *quam vocant Græci, cujus effector est orator, hanc Suadam appellat Ennius, quam deam in Pericli labris scripsit Eupolis sessitavisse.*

63. *Il tonnait, foudroyait*, etc. La citation grecque est tirée d'Aristophane.

64. *Ce discoureur sans fin.* Thersite. (Homer., *Iliad.* II, 212.)

65. *Comme à floccons pressés*, etc. Homer., *Iliad.* III, 222. C'est à Ulysse qu'Homère applique ces paroles.

66. *Qui sait*, etc. Homer., *Iliad.* III, 214. Ceci est dit de Ménélas.

67. *Catilius Severus.* C'est sans doute Catilius de Vérone, dont Pline parle plusieurs fois dans ses lettres : on voit par la lettre 27ᵉ du livre VI, qu'il parvint au consulat.

68. *Vous vanterai-je*, etc. J'ai suivi le texte donné par Schæfer en écrivant *ad hæc* au lieu de *ad hoc*, et, plus haut, *et tamen* au lieu de *tamen*.

69. *Entre ceux, qui*, etc. Ces enseignes étaient la barbe, la besace, le bâton, le manteau, et surtout la sévérité du visage. De Sacy avait dit seulement *entre nos philosophes déclarés*.

70. *Vous me demandez s'il vous convient*, etc. J'ai rétabli, d'après Schæfer, *causas agere decere*. C'est évidemment cette leçon que De Sacy avait adoptée pour sa traduction.

71. *Un titre sans réalité.* Toutes les magistratures n'étaient réellement que de vains titres, depuis que les empereurs avaient réuni toute la puissance dans leurs mains.

72. *Respectable*, etc. Le latin porte *quam in ordinem cogi a nullo deceat.* C'était l'expression consacrée. (*Voyez* Tite-Live, XXV, 3 et 4; XLIII, 16.)

73. *Tant que j'ai exercé cette charge.* Pline avait été tribun sous Domitien.

74. *La clepsydre.* Horloge d'eau. (*Voyez* les *Lettres de Pline,* IV, 9; VI, 2, 5 et 7).

75. *Adieu.* Cette lettre est une de celles que Rollin a insérées dans le Traité des études. Malgré les éloges qu'il donne à la traduction de De Sacy, j'ai essayé quelques changemens, qui m'ont paru nécessaires.

LIVRE II.

1. *Virginius Rufus.* Pline en parle encore liv. IX, 19. Virginius refusa l'empire que lui offrirent les soldats, d'abord après la mort de Néron, et ensuite après celle d'Othon; et chaque fois, il le refusa au péril de sa vie. Ses vertus furent sa sauve-garde à la cour des tyrans. Il mourut sous Nerva, qui lui accorda les honneurs de funérailles publiques. (*Voyez* TACIT., *Ann.* XV, 23; *Hist.*, I, 8, 9, 77; II, 49, 51, 68.)

2. *De voir commencer pour lui,* etc. De Sacy avait traduit avec plus d'élégance que d'exactitude : *Il a eu le plaisir de se voir renaître avant que de mourir.*

3. *Il semble que les destins,* etc. J'ai suivi la leçon qui dit *reservatum,* et non celle qui porte *reservatus.* D. S.

(La leçon suivie par De Sacy se trouve dans l'édition romaine d'Heusinger, qui préfère cependant celle des éditions communes. Je partage tout à fait l'avis du traducteur.)

4. *Remercier publiquement,* etc. C'était alors un usage que le consul rendît grâce au prince. (*Voyez* le *Panégyrique de Trajan,* et la lettre 18ᵉ du liv. III.)

5. *Son éloge.* Nous avons substitué le mot d'éloge à l'expression moderne d'oraison funèbre, réservée d'ailleurs aux cérémonies du christianisme. Dans la même phrase j'ai supprimé *consule,* que je ne trouve dans aucune édition.

6. *La commission instituée*, etc. Nerva avait institué une commission composée de cinq membres, pour réparer les finances épuisées par Domitien.

7. *Pour le remplacer.* De Sacy avait traduit : *Il me choisit........ pour porter ses excuses.* Je crois, avec un commentateur, que *quo excusaretur* emporte le sens de *vicarius*, ou de *remplaçant*. C'est, au reste, la seule idée qui puisse convenir à l'ensemble de ce passage.

8. *Je ne puis penser*, etc. J'ai supprimé *Virginium video*, qui n'est pas dans l'édition de Schæfer, et que De Sacy n'avait pas traduit.

9. *Paullinus.* Valerius Paullinus avait été tribun du prétoire, et, sous Vitellius, intendant de la Gaule Narbonaise. Il était ami de Vespasien avant son élévation, et lui rendit de grands services quand il fut empereur. (*Voyez* Tacit., *Hist.* III, 42.)

10. *Toujours querelleuse.* En corrigeant les premières phrases de cette lettre, nous avons substitué le mot d'*amitié* à celui d'*amour*, que De Sacy avait laissé par un excès de fidélité, qu'on pourrait appeler infidèle; car il est certain que dans cet endroit *amor* ne signifie pas autre chose qu'*amitié*.

11. *Mais ici j'aurais matière*, etc. De Sacy avait traduit : *Mon chagrin est très-grand; peut-être*, etc. Ce n'est pas le sens : il s'agit, non pas du *chagrin*, mais du motif de ce chagrin : sans cela, *hæc causa magna est* serait une inutile répétition de l'idée exprimée par *irascor*. Remarquez qu'avec le sens qu'il adopte, De Sacy n'a pas pu traduire *tamen*.

12. *Nepos.* On croit que ce Nepos, homme éloquent et instruit, est celui dont parle Martial, VI, 27.

13. *Et il parle toujours comme s'il était préparé.* On a élevé des doutes très-graves sur les improvisations d'Isée. Philostrate dit positivement, dans la Vie des sophistes (I, 20, 2), qu'Isée n'improvisait jamais, et qu'il passait toute la matinée à préparer ses dissertations et ses harangues. Hermogène prétend que c'était la méthode de tous les anciens rhéteurs. Il faut convenir toutefois qu'Isée ne

manquait pas d'adresse, s'il est parvenu à faire illusion à un homme tel que Pline.

14. *C'est la perfection du langage grec*, etc. Le contresens de De Sacy est formel. Il traduit : *Il se sert de la langue grecque, ou plutôt de l'attique.* Ce détail serait froid dans un éloge, et surtout après ce trait *dicit tanquam diu scripserit.* L'énumération suivante : *præfationes tersæ, graciles, dulces*, sert encore à déterminer, par la liaison des idées, le sens de *sermo græcus.* Le langage, le style d'Isée a la grâce qui est propre à la langue grecque, et même celle qui distingue le dialecte attique. Ceci est une louange : c'est ce que De Sacy n'a pas senti.

15. *Il se compose.* Le latin dit, *il arrange sa robe. Leniter est consurgendum* (dit Quintilien, XI, 3, 156); *tum in componenda toga, vel, si necesse erit, etiam ex integro injicienda, duntaxat in judiciis, paullum commorandum, ut et amictus sit decentior, et protinus aliquid spatii ad cogitandum.* Pline dit encore, IV, 11 : *Postquam se composuit, circumspexitque habitum suum*, etc.

16. *Beaucoup composé.* J'ai rétabli *scriptio*; c'était évidemment la leçon adoptée par De Sacy.

17. *Sans qu'on puisse décider*, etc. De Sacy a lu sans doute *quod maxime dubites*; mais même avec cette leçon, il faisait un contresens, en traduisant : *Il instruit, il plaît, il remue, et (ce que vous aurez peine à croire) il ramène sans cesse de courtes réflexions*, etc. Pourquoi aurait-on peine à le croire? serait-il donc plus difficile de *ramener de courtes réflexions*, que d'*instruire, de plaire, de remuer?* Le *quid maxime, dubites* a un sens bien plus naturel et bien plus élégant.

18. *Il ne s'exerce*, etc. De Sacy traduit, *et il s'exerce encore dans les écoles.* Le latin dit bien plus, *il n'en est pas sorti*; il n'a pas paru au barreau, à la tribune. Isée suivait l'exemple d'Isocrate.

19. *Que serait-ce donc*, etc. Quelques manuscrits, après θηρίου, portent τὰ αὐτοῦ ῥήματα βοῶντος, que Gesner n'ose pas condamner.

20. *Un organe très-sonore.* C'est le sens de λαμπροφωνότατος, que j'ai préféré à μεγαλοφωνότατος et à d'autres leçons des manuscrits. De Sacy a traduit, *Eschine avait la déclamation très-véhémente :* j'ignore quel texte il avait sous les yeux.

21. *Calvina.* Elle était parente, sans doute, de l'une des deux femmes de Pline, puisqu'il parle dans les premières lignes des liens (*affinitatis officio*) qui les unissent.

22. *J'ai payé*, etc. Voici encore une grave infidélité de sens dans la traduction de De Sacy. Il suppose que Calvina a payé elle-même les autres créanciers, et que Pline n'ayant pas réclamé, par égard pour son alliance avec elle, le remboursement des sommes qui lui sont dues, il reste seul créancier. Pline a été plus généreux que De Sacy ne le fait entendre : c'est lui qui a payé les autres créanciers. La construction de la phrase latine, qui a pour sujet *ego* (Plinius), ne permet pas d'attribuer à Calvina l'action énoncée par ces mots, *dimissis omnibus* : ils ne peuvent se rapporter qu'au sujet.

23. *Avitus.* On croit que cet Avitus est le frère de celui dont Pline déplore la perte, liv. v, 9.

24. *Je bois le même vin que mes affranchis.* Il y a dans ce trait une délicatesse, qui n'avait pas été sentie par le traducteur : il rendait ainsi ce passage : *Dans ces occasions, je ne fais pas servir de mon vin, mais du vin de mes affranchis.* C'est dire que Pline avait deux sortes de vin, et c'est précisément le contraire que le latin veut faire entendre.

25. *Le droit d'entrer au sénat.* Il y a dans le texte latin « j'ai obtenu le laticlave. » Le laticlave donnait le droit d'entrer au sénat. Auguste permit aux fils des sénateurs de prendre le laticlave avec la robe virile : cet honneur était aussi accordé quelquefois aux enfans des chevaliers les plus distingués.

26. *La permission de demander celle de tribun.* Ce n'était pas de l'empereur que dépendait le droit de demander le tribunat : cependant on ne pouvait le solliciter avec avantage, qu'après avoir obtenu son agrément.

27. *Octavius.* C'est le même qu'Octave Rufus auquel est adressée la 7ᵉ lettre du 1ᵉʳ livre. Pline y témoigne aussi un vif désir de lire ses vers.

28. *Aussi loin que la langue romaine.* De Sacy a traduit à tort *lingua romana*, par l'empire romain. L'idée de Pline est plus générale et plus noble.—Au commencement de la phrase suivante, nous avons changé *enim* en *etiam*, que l'on trouve dans tous les anciens textes. Ernesti a cru mal à propos qu'*enim* convenait seul à la liaison des idées; c'est lui qui a introduit, sans autorité, cette dernière leçon.

29. *Échappés malgré vous.* J'ai adopté avec Schæfer, d'après l'édition romaine d'Heusinger, *claustra refregerunt*, au lieu de *claustra sua refregerunt*.

30. *Marius Priscus*, etc. C'est de ce Marius que Juvénal a dit (sat. 1, vers. 47):

> . . . . hic damnatus inani
> Judicio (quid enim salvis infamia nummis?),
> Exsul ab octava Marius bibit, et fruitur dis
> Iratis; at tu, victrix provincia, ploras.

Il demandait des *juges ordinaires*, selon Pline, c'est-à-dire, qu'il voulait être jugé par des magistrats que le préteur aurait désignés, comme dans les affaires communes, et non par les sénateurs assemblés.

31. *Cassius Fronton.* Il fut consul avec Trajan.

32. *Et l'on éprouva que*, etc. Tous les textes portent, *adnotatumque experimentis*, et nous avons dû conserver cette leçon. Cependant nous pensons, avec Heusinger, que ces deux mots, inutiles à la phrase, ont été ajoutés par quelques glossateurs, qui applaudissaient à la pensée exprimée par Pline; on peut remarquer d'ailleurs, qu'en les admettant, il faudrait *impetus habeant*, et non *impetus habent*.

33. *Se rendirent à Rome.* Le traducteur a eu tort de rendre *venerunt* par *comparurent*, puisqu'il est dit plus bas, qu'Honoratus mourut avant l'information.

SUR LE LIVRE II.

. 34. *Avaient attiré*, etc. J'ai adopté, d'après les meilleurs textes, *exciverat*, au lieu de *excitaverat*.

35. *Un septemvir.* La charge de *septemvir epulonum* remontait à Numa, qui l'avait créée pour la célébration des sacrifices. Il n'y eut d'abord que trois personnes chargées de cet emploi; on finit par porter ce nombre à sept. Les septemvirs jouissaient d'une grande considération et portaient la prétexte.

36. *Une heure et demie, au delà*, etc. Pour empêcher les orateurs de se répandre en longues discussions, une loi de Pompée, à l'exemple des Grecs, ne leur accordait qu'une heure pour parler : l'heure était indiquée par une clepsydre, *ut ad clepsydram dicerent, id est vas vitreum graciliter fistulatum, in fundo cujus erat foramen, unde aqua guttatim efflueret, atque ita tempus metiretur.* Cette espèce d'horloge d'eau était à peu près de la même forme que nos sabliers (ADAM, *Antiq. rom.*). On voit par la phrase de Pline, qu'il fallait à peu près trois clepsydres pour former une heure. Cependant, je dois remarquer qu'on n'est pas d'accord sur ce passage du texte de Pline; les uns lisent *decem clepsydris*, les autres *viginti clepsydris*, ce qui laisse beaucoup d'incertitude sur la durée de la clepsydre. On peut voir (liv. IV, lett. 9) combien de temps on accordait à l'accusation et à la défense.

37. *Il finisait son plaidoyer*, etc. Il y avait dans De Sacy, *la nuit survint avant qu'il pût finir, et la plaidoirie fut continuée au jour suivant, où l'on traita ce qui regardait les preuves.* Nous croyons que ce n'est pas le sens de la phrase latine : *inclusit, non sic, ut abrumperet*, signifie, mot à mot, *il termina sans interrompre*. Son discours était donc achevé : le mot *probationes*, qui vient ensuite, désigne, non pas les preuves fournies par l'orateur, mais celles qu'on tire d'un interrogatoire, de l'audition des témoins, des actes écrits, etc.

38. *Un chef.* Λειτούργιον. Les *léiturges*, chez les Athéniens, λειτούργοι, étaient des citoyens d'un rang et d'une fortune considérables; ils étaient désignés par leur tribu, ou même par le peuple entier, pour remplir quelque charge pénible de la république, ou, dans les occasions pressantes, pour fournir aux dépenses extraordinaires que réclamait le salut de l'état : λειτούργιον signifie donc tout objet

relatif à l'utilité publique, et Pline l'emploie ici pour désigner une chose importante et capitale. Nous avons partout conservé le mot *chef*, par lequel De Sacy a rendu λειτούργιον, quoique ce ne soit pas le véritable équivalant du mot grec : mais nous avons trouvé que, sans altérer le fond des idées, l'expression adoptée par De Sacy était la plus simple et la plus commode pour la construction des phrases.

39. *Si soigneux*, etc. Il y a dans le texte latin *pumicati*, c'est-à-dire, passé à la pierre ponce : c'était un moyen d'adoucir la peau. (*Voyez* Ovide, *De arte am.*, I, 506; Juvénal, VIII, 16; XX, 95; Martial, XIV, 205, etc.)

40. *Je ne sais si*, etc. Il est impossible de rendre en français l'opposition de ces deux mots, *circumcisum* et *abrasum*. De Sacy a rendu le fond de l'idée sans conserver l'image; *circumcisum*, suppose plus de travail et d'exactitude; *abrasum*, plus de promptitude et de négligence : Pline fait entendre que l'affaire a été emportée d'assaut plutôt que jugée, ce qui est confirmé par le reste de sa lettre.

41. *Acutius Nerva*. Quelques commentateurs ont voulu voir dans le mot *Acutius* un adverbe : le sens qui en résulterait ne nous paraît pas vraisemblable; Pline désapprouve l'opinion proposée par Nerva : il ne doit donc pas la qualifier d'*acutior*. Il y avait d'ailleurs à Rome une famille d'Acutius : l'un d'eux pouvait bien avoir adopté un Nerva : car, il ne faut pas croire qu'il soit ici question de l'empereur Nerva; l'affaire dont il s'agit fut jugée sous Trajan.

42. *La plus choquante inégalité*, etc. La même idée se retrouve dans Montesquieu, *Lett. Pers.*, 86 : « Dans ce tribunal, dit-il, on prend les voix à la majeure : mais on dit qu'on a reconnu, par expérience, qu'il vaudrait mieux les recueillir à la mineure : car il y a très-peu d'esprits justes, et tout le monde convient qu'il y en a une infinité de faux. »

43. *Priscus*. On croit que ce Priscus était le même que Priscus Neratius Marcellus, favori de Trajan, et dont Pline obtint le tribunat pour Suétone.

44. *Je veux dire*, etc. De Sacy n'avait pas saisi le sens de cette phrase, en traduisant : *Honorez, je vous prie, les miens* (mes amis)

SUR LE LIVRE II. 433

d'un regard favorable : ils ne sont pas en grand nombre. Pline ne dit pas qu'il a *peu d'amis* : avec ses talens, son caractère, et dans le rang qu'il occupait, il devait au contraire en avoir beaucoup : il est d'ailleurs facile d'en juger par ceux qu'il nomme dans ses lettres. Ne dit-il pas lui-même, liv. v, 3 : *Hæc ita disputo, quasi populum in auditorium, non in cubiculum amicos advocarim, quos plures habere, multis gloriosum, reprehensioni nemini fuit.* Ce qui confirme le sens nouveau que nous donnons au passage de Pline dont il est ici question, c'est qu'il ajoute : *Malles tu quidem multos : sed verecundiæ meæ sufficit unus aut alter, aut potius unus.* Ainsi ce n'est pas le petit nombre de ses amis, c'est sa *discrétion*, sa *retenue* qui l'empêche d'en recommander plus de deux.

45. *Car sa tendresse lui a aussi mérité ce nom.* De Sacy a traduit : *car il a succédé à son nom aussi bien qu'à ses vertus.* C'est encore un contresens.

46. *Le privilége que donne le nombre de trois enfans.* On avait attaché au nombre des enfans, chez les Romains, d'importantes prérogatives. Il en est parlé encore liv. vii, 16, et *Panégyrique de Traj.*, 26.

47. *Des vieillards me l'ont souvent dit.* « Je hasarde ici, dit De Sacy dans une note, la correction d'un mot du texte qui me paraît altéré. Je lis *istas solebam dicere*, qui fait un sens parfait, au lieu de *ista* qui le gâte. » Je trouve dans toutes les bonnes éditions *ita solebam dicere*, qui vaut au moins la correction de De Sacy, hasardée sans autorité.

48. *Se presse autour*, etc. Le traducteur avait lu, *conducti et redempti mancipes : convenitur in media*, etc., ce qu'il rendait ainsi : *A leur suite, marchent des auditeurs d'un semblable caractère, et que l'on achète à beaux deniers comptans. On fait sans honte marché avec eux : ils s'assemblent dans le palais; et*, etc. Cela paraît assez bien lié : mais le sens de *manceps* est dénaturé. *Mancipes* ne peut signifier les applaudisseurs à gages. *Manceps*, dit Gesner, *est qui pretio accepto negotium sibi imponi passus est ab oratore, ut nummis conducat ei laudatores et plausores.* Pline a employé ce mot dans un sens analogue, liv. iii, 19; c'est le nom qu'il donne

aux fermiers, chargés de faire valoir une terre et de louer des bras pour le service du labourage. Nous avons donc admis, avec Cortius, *conducti et redempti : manceps convenitur in media basilica*, qui offre un sens fort clair, conforme à la signification ordinaire du mot *manceps*.

49. *La sportule.* De *asportare*. C'étaient d'abord les vases destinés à contenir les pains, les viandes et les autres mets que les riches patrons faisaient distribuer à leurs cliens : ensuite, par métonymie, les mets eux-mêmes, furent appelés du nom de *sportulæ*. *Voy.* dans notre édition de Juvénal, la note de Dusaulx, sat. 1, v. 95.

50. Σοφοκλεῖς. De σοφῶς et de καλεῖν.—Un peu après, Heusinger, au lieu de *laudicæni* voudrait qu'on lût *laudicenes* (*laudium decantatores*) : le mot adopté et traduit par De Sacy, sans être moins conforme au texte des manuscrits, me semble plus plaisamment imaginé.

51. *Domestiques.* On appelait *nomenclatores* les serviteurs chargés de nommer les personnes qui se présentaient chez le maître, ou qui l'abordaient hors de chez lui.

52. *Trois deniers.* Environ vingt-quatre sous de notre monnaie.

D. S.

53. *Amena le premier*, etc. Il est curieux de retrouver dans l'histoire de l'éloquence romaine, à l'époque de sa décadence, l'origine de ces honteuses cabales, qui ont reparu chez nous à l'époque de la décadence du théâtre.

54. *Nos auditeurs imberbes.* Remarquez que *teneris* ne peut signifier *flatteur*, comme l'a voulu De Sacy. Pline me semble plutôt désigner par ce mot l'âge et l'inexpérience de ceux qui applaudissent. Il a déjà dit qu'on ne voyait plus au barreau que des enfans, traînant avec eux, pour les applaudir, des enfans du même âge : il a parlé de deux domestiques à peine sortis du premier âge, entraînés au barreau et chargés du succès d'un plaidoyer. Au reste, je ne disconviens pas que *teneri clamores* pour *tenerorum clamores* ne soit très-hardi en prose.

55. *Des battemens de mains*, etc. On voit par ce passage que les cabaleurs d'autrefois différaient des nôtres en ce que les battemens

de mains, et ce qu'on appelle au propre *applaudissemens*, n'entraient pas dans leur théorie d'enthousiasme. C'est sans doute par distraction que De Sacy s'était souvent servi de ce mot dans le courant de la lettre. Nous avons dû le remplacer par celui d'*éloges*, d'*approbation*, etc. Pline ajoute, faisant allusion aux bruyantes cérémonies des Corybantes, qu'il manque bien plutôt des cymbales et des tambours. On peut ne pas saisir au premier abord le sens de cette phrase et la liaison des idées. Voici comment j'entends ce passage : l'auteur vient de parler des acclamations, des trépignemens, des cris d'enthousiasme qu'excitent, dans un auditoire payé, les discours de certains orateurs; il ne manque, dit-il, à tout cela, que des marques légitimes d'approbation, *plausus*; puis se reprenant tout à coup, et passant à une idée extrême : « Au lieu d'applaudissemens, dit-il, il faudrait plutôt des cymbales et des tambours pour accompagner de pareilles psalmodies. »

56. *Ma terre du Laurentin*, etc. Pline emploie *Laurentinum* et *Laurens* pour désigner la maison de campagne et les terres qu'il possédait dans le voisinage de la ville de Laurente : on sous-entend *rus* ou *prædium*. C'est ainsi que (liv. III, 7) il dit que Silius Italicus a fini ses jours *in Neapolitano*, c'est-à-dire, dans sa maison de campagne, près de Naples. Il y a peu de différence entre *Laurens* et *Laurentinum* : l'un se rapporte plutôt à la ville, l'autre plutôt au territoire.—On peut voir (liv. v, 6) une description d'une autre terre que Pline possédait en Toscane. On a fait plusieurs tentatives pour retrouver les plans et la structure de ces deux maisons, d'après le texte même de Pline le Jeune; mais on sent combien cette entreprise était difficile. Félibien, et plusieurs autres architectes habiles ont tracé le plan d'habitations très-élégantes, mais dans lesquelles Pline n'aurait certainement pas reconnu ses deux maisons.

57. *Elle n'est qu'à dix-sept milles de Rome*. Laurentum, aujourd'hui *Torre di Paterno*, est à six lieues de Rome. Le nom de *Laurentum* vient, selon Virgile, d'un laurier sacré que Latinus trouva sur la hauteur, lorsqu'il y fit jeter les fondemens de la citadelle, ou d'une forêt de lauriers qui s'étendait le long de la côte.

58. *Celui de Laurente*. De Sacy traduit *celui de Laurentin* : Pline n'entend pas ici le chemin qui mène à sa terre du Laurentin, mais

celui qui conduit à la ville de Laurente : la terre de Pline se trouvait entre la route de Rome à Laurente et celle de Rome à Ostie.

59. *En forme de D.* Il y avait dans la traduction *une galerie de forme ronde*, et en effet quelques éditions portent un O au lieu d'un D. Nous avons adopté la leçon du plus grand nombre des commentateurs, parce que, si la forme du portique eût été celle d'un O, Pline aurait eu à sa disposition une foule de mots pour l'exprimer, sans être obligé de recourir à la figure d'une lettre de l'alphabet. Il n'en est pas de même à l'égard de la forme d'un D.

60. *Mais pour chasser*, etc. Le traducteur n'a pas compris ce passage; il avait rendu : *là, on ne connaît d'autre vent que ceux qui, par quelque nuage, troublent plus la sérénité du ciel que la douceur de l'air qu'on respire en ce lieu.* Sans bien comprendre cette phrase embarrassée de De Sacy, on entrevoit cependant qu'il a voulu exprimer une idée étrangère à celle du texte latin.

61. *Garni de tuyaux.* De Sacy a lu *tabulatus*, et traduit en conséquence, *qui pour être suspendu et n'avoir qu'un plancher d'ais, répand et distribue de tous côtés la chaleur qu'il a reçue.* La leçon et l'interprétation que nous avons adoptées nous semblent plus naturelles et plus conformes à l'ensemble des idées; elles sont d'ailleurs appuyées par un passage de Sénèque (ep. 90), où il est parlé de constructions suspendues et de tuyaux qui circulent pour répandre la chaleur.

62. *Un cabinet pour se parfumer.* J'ai adopté, avec Schæfer, la leçon *unctorium, hypocaustum*, au lieu de *unctorio imo hypocaustum*.

63. *Une seule croisée*, etc. De Sacy avait lu, *et altius pauciores :* il traduisait, *quelques ouvertures en petit nombre dans le haut de la voûte.* Notre leçon, adoptée par la plupart des commentateurs, se trouve aussi dans l'édition romaine d'Heusinger. Remarquez que Pline dit plus bas que cette galerie n'a jamais moins de soleil que lorsqu'il frappe sur la voûte, ce qui eût été impossible, si des ouvertures eussent été percées dans le haut de la voûte, comme le supposait De Sacy.

64. *D'une part elle retient*, etc. Le traducteur n'avait pas compris ce passage : il avait dit : *ainsi d'un côté la chaleur se conserve, et de*

SUR LE LIVRE II.

l'autre le frais. Retro aurait dû l'avertir que l'expression *se conserve* ne pouvait convenir aux deux membres de la phrase.

65. *Sur la promenade.* J'ai suivi la leçon de l'édition romaine, approuvée par Schæfer, et j'ai substitué *gestationem* à *gestationis.* (*Voyez* note 9 du liv. 1.)

66. *La réputation du demandeur.* De Sacy a traduit : *La réputation des acteurs.* Le nom d'*actor* était donné à celui qui appelait en jugement.

67. *J'ai ajouté à cette loi.* De Sacy embarrasse l'idée en traduisant : *Moi, au contraire,* etc. : le latin indique, non une opposition, mais une parité : la version du traducteur ne s'accordait ni avec *non omnino dissimile,* ni avec *novitas apud nostros.*

68. *Je composerai mon auditoire,* etc. J'ai trouvé dans la traduction : *Je la lirai* (ma pièce) *indistinctement devant toutes les personnes habiles :* pourquoi, *indistinctement ?* ne faudrait-il pas plutôt une expression toute contraire ?

69. *Veuve.* Le texte porte *Verania Pisonis,* Veranie, femme de Pison ; mais Pison était mort.

70. *Il avait en effet,* etc. Le traducteur avait à tort ajouté cette dernière phrase aux paroles de Verania : c'est évidemment une réflexion de Pline ; le temps seul de *pejerasset* suffit pour le prouver.

71. *Selon le précepte de l'école.* Le nombre trois plaisait singulièrement aux écoles philosophiques de l'antiquité ; c'était pour elles l'emblème des plus sublimes vérités. Nous avons donné à *scholastica lege* un sens analogue à cette croyance, et nous pensons que De Sacy s'est trompé en traduisant : *Selon la coutume des écoliers.*

72. *Allait sceller,* etc. De Sacy a traduit *signer :* ce n'est pas le sens de *signare,* qui veut dire *apposer son cachet* ou *son sceau.* C'était chez les Romains une cérémonie à laquelle on invitait ses parens et ses amis.

LIVRE III.

73. *A la seconde heure*, etc. De Sacy avait donné une tournure moderne et française à tous ces détails : *A huit heures, il s'habille, fait une lieue à pied*, etc.

74. *C'est ordinairement*, etc. La première heure du jour, chez les Romains, répondait à peu près à nos six heures du matin; mais les heures n'avaient pas une durée égale dans tous les temps de l'année. Comme elles servaient à partager le jour en douze parties, elles variaient suivant la longueur même du jour : elles étaient plus longues en été, plus courtes en hiver, et ne s'accordaient guère avec les nôtres qu'au temps de l'équinoxe. C'est sans doute en essayant de calculer cette variation que De Sacy traduit *hora secunda*, par *huit heures*, *nona*, par *deux heures*, et *octava*, par *trois*, quoique *hora secunda* réponde à sept heures du matin, *nona*, à trois heures, et *octava*, à deux heures après midi. (*Voyez* la Dissert. d'Alde-Manuce sur les heures romaines.)

75. *Sans ciselure*, etc. C'est le sens de *puro*. Ciceron (*Verrines*, IV, 23) : *Quæ probarent, iis crustæ aut emblemata detrahuntur. Sic Haluntini, excussis deliciis, cum argento puro domum reverterunt.* Vitruve (VII, 3) : *Coronarum aliæ sunt puræ, aliæ cælatæ;* Juvénal (IX, 141) : *Argenti vascula puri*. De Sacy a traduit à tort par *vaisselle d'argent propre*.

76. *Corellia Hispulla*. Cette Corellia est celle dont Pline plaida la cause (*voyez* liv. IV, 17). Il y avait une autre Corellia, sœur de Corellius, et très-liée avec la mère de Pline.

77. *Où l'on n'excelle jamais*, etc. Pline semble faire allusion à cette définition de l'orateur : *Orator est vir bonus dicendi peritus*.

78. *Préfet du trésor*. C'est ce que De Sacy appelle *un intendant des finances*.

79. *Un monument public*. Ce monument public était un temple que Pline fit élever dans la ville de Tiferne, sur le Tibre, aujourd'hui nommée *Citta di Castello*. (*Voyez* liv. IV, 1.)

80. *Pères conscrits, dis-je alors.* Dans l'édition jointe à la traduction de De Sacy, au lieu de *tum ego*, il y a *tum ergo*.

81. *Une hospitalité privée*, etc. On appelait chez les Romains *alliance* ou *pacte d'hospitalité* le lien de reconnaissance ou de dévouement qui unissait un étranger à un Romain, et quelquefois, comme on le voit dans cette lettre, une province entière à un seul citoyen. Lorsqu'une province ou une cité voulait témoigner à un Romain son attachement et son estime, elle contractait publiquement avec lui le pacte d'hospitalité, *cum eo publice faciebat hospitium.*

82. *Pomponius Secundus.* Pline l'ancien parle lui-même de ce Pomponius, xiv, 4. Il l'appelle poëte consulaire, vii, 9. Quintilien l'a surnommé le prince des poëtes tragiques latins (x, 1, 98). Dans le Dialogue sur les causes de la corruption de l'éloquence, on le met en parallèle avec Domitius Afer.

83. *Sur les difficultés de la grammaire.* Cet ouvrage, *Dubii sermonis octo*, avait sans doute pour objet tous les doutes auxquels peuvent donner lieu les constructions du langage, la forme et la signification des mots. Les anciens grammairiens citaient souvent ce traité.

84. *Aufidius Bassus. Voy.* son éloge dans Quintilien (x, 1, 104).

85. *Sa vie s'est passée.* De Sacy traduisait : *On sait qu'il en a passé la moitié dans les embarras*, etc., ce qui me paraît un contresens. *Medium tempus* signifie l'intervalle entre le temps où il plaida et celui où il mourut, comme dans cette phrase de Tacite, *Ann.* xiv, 53, *medio temporis tantum honorum,* etc., il signifie le temps qui s'est écoulé depuis que Sénèque a été appelé à la cour de Néron.

86. *Aux fêtes de Vulcain.* Ces fêtes se célébraient le dixième jour des calendes de septembre, c'est-à-dire vers la fin du mois d'août.

87. *Le prenait et le quittait sur les livres.* J'ai laissé la leçon *etiam inter studia*, quoique j'aie trouvé dans l'édition de Schæfer, donnée par M. Lemaire, *etiam studia.*

88. *Après le repas.* Vers le milieu du jour, les Romains prenaient un repas, appelé *prandium :* il se composait de mets légers, peu

nourrissans, et sans apprêt. Il y a si peu de rapport entre ce repas et celui que nous appelons *dîner*, que je n'ai pas cru pouvoir laisser ce dernier mot dans la traduction de De Sacy.

89. *Le temps qu'il était dans l'eau*. Gesner et Ernesti, pour expliquer *interioribus*, sous-entendaient *studiis*, et interprétaient ainsi : *Quand je dis qu'il ne travaillait pas dans le bain, je veux parler des travaux qui supposent les méditations les plus profondes*. Mais Schæfer a fort bien remarqué que, par la construction de la phrase, *interioribus* ne peut se rapporter qu'à *balinei* : *Interpretor res*, dit-il, *quæ in secretioribus balinei locis fiunt, id est, lotiones; quibus opponuntur exteriora, puta strigilis usus*, etc.

90. *Se faisait frotter*. C'est le sens de *destringitur*, qui équivaut à *strigili raditur, defricatur*. Martial, XIV, 51 : *Pergamus has misit curvo distringere ferro*. De Sacy a fait un contresens, en traduisant *pendant qu'il sortait du bain*.

91. *Quand vous apprenez*, etc. Quelques commentateurs ont trouvé le sens tellement obscur, qu'ils imaginaient une faute dans le texte. Cependant le passage de Pline peut s'expliquer d'une manière très-satisfaisante : « Quand on songe à tant d'ouvrages composés par Pline l'ancien, on se persuade qu'il n'a jamais exercé de charge publique : car les occupations journalières d'un emploi sont un obstacle à l'étude. Et d'un autre côté, quand on sait tout le temps qu'il parvenait, malgré tant d'obstacles, à consacrer au travail, on s'étonne qu'il n'ait pas encore écrit davantage : car on peut beaucoup attendre d'une application si opiniâtre. »

92. *L'airain*, etc. De Sacy a lié cette phrase avec la précédente : *Le dos exprime parfaitement la vieillesse, et la couleur de l'airain ne permet pas de douter*, etc. Ces deux idées ne peuvent s'enchaîner ainsi. La statue est bien travaillée, et l'ouvrage est antique, comme l'atteste la couleur de l'airain; voilà deux qualités qui le recommandent. Mais qu'on n'aille pas croire, ce qu'il faudrait pour justifier le mot de liaison employé par De Sacy, que la couleur de l'airain contribue, comme la forme des membres, à faire reconnaître un vieillard.

93. *Quoiqu'il gardât*, etc. Le texte joint à la traduction de De Sacy portait *multumque in lectulo jacens, cubiculo semper non ex*

fortuna frequenti. Doctissimis sermonibus dies transigebat, quum a scribendo vacaret. Scribebat carmina, etc. J'ai corrigé tout cet endroit, d'après les meilleures éditions : la phrase latine y gagne en correction, et le sens en clarté.

94. *Un goût particulier,* etc. Nous croyons avoir mieux rendu que le traducteur la force de l'expression grecque φιλόκαλος. Voici sa traduction : *Tout ce qui lui paraissait beau le tentait, jusque là que son empressement pour l'avoir lui attirait des reproches.*

95. *La noble ardeur.* Les deux mots grecs du texte de Pline sont empruntés à Hésiode.

96. *Tranquille.* C'est Suétone l'historien.   D. S.

97. *La charge de tribun.* Le traducteur, travestissant, selon son usage, les noms de charges et de dignités romaines en noms tout à fait modernes, rendait *tribunatum* par *la charge de colonel.*

98. *A un autre.* L'édition de Schæfer porte *aliis,* et j'ai adopté cette leçon.

99. *Minucianus.* On croit que ce Minucianus est le même que *Cornelius Minucianus Transpadanus,* dont il est question, VII, 22.

100. *Cette cause a duré,* etc. J'ai rétabli *actaque est.*

101. *Pourquoi des succès différens ?* De Sacy, supprimant le point d'interrogation après *unde plures actiones,* traduisait : *D'où peut venir cette différence ? De la même raison qui a obligé de partager la cause en plusieurs audiences.* Le sens que nous avons adopté nous paraît plus naturel et plus conforme aux détails de la lettre.

102. *Sa mort, qui n'a rien d'ailleurs d'honorable.* « La mort de cet infâme, » dit le traducteur, qui fait rapporter *infamis* à *ejus,* par une distraction assez singulière.

103. *Sertorius, ordonnant,* etc. Sertorius voulant prouver à ses soldats que la patience et l'adresse triomphaient souvent des difficultés contre lesquelles le courage et la force ne pouvaient rien, fit amener deux chevaux, l'un jeune et vigoureux, l'autre vieux et malade. Un soldat très-robuste eut l'ordre d'arracher, d'un seul coup, la queue de ce dernier, en la saisissant à deux mains : il es-

saya sans succès. Au contraire, un soldat, d'une force très-médiocre, parvint sans difficulté à arracher la queue du jeune cheval, en la dépouillant poil à poil. De Sacy, qui n'ajoutait pas de notes à sa traduction, s'est cru obligé de paraphraser le texte de Pline pour faire entendre ce qui eût été inintelligible sans développement : nous avons substitué à sa traduction une phrase plus précise et plus fidèle.

104. *Libre de toute dette.* Parce qu'il s'acquitterait avec l'argent volé. Ce sens, indiqué par les commentateurs, nous a paru le seul raisonnable. Nous ne concevons pas pourquoi De Sacy avait traduit *liber* par le mot de *grand seigneur :* « Je pars pour me rendre auprès de vous, et je pars grand seigneur. »

105. *Clavius.* C'est la leçon de toutes les bonnes éditions : dans celle dont De Sacy s'était servi, il y avait *Claudius.*

106. *Prévariquer.* Nous avons conservé la traduction littérale de De Sacy : mais nous devons faire observer que *prévariquer* signifie ici trahir la cause dont on est chargé, s'entendre avec l'adverse partie. Ainsi, l'on accusait Norbanus d'être secrètement d'accord avec Casta, femme de Classicus, et de la favoriser : de là vient que plus bas Pline ajoute qu'on vit une chose nouvelle et contradictoire ; c'est que l'accusateur ayant été condamné pour prévarication, c'est-à-dire pour avoir favorisé l'accusée, celle-ci fut cependant absoute.

107. *Profité du règne,* etc. Le texte porte *Domitiani temporibus usus,* et le traducteur l'avait, je crois, mal interprété, en traduisant *il avait usé de la faveur de Domitien.*

108. *Chassés de Rome.* Les philosophes avaient été bannis de Rome et de l'Italie par un édit de Domitien. Le prétexte de ce châtiment était l'éloge de Thraséas et d'Helvidius, dont Junius Rusticus s'était rendu coupable et qu'il avait payé de sa vie. Cette apologie de deux hommes de bien fut regardée comme une conspiration, dont les savans et les philosophes passèrent pour complices.

109. *Ces cliens empressés,* etc. Les cliens allaient souvent saluer leurs patrons avant le jour. L'anecdote racontée par Pline était sans doute empruntée au livre de l'*Anti-Caton,* que César opposa à l'ouvrage de Cicéron, écrit en l'honneur de Caton d'Utique.

110. *Il montre*, etc. J'ai lu, avec Schæfer, *scribit* au lieu de *describit* : c'est une correction de Casaubon et de Cellarius.

111. *Le discours de remerciement*, etc. C'est le Panégyrique de Trajan. *Voyez* la lettre 18e du même livre.

112. *Les plus belles ne sont pas toujours les plus célèbres.* Le reste de la lettre prouve que tel est le sens de la première phrase : il n'est que vaguement indiqué dans la version de De Sacy : *Quelques-unes ont plus d'éclat, d'autres plus de grandeur.*

113. *Son mari.* Dans l'édition jointe à la traduction, ainsi que dans plusieurs autres, avant *maritus ejus*, on trouve *Cæcina Pætus*. Mais ces deux mots sont supprimés par la plupart des éditeurs, qui les regardent comme une glose, introduite par les copistes, et transportée de la marge dans le texte. Est-il bien nécessaire, en effet, de rappeler, en cet endroit, que le mari d'Arria s'appelait *Cæcina Pætus* ?

114. *Jouer encore le rôle de mère.* En traduisant *elle montre un visage de mère contente, quand elle n'a plus de fils*, De Sacy avait altéré l'admirable simplicité du latin : l'héroïsme d'Arria consistait, non pas à montrer *un visage de mère contente*, mais à se montrer encore mère, quand elle n'avait plus de fils. Ce sont là de ces beautés de sentiment, qu'un traducteur doit rendre avec une scrupuleuse fidélité.

115. *Tout va-t-il bien?* etc., etc. Le sens me paraît plus convenable avec la leçon que j'ai adoptée, qu'avec celles qu'ont proposées plusieurs commentateurs. Voici la traduction de De Sacy, qui me semble avoir peu de grâce et d'élégance : *Tout va-t-il bien? ou quelque chose irait-il mal? êtes-vous accablé d'affaires? ou jouissez-vous d'un doux loisir? les commodités pour écrire sont-elles rares? ou vous manquent-elles?* etc.

116. *Les devoirs du consulat*, etc. Cette lettre, dans laquelle Pline donne des détails sur le Panégyrique de Trajan, peut être considérée, ainsi que la lettre XIII du même livre, comme la préface de cette grande composition. On voit par la lettre XVIII que le Panégyrique n'a pas été prononcé tel que nous l'avons aujourd'hui : il était conforme, par son étendue, et sans doute par le ton de l'éloge,

au lieu, au temps, à la coutume. C'est une excuse à faire valoir en faveur de Trajan et de Pline.

117. *J'aime mieux*, etc. Que veut dire, dans l'édition de M. Lemaire, *Quo prope exstincta refoventur?* tous mes textes portent *quæ prope exstincta refoventur*.

118. *N'avons-nous pas vu pendant quelque temps*, etc. C'est une allusion au règne de Néron, qui se piquait de chanter, et qui chantait mal. Il fallait former son chant sur le sien et l'approuver.

D. S.

119. *Le style agréable et joli*, etc. Il ne s'agit pas, comme le veut De Sacy, de *style mou et efféminé*. L'auteur oppose les ornemens égayés du style à la force et à l'austérité du langage : *dulcia* et *blanda* sont expliqués par tout ce qui précède; ils représentent la même idée que *lætioris*, que *hilarius*, que *exsultantius*, etc.

120. *Le voyage d'une maison à l'autre*. C'est évidemment d'après la leçon *peregrinatio intersita*, et non d'après celle-ci, *peregrinatio inter sua*, que De Sacy a traduit. La première, approuvée par Schæfer, me paraît fort supérieure à l'autre.

121. *Le dernier propriétaire*. Pour l'intelligence de ce passage et des suivans, il faut savoir que par l'effet de l'hypothèque nommée *Servienne*, les meubles et les instrumens de culture du fermier devenaient le gage du propriétaire, qui les faisait vendre, lorsque le prix du fermage n'était pas payé. On conçoit que cette vente portait un coup fatal au cultivateur et à la propriété.

122. *Car nulle part je n'assujettis*, etc. Je n'ai point suivi l'interprétation de De Sacy : « Parmi mes esclaves, dit-il, je n'en ai point de propres à cela, et il n'en reste aucun dans la maison dont il s'agit. » Comment *nec usquam vinctos habeo* peut-il signifier *je n'ai point d'esclaves propres à cultiver la terre?* J'aime mieux entendre que Pline ne se servait pas, comme on le faisait quelquefois, d'esclaves enchaînés (*vinctos*) pour travailler à ses terres. C'est ainsi que Gruter, Gesner et Forcellini ont entendu ce passage : *Servos in compedibus*, dit ce dernier, *ad colendos agros*. On s'assurera que les propriétés rurales des riches citoyens étaient cultivées souvent par des esclaves, au moins du temps de notre auteur,

si l'on veut consulter Pline l'ancien, xviii, 3. Quant à la dernière partie de la phrase, *nec ibi quisquam*, n'est-il pas plus naturel de sous-entendre *vinctos habet*, « personne dans le pays ne se sert d'esclaves pour la culture des terres, et ne peut par conséquent nous en louer, » que d'imaginer que *quisquam* se rapporte à *vinctus?*

123. *Quelque argent,* etc. Quelques éditions portent *fenore* au lieu de *fenero*. Avec *fenore*, il faut changer toute la ponctuation de la phrase.

124. *La loi qui créait,* etc. « Anciennement les citoyens romains donnaient leur opinion de vive voix : s'ils approuvaient, ils répondaient à la demande qui leur était faite : *Uti rogas*, ou bien, *volo, jubeo ;* et, s'ils la rejetaient, *antiquo*. Dans les derniers temps, pour protéger la liberté des suffrages, il y eut des lois qui substituèrent à ce mode celui du scrutin secret. Ces lois, qu'on appela *leges tabellariæ*, furent au nombre de quatre. Elles décrétèrent que les votes seraient donnés par bulletins (*tabellæ*), et c'est de là que vint leur nom. La première, rendue en l'an de Rome 604, sur la proposition de Gabinius, tribun du peuple (*Lex Gabinia tabellaria*), décida que le mode de voter par bulletins serait employé dans les élections des magistrats. Deux ans après, une loi du tribun Cassius la fit adopter dans tous les jugemens, excepté ceux du crime de *perduellion* (*Lex tabellaria Cassia*). Ensuite, sur la proposition de Papirius (an de Rome 622), on décréta que les lois seraient votées de la même manière, et que les citoyens recevraient deux bulletins, l'un marqué des deux lettres U. R. (*uti rogas*), l'autre portant la lettre A. (*antiquo*). Enfin, une loi de Cœlius institua cet usage pour tous les jugemens sans exception. Cicéron honore ces quatre lois du titre de gardiennes de la liberté des consciences, *vindices tacitæ libertatis*. » Poncelet, *Histoire du droit romain*.

125. *Le sénat,* etc. Les comices avaient été transportées du Champ de Mars dans le sénat, sous le règne de Tibère. (*Voyez* Tacite, *Ann.* i, 15).

126. *Où la nomination*, etc. On nommait des commissions pour juger certaines sortes d'affaires. (*Voyez* Cic., *Verr.* iii, 59, et Tite-Live, xxvi, 48.)

127. *Où nous pouvons*, etc. De Sacy traduisait : *Non-seulement nous pouvons puiser dans ces ruisseaux, mais en faire passer quelque partie à nos amis par nos lettres.* Ceci est d'une hardiesse un peu trop bizarre.

128. *Plein de sel et de mordant*, etc. Le mot d'*amertume*, choisi par le traducteur, ne convenait pas à l'idée de Pline.

129. *Mais ne va pas*, etc. Martial était né à Bilbilis, ville de Celtibérie ou d'Aragon, en Espagne. Il vint à Rome et se distingua par ses vers, surtout sous Domitien, pour lequel il composa plusieurs pièces, et dont il obtint en retour quelques honneurs et quelques bienfaits. A l'âge de cinquante-huit ans, Martial retourna dans sa patrie : l'année qui précéda son départ, il avait publié le dixième livre de ses œuvres, dans lequel se trouve l'éloge de Pline. (*Voyez* Epigr. x, 19.) — Nous avons changé les vers de De Sacy, où il était parlé *des doux propos, enfans des verres et des pots*, et où il était dit que *les plus Catons* pouvaient lire Martial après le repas.

LIVRE IV.

130. *Fabatus.* Il y a dans le latin *Fabato prosocero suo*, c'est-à-dire à Fabatus, aïeul de sa femme.

131. *Tiferne.* Aujourd'hui *Città di Castello*.   D. S.

132. *Protecteur.* Le texte porte *patronum*. De Sacy avait traduit par le mot d'*avocat*. Pouvait-on choisir un enfant pour *avocat ?* Il était moins ridicule de le choisir pour *patron*.

133. *Regulus l'émancipa*, etc. Elle avait institué héritier son fils, au cas qu'il fût émancipé par son père.   D. S.

(Tant que le fils était sous la puissance paternelle, tous les biens qu'il pouvait acquérir ne lui profitaient pas ; ils profitaient à son père. Sans doute la mère, connaissant les mœurs de son mari, ne voulait pas qu'il profitât de l'institution d'héritier qu'elle faisait en faveur de son fils. Sa prudence fut trompée : Regulus hérita du fils qu'il avait perdu : c'est pour cela que Pline dit, en commençant, que Regulus ne regardait pas cette perte comme un malheur : il ne songeait sans doute qu'aux avantages qu'il en recueillait.)

134. *Nouvelle absurdité*, etc. *Perverse* n'a pas ici le sens que lui a donné De Sacy en traduisant, *il le dit artificieusement*.

135. *Ce vieillard d'Homère*. Nestor. Au lieu de traduire la prose de Pline, je ne sais pourquoi De Sacy avait préféré traduire le vers de l'Iliade, dans lequel Homère caractérise l'éloquence de Nestor. (*Iliad.* 1, 249.)

136. *En vérité*. Nous avons écrit *medius fidius*, parce que l'usage a prévalu de l'employer ainsi, quoiqu'il eût été plus exact de dire *me Dius Fidius*. C'est une sorte d'affirmation énergique, qui a le même sens que *me Hercule*. « *Dius fidius et Deus fidius*, dit Forcellini, *est Jovis filius, quem Sancum, vel Sangum sabina lingua, Herculem græca appellari putabant.* »

137. *Tribun pour dix mois*. A cause du grand nombre des candidats, la charge de tribun s'accordait seulement pour un semestre. Ceci explique deux vers de Juvénal, vii, 88, sur l'histrion Pâris :

> Ille et militiæ multis largitur honorem,
> Semestri vatum digitos circumligat auro.

Le *semestre aurum* était l'anneau que portaient les tribuns nommés pour six mois.

138. *C'est le seul bien*, etc. Il est évident que *solum mihi in reditu* a le même sens ici que *solum mihi Laurentinum meum in reditu* : c'est une répétition qui ne manque pas de grâce. Pourrait-on croire qu'après avoir traduit la première de ces deux phrases par *je ne puis compter que sur le revenu de ma terre de Laurentin*, De Sacy traduit ainsi la seconde : *le terrain n'est pourtant pas ingrat pour moi;* c'est-à-dire qu'il prend le second *solum* pour un substantif? On ne peut faire un contresens plus formel.

139. *La hardiesse naît de l'ignorance*, etc. Phrase grecque empruntée à Thucydide (*In serm. epitaph.*, ii, 40).

140. *Pour parler le langage de Démosthène*. Voyez *De Corona*.

141. *D'autres sacerdoces.* De Sacy a traduit comme s'il y avait *omnia* au lieu de *alia*.

142. *Julius Frontinus.* Il avait composé plusieurs ouvrages sur l'art militaire et d'autres sciences. Pline l'appelle *principem virum* : il méritait ce titre par ses lumières, par l'éclat de ses dignités, et surtout par ses belles actions. Il fut consul, gouverna la Grande-Bretagne sous Domitien, et réduisit, par les armes, la belliqueuse nation des *Silures*. Tacite le nomme *vir magnus* (*Vie d'Agric.*, 17).

143. *Mais les grâces dont les hommes disposent,* etc. J'ai admis *et* au lieu de *ea et*; *adipisci* au lieu de *apisci*; *nisi a diis non* au lieu de *nonnisi a diis*. Ces légers changemens sont empruntés à l'édition de Schæfer.

144. *Qui vivaient de cet indigne métier.* Les délateurs recevaient à titre de salaire la quatrième partie des biens de ceux qu'ils accusaient : de là, leur nom de *quadruplatores*.

145. *D'ami.* Le texte, joint à la traduction de De Sacy, portait *ut amicus*.

146. *Conservât son rang,* etc. C'est ainsi que j'ai entendu *salva dignitate*. De Sacy avait traduit, *que sans toucher à l'honneur de Bassus, on civilisât l'affaire*, etc. Ce qui m'a déterminé, c'est la phrase que j'ai trouvée plus bas : *Negant congruens esse retinere in senatu, cui judices dederis.*

147. *Préface.* Le mot grec πρόδρομος veut dire le coureur qui précède et qui annonce l'arrivée de quelqu'un. Nous avons traduit par un équivalent.

148. *Et cependant,* etc. Les esclaves ne pouvaient rien recevoir par testament ou par donation.

149. *Tu fais passer les professeurs,* etc. Sans traduire, comme De Sacy, *professor* par *pédant*, nous avons cherché à rendre l'intention énergique de la phrase, et à justifier la réflexion de Pline, *cui sententiæ tantum bilis, tantum amaritudinis inest.* Juvénal, dans sa septième satire, v. 197, a dit comme Licinien :

    Si fortuna volet, fies de rhetore consul,
    Si volet hæc eadem, fies de consule rhetor.

SUR LE LIVRE IV.

Ces vers ont été imités par Boileau, satire première :

> Et que le sort burlesque, en ce siècle de fer,
> D'un pédant, quand il veut, peut faire un duc et pair.

150. *Vous allez vous écrier*, etc. De Sacy a lu *dicens tristia*, et liant ces mots avec ce qui précède, il traduisait : « *Messieurs, je vais parler latin*; et il mêla dans la suite de son discours les réflexions du monde les plus tristes et les plus touchantes. » Notre leçon, conforme à celle des manuscrits et des bonnes éditions, a encore l'avantage du sens. Licinien jetant un coup d'œil sur son manteau grec, et disant, *je vais parler latin*, est plus éloquent, dans sa brièveté, que Licinien débitant *les réflexions du monde les plus tristes et les plus touchantes*.

151. *Frémissait de rage*, etc. La phrase de De Sacy ne rendait pas toutes les idées, ni surtout l'énergie de celle de Pline. Domitien avait cédé au barbare caprice de faire mourir une vestale : mais destitué de preuves et de témoins, et sentant que l'indignation publique s'élevait contre lui, il frémissait comme une bête féroce : la honte et l'embarras qu'il éprouvait se tournaient en fureur.

152. *Dans sa maison d'Albe*. Aujourd'hui *Albano*. D. S. *Voyez* notre édition de Juvénal, sat. IV, note 20.

153. *Son mépris*, etc. Domitien avait triomphé des Daces et des Cattes sans les avoir vaincus.

154. *Comme une criminelle*. Au lieu de *tanquam innocens* que portent plusieurs éditions, nous avons adopté, avec De Sacy et Schæfer, *tanquam nocens*. C'est une leçon plus naturelle et plus claire.

155. *Elle sut, en mourant*, etc. Euripide, *Hecub*. 569. Ovide a dit de Lucrèce, *Fast*. II, 833:

> Tunc quoque jam moriens, ne non procumbat honeste,
> Respicit : hæc etiam cura cadentis erat.

156. *Patrocle est mort*. HOMÈRE, *Iliad*. XVIII, 20.

157. *Encore*. Il y a dans l'édition de Schæfer *pauculis adhuc diebus*, au lieu de *pauculis diebus*. J'ai suivi sa leçon.

158. *Veilleront certainement à ce que*, etc. Tous les textes portent *ne.... non nisi dignus accipiat :* il y a évidemment une négation de trop. Heusinger a cité plusieurs exemples, où deux négations sont employées pour une seule, et il renvoie à Brouckus, *Tibull.* II, 15, 2 ; à Oudendorp, *Cæs. bell. Gall.* v, 23, etc., où l'on a recueilli un grand nombre de phrases de ce genre. Mais Schæfer ne pense pas qu'un de ces exemples puisse justifier la phrase de Pline, et il propose, comme Gesner, de substituer *ut* à *ne*.

159. *Reçoivent l'éducation.* Nous avons préféré *edoceantur* à *educentur :* il s'agit ici d'*instruction*, et non d'*éducation*. On distingue en latin *educari*, de *edoceri* ou *erudiri*. Cornel. Nep., *Alcib.* II, 1 : *Educatus est in domo Periclis..... eruditus a Socrate.*

160. *Hendécasyllabes.* Vers de onze syllabes, qu'on réservait pour les sujets licencieux, ainsi qu'on le voit dans Catulle et dans Martial : aussi Quintilien disait-il qu'il fallait prendre garde que ces vers ne tombassent sous la main des enfans. (1, 8, 6.)

161. *Ces petits vers de Catulle.* CATULL., 17, *ad Aurelium et Furium.*

162. *Je n'ignore pas cependant*, etc. Tout cet endroit m'a semblé mal entendu par le traducteur : « En effet, dit-il, les morceaux d'une pièce qui, séparés, peuvent plaire, perdent souvent cet avantage, quand on les trouve en compagnie de plusieurs autres, qui leur ressemblent trop. Le lecteur, pour peu qu'il soit habile et délicat, sait qu'il ne doit pas comparer ensemble des poésies de différens genres, mais les examiner chacune, par rapport aux règles particulières à son espèce. Selon cette méthode, il se gardera bien, etc. » Quelle est la conclusion de ce raisonnement ainsi présenté ? c'est qu'il n'y a aucun désavantage pour l'auteur à soumettre l'ensemble de son ouvrage au jugement d'un lecteur éclairé ; or, c'est précisément le contraire que Pline veut prouver : « J'ai préféré, dit-il, votre critique sur l'ensemble à vos éloges sur quelques passages choisis. »

163. *Où il est si avantageux*, etc. On entendait par *orbitatis præmia* les déférences, les flatteries et les présens, par lesquels les coureurs d'héritages tâchaient de s'assurer la succession des personnes riches et sans enfans.

SUR LE LIVRE IV.

164. *Mais je ne veux pas*, etc. Dans l'édition jointe à la traduction de De Sacy, il y a *arrogantius dicere* : ce dernier mot ne se trouve pas dans l'édition de Schæfer, que j'ai sous les yeux.

165. *L'amitié est impatiente*, etc. Plusieurs éditions ne portent pas le membre de phrase *quia votis suis amor plerumque præcurrit ; deinde*. Il y a même des commentateurs qui en trouvent le sens vulgaire et indigne de Pline. Nous n'avons pas partagé cette opinion.

166. *Mes soins*. Nous avons remplacé *ope* par *opera*, que nous avons trouvé dans Schæfer et qui nous semble plus naturel.

167. *Couvert seulement de sa toge*. On a demandé comment il avait pu se faire que la toge fût restée entière, la tunique étant déchirée : quelques commentateurs concluaient de cette prétendue invraisemblance qu'il fallait substituer *toga* à *tunicis*, et *vice versa*. Ils n'ont pas songé que la tunique, étant plus étroite, devait se déchirer plutôt que la toge par les efforts qu'on faisait en luttant contre la foule. De Sacy, soigneux comme à l'ordinaire de conserver la couleur antique, traduisait : « Il demeura pourtant couvert de sa seule *veste* sept heures entières. »

168. *Qu'il ne m'ait accompagné*. Les candidats ou les magistrats nouvellement élus avaient souvent pour cortége leurs parens et leurs amis : on donnait à cette suite le nom de *deductores*. Cic., *de Petit. cons.* 9 : *Hujus rei tres partes sunt : una salutatorum, altera deductorum, tertia assectatorum*.

169. *Hispulla*. C'était la veuve de Corellius dont il est question dans plusieurs lettres, et notamment dans la XVII de ce livre. Le frère d'Hispulla était le père de Calpurnie, seconde épouse de Pline.

170. *Se ménager une place*. J'ai trouvé *in proximum* dans le texte joint à l'édition de De Sacy : j'ai rétabli *in proximo* d'après l'édition de Schæfer : c'est une leçon réclamée par l'exactitude grammaticale.

171. *Par une malheureuse fécondité*. Voici un passage de l'Oraison funèbre du Dauphin, par le père Élisée, qui exprime la même idée avec une grâce touchante. L'infante d'Espagne était morte en donnant le jour au Dauphin : « Hélas ! dit l'orateur, ces liens que

l'innocence des penchans fortifiait encore, n'eurent que la durée d'un instant. Semblable à la fleur qui tombe dès qu'elle montre son fruit, le premier gage de sa fécondité devint le signal de sa mort. »

172. *Dont mon plaidoyer*, etc. *Voyez* ix, 13.

173. *Vienne.* C'était la *Vienna Allobrogum*, située dans la Gaule-Narbonaise, qui était une colonie romaine. — Les jeux publics dont il s'agit étaient des exercices d'athlètes et de lutteurs. Rome et les provinces accueillaient ces spectacles avec la même avidité.

174. *Duumvir.* Les duumvirs tenaient dans les provinces et dans les colonies le même rang parmi les décurions, que les consuls à Rome parmi les sénateurs.

175. *Dans Mauricus.* J'ai lu avec Schæfer *hoc Maurico* au lieu de *hoc a Maurico*.

176. *Veiento.* Juvénal cite plus d'une fois ce célèbre adulateur, sat. III, 185; sat. IV, 113.

177. *Catullus Messalinus, qui*, etc. Juvénal, sat. IV, 113, l'associe à Veiento :

> Et cum mortifero prudens Veiento Catullo,
> Qui nunquam visæ flagrabat amore puellæ,
> Grande et conspicuum nostro quoque tempore monstrum,
> Cæcus adulator, dirusque a ponte satelles,
> Dignus Aricinos qui mendicaret ad axes;
> Blandaque devexæ jactaret basia rhedæ.

Il est possible que ce Catullus soit le gouverneur de Cyrénaïque, dont l'historien Josephe dénonce la barbarie contre les Juifs, et raconte la triste fin (voyez *De bello Jud.* 7) : les temps, les noms, les caractères se prêtent à cette conjecture. Tacite, dans l'*Agricola*, 45, cite un Messalinus comme l'un des opprobres du règne de Domitien. — J'ai lu, avec Schæfer, *orbatus* au lieu de *captus*, qui a moins de justesse.

178. *Il souperait avec nous*, etc. C'était une censure hardie de la facilité de Nerva, qui admettait à sa table un vil flatteur comme Veiento.

SUR LE LIVRE IV.

179. Les quatre tribunaux assemblés, etc. Voyez liv. 1, 18, note 57. J'ai suivi le texte donné par M. Lemaire.

180. *Avec les gens de bien*, etc. J'ai supprimé *bonorum*, répété devant *obfuerunt*, dans le texte mis en regard de la traduction de De Sacy. Je me suis conformé en cela aux dernières éditions de Pline.

181. *Que le scrutin secret n'amenât quelque désordre.* Voyez liv. III, 20.

182. *Quelqu'autre puissance.* Trajan, sans doute.

183. *Calvus.* Voyez liv. 1, 2, note 4.

184. *Il célèbre l'amour*, etc. L'avant dernier vers est différent dans la plupart des éditions : *Ille, o Plinius, ille quot Catones.* J'aime autant la leçon suivie par De Sacy dans sa traduction. Quant au dernier vers, qui est ainsi présenté dans le texte choisi par l'éditeur de la traduction, *I nunc qui sapias, amare noli*, j'ai dû le changer, parce que *sapias* contrarie la mesure. Il paraît cependant que c'est d'après cette leçon défectueuse que De Sacy a traduit.

185. *On ressemble toujours*, etc. Euripide, *Phœn.*

186. *Sévère.* Ce Sévère était de Vérone; car on sait que ses deux compatriotes Cornelius Nepos et Titus Cassius étaient de cette ville.

187. *Fait-elle aussi croître*, etc. J'ai lu *egeritur* au lieu d'*erigitur*. Il me semble que notre leçon, justifiée d'ailleurs par plusieurs manuscrits, marque mieux l'opposition des deux mots : *egeritur* contraste avec *supprimitur*. L'édition romaine d'Heusinger porte *supprimitur erigiturque et egeritur*.

188. *Qui repousse les eaux*, etc. J'ai rétabli dans le texte devant *repercutiat* les deux mots *per momenta*, supprimés dans plusieurs éditions. Ils se trouvent dans d'excellens textes, et s'ils n'étaient pas de Pline, je ne vois pas comment ils auraient pu s'y introduire : il est plus facile et plus raisonnable d'imaginer qu'ils ont été oubliés par quelque copiste négligent.

189. *Lorsqu'elles affluent*, etc. Au lieu de *repletur*, j'ai admis

repletum, que je trouve dans Schæfer, et qui convient mieux d'ailleurs à l'ensemble de la phrase.

190. *Pour moi,* etc. On a donné dans les temps modernes une explication satisfaisante du phénomène observé par Pline. *Voyez* la note de M. Lemaire, édition de Pline, 1822. L'opinion des savans peut se réduire à ce fait que la cause du phénomène tient à la nature et à la disposition d'un syphon ou tuyau construit par la nature à travers l'argile et la pierre. On trouve une fontaine pareille à celle qu'a décrite notre auteur, dans la Savoie, à deux milles de Chambery et non loin du lac Bourget : on en trouve une autre en Suisse dans la vallée de Hasly.

LIVRE V.

191. *Qu'enfin,* etc. L'expression de Pline, *in summa,* est employée dans le sens de *ad summam,* comme dans cette phrase de Justin, liv. XIII, vers la fin : *Diu mutuis vulneribus acceptis colluctatus est : in summa victus occumbit.*

192. *Pouvait fournir un prétexte d'accusation.* C'était sous Domitien : Rusticus avait été assassiné, Gratilla, sa femme, exilée : il s'agissait de la succession de celle-ci, et l'on conçoit que son amitié pouvait devenir fatale à ceux qu'elle avait cru devoir préférer à son fils.

193. *Qu'il ne vous en restât,* etc. En vertu de la loi Falcidie, promulguée dès le règne d'Auguste, la réserve du quart des biens suffisait pour ôter à l'héritier légitime ce qu'on appelait *la querelle d'inofficiosité* contre le testament.

194. *Mes cohéritiers.* Au lieu de *ut coheredes,* j'ai lu avec les derniers éditeurs *ut te coheredes.*

195. *Pour rendre un éclatant hommage,* etc. De Sacy me paraît avoir fait un contresens, en traduisant : *Il l'accompagne d'un éloge qui (si je ne me flatte point trop) est digne de nos ancêtres.* C'est l'action, et non l'éloge, qui est digne de la vertu antique. Si quelque chose peut excuser la louange que Pline s'accorde ici, c'est le

SUR LE LIVRE V.

fait même, si honorable pour lui et par la confiance qu'on lui témoigne et par la noble manière dont il y répond.

196. *Les grives.* Ces grives n'étaient pas des oiseaux; c'étaient des poissons. *Voyez* PLINE L'ANCIEN, IX, 15; XXXII, 11; COLUMELLE, VIII, 16 et 17; VARRON, *De ling. lat.*, IV, 12; QUINTILIEN, VIII, 2.

197. *L'adresse de Diomède,* etc. Diomède avait échangé des armes de fer contre des armes d'or avec Glaucus. D. S. *Voyez* HOMÈRE, *Iliad.* VI, 236.

198. *Au spectacle des mimes.* Genre de comédie licencieux. Le plus fameux auteur en ce genre fut ce Laberius que César fit monter sur le théâtre à soixante ans. — J'ai suivi dans toute cette phrase la leçon de Schæfer : le texte joint à la traduction portait : *Facio nonnunquam versiculos severos parum, facio : nam et comœdias audio,* etc.

199. *Vers sotadiques.* De Sacy n'avait parlé ni des *mimes* ni des vers *sotadiques :* au lieu de ce dernier mot, il avait mis *satiriques,* ce qui est loin d'avoir le même sens. Les vers *sotadiques* devaient leur origine à *Sotades,* poète licencieux, que Martial lui-même a flétri du nom de *cinœdus* (v. II, epigr. 86). Quintilien avait dit que ce genre de poésie était tellement obscène, qu'il ne convenait pas même d'en tracer les règles (1, 8, 6). On voit, par l'épître de Pline, que le disciple avait un peu oublié les sévères leçons de son maître.

200. *Cicéron, Calvus,* etc. Quelques commentateurs ont remarqué « que la liste des poètes donnée ici par Pline n'était pas un argument sans réplique : on aurait pu lui répondre que, parmi les personnages qu'il citait, les uns eussent beaucoup mieux fait de ne pas composer de vers, et que les autres, par le déréglement de leurs mœurs, fortifiaient toutes les préventions qu'on pouvait concevoir contre la poésie. Pour ne citer que deux exemples, les vers d'Hortensius passaient pour fort mauvais, et Memmius s'était souillé d'adultère avec la femme de Lentulus et celle de Pompée. »

201. *Mais dont les suites le seront beaucoup.* De Sacy avait fait ici un contresens : il avait dit : « Je vais vous conter une chose peu

importante, *si vous ne remontez au principe.* » C'est le contraire: il s'agit des suites, et non du principe.

202. *Solers, ancien préteur.* Solers est un nom propre : De Sacy en avait fait un adjectif, et traduisait : *Un homme qui a exercé la préture, et qui est très-éclairé sur ses intérêts.*

203. *Les députés de Vicente.* Cité transpadane, sur les limites du territoire de Venise, aujourd'hui *Vicence.*

204. *Qu'il suffit de remuer,* etc. Il y avait dans De Sacy : « Car la plupart des choses cachées ont de grandes suites. » Il avait sans doute lu *tacita* au lieu de *tacta.*

205. *Chaque soir, en les terminant,* etc. J'ai corrigé, comme inexacte, la traduction de De Sacy, qui pourtant ne manque pas d'énergie : *Ils achèvent chaque jour de vivre.* Le latin dit, *ils épuisent chaque jour les raisons qu'ils ont de vivre.* En effet, ils ne vivent que pour les plaisirs, et tous les jours ils s'en rassasient : quand la journée se termine, ils ne laissent donc rien de suspendu, rien d'imparfait.

206. *Il est vrai,* etc. D'après une conjecture de Cortius, le texte portait *est sane.* J'ai rétabli *et sane* qui n'a pas besoin d'être corrigé et qui s'entend parfaitement.

207. *Ma description,* etc. Voyez liv. II, 17, la description de la maison du Laurentin.

208. *On y entend,* etc. Il y avait dans le traducteur : « Rien n'est plus commun que d'y voir des jeunes gens qui ont encore leurs grands pères et leurs bisaïeux, que d'entendre ces jeunes gens raconter de vieilles histoires qu'ils ont apprises de leurs ancêtres. » Ce ne sont pas les jeunes gens qui racontent; ce sont les vieillards eux-mêmes. Le contresens de De Sacy est une suite naturelle du tour qu'il a donné au premier membre de phrase. Il ne devait pas traduire « on voit des jeunes gens qui ont leurs grands pères, etc. ; » il fallait dire, comme dans le latin, «on y voit les aïeux et les bisaïeux de jeunes gens déjà formés. »

209. *Longue à proportion.* L'ancien éditeur de la traduction de De Sacy avait à tort admis dans le texte *et prominulam.* De Sacy

avait évidemment traduit d'après la leçon *pro modo longam*; et cette leçon, fort intelligible, a d'ailleurs pour elle l'autorité de plusieurs textes.

210. *D'acanthes, si tendres*, etc. L'acanthe ou *branc-ursine* est une plante qu'on croit originaire d'Italie, mais que l'on cultive dans nos jardins.

211. *Un vaste manége.* Le manége, ou hippodrome, était un endroit spacieux, ombragé, percé de chemins larges et demi-circulaires, où l'on prenait l'exercice du cheval; quelquefois même on s'y faisait traîner en char par plusieurs chevaux.

212. *Et ensuite un plus grand nombre de figures*, etc. Le comparatif *plures* se rapporte, je crois, à l'une des phrases précédentes, *buxus intervenit in formas mille descripta, litteris interdum*, etc. «Après l'acanthe flexible, viennent encore, mais en plus grand nombre, de ces figures et de ces noms, dont il a été parlé plus haut.» De Sacy traduisait inexactement : *Vous entrez dans une pièce d'acanthe flexible, et qui se répand, où l'on voit encore quantité de figures et de noms que les plantes expriment.*

213. *Au dessus et au dessous des fenêtres.* Le traducteur ajoutait *hautes et basses*. Je pense que *superiores inferioresque fenestræ*, signifie seulement *le haut et le bas des fenêtres*, comme *imus et summus mons* veut dire seulement *le bas et le haut d'une montagne*.

214. *Le loisir y est plus complet*, etc. De Sacy avait rendu cette phrase avec une liberté, qui en altérait le sens : *On y jouit d'un loisir d'autant plus sûr et d'autant plus tranquille, que les devoirs ne viennent point vous y relancer.* C'est supprimer entièrement la relation d'idées *altius eoque securius*.

215. *Point de cérémonial à observer.* Il y a dans le texte de Pline : «Point de nécessité de prendre la toge.» Il n'était indispensable de la prendre qu'à la ville et au barreau. Martial compte l'avantage de ne la porter que rarement (*toga rara*), au nombre des choses qui font le bonheur de la vie (x, 47).

216. *Et ce profond repos ajoute encore*, etc. Voici un nouveau contresens de De Sacy : il traduit : *Et comme la bonté du climat y*

rend le ciel plus serein et l'air plus pur, je m'y trouve aussi le corps plus sain et l'esprit plus libre. Cette liaison d'idées n'est point dans le texte, et il y a dans la première une relation totalement supprimée par le traducteur : ce profond repos (*quod ipsum*) ajoute à la salubrité du climat (*accedit salubritati regionis*), comme ajouterait un ciel encore plus serein, un air encore plus pur.

217. *Il est certain que l'on ne peut*, etc. De Sacy traduisait : *Instituer une ville héritière.* Il y a *rempublicam* dans le latin, et l'on ne peut y substituer celui de ville; la république, l'état, était incapable de recueillir une succession, tandis que les villes, les communautés et toutes les corporations pouvaient être instituées héritières : il est ici question de Côme, considérée comme état particulier, et non comme ville dépendante. Quant au mot *præcipere*, il n'indique qu'une manière de léguer : l'auteur prend le *mode* pour la chose; au lieu de dire qu'on ne peut faire un legs à l'état, il dit qu'on ne peut disposer *per præceptionem.* Il y avait chez les Romains quatre manières de faire un legs; l'action qu'avait le légataire pour se faire payer variait, suivant la formule suivie par le testateur : mais ici tout cela est indifférent, puisqu'on ne veut dire autre chose, sinon que le légataire est incapable de recueillir le legs.

218. *Capiton.* C'était sans doute ce Titinius Capiton dont Pline a fait l'éloge, liv. 1, lett. 17.

219. *Rien ne me paraît plus digne d'un homme*, etc. Dans le texte, joint à la traduction de De Sacy, il y a *rei homine dignissimæ.* Il est facile de voir que ce texte est altéré. Ce n'est pas l'immortalité qui est digne de l'homme, c'est le désir de l'obtenir. Au reste, les autres textes que j'ai sous les yeux portent : *res homine dignissima*, et, par un double motif, j'ai dû suivre cette leçon.

220. *De prendre mon vol vers les cieux.* (*Voyez* Virgile, *Georg.* III, 8.)

221. *Si cependant!....* (*Énéide* V, 195.)

222. *La première s'accommode*, etc. Dans ce parallèle de l'éloquence et de l'histoire, De Sacy s'était évidemment trompé : il avait

perpétuellement attribué à l'histoire ce qui appartient à l'éloquence, et à l'éloquence ce qui appartient à l'histoire. Nous n'en voulons qu'une seule preuve. C'est l'histoire qui, selon De Sacy, *s'accommode souvent de faits communs, peu importans ou méprisables :* l'histoire, au contraire, ne s'attache qu'aux événemens mémorables et aux grandes révolutions, tandis que l'éloquence, au barreau surtout, s'occupe le plus souvent de faits particuliers, et s'abaisse quelquefois aux détails les plus vulgaires. L'erreur du traducteur n'est pas moins palpable dans les autres parties du parallèle. Il est vrai que *hic* et *ille*, dans l'usage ordinaire, se rapportent, *hic* au dernier objet nommé, *ille* au premier; mais on peut citer une foule d'exemples contraires à cet usage. PROPERCE, III, *El.* XII, 17 : *Qualis et Eurotæ Pollux et Castor arenis. Hic victor pugnis, ille futurus equis.* PLINE LE JEUNE, I, 20. *Alius excessisse materiam; alius dicitur non implesse : æque uterque, sed ille imbecillitate, hic viribus peccat. Voyez* encore Cic., *pro Rosc. com.* 2; *De fin.* IV, 2, 4; TITE-LIVE, XXX, 30; OVID., *Metam.* I, 696; *Trist.*, I, 2, 23; QUINTIL., X, 2; VIII, 3, etc., etc. Qu'on fasse attention à la dernière comparaison de Pline, *l'histoire est un monument, l'éloquence est un combat :* n'est-il pas évident que c'est au combat que conviennent l'énergie, le feu, la rapidité? n'est-ce pas pour le combat, qu'il faut des os, des muscles, des nerfs?

223. *Vous m'annoncez encore*, etc. De Sacy traduisait comme s'il y avait *propterea, quod recitaturum*, etc., « j'ai lieu d'être content, puisque vous m'assurez que vous n'attendez que mon retour pour, etc. »

224. *Mais ma lenteur n'est point comparable à la vôtre.* D'après le texte de Schæfer, j'ai lu *tu mora tamen meam quoque cunctationem.*

225. *Que je n'arrache par des vers aigres*, etc. Le texte dit, que je n'arrache par des scazons ce que les hendécasyllabes n'ont pu obtenir. D. S. — Les scazons étaient une espèce de vers consacrés à l'épigramme.

226. *D'entendre dire que l'on copie, qu'on lit, qu'on achète*, etc. Je ne sais d'après quel texte De Sacy avait traduit ce passage. Il

est presque inintelligible dans sa version, *d'entendre dire que l'on copie, que l'on entende lire, qu'on lise, qu'on achète,* etc. Le texte joint à cette traduction porte : *patere audire describi, legi, venire volumina.*

227. *Aïeul de sa femme.* (*Voyez* IV, 1.)

228. *Quelques personnes, mais en très-petit nombre, avaient hautement applaudi,* etc. Si j'ai bien saisi le sens de la phrase, De Sacy s'est entièrement trompé : il traduit : *quoiqu'il dît vrai, cela ne fut écouté et reçu favorablement que de fort peu de personnes.* Le traducteur suivait-il un texte différent ? je l'ignore ; mais dans aucune leçon des commentateurs, je ne puis trouver trace du sens qu'il a adopté. Je crois que Pline veut appuyer, par cette réflexion, ce que Nominatus venait d'alléguer pour sa défense, savoir : *Qu'il avait été effrayé par les discours de ses amis, qu'on lui avait conseillé de ne pas s'opposer au dessein de Solers.*

229. *Il termina sa défense.* J'ai ajouté *inde* à la phrase *subjunxit preces,* etc. : c'est la leçon des dernières éditions.

230. *Avec son habileté ordinaire.* D'après la même autorité, j'ai lu *in dicendo* au lieu de *dicendo.*

231. *En invoquant,* etc. On n'opinait quelquefois au sénat qu'après avoir prêté serment ; Juste-Lipse apporte plusieurs preuves de cet usage, dans son Commentaire sur le livre IV, 21, des *Ann.* de Tacite. De Sacy n'a nullement compris la phrase de Pline ; il traduit : *Il alla même en vertu du pouvoir que la loi en donne à celui qui peut convoquer le sénat,* etc. *De senatu habendo* signifie sur la manière de tenir le sénat, et non pas d'après le pouvoir de convoquer le sénat.

232. *Il rappela les décrets du sénat.* La leçon des dernières éditions est *senatusconsultorum,* et non *senatusconsulti.*

233. *D'entendre les uns m'appeler devin,* etc. Allusion à la dignité d'augure dont il était revêtu.   D. S.

234. *Surveiller les travaux de la voie Émilienne.* Cette surveillance était autrefois dans les attributions spéciales des censeurs :

les empereurs, d'après l'exemple d'Auguste, la confiaient à des consulaires. Pline avait la surveillance, non de la voie Émilienne construite par Emilius Lepidus, et qui allait de Plaisance à Rimini, mais *du lit et des rives du Tibre, ainsi que des égouts de Rome*.

235. *La plus jeune des filles de notre ami Fundanus*, etc. L'éditeur de la traduction de De Sacy avait donné le texte de Cortius, *tristissimus hæc tibi scribo, Fundani nostri filia minore defuncta*: je l'ai corrigé d'après les dernières éditions.

236. *En encens*. J'ai substitué, d'après mes textes, *thura* à *thus*.

237. *Était le vivant portrait de son père*. Je n'ai point trouvé *mira* dans les dernières éditions de Pline, et j'ai lu seulement *patrem similitudine exscripserat*.

238. *Les métamorphoses en astres*. On n'est pas d'accord sur le titre du poëme de Calpurnius Pison : nous avons choisi celui qui nous a paru cadrer le mieux avec les éloges de Pline et avec le sens général de sa lettre. Au lieu de la leçon καταστερισμῶν, De Sacy avait adopté ἐρωτοπαίγνιον, c'est-à-dire, *Poëme badin sur l'amour*. Un pareil sujet ne nous semblerait nullement digne des louanges que lui donne Pline, *eruditam sane luculentumque materiam*. Nous ne voyons pas non plus comment, pour avoir composé des vers sur l'amour, on aurait pu dire qu'un jeune homme, d'une naissance illustre, marchait dignement sur les traces de ses aïeux. Le sujet *des métamorphoses*, au contraire, exigeait de la science, élevait la pensée de l'auteur à de sublimes considérations, et prêtait à une multitude de détails où l'on pouvait faire preuve d'un esprit profond et étendu. La manière dont De Sacy avait traduit la leçon qu'il adoptait, n'était pas propre à la faire goûter: « Le poëme qu'il a lu, disait-il, était intitulé : *L'Amour dupé*, sujet riche et galant. » Ἐρωτοπαίγνιον ne signifie pas *l'amour dupé*, et *luculentus* n'a jamais voulu dire *galant*.

239. *D'un homme, plus heureux alors*, etc. Pline parle ici de Nerva, a qui cette maison appartenait avant qu'il fût empereur.

D. S.

240. *Il eut toujours pour eux*, etc. HOMÈRE, *Odyss.* II, 47.

241. *Il est fidèle.* J'ai lu *est homo :* c'est la leçon des dernières éditions. Dans le texte joint à la traduction de De Sacy, il y avait seulement *homo probus.*

242. *Mieux qu'un comédien n'a besoin de le savoir.* Ce n'est pas, *mieux qu'il appartient à un comédien*, comme l'a traduit De Sacy : il y a entre les deux expressions une nuance qu'on apercevra aisément.

243. *L'air y est fort sain.* J'ai conservé la leçon du texte de De Sacy, *ibi et aerem salubrem*, quoique je trouve dans l'édition de Schæfer, *tibi et aera salubrem*, sans aucune note qui annonce une variété de leçon. Le texte sur lequel De Sacy a traduit me semble plus naturel, et le changement de *tibi* en *ibi* n'est pas si hardi, qu'on ne puisse se le permettre, sans l'autorité des manuscrits.

244. *Peu de temps après le jugement de Julius Bassus*, etc. L'éditeur de la traduction avait admis dans le texte, *iterum Bithyni (breve tempus a Julio Basso) et Rufum*, etc. : je trouve dans Schæfer, *iterum Bithyni, post breve tempus a Julio Basso, etiam Rufum*, etc. La leçon que je rejette était empruntée à l'édition romaine d'Heusinger.—(*Voyez* IV, 9.)

245. *Les chants les plus nouveaux*, etc. HOM., *Odyss.*, 1, 351.

246. *La basilique Julienne*, etc. C'était sans doute celle que Jules César consacra la troisième année de son empire; on désignait par le mot de basilique un portique vaste et élevé, tel qu'on en plaçait toujours devant les théâtres, les temples et les tribunaux.

247. *Les décemvirs*, etc. Les décemvirs, dont cinq étaient sénateurs, et cinq chevaliers, avaient la fonction de convoquer le conseil des *centumvirs*, et de les présider en l'absence du préteur. (SUET., *Aug.* 36.)

248. *Les avocats étaient prêts*, etc. De Sacy ne paraît pas avoir bien compris tout ce passage; il traduit : *Les centumvirs étaient arrivés; tout le monde avait les yeux tournés sur les avocats; un profond silence régnait, lorsqu'il arriva un ordre du préteur de lever la séance.* Ceci ferait croire que l'on allait commencer les

plaidoiries, lorsqu'arriva l'ordre du préteur : je pense que l'on attendait, pour commencer, le préteur lui-même, qui devait présider au jugement. Pline dit un peu plus bas, *prætor, qui centumviralibus præsidet, deliberaturus an sequeretur exemplum, inopinatum nobis otium dedit;* c'était pour se donner à lui-même le temps de délibérer, qu'il remettait l'audience; il devait donc y assister. D'ailleurs, *longum silentium* ne signifie pas, comme le traduit De Sacy, *un profond silence,* mais un long silence; ce qui indique assez qu'on attendait encore quelqu'un pour commencer. Les juges, c'est-à-dire, les centumvirs, étaient assis, les décemvirs même étaient arrivés, les avocats étaient prêts; on n'attendait plus que le préteur, lorsqu'au lieu du préteur, arrive l'ordre de lever la séance. Le motif en est expliqué. L'autre préteur (car il y en avait deux; l'un chargé de décider les contestations des étrangers entre eux ou avec les citoyens, *prætor peregrinus;* l'autre, de rendre la justice aux citoyens seulement, *prætor urbanus*) avait, en entrant en charge, publié un édit où, selon la coutume, il exposait les règles qu'il se proposait de suivre dans l'administration de la justice pendant l'année : par cet édit, il remettait en vigueur les lois sévères sur les transactions entre les cliens et les avocats. Son collègue, incertain s'il devait imiter son exemple, remet à une autre audience la cause à laquelle il allait présider, et dont il avait fixé le jour avant l'édit du préteur Nepos.

249. *De quelque nature qu'il fût.* L'éditeur de la traduction de De Sacy avait donné cette leçon, *qui quid negotii haberent.* J'ai préféré, avec Schæfer, *quidquid negotii haberent,* comme plus clair et plus latin.

250. *Qui préside.* Nous avons rétabli *præsidet* qui avait été changé, dans le texte de la traduction, en *præsidebat.*

TABLE

DES

LETTRES CONTENUES DANS CE VOLUME.

	Pages		Pages
Introduction.	1	Préface du traducteur.	ix
Extrait de l'éloge de De Sacy, par d'Alembert.	i	Vie de Pline le Jeune.	xvij

LIVRE PREMIER.

Lettres	Pages	Lettres	Pages
I. A Septicius.	3	XIII. A Sosius Sénécion.	43
II. A Arrien.	Ib.	XIV. A Junius Mauricus.	47
III. A Caninius Rufus.	7	XV. A Septicius Clarus.	51
IV. A Pompeia.	9	XVI. A Erucius.	53
V. A Voconius Romanus.	11	XVII. A Cornel. Titianus.	55
VI. A Cornelius Tacite.	17	XVIII. A Suétone.	57
VII. A Octavius Rufus.	19	XIX. A Romanus.	59
VIII. A Pomp. Saturninus.	21	XX. A Cornel. Tacite.	61
IX. A Minutius Fundanus.	29	XXI. A Paternus.	73
X. A Atrius Clemens.	33	XXII. A Catilius Severus.	Ib.
XI. A Fabius Justus.	37	XXIII. A Pompée Falcon.	79
XII. A Calestrius Tiron.	39	XXIV. A Bebius Hispanus.	81

TABLE DES LETTRES.

LIVRE SECOND.

Lettres	Pages	Lettres	Pages
I. A Voconius Romanus...	83	XI. A Arrien.........	113
II. A Paullinus........	87	XII. A Arrien.........	125
III. A Nepos.........	89	XIII. A Priscus........	127
IV. A Calvina........	93	XIV. A Maxime........	131
V. A Lupercus........	95	XV. A Valérien........	137
VI. A Avitus.........	101	XVI. A Annien........	Ib.
VII. A Macrin........	103	XVII. A Gallus.......	139
VIII. A Caninius......	107	XVIII. A Mauricus....	153
IX. A Apollinaire.....	109	XIX. A Cerealis.......	155
X. A Octavius........	111	XX. A Calvisius.......	159

LIVRE TROISIÈME.

Lettres	Pages	Lettres	Pages
I. A Calvisius........	165	XII. A Catilius........	219
II. A Maxime........	169	XIII. A Romanus......	221
III. A Corellia Hispulla...	171	XIV. A Acilius........	223
IV. A Macrin.........	175	XV. A Proculus.......	225
V. A Macer..........	179	XVI. A Nepos........	227
VI. A Sévère........	187	XVII. A Servien......	233
VII. A Caninius......	191	XVIII. A Sévère......	Ib.
VIII. A Tranquille....	195	XIX. A Calvisius Rufus...	239
IX. A Minucianus.....	197	XX. A Maxime.......	243
X. A Spurinna et à Coccia.	213	XXI. A Priscus.......	247
XI. A Julius Genitor....	215		

LIVRE QUATRIÈME.

Lettres	Pages	Lettres	Pages
I. A Fabatus.........	251	V. A Sparsus........	261
II. A Clemens........	253	VI. A Nason........	263
III. A Antonin.......	257	VII. A Lepidus.......	Ib.
IV. A Sossius........	259	VIII. A Arrien.......	267

TABLE DES LETTRES.

Lettres	Pages	Lettres	Pages
IX. A Ursus.	269	XX. A Maxime.	313
X. A Sabinus.	277	XXI. A Velius Cerealis.	Ib.
XI. A Minucianus.	279	XXII. A Sempronius Rufus.	315
XII. A Arrien.	285	XXIII. A Pomponius Bassus.	319
XIII. A Cornélius Tacite.	289	XXIV. A Valens.	321
XIV. A Paternus.	293	XXV. A Messius Maxime.	323
XV. A Fundanus.	297	XXVI. A Nepos.	325
XVI. A Valerius Paullinus.	303	XXVII. A Falcon.	Ib.
XVII. A Gallus.	305	XXVIII. A Sévère.	329
XVIII. A Antonin.	309	XXIX. A Romanus.	Ib.
XIX. A Hispulla.	Ib.	XXX. A Licinius.	331

LIVRE CINQUIÈME.

Lettres	Pages	Lettres	Pages
I. A Sévère.	337	XII. A Fabatus, aïeul de sa femme.	385
II. A Flaccus.	343		
III. A Ariston.	Ib.	XIII. A Scaurus.	387
IV. A Valerianus.	347	XIV. A Valerianus.	389
V. A Maximus.	349	XV. A Pontius.	393
VI. A Apollinaire.	353	XVI. A Marcellin.	397
VII. A Calvisius.	371	XVII. A Spurinna.	401
VIII. A Capiton.	375	XVIII. A Macer.	403
IX. A Saturnin.	381	XIX. A Paullinus.	405
X. A Antonin.	383	XX. A Ursus.	409
XI. A Tranquille.	Ib.	XXI. A Rufus.	413

Notes sur le livre I.	416	Notes sur le livre IV.	446
— sur le livre II.	426	— sur le livre V.	454
— sur le livre III.	438		

FIN DU PREMIER VOLUME.

www.ingramcontent.com/pod-product-compliance
Lightning Source LLC
Chambersburg PA
CBHW051128230426
43670CB00007B/723